Das große Garten- und Kochbuch

© ***Copyright***	1983 by Ceres-Verlag Rudolf-August Oetker KG, Bielefeld
Gestaltung Gartenbuchteil	Agentur für Werbung und Marketing, ATS GmbH, Bielefeld Peter Michael Karnat, Bielefeld
Gestaltung Kochbuchteil	Arnold Zabert, Hamburg
Manuskript Gartenbuchteil	Wolf-Geräte GmbH, Betzdorf Dr. Rudolf Pietsch Reimar Vogel Wolf-Garten AG, Bulle Helga Maria Wolf
Text	Angela Reißenweber, Bielefeld
Manuskript Kochbuchteil	
Rezepte	Annette Elges, Bielefeld
Küchenratgeber	Hannelore Blohm, Hamburg
Fotos	
Buchtitel, Kapitel-Doppelseiten, Kochbuchteil	Arnold Zabert, Hamburg
Gartenbuchteil	Wolf-Geräte GmbH, Betzdorf Wolf-Garten AG, Bulle Christiane Pries, Steinhagen
Satz	Fotosatz F. Nollmann, Werther
Herstellung	Mohndruck, Gütersloh

ISBN 3-7670-0-171-3

Dr. Oetker und Wolf

Das große Garten- und Kochbuch

Ceres-Verlag
Rudolf-August Oetker KG
Bielefeld

Vorwort

Beneidenswert, wer einen eigenen Garten hat, in dem alles prächtig wächst und gedeiht. Und wer dann noch der Natur ein guter Partner sein will, möchte sicher auch seinen eigenen Erfahrungsschatz mit neuem Gartenwissen bereichern.
Dafür haben wir dieses Buch gemacht.

Alles ist leicht beschrieben, reich bebildert und in logischer Kapitelfolge genau auf das Gartenjahr abgestimmt. Denn nach der Natur ist dieses Buch gegliedert.
Im „Garten-Ratgeber" lesen Sie, wie Sie den Garten für Ihren Bedarf aufteilen, den Boden richtig bearbeiten und düngen und ihn für eine gute Saat und reiche Ernte vorbereiten.
Im „Saatgut- und Pflanzenratgeber" steht alles über richtige Aussaat, Anzucht und Pflanzung – über Pflanzenschutz und -pflege.
Und das Kulinarische an diesem Garten- und Kochbuch: Für alles, was Sie gesät, gepflanzt und geerntet haben, gibt es im großen Kochbuchteil über 400 Rezepte und Anregungen für die köstlichsten Gerichte aus eigenem Garten. Hier finden Sie auch für Ihr Selbstgeerntetes die richtigen Garzeiten für vitaminschonendes, gartenfrisches Kochen.
So verbindet dieses Buch auf ganz natürliche Art und Weise: Spaß am Garten und Freude am Genießen.

Ihr
Ceres-Verlag

Wolf Garten-Ratgeber.

Eine Fülle leicht verständlicher Ratschläge von der Anlage eines Gemüsegartens bis hin zur Ernte selbstgezogener Gartenfrüchte. Praxisbezogen und reich bebildert.

1. Wieviel Fläche benötigt man für einen Gemüsegarten?

Vorschläge für die Gestaltung eines Gemüsegartens.
30 m²-Beetkultur-Garten.
Seiten 16 bis 23

2. Der Boden und seine Bedeutung.

Wie unser Boden entstanden ist. So verbessern Sie Ihren Gartenboden. Kompost, Gründüngung, Mulchen. Bodenbearbeitung und Saatbeetvorbereitung. Zweckmäßige Gartenwerkzeuge.
Seiten 24 bis 43

3. Anlage und Aufteilung eines Gemüsegartens.

Beetkultur. Mischkultur. Hügelbeet. Tiefkultur. Fruchtwechsel zur Gesunderhaltung des Bodens und der Pflanze.
Seiten 44 bis 51

5. Aussaat, Anzucht, Pflanzung.

Freilandaussaat. Freilandpflanzung. Anzucht von Jungpflanzen.
Seiten 58 bis 65

4. Alles, was Sie über Saatgut wissen sollten.

Saatgutqualität. Haltbarkeit des Saatgutes. Saatguteinkauf. Qualitätszüchtungen und exklusive Neuzüchtungen.
Seiten 52 bis 57

6. Nährstoffe für unsere Nutzpflanzen.

Bedeutung der Nährstoffe. Organische Düngung. Mineralische Düngung. Pflanzennährstoffe und Pflanzennährstoffbedarf. Die wichtigsten Mangelsymptome. Düngung und Erntequalität.
Seiten 66 bis 73

7. Wichtige Bodenpflege-Maßnahmen.

Wässern zur rechten Zeit. Unkrautjäten. Bodenlockern. Das richtige Werkzeug zur Bodenpflege.
Seiten 74 bis 77

8. Pflanzenschutz im eigenen Garten.

Integrierter Pflanzenschutz. Chemischer Pflanzenschutz.
Seiten 78 bis 81

9. Ernte, Verwertung und Lagerung.

Ernte. Verwertung. Vitamingehalt der Gemüsepflanzen. Lagerung. Einsalzen. Trocknen.
Seiten 84 bis 89

10. Der Gemüsegarten im Winter.

Wintergemüse.
Seiten 90 bis 92

Wolf Saatgut- und Pflanzen-Ratgeber.

Alles, was Sie über das Säen, Pflanzen und Ernten wissen sollten, damit Sie die Früchte Ihrer Gartenarbeit reichlich genießen können.

2. Fruchttragende Gemüse, Fenchel und Rhabarber.

Gurken, Zucchini und Kürbisse: Schlangen- oder Salatgurke, Einlegegurke, Zucchini, Kürbis.
Aubergine und Paprika. Mais. Fenchel. Rhabarber.
Seiten 102 bis 109

1. Hülsenfrüchte.

Erbsen: Markerbse, Schalerbse, Zuckererbse.
Buschbohnen: Grüne Buschbohne, Filetbohne, Wachsbohne. Stangenbohnen, Prunkbohne oder Feuerbohne.
Puffbohne oder Dicke Bohne.
Seiten 94 bis 101

3. Tomaten.

Salat-Tomate, Fleisch-Tomate, Koch-Tomate, Kirsch-Tomate.
Seiten 110 bis 115

4. Kartoffeln.

Seiten 116 bis 119

5. Kohlarten.

Blumenkohl und Broccoli. Kohlrabi. Wirsing, Rotkohl und Weißkohl. Rosenkohl. Grünkohl. Chinakohl.
Seiten 120 bis 127

6. Laucharten.

Zwiebeln: Frühlingszwiebel, Perlzwiebel, Gelbe Zwiebel, Rote Zwiebel, Schalotte, Knoblauch. Porree oder Lauch.
Seiten 128 bis 133

7. Salate und Blattgemüse.

Kopfsalat, Krachsalat, Schnittsalat und Bindsalat. Endivie. Feldsalat oder Rapunzel. Zuckerhut oder Zichoriensalat und Radicchio. Chicorée. Gartenkresse. Sauerampfer. Spinat. Neuseeländer-Spinat. Mangold.
Seiten 134 bis 143

8. *Wurzelgemüse.*

Mairübe. Möhren, Karotten und Pastinaken. Radieschen und Rettich. Rote Rübe oder Rote Bete. Bleichsellerie oder Stangensellerie. Knollensellerie. Schnittsellerie. Schwarzwurzeln.

9. *Kräuter.*

Basilikum. Bohnenkraut. Borretsch oder Gurkenkraut. Dill. Estragon. Kerbel. Lavendel. Liebstöckel. Majoran. Petersilie. Pfefferminze. Pimpinelle oder Bibernelle. Rosmarin. Salbei. Schnittlauch. Thymian. Wermut. Zitronenmelisse.

10. *Beeren.*

Erdbeeren. Himbeeren und Brombeeren. Johannisbeeren und Stachelbeeren.

Wolf Zeitplan fürs Säen, Pflanzen, Ernten

Der übersichtliche Kalender für alle Gartentermine rund ums Jahr.

Wolf Garten-Lexikon.

Die gebräuchlichsten Gartenbegriffe, leicht verständlich erklärt. Viele Bilder veranschaulichen den Text.

Stichwortverzeichnis

Dr. Oetker Küchen-Ratgeber.

Wissenswertes über Nährwerte, Vitamin- und Mineralgehalt von frischen Gartenfrüchten. Die richtigen Garzeiten für junges Gemüse und viele Tips.
Seiten 190 bis 198

1. Hülsenfrüchte.

Rund und knackig in Parmesan-Sahne, mit Krabben oder Schinken. Als Suppe, Soufflé oder Salat. Als leckere Füllung und auf Toast. Zart und schlank mit Pfifferlingen oder Speck, als Gemüse, Eintopf und Salat – und eingesalzen wie zu Großmutters Zeiten.
Seiten 200 bis 219

Dr. Oetker Rezepte für gartenfrisches Kochen.

Köstliche Gerichte für Ihre selbstgeernteten Gartenfrüchte. Traditionelles in überraschenden Kombinationen und Neues, das sich auszuprobieren lohnt.

2. Fruchttragende Gemüse, Fenchel und Rhabarber.

In vertrauten Kombinationen mit neuem „Pfiff": kalt in Salaten, kalt und heiß in Suppen, heiß im Auflauf. Fein mit Füllung oder pikant in Essigsud.
Seiten 220 bis 239

3. Tomaten.

Klassische und neue Kombinationen. Als Beilage oder Hauptgericht. „Solo“ oder zusammen mit anderen Gemüsen. Mit Fisch, Fleisch und Käse, zu Nudeln und Pizza. „Errötet“ als Suppe, Soße oder Salat – noch grün sogar als Konfitüre.
Seiten 240 bis 255

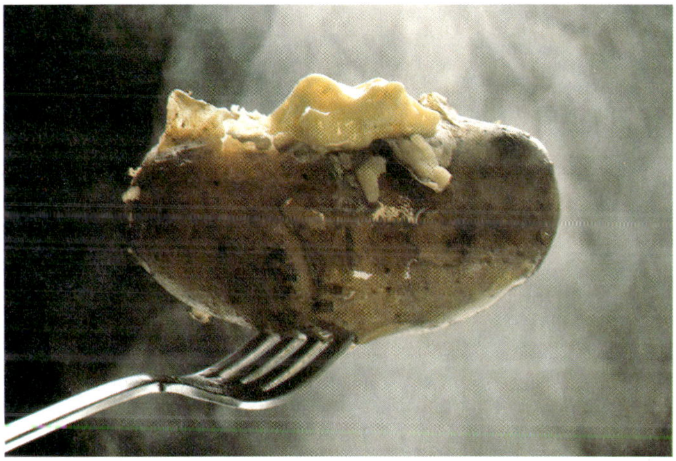

4. Kartoffeln.

Goldgelb zu Klößen und Suppen. Goldbraun zu Aufläufen, Gratins und Puffern. In neuen Kombinationen zu bunten Salaten.
Seiten 256 bis 269

5. Kohlarten.

Ganz fein mit Mandelbutter, Käsehaube, zart gedünstet oder gefüllt. Kräftig, deftig im Eintopf oder als Gemüsebeilage. Pikant als Salat oder Suppe.
Seiten 270 bis 289

6. Laucharten.

Scharf und mild zubereitet, pikant kombiniert und süßsauer eingelegt. Zu Fleisch als raffinierte Beilage, zu Suppen und Gemüsen als leckere Hauptzutat. Gebacken im herzhaften Hefekranz, Kuchen oder Strudel.
Seiten 290 bis 305

7. *Salate und Blattgemüse.*

Kalt als Salat – mal lieblich mit Früchten oder Nüssen, mal würzig mit Speck, verschiedenen Gemüsen oder Pilzen. Heiß als Suppe oder Beilage – mal traditionell, mal ganz modern kombiniert.
Seiten 306 bis 329

8. *Wurzelgemüse.*

Dick und gefüllt, als Beilage oder Hauptgericht. Klein und fein im Salat oder Quark. Deftig im Eintopf, überraschend im Kuchen, gesund als Saft – und knusprig fritiert und überbacken.
Seiten 330 bis 349

9. *Kräuter.*

Zu Salaten, Gemüsen, Eiern, Fleisch und Fisch. Zu süßen und herzhaften Suppen, zu Gelees und Bowlen.
Seiten 350 bis 373

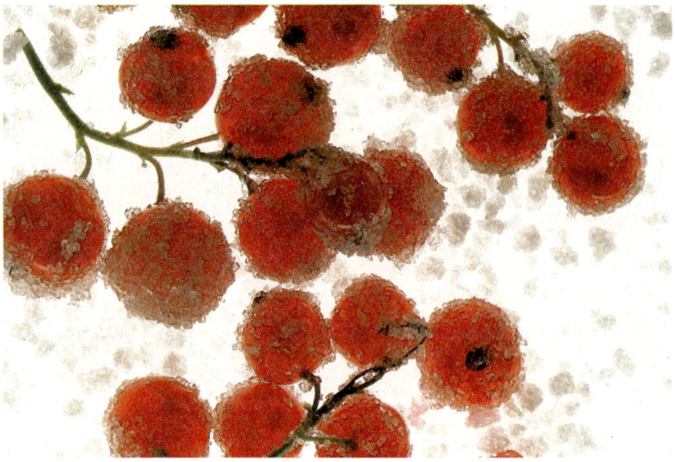

10. *Beeren.*

Süß als Konfitüren, Eis und Grützen. Pikant als Soße zu Wild und Geflügel. Flüssig mit und ohne „Prozente".
Seiten 374 bis 395

Wolf Garten-Ratgeber

Dieses Buch soll ein praktischer, leicht verständlicher Ratgeber sein. Deshalb sind unsere praxisbezogenen Garten-Ratschläge reich bebildert. Hier finden Sie alles, was Sie schon immer wissen wollten über Bodenbearbeitung und Bodenverbesserung, Aufteilung und Anlage des Gartens sowie über richtiges Säen und Pflanzen. Für mehr Freude am Garten und besseres Ernten.

Wieviel Fläche benötigt man für einen Gemüsegarten?

Sie werden erstaunt sein, wie wenig Platz Sie brauchen, um eine solche Vielfalt von Gemüse zu ernten! Selbst auf dem Balkon, auf der Terrasse oder im Blumengarten können Sie viele Kräuter und Gemüsearten wachsen lassen.

Der Anbau von Früchten und Gemüse lohnt sich nicht nur – er macht auch viel Spaß. Zugegeben, etwas Mühe macht die Gartenarbeit schon. Doch wieviel Freude macht es erst, wenn alles wächst und gedeiht, und wenn Sie für Ihre Mühen zur Erntezeit hundertfach belohnt werden. Schon beim Anschauen bekommen Sie Appetit: Zartgrüner Salat neben leuchtendroten Tomaten, knackig grüne Gurken neben buntem Paprika und hübsch gekräuselte Petersilie neben vielen anderen aromatischen Kräutern.

Doch nicht nur dem Auge bieten sich herrliche Sachen, auch der Gaumen wird verwöhnt. Gemüse aus dem eigenen Garten kommt knackig frisch auf den Tisch, prall voller Vitamine und einfach unübertrefflich im Geschmack. Probieren Sie es einmal selbst.
Sie werden kaum glauben, wie einfach alles gelingt.
Sie legen ein Beet an, säen oder pflanzen, düngen und wässern. Den Rest übernimmt „Mutter Natur".
Damit der Garten auch ein Vergnügen bleibt, genügen für den Anfang ca. 30 m^2 Anbaufläche. Sie brauchen dann für die Pflege im Durchschnitt nicht mehr als etwa zwei Stunden wöchentlich. Dafür dürfen sich dann „Leib und Seele" das ganze Jahr über an einer Vielzahl von erntefrischen, gesunden Gartenfrüchten erfreuen.
Wie groß später Ihr Gemüsegarten wirklich wird, entscheiden Freude und Erfolg, die Sie am Gemüseanbau haben werden.

Vorschläge für die Gestaltung eines Gemüsegartens

Unsere Gestaltungsvorschläge (siehe Seiten 20/21 und 48/49) sollen Anregungen geben, wie Sie die „ersten" 30 m^2 sinnvoll aufteilen – und rund ums Jahr nutzen können. Natürlich ist keine Pflanze ein Muß, und nach der Lektüre unseres Ratgebers werden Sie sicher bald eigene Pläne ausarbeiten können. Wenn Sie besonders wenig Platz haben, aber trotzdem die Freude am Selberernten nicht missen möchten, dann verbinden Sie doch einfach das Nützliche mit dem Schönen.

Daß diese Idee gar nicht so ungewöhnlich ist, zeigen viele alte Kräuter- und Gemüsegärten. In früheren Zeiten wurden Nutzgärten so kunstvoll angelegt, daß sie sich von den Ziergärten kaum unterschieden. Auf begrenztem Raum werden Sie sich heute natürlich mit weniger Aufwendigem zufriedengeben.
So passen z. B. kreisrunde Beete mit verschiedenen Durchmessern (bis ca. 120 cm) in den modernen Hausgarten. Fassen Sie diese Beete mit buschigen, niedrigen Stauden oder Sommerblumen ein. –
Oder versuchen Sie es mal mit Petersilie. Einfach so, nur zur Dekoration. Sie werden staunen, wie hübsch das aussieht.

Auch Rundhölzer sind als Einfassung geeignet, damit können Sie auch noch in der Höhe variieren. Dann pflanzen Sie z. B. Salat, Buschbohnen, Tomaten, Kräuter oder was Ihnen am besten schmeckt.
Wenn Sie Ihren Garten besonders reizvoll gestalten wollen, dann können Sie ihn mit natürlich geformten Bruchsteinplatten anlegen. So umgehen Sie allzu strenge Beetformen.
Das ist beinahe genauso wirtschaftlich wie die Aufteilung in herkömmliche Beete, aber Kohlköpfe z. B. sehen darin wie pausbäckige Blumen aus.

Übrigens …

… vor der Anlage eines Gemüsegartens gibt es eine Menge zu bedenken: Welche Gemüsearten sollen angebaut werden? Wie sollen die Beete aussehen? Wollen Sie eine Mischkultur anlegen? Wo ist der beste Platz für ein Frühbeet? Am besten, Sie zeichnen sich alles in Ruhe auf. Sie können auf dem Papier leichter etwas ändern als später im Garten. In den folgenden Kapiteln finden Sie praktische Ratschläge, die Ihnen bei der Planung nützlich sein werden.

30 m^2-Beetkultur-Garten

Gartengröße: 4,50 x 6,60 m,

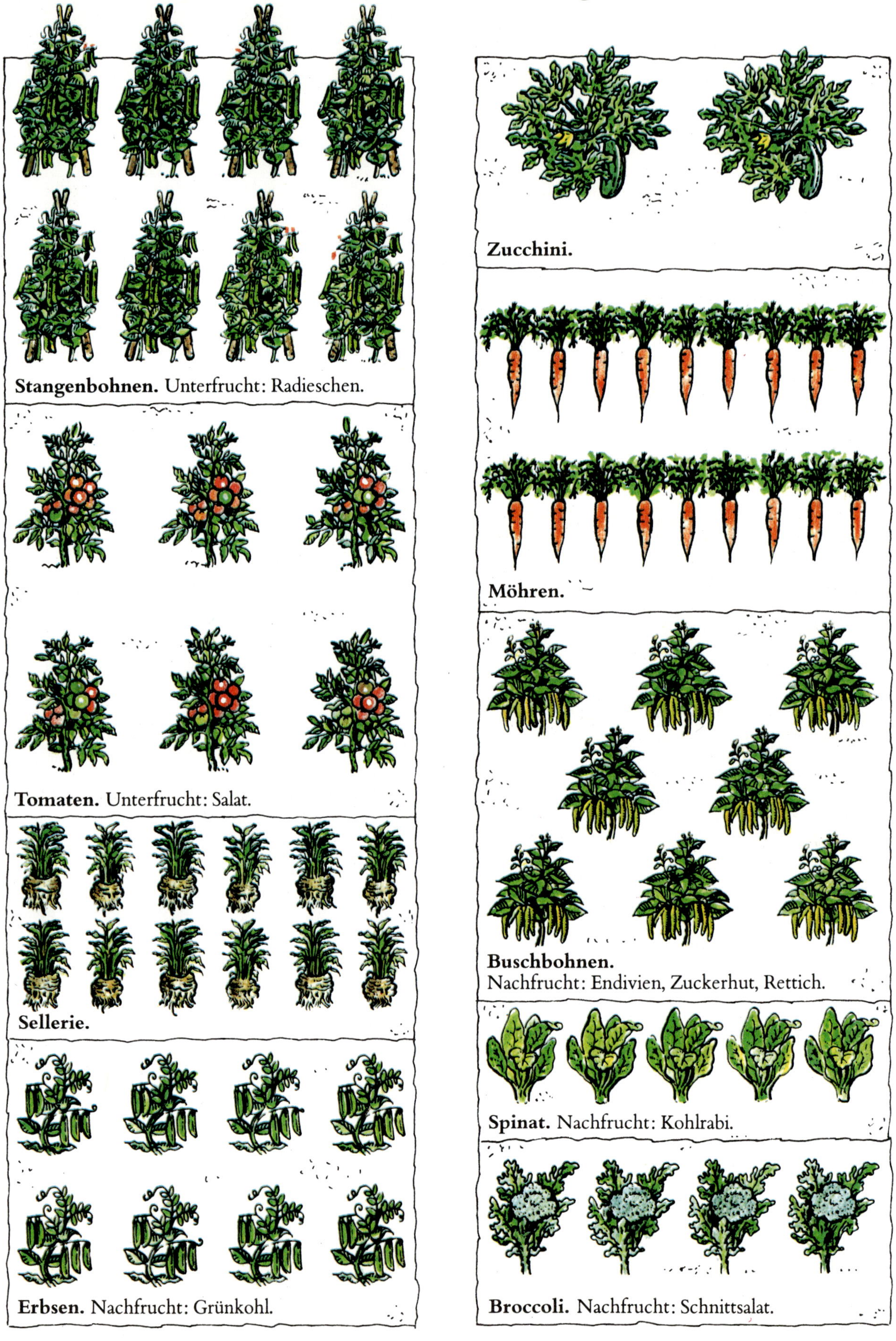

Einzelfläche: 4,50 x 1,50 m, Wegbreite: 20 cm.

Heute gibt es nur noch einige der vielen Kräutergärten aus früherer Zeit. Doch zahlreiche Abbildungen auf alten Stichen zeigen uns, wie wichtig man diese Art einer aufwendigen Gartenaufteilung nahm. Anschauliches Beispiel für eine typische Form der Mischung von Zier- und Nutzgarten im Großformat liefert uns heute noch der Renaissancegarten von Château Villandry im Tal der Loire.
Vom erhöhten Standort bieten die sogenannten „parterres" – Beete mit vielfach ineinander verschlungenen geometrisch strengen Linien – einen wunderbaren Anblick.
Alle Flächen sind mit Buchsbaumhecken eingefaßt. Nicht nur die Blumenbeete, sondern auch die Felder mit Gemüse und Kräutern. Auch jetzt wachsen dort nur solche Pflanzen, die im Frankreich des 16. Jahrhunderts bekannt waren.

Der ornamentale Renaissance-Garten von Schloß Villandry mit seinen Gemüsebeeten, die sich kaum von den Flächen mit Blumen unterscheiden.

Buschtomaten in Töpfen eignen sich auch für Balkon und Terrasse.

Sie finden auch auf jedem noch so kleinen Balkon ein Plätzchen für die Anzucht von Kräutern, die Sie in der Küche immer wieder frisch gebrauchen können. Selbst die Fensterbank ist noch breit genug dafür. Sogar auf Obst und Gemüse muß der Balkongärtner nicht mehr verzichten. Es gibt kleinwüchsige Obstbäume, die zwar keine Riesenerträge erwarten lassen, aber schon das Blühen der Bäumchen und das Heranwachsen der Früchte ist ein wirkliches Erlebnis. Auch Monatserdbeeren können auf kleinem Raum gezogen werden, und Buschtomaten in dekorativen Kübeln können durchaus mit Blumen konkurrieren. Probieren Sie es selber aus. Vielleicht wird so der Grundstein für ein Hobby gelegt, das nicht nur Spaß macht, sondern auch im wahrsten Sinne des Wortes „Früchte" trägt.

Tomaten oder verschiedene Gemüse in Pflanzgefäßen sind nicht nur schmackhaft, sondern auch eine schöne Dekoration für Balkon und Terrasse.

Ein rundes Kräuterbeet im Rasen ist eine hübsche und zugleich nützliche Alternative zum üblichen Blumenrondell.

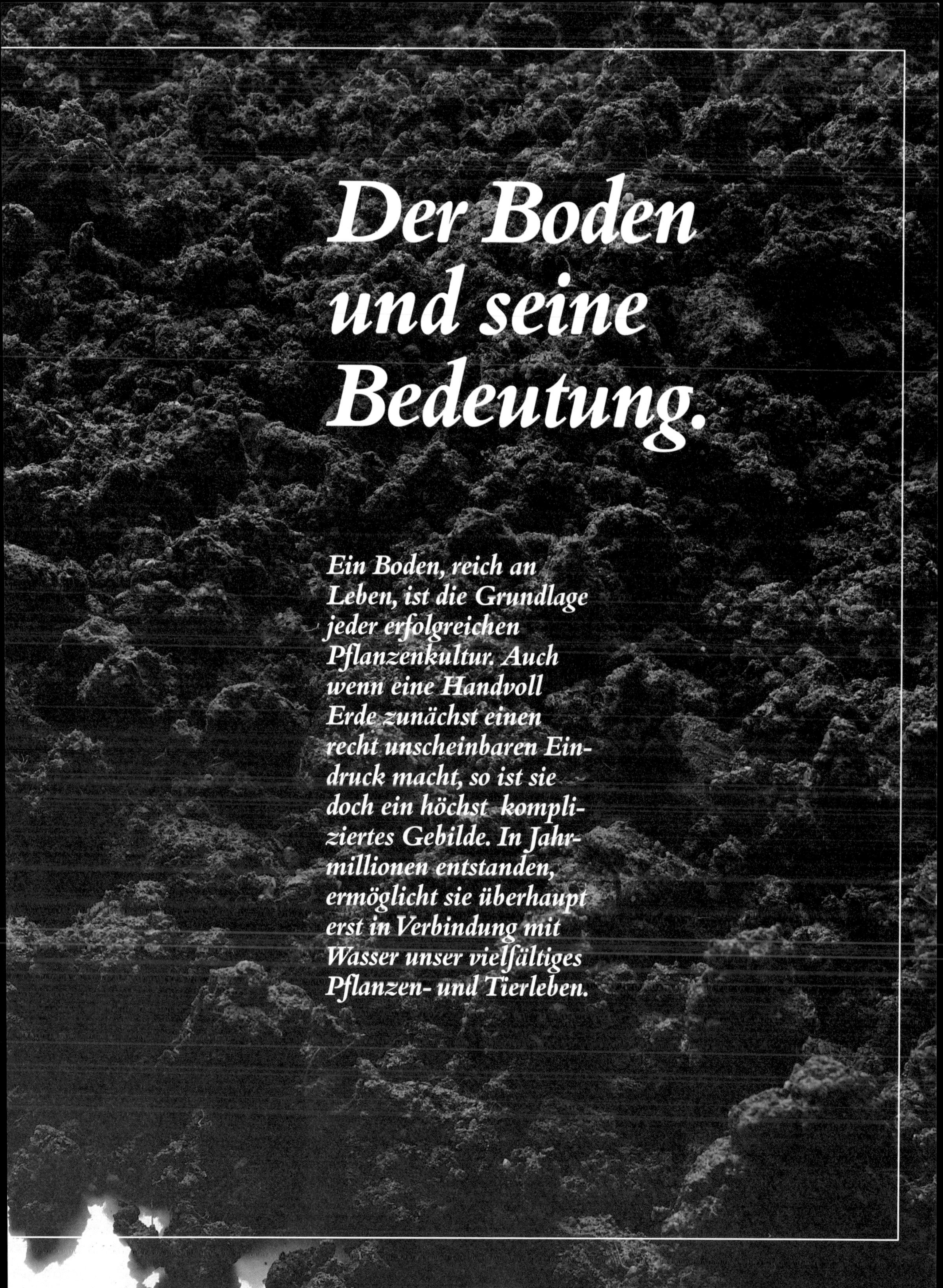

Der Boden und seine Bedeutung.

Ein Boden, reich an Leben, ist die Grundlage jeder erfolgreichen Pflanzenkultur. Auch wenn eine Handvoll Erde zunächst einen recht unscheinbaren Eindruck macht, so ist sie doch ein höchst kompliziertes Gebilde. In Jahrmillionen entstanden, ermöglicht sie überhaupt erst in Verbindung mit Wasser unser vielfältiges Pflanzen- und Tierleben.

Wie unser Boden entstanden ist

Die Entstehung des Bodens dauert bis in unsere Tage an. Ausgangsmaterie war dabei stets das feste Gestein (Felsen), das durch die Einwirkung von Wind und Wasser und von Hitze und Kälte verwitterte. Dieser mineralische „Rohboden" läßt unter günstigen Bedingungen Pflanzenwuchs zu. So reichert sich nach und nach organische Substanz an. Im Boden lebende Organismen vermischen die organische Substanz mit dem verwitterten Ausgangsgestein – bis endlich fruchtbare Erde entstanden ist.
Vereinfacht gesehen, besteht also jeder Boden aus dem festen **Ausgangsgestein,** d. h. Felsen, dem **Unterboden,** der bereits verwittertes Gestein enthält, und dem humosen **Oberboden,** den jeder als wertvollen Mutterboden kennt.

Übrigens...

...können Sie die Bodenart in Ihrem Garten auch sichtbar machen.
Geben Sie eine Handvoll Erde in ein Wasserglas. Füllen Sie es mit Wasser auf und rühren Sie kräftig um. Beobachten Sie, wie sich der Boden im Glas absetzt. Sandige Böden sinken rasch ab, und das Wasser bleibt überwiegend klar. Schwere, ton- und lehmhaltige Böden setzen sich nur langsam ab, und das Wasser bleibt trübe. Einen besonders humusreichen Boden erkennen Sie an den leichten Humusteilchen, die an der Wasseroberfläche schwimmen.

Die verschiedenen Bodenarten

Für die Arbeit des Gärtners ist es besonders wichtig, die Beschaffenheit des Oberbodens zu kennen.
Je nach Ausgangsgestein unterscheidet man grob drei verschiedene Bodenarten:
1. leichter Boden = Sand
2. mittelschwerer Boden = Lehm
3. schwerer Boden = Ton
Dazu gibt es Übergangsstufen wie z. B. sandiger Lehm oder toniger Lehm.
Eine einfache Fingerprobe gibt Ihnen schon Aufschluß über die Beschaffenheit Ihres Gartenbodens, denn die Korngröße der einzelnen Bodenteilchen ist unterschiedlich: bei Sand ist sie am größten, bei Ton am kleinsten.

Beim Zerreiben einer nicht zu feuchten Bodenprobe lassen sich folgende Unterschiede feststellen:
Ton ist zu Rollen oder Kugeln formbar, beschmutzend, mit glatter, leicht glänzender Gleitfläche.
Lehm ist weniger formbar, leicht mehlig, zerbröckelnd, kaum beschmutzend und mit rauher Gleitfläche.
Sand ist nicht beschmutzend, nicht formbar und körnig.
Die einzelnen Übergangsstufen sind durch den unterschiedlichen Anteil jeder Korngröße gekennzeichnet.

So verbessern Sie Ihren Gartenboden

Ob ein Boden ideal für die Gartennutzung ist, oder ob er verbessert werden sollte, darüber entscheidet eine Vielzahl von Einzelfaktoren. Dazu gehören Humusgehalt, Nährstoffgehalt, Struktur, Wasserführung, pH-Wert und Bodenlebewesen. Alle Faktoren stehen in enger Wechselbeziehung zueinander. Mit den klimatischen Gegebenheiten entscheiden sie über die Ertragsfähigkeit eines Bodens.

In einem gut vorbereiteten Gartenboden kann sich kräftiges Wurzelwerk entwickeln.

Wie wichtig die Bodenstruktur ist

Die Bodenstruktur hängt weitgehend von der Bodenart ab. Man unterscheidet zwischen Einzelkornstruktur und Krümelstruktur.
Ton- und Sandböden weisen eine sogenannte **Einzelkornstruktur** auf. D.h., die Bodenteilchen liegen sehr locker bzw. sehr dicht beieinander. Die Hohlräume zwischen den Teilchen sind deshalb auch verschieden groß. Sie können zwischen 25% (Ton) bis 60% (Sand) des gesamten Bodenvolumens ausmachen. Das ist entscheidend für die Wasserführung der Böden. Reiner Sand hält wenig Wasser und trocknet schnell aus. Sein lockeres Gefüge läßt sich leicht bearbeiten. Reiner Tonboden dagegen bindet viel Wasser, ist deshalb kalt und schwer zu bearbeiten. Er hat schon manchen Hobbygärtner zum Verzweifeln gebracht.

Boden mit Krümelstruktur.

Bei der **Krümelstruktur** sind die Bodenteilchen zu Krümeln von einigen Millimeter Durchmesser verkittet. Durch die unregelmäßige Form der Krümel sind die Hohlräume zwischen ihnen verschieden groß. Deshalb sind Luft- und Wasserführung in gut gekrümelten Böden meistens günstiger als bei Einzelkornstruktur.
Das Krümelgefüge ist also der Bodenzustand, der gartenbaulich am günstigsten ist, weil es die Ansprüche unserer Kulturpflanzen am besten erfüllt:
Luft und Wasser sind ausreichend vorhanden und die Wurzeln finden genug Halt, aber keinen zu großen Widerstand.
Diese Voraussetzungen findet man in sandigen Lehmböden vor. Freuen Sie sich also, wenn Ihr Gartenboden aus mittelschwerem Lehm besteht.

Was ist Bodengare?

Den Idealzustand des Bodens nennt man Bodengare. Ein wesentlicher Faktor ist seine Krümelstruktur, die durch die Zusammenballung von Bodenteilchen hervorgerufen wird. Ausreichende Vorräte an Humus und Kalk bzw. die Verbesserung des Bodens damit sind die Voraussetzung dafür.
Auch die richtige Bodenbearbeitung fördert die erwünschte Gare: Umgraben im Herbst z. B. trägt zur Frostgare bei (siehe Kapitel Bodenbearbeitung Seite 37). Beschattung (etwa durch die Blätter einer Gründüngung) hält die Bodenoberfläche feuchter und schützt die Krümel vor der Zerstörung durch aufprallende Regentropfen (Schattengare). Auch den Mikroorganismen (Kleinstlebewesen) im Boden kommt eine wichtige Rolle zu. Sie „verkitten“ die Bodenkrümel.

Lehmboden mit hohem Tonanteil ist nach längerer Trockenheit kaum noch zu bearbeiten.

Die häufig vorkommende Braunerde ist gut für die gartenbauliche Nutzung geeignet.

Warum Ihr Garten Humus braucht

Auf Humus können Sie in Ihrem Garten kaum verzichten. Unterschieden wird dabei zwischen zwei Arten: dem Nährhumus und dem Dauerhumus.
Nährhumus sind alle noch nicht vollständig verrotteten organischen Stoffe, die dem Boden zugeführt werden:
z. B. Kompost, Stallmist, Torf, Mulch oder Pflanzenreste. In oder auf dem Boden dient er dem Bodenleben als Nahrung, verrottet, und wird schließlich zum wertvollen Dauerhumus. Im Unterschied zum Nährhumus weist der Dauerhumus keine erkennbare Struktur auf. Dauerhumus wirkt sich in vieler Hinsicht vorteilhaft auf den Boden aus: Er fördert die gewünschte **Bodengare,** weil er schwere Böden lockert und leichte verbessert und damit eine gleichmäßige Durchfeuchtung und Durchlüftung des Bodens ermöglicht. Er enthält alle Nährstoffe in pflanzenverfügbarer (leicht löslicher) Form, und er trägt durch seine ausgewogene Zusammensetzung entscheidend zur Erhaltung des biologischen Bodengleichgewichts bei.

Eine 20–30 cm dicke, gesunde Dauerhumusdecke (Mutterboden) ist also die beste Grundlage für einen erfolgreichen Gartenbau. Jeder Gärtner sollte deshalb stets bemüht sein, den Humusgehalt seines Bodens zu erhalten bzw. zu mehren.
So kann die Dauerhumusbildung u. a. durch die Förderung des Bodenlebens unterstützt werden. Ideale Lebensbedingungen finden Mikroorganismen und Kleinlebewesen in einem gut durchlüfteten Boden bei einem schwach sauren bis leicht alkalischen pH-Wert und reichlich organischer Substanz als Nahrung. Der Boden sollte außerdem nie zu naß oder zu trocken gehalten werden.

Übrigens …

… wird mit dem pH-Wert angegeben, ob ein bestimmter Stoff „sauer" (wie eine Säure) oder „basisch" (wie eine Lauge) reagiert. Die pH-Skala geht dabei von 1 = reine Säure bis 14 = reine Lauge. Der Wert 7 ist neutral, d. h. weder sauer noch basisch. Gemessen wird mit pH-Indikator-Papier, das es in Laborbedarfsläden und Apotheken gibt. Einige Beispiele sollen die Begriffe „sauer", „neutral" und „basisch" deutlich machen. Magensäure ist stark sauer – pH-Wert 1,3. Essigsäure ist sauer – pH-Wert 3. Wasser ist neutral – pH-Wert 7. Flüssiges Waschmittel ist schwach basisch – pH-Wert 8. Haushalts-Desinfektionsmittel ist stark basisch – ph-Wert 10.

Kompost als wichtiger Humuslieferant

Da in einem Nutzgarten die Pflanzenteile geerntet werden und nicht in den natürlichen Kreislauf (s. Zeichnung) zurückgelangen, d.h. verrotten können, müssen dem Boden die entzogenen Nährstoffe wieder ersetzt werden. Die beste Methode, den Humusgehalt im Boden konstant zu halten bzw. anzuheben, ist das Kompostieren. So wird der natürliche Kreislauf – praktisch nur an anderer Stelle – wieder geschlossen.

Praktische Tips zum Kompostieren:

Ein Komposthaufen hat nichts mit einem unordentlichen Abfallplatz in der hintersten Gartenecke zu tun. Es werden zwar in erster Linie Abfälle verwendet, aber daraus soll schließlich wertvolle Erde werden. Wählen Sie deshalb für Ihren Komposthaufen einen sauberen, halbschattigen, möglichst windgeschützten und gut zugänglichen Platz. Am besten ist es, Sie setzen ihn direkt auf dem Erdboden an, weil so die erforderlichen Bodenorganismen schnell in den Kompost gelangen können.

Ein Komposthaufen muß eine bestimmte Größe haben, damit er sich gut erwärmen kann. Dann verrottet er besser. Eine Grundfläche von 1x1 m und ca. 80 cm Höhe sind die erforderlichen Mindestmaße. Dabei ist es gleichgültig, ob Sie sich für einen Kompost-Behälter entscheiden – der gleich für eine gewisse Ordnung sorgt – oder den Kompost frei aufschütten.

Im allgemeinen haben sich Behälter sehr gut bewährt, wenn nicht allzuviel organisches Material anfällt. Für einen 2–3-Personen-Haushalt sind sie z.B. gut geeignet.

Natürlicher Kreislauf der Nährstoffe

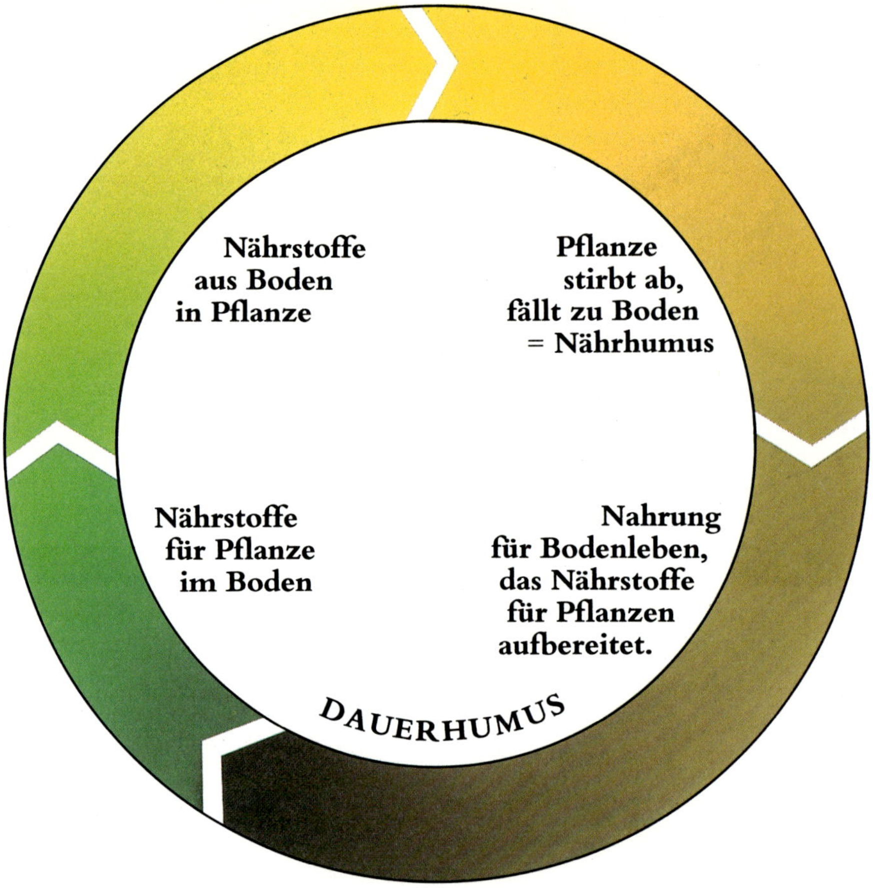

Kurzzeitig unterbrochener Kreislauf der Nährstoffe

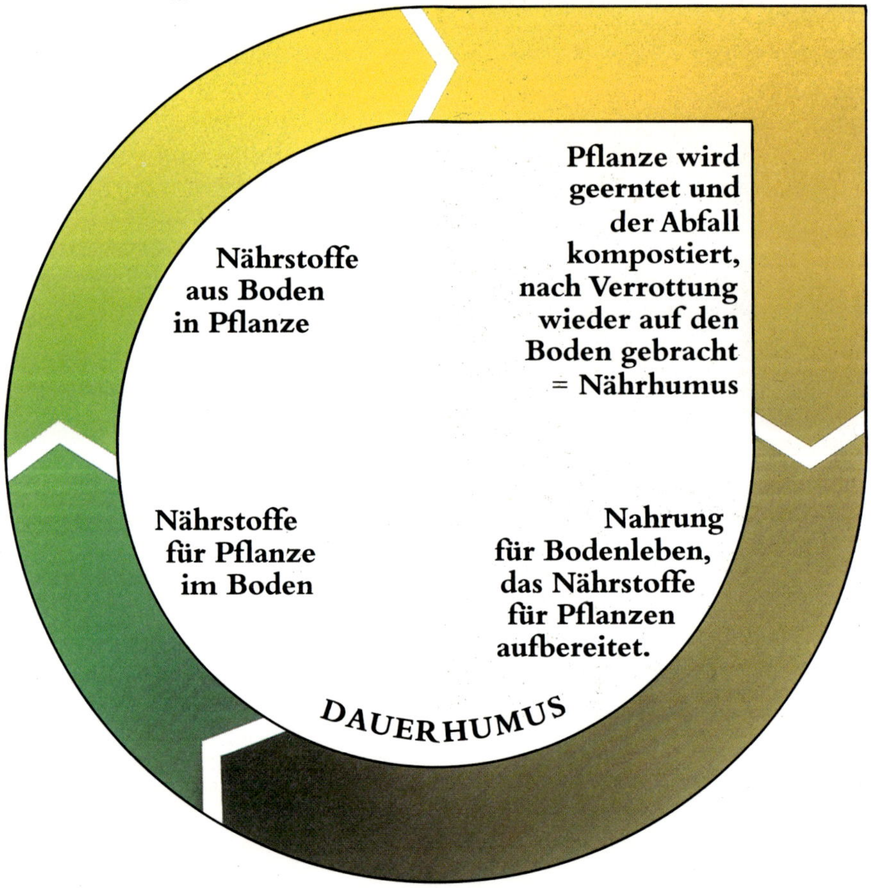

Sammeln Sie zuerst einmal genügend organisches Material – Pflanzenreste und Küchenabfälle – und schichten sie es später auf. Etwa alle 20 cm wird etwas Gartenerde, vermischt mit mineralischem Dünger (zur Bereicherung) und kohlesaurem Kalk (zur Förderung der Verrottung), dazwischengestreut. Zuletzt wird der fertige Haufen mit luftdurchlässigem Material (trockener Rasenschnitt oder Torf) abgedeckt. Das schützt ihn vor zuviel Nässe (fäulnisbegünstigend) bzw. zuviel Trockenheit (schimmelbegünstigend).
Nach etwa einem Jahr ist der Kompost gebrauchsfertig. In dieser Zeit sollte er einmal umgesetzt („gewendet") werden, was eine erneute Erwärmung und damit eine Förderung der Verrottung bewirkt. (Siehe auch Kapitel „Der Gemüsegarten im Winter" Seite 92.)

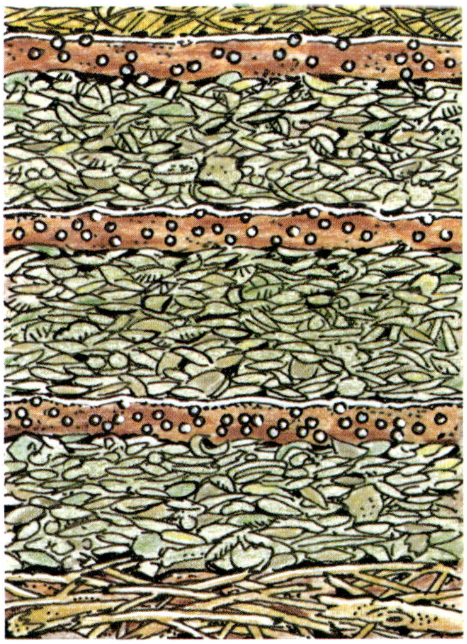

So sollten Sie Ihren Komposthaufen schichten.

Übrigens…

…können Sie auch Laub kompostieren. Schichten Sie es so auf wie die anderen organischen Abfälle (s. Grafik). Nur Blätter von Obstbäumen sollten Sie nicht auf den Kompost geben. Die Gefahr, Krankheitserreger zu übertragen, ist zu groß.

Kompostbehälter sorgen für eine gewisse Ordnung und eignen sich gut für kleinere Gärten.

Was darf alles auf den Komposthaufen?

Alle leicht verrottbaren organischen Abfälle aus Haushalt und Garten dürfen auf den Kompost. Grobe Teile allerdings nur gut zerkleinert, damit sie sich leichter zersetzen. Für alle nicht organischen Abfälle (Glas, Blech, Draht, Gummi, Kunststoff etc.) ist kein Platz auf Ihrem Komposthaufen. Auch Wurzelstrünke vom Kohl gehören nicht dorthin. Die Gefahr, daß sie die äußerst widerstandsfähigen Erreger der Kohlhernie übertragen, ist sehr groß (siehe Kapitel „Kohlarten").

Was Sie über Gründüngung wissen müssen

Gründüngung mit Leguminosen ist eine ideale Maßnahme zur Bodenverbesserung. Die Bakterien, die in ihren Wurzelknöllchen leben (s. unten) haben die Fähigkeit, den Stickstoff aus der Luft für die Pflanze nutzbar zu machen.

Ihr Gemüsegarten wird es Ihnen danken, wenn Sie sich von Zeit zu Zeit (als Zwischen- oder Nachkultur) für eine Gründüngung entscheiden. Sie verbessern den Boden dabei mit Pflanzen, die er selbst hervorgebracht hat.
Gründüngung gibt es als Samenmischung im Fachhandel. Sie kann vom Frühjahr bis zum Spätsommer (April bis Mitte August) angesät werden. Nach 6 bis 10 Wochen – oder wenn Sie die entsprechende Fläche wieder bestellen wollen – wird der Pflanzenwuchs einfach abgeschnitten. Er kann als Mulchschicht (siehe Seite 33 Mulchen) auf anderen Beeten oder als Zusatz zum Komposthaufen verwendet werden. Sie können die Pflanzen aber auch gleich durch Umgraben

in den Boden einarbeiten. Zusammen mit den Wurzeln verrotten sie dann und werden zur Nahrung für neue Pflanzen.
Unter den Gründüngungsmischungen haben sich die Leguminosen (Schmetterlingsblütler) besonders bewährt. Ihre im Wurzelbereich lebenden Knöllchenbakterien haben die Fähigkeit, den Boden mit Stickstoff aus der Luft anzureichern (siehe Seite 70 Stickstoff). Außerdem bilden sie in relativ kurzer Zeit eine große Pflanzen- und Wurzelmasse und bringen so zusätzlich einen Gewinn an organischer Substanz.
Die Gründüngung hat noch mehr Vorteile: Sie lockert den Boden durch teilweise sehr tief wurzelnde Pflanzen und erschließt damit die Nährstoffe des Untergrundes. Durch die Beschattung des Bodens (durch die Blätter) wird die Oberfläche feucht gehalten und geschützt (Schattengare) und die Entwicklung von Unkräutern durch Lichtentzug unterdrückt.
Noch ein nützlicher Tip aus der Praxis: Gründüngungsmischungen aus kleinsamigen Leguminosen und einjährigen Gräsern (z. B. verschiedenen Kleearten, Lupinen und einjährigen Weidelgräsern) lassen sich problemlos aussäen und später gut in den Boden einarbeiten.
Achten Sie darauf, daß diese Mischungen frei von Kreuzblütlern sind. Zur Familie der Kreuzblütler gehören auch alle Kohlarten. Durch zusätzliche Verwendung dieser Kreuzblütler (z. B. Senf) in der Gründüngung würde das Problem der Kohlhernie (siehe Kapitel „Kohlarten") zusätzlich verstärkt.
Von besonderem Wert sind Gründüngungsmischungen für allererste Kulturmaßnahmen im Garten. Zum Beispiel bei der Anlage eines Gartens auf Neubaugrundstücken. Denn damit kann man den ersten Schritt zum guten Gartenboden tun.

Gründüngung wird spätestens im Herbst untergegraben. Bis zum Frühjahr sind die Pflanzen dann verrottet und reichern den Boden so mit Nährstoffen an.

Mulchen

Eine weitere Methode der natürlichen Düngung des Gartenbodens ist das Mulchen. Es liegt in der Handhabung zwischen dem Kompostieren und der Gründüngung. Beim Mulchen wird leicht verrottbares Material (Rasenschnitt oder Laub) zwischen die Pflanzen gestreut. Die Schicht sollte nicht höher als 2 bis 3 Zentimeter sein. Sie schützt dann den Boden vor zuviel Sonne und Wind (Verdunstung, Temperaturschwankungen) und vor der verschlämmenden Wirkung von Regengüssen. Sie haben auch keinen Ärger mit dem Unkraut mehr. Es kann gar nicht erst wachsen, weil es kein Licht bekommt.
Es gibt aber einen Nachteil: Gemulchte Flächen wirken immer ein wenig „unordentlich". Wenn Ihr Gemüsegarten einem Ziergarten angegliedert ist, sollten Sie das bedenken.

Rasenschnitt als Mulchschicht.

Übrigens ...

... eignet sich der immer wieder anfallende Rasenschnitt ganz ausgezeichnet zum Mulchen. Bei vielen Pflanzen (z. B. Erdbeeren, aber auch Gurkengewächse) hat sich die schwarze Mulchfolie bewährt. Sie hat einen ähnlichen Effekt wie die „natürliche" Mulchschicht. Die Früchte bleiben außerdem sauber und faulen nicht so leicht.

Torf

Torf besteht aus einer lockeren, organischen Substanz (vorwiegend Torfmoose), die in Mooren gestochen wird. Unterschieden wird zwischen dem bereits stark zersetzten älteren Schwarztorf und dem wenig zersetzten jungen Weißtorf.
Beide Torfarten werden vielfach als Bodenverbesserer benutzt.
Aufgrund ihrer Entstehung sind sie außerordentlich nährstoffarm und infolge der ständigen Auslaugung sauer. Sie können daher nicht als Dünger, sondern nur zur Lockerung des Bodens genutzt werden.
Bedenken Sie aber bitte, daß Torf nicht in einer Fabrik hergestellt werden kann, sondern den ohnehin schon seltenen Moorlandschaften entnommen werden muß. Das macht ihn im Verhältnis zum Nutzen ziemlich teuer. Bodenverbesserung können Sie mit anderen Mitteln nachhaltiger und billiger erreichen (siehe vorangegangene Kapitel).
Zuviel Torf macht außerdem den Boden sauer und hemmt damit das Bodenleben in seiner Entfaltung. Darum sollten Sie ihn zurückhaltend verwenden.

Torf kann nicht in einer Fabrik hergestellt werden. Er wird nach wie vor in den selten gewordenen Moorlandschaften abgebaut.

Kalk

Wenn der Boden zu sauer ist, können sich die Mikroorganismen nicht richtig entwickeln. Das mindert die Bodenqualität.
Kalk kann überschüssige Säure neutralisieren, beschleunigt Umsetzungsvorgänge, macht schwer aufnehmbare Stoffe für die Pflanzen aufnehmbar und trägt damit wesentlich zur Bodenverbesserung bei.

Schwarztorf

Da Düngekalk im Verhältnis zu anderen Düngern relativ billig ist, wird allerdings oft zuviel des Guten getan. Ein alkalischer Boden ist aber für die Pflanzen- und Tierwelt (die ja größtenteils den neutralen pH-Bereich schätzt) ebenso ungünstig wie ein zu saurer Boden.
Sie sollten deshalb nur dann Ihren Boden kalken, wenn z. B. eine Bodenuntersuchung einen Mangel ergeben hat. Aber auch in diesem Fall kann man auf eine jährliche Kalkgabe verzichten. Meistens genügt es, ca. 150 g/m² alle drei Jahre zu verwenden.
Der beste Zeitpunkt für die Kalkung ist der Herbst (Oktober/November).
Aber denken Sie bitte daran: Es ist relativ einfach, einen sauren Boden aufzukalken, aber fast unmöglich, einen überkalkten Boden wieder zu harmonisieren (in einen neutralen pH-Bereich zu bringen).

Bodenbearbeitung und Saatbeetvorbereitung

Die sorgfältige Bodenbearbeitung ist die Grundlage für erfolgreiches Gärtnern.
Sie fördert nicht nur die erwünschte Bodengare, sie schafft auch die Voraussetzung für das Aufgehen und Gedeihen Ihres kostbaren Saatgutes. Dabei können Sie sich die Arbeit wesentlich erleichtern, wenn Sie den Boden zur richtigen Zeit und mit den richtigen Geräten bearbeiten.

Jahreszeitlicher Ablauf

Nur wer regelmäßig den Boden bearbeitet, schafft optimale Wachstumsbedingungen für seine Pflanzen. Die Tabelle auf der folgenden Seite zeigt Ihnen die Grundlage des gärtnerisches Erfolges in sechs Schritten.

	Februar	März	April	Mai	Juni	Juli	August	Sept.	Okt.	Nov.
1. Schritt	**Aufreißen**									
2. Schritt		**Krümeln**								
3. Schritt		**Säen/Pflanzen**								
4. Schritt		**Lockern** (s. Bodenpflege)								
5. Schritt			**Jäten**							
6. Schritt									**Umgraben**	

Zweck der einzelnen Bearbeitungs-maßnahmen

Das Umgraben:

Für alle Pflanzen ist es wichtig, daß sie während der gesamten Entwicklungszeit ausreichend Wasser und Nährstoffe aufnehmen und die Wurzeln leicht und tief in den Boden eindringen können. Um in Ihrem Gemüsegarten eine gute Ernte zu erzielen, müssen Sie deshalb den Boden erst einmal gründlich umgraben.
Die beste Zeit dafür ist der Herbst. Während der Wintermonate kann die Natur dann weiter arbeiten: Wasser dringt in die entstandenen Erdspalten und friert beim ersten Frost. Es dehnt sich dabei aus und „sprengt“ damit die großen Erdschollen. Tagsüber erwärmt sich der Boden wieder und bringt dadurch das Eis zum Schmelzen. Wasser dringt in die neu entstandenen Zwischenräume ein. Bei diesem sich wiederholenden Vorgang werden die Erdbrocken immer kleiner. Das nennt man dann Frostgare.
In den ersten Jahren sollten Sie Ihren Gartenboden einmal im Jahr richtig umgraben. Später, im bereits humosen „garen“ Boden, können Sie sich diese anstrengende Arbeit ersparen, dann genügt oftmals ein regelmäßiges oberflächliches Lockern (Grubbern).

Übrigens …

…sollten Sie den im Herbst umgegrabenen Boden nicht zerkleinern. Der Frost hat so eine größere Angriffsfläche, und das Regen- oder Schmelzwasser kann besser in den Boden eindringen.

Das Aufreißen:

Im Winter hat sich der Boden wie ein Schwamm mit Wasser vollgesogen. Dieses Wasser drängt im Frühjahr unablässig nach oben, ähnlich wie Öl in einem Docht aufsteigt. Wenn sich die Erde erwärmt, verdunstet es und die Oberfläche verkrustet.
Jetzt besteht die Gefahr, daß Sonne und Wind die Beete austrocknen, wenn der Boden unbearbeitet bleibt. Wenn also die obersten Schollenspitzen heller werden (abtrocknen), ist es Zeit, den Boden gründlich aufzureißen. Dadurch wird die Kruste zerstört, der Boden besser durchlüftet und erwärmt. Die wertvolle Winterfeuchtigkeit bleibt erhalten und die Mikroorganismen können sich voll entfalten, um im Boden neue Nährstoffe für neues Wachstum freizusetzen.

Beim Aufreißen verkrusteter Böden oder auch zum Lockern und Lüften ist der Kultivator eine wertvolle Hilfe.

Den gesamten Boden durchziehen haarfeine „Adern“ – die sogenannten Kapillaren. In ihnen steigt das Wasser (einer physikalischen Gesetzmäßigkeit folgend) stetig nach oben.

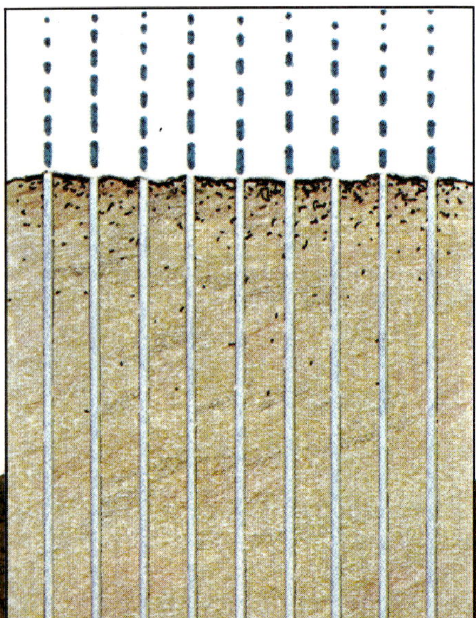

Damit es nicht ungenutzt verdunsten kann, müssen die Kapillaren an der Bodenoberfläche unterbrochen werden (z. B. durch Lockern).

Der Kultivator leistet Ihnen nicht nur bei der Bodenbearbeitung, sondern auch bei der Bodenpflege gute Dienste. Z. B. immer dann, wenn die Erde zwischen den Saatreihen gelüftet bzw. gelockert werden soll. Es gibt Kultivatoren mit starren Zinken und Verstellkultivatoren, die den unterschiedlichen Standweiten der Pflanzenreihen angepaßt werden können.

Das Krümeln:

Nach dem Aufreißen wird der Boden fein gekrümelt. Die lockere Krümelschicht wirkt wie ein „Deckel" und hält die kostbare Winterfeuchtigkeit im Wurzelbereich.
Außerdem ist das Krümeln die beste Beetvorbereitung für die Saat. Nur ein gleichmäßig gekrümelter Boden bietet der Saat den optimalen Bodenanschluß und damit die Voraussetzung für kräftige Wurzelbildung und gutes Wachstum.

Zweckmäßige Gartenwerkzeuge

Wie jeder Handwerker gutes Handwerkszeug braucht, so benötigt auch der Hobbygärtner gute Gartenwerkzeuge.
Sie können sich die Arbeit damit erheblich erleichtern und sparen auch Zeit. Bei schlecht ausgewähltem Gartenwerkzeug werden Sie schon bald über Rückenschmerzen oder Blasen an den Händen klagen.
Achten Sie beim Kauf vor allem auf folgende Punkte:
Gutes Gartenwerkzeug sollte aus kaltgewalztem, hochwertigem Stahl bestehen, der selbst bei extremen Belastungen formstabil bleibt.
Galvanisierte Gartenwerkzeuge sind zudem länger vor Rost geschützt und deshalb haltbarer. Auch bei großem Kraftaufwand soll die **Verbindung** zwischen Gerät und Stiel nicht brechen, reißen oder sich lösen. Ein **Stahlkern,** der das Werkzeug mit dem Stiel verbindet, garantiert höchste Stabilität, Zug- und Drehfestigkeit. Der Stiel selbst sollte aus Hartholz bestehen und gut in der Hand liegen.
Gartenwerkzeuge mit **Systemverschluß** haben noch weitere Vorteile. Verschiedene Geräte können schnell und einfach auf einen Stiel gesteckt werden. Das spart Platz bei der Aufbewahrung und erspart Ihnen unnötige Wege.
Die Konstruktion eines Systemverschlusses entspricht im Prinzip der eines Autosicherheitsgurtes. Werkzeug und Stiel werden einfach zusammengesteckt und lassen sich nur durch Knopfdruck wieder lösen. Das garantiert auch nach Jahren noch sicheren Halt.
Und noch etwas sollten Sie beachten: Gartenwerkzeuge, die eine ziehende Arbeitsweise ermöglichen, sind wesentlich handlicher. Sie haben einen sorgfältig erprobten Arbeitswinkel, der besonders leichtes und vor allem ermüdungsfreies Arbeiten bei geringstem Kraftaufwand gewährleistet. Nur der richtige Arbeitswinkel ermöglicht eine gleichmäßig tiefe Bodenbearbeitung.
Zur Standardausrüstung jedes Hobbygärtners gehört als erstes der richtige **Spaten.** Er eignet sich für alle Grabearbeiten im Garten und ist für alle Böden geeignet.
Achten Sie vor allem auf die richtige Stiellänge. Es erleichtert die Arbeit, wenn Sie aufrecht stehen und nicht ständig mit gebeugtem Rücken graben müssen.

„Schlagende“ Arbeitsweise: anstrengendes Arbeiten durch gebückte Haltung.

„Ziehende“ Arbeitsweise: ermüdungsfreies Arbeiten durch aufrechte Haltung.

Es gibt Gartenwerkzeuge mit Systemverschluß, die alle Anforderungen an wirkungsvolle, leichte Gartenarbeit erfüllen. So läßt sich z. B. eine Universalfräse gegen verschiedene Einzelgeräte auswechseln (Kultivator, Bügeljäter, Krümmerjäter oder Grubber).

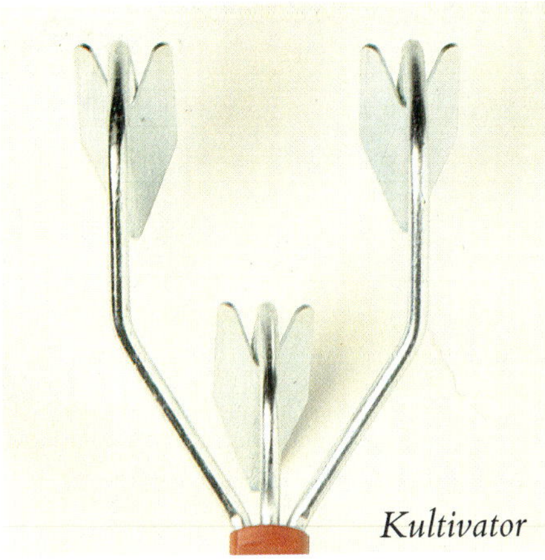

Kultivator

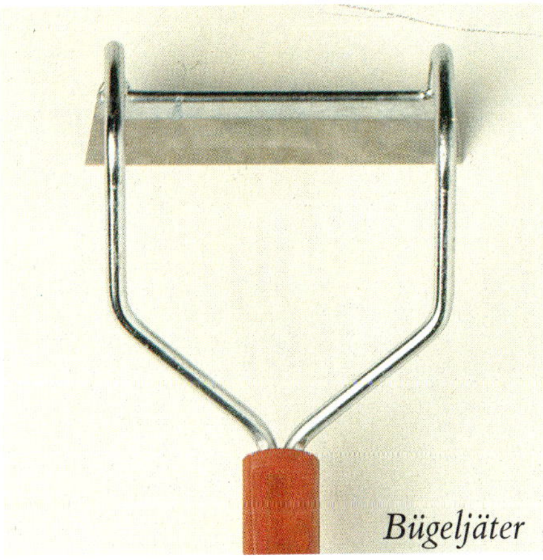

Bügeljäter

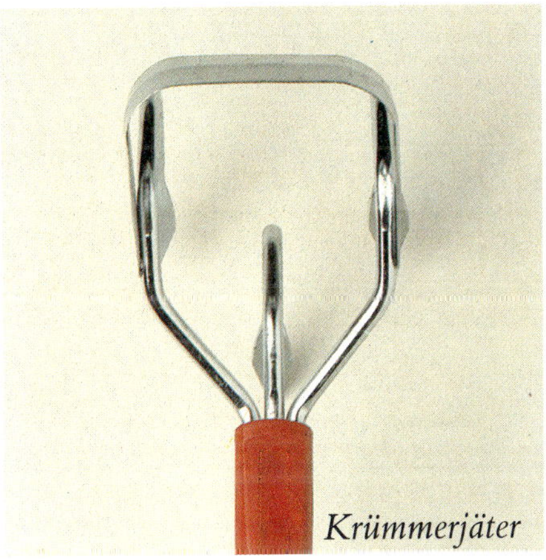

Krümmerjäter

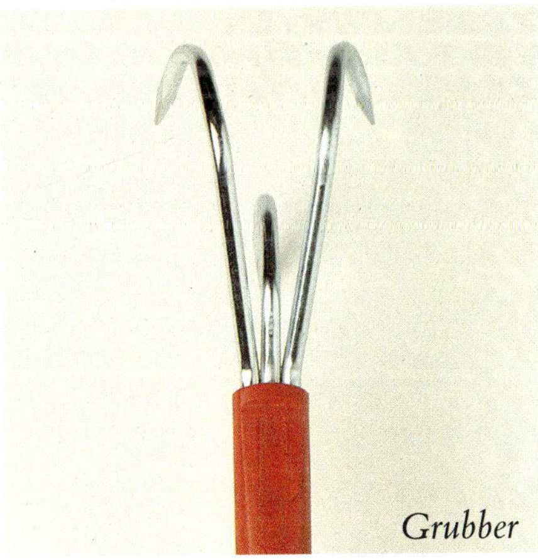

Grubber

Viele erfahrene Gärtner arbeiten auch gern mit der **Grabegabel,** denn sie hat einige Vorteile gegenüber dem Spaten. Die Arbeit geht im schweren Boden schneller von der Hand, weil sie sich leichter in die Erde stechen läßt und die Schollen besser zerteilt. Beim Herausziehen von langen Wurzelausläufern leistet sie zudem ebenso gute Dienste wie z.B. beim Ausgraben von Wurzel- und Knollengemüse.

Beim **Aufreißen** grobscholliger oder verkrusteter Böden bringt ein **Kultivator** wertvolle Hilfe. Er kann auch zum Lockern oder Lüften verwendet werden.

Einfacher und schneller als mit dem Rechen geht das **Krümeln** der Bodenoberfläche mit einer **Universalfräse.** Mit ihrer Hilfe kann man selbst schwere Böden gleichmäßig tief und saatfein krümeln. Auch während der Wachstumszeit schaffen Sie mit der Universalfräse eine feine, lockere Krümelschicht. Das kostet wenig Zeit und wird bestimmt durch reiche Ernte belohnt.

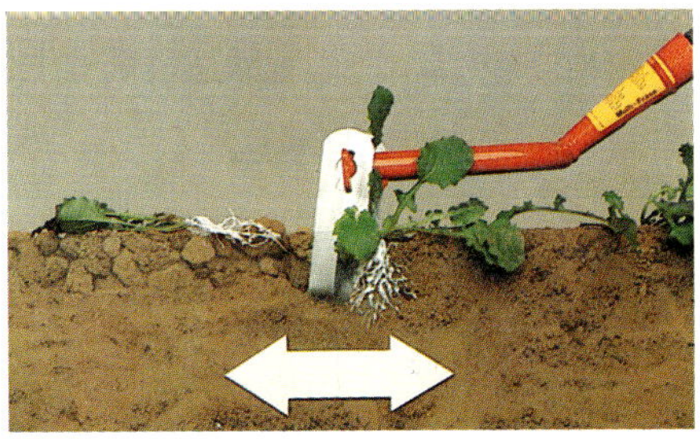

Ein gut ausgestatteter Werkzeugschuppen ist sicher der Stolz jedes Hobbygärtners. Für den Anfang kommen Sie natürlich auch mit weniger Geräten aus.

Scotts

Anlage und Aufteilung eines Gemüsegartens.

Die Anlage eines Gemüsegartens hängt von der Größe, Lage und Bodenbeschaffenheit des Standortes ab. Das Aussehen aber kann so vielfältig sein wie die Persönlichkeit seines Besitzers.

Nehmen Sie sich genügend Zeit zum Aufteilen und Ausmessen von Wegen und Beeten. Wenn alles gut durchdacht ist, sparen Sie sich Arbeit und alles macht viel mehr Spaß.

Beetkultur

Eine Möglichkeit der Gartenanlage ist die traditionelle Aufteilung des Gemüselandes in Beete, die durch schmale Wege (ca. 30 cm) voneinander getrennt sind.
Als ideale Breite für ein Gemüsebeet haben sich 120 cm bewährt. So kann man bequem von beiden Seiten jeweils die halbe Tiefe der Beete erreichen, ohne zuviel Fläche an die angrenzenden Wege zu verschenken. Die Länge spielt dabei keine Rolle. Sie kann von Bedarf oder Größe bestimmt werden.

Der traditionelle Gemüsegarten ist in Beete unterteilt.

Wenn Sie Gemüse in Mischkultur anbauen, können Sie von Reihe zu Reihe die Arten wechseln – oder innerhalb einer Reihe mehrere Arten.

Mischkultur

Die Mischkultur ist – anders als die herkömmliche Beetkultur – nach dem Vorbild der Natur entwickelt worden. Dort gibt es keine starren Wege, sondern eine vielfältige Pflanzengemeinschaft, die für ein gesundes biologisches Gleichgewicht sorgt.
Mischkulturen sind daher widerstandsfähiger gegen Krankheiten und Schädlinge und setzen sich im privaten Gartenbau immer mehr durch.
Beim Mischkulturanbau ist vor allem darauf zu achten, daß möglichst solche Pflanzen nebeneinander angebaut werden, die sich nicht gegenseitig hemmen. Die nachfolgende Tabelle kann dafür als Grundlage dienen.
Sie soll erste Anregungen für die Zusammenstellung der Mischkulturen geben. Wenn Sie außerdem bei der Pflanzung noch gewisse Grundregeln beachten, ist der Erfolg eigentlich schon gesichert:

1. Die Pflanzabstände sollen so bemessen sein, daß sich die ausgewachsenen Pflanzen leicht berühren bzw. überlappen, damit der Boden gut bedeckt ist.

2. Hohe „schlanke" Pflanzen passen gut neben ausladende; tiefwurzelnde Pflanzen zwischen flachwurzelnde.
3. Mittelzehrer können mit Stark- oder Schwachzehrern zusammenstehen, niemals aber Starkzehrer mit Schwachzehrern, weil ihre Ansprüche zu verschieden sind. (Unter Starkzehrern versteht man Pflanzen mit einem hohen und unter Schwachzehrern solche mit geringem Nährstoffbedarf; siehe Tabelle S. 51).
4. Die Erntezeiten der verschiedenen Arten und Sorten sollten nicht unmittelbar zusammenfallen, damit der Boden nie gänzlich unbedeckt bleibt.

	verträglich	*unverträglich*
Buschbohnen	Bohnenkraut Gurken Kartoffeln Kohlarten Kohlrabi Salat Radieschen u. Rettich Rote Rüben Sellerie Spinat Tomaten	*Erbsen* *Fenchel* *Knoblauch* *Porree* *Schnittlauch* *Zwiebeln*
Endivien	Fenchel Kohlarten Porree Stangenbohnen	
Erbsen	Fenchel Möhren Kohlarten Kohlrabi Salat Radieschen Gurken Mais Sellerie Zucchini Kartoffeln	*Zwiebeln* *Knoblauch* *Bohnen* *Tomaten*
Fenchel	Feldsalat Gurken Endivien Salat	*Bohnen* *Tomaten*
Gurken	Bohnen Fenchel Knoblauch Kohlarten Salat Rote Rüben Sellerie Zwiebeln Erbsen	*Kartoffeln* *Tomaten*
Kartoffeln	Buschbohnen Kohlrabi Spinat Puffbohnen	*Zwiebeln* *Gurken* *Tomaten* *Rote Rüben* *Sellerie*
Kohlarten	Buschbohnen Endivien Erbsen Gurken Salat Porree Sellerie Spinat Tomaten (nicht Rotkohl) Rote Rüben	*Zwiebeln* *Kartoffeln* *Knoblauch* *Rhabarber* *Schnittlauch*

	verträglich	*unverträglich*
Kohlrabi	Buschbohnen Erbsen Kartoffeln Salat Porree Radieschen Rote Rüben Schwarzwurzeln Sellerie Spinat Tomaten	
Kopfsalat	Buschbohnen Erbsen Fenchel Gurken Möhren Kohlarten Kohlrabi Porree Radieschen Schwarzwurzeln Tomaten Zichoriensalat Zwiebeln Rote Rüben	*Petersilie* *Sellerie*
Mangold	Buschbohnen Kohlarten Möhren Radieschen Salat	
Möhren	Erbsen Salat Porree Radieschen Spinat Tomaten Zwiebeln	
Petersilie	Tomaten Gurken Radieschen Zwiebeln	*Salat*
Porree	Endivien Kohlarten Möhren Salat Sellerie Schwarzwurzeln Tomaten	*Erbsen* *Rote Rüben* *Stangenbohnen*
Radieschen und Rettich	Buschbohnen Erbsen Salat Möhren Kohlarten Mangold Spinat Tomaten	*Gurken*

	verträglich	*unverträglich*
Schwarzwurzeln	Salat Kohlrabi Porree	
Sellerie	Buschbohnen Gurken Kohlarten Porree Stangenbohnen Tomaten Erbsen	*Kartoffeln* *Salat* *Mais*
Spinat	Buschbohnen Kartoffeln Kohlarten Möhren Radieschen Tomaten	
Stangenbohnen	Endivien Gurken Kohlarten Salat Radieschen Sellerie Spinat Zucchini	*Zwiebeln* *Erbsen* *Fenchel* *Knoblauch* *Porree* *Rote Rüben*
Tomaten	Buschbohnen Kohlarten (außer Rotkohl) Möhren Salat Porree Radieschen Sellerie Spinat Zwiebeln	*Kartoffeln* *Fenchel* *Erbsen* *Gurken* *Rote Rüben* *Rotkohl*
Zucchini	Stangenbohnen Zwiebeln	
Zwiebeln	Gurken Salat Möhren Rote Rüben Zucchini Pastinake Tomaten	*Bohnen* *Kartoffeln* *Kohlarten* *Erbsen*

30 m²-Mischkultur-Garten Gartengröße: 4,50 x 6,60 m,

Einzelfläche: 4,50 x 2,00 m, Wegbreite: 30 cm.

Hügelbeet

Wenn Sie eine maximale Nutzung Ihres Gartenlandes anstreben – und dafür gerne etwas mehr Pflegeaufwand in Kauf nehmen – kann die Anlage eines Hügelbeetes interessant sein.
Die Grundidee ist einfach: Pflanzbeet und Komposthaufen werden zu einer Einheit zusammengefaßt – durch das Aufschütten eines Hügels wird die vorhandene Anbaufläche vergrößert. Weil sich ein Hügelbeet erwärmt (wie ein Komposthaufen), wird die Zeit für Anbau und Ernte verlängert. Im Frühjahr können Sie eher säen, im Herbst länger ernten. Wegen des anfänglich hohen Nährstoffangebotes sollte der Anbau von Blattgemüse (Salat, Spinat etc.) allerdings im ersten Jahr unterbleiben. Es kann sonst zu einer schädlichen Anreicherung von Stickstoffverbindungen im Gemüse kommen.
Die Anlage eines Hügelbeetes ist der eines Komposthaufens ähnlich – ersetzt aber nicht dessen Funktion: Zuerst wird ein flacher Graben ausgehoben. Dahinein kommen nacheinander Zweige, holzige Abfälle von Stauden, Laub und andere Herbst-, Garten- und Küchenabfälle. Zum Schluß wird alles mit Komposterde abgedeckt. Die beste Zeit für die Anlage eines Hügelbeetes ist der Herbst. Das Beet hat sich im Winter soweit gesetzt, daß es im Frühjahr normalerweise nicht mehr weiter absinkt.

Da sich das Material des Hügelbeetes stetig abbaut (es verrottet genauso wie auf dem Komposthaufen), sollten Sie durch neue Schichten bzw. Düngergaben für einen Ausgleich sorgen (etwa nach dem 2. Jahr).
Nach 4 bis 6 Jahren wird das Hügelbeet ganz abgetragen.
Wer bereits Wühlmäuse in seinem Garten hat, sollte mit der Anlage eines Hügelbeetes zurückhaltend sein. Es ist ein nahezu idealer Unterschlupf für diese „Plagegeister".

Tiefkultur

Größere Erträge auf kleinerem Raum können Sie durch die Anlage einer Tiefkultur erzielen. In einem derart angelegten Beet wachsen die Pflanzen in einem sehr lockeren, tief durchgearbeitetem Boden. Die Wurzeln können deshalb tiefer nach unten dringen und brauchen nicht seitlich auszuweichen.
Pflanzen in Tiefkultur können darum dichter stehen und werden trotzdem größer und kräftiger.
Die Anlage einer Tiefkultur ist nicht schwierig, aber etwas mühsam. Zunächst wird die ganze Beetfläche mit Mist oder Kompost bedeckt. Dann heben Sie einen Graben aus (einen Spatenstich tief) und werfen die Erde in eine Schubkarre. Dann wird der Grabenboden mit der Spatengabel aufgelockert (wieder einen Spatenstich tief). Heben Sie neben dem ersten einen zweiten Graben aus, dessen Erde in den ersten geworfen wird, dann wieder lockern usw., bis Sie mit der Erde aus der Schubkarre den letzten Graben zuwerfen können.
Wichtig ist, daß das Beet nach dem Umgraben auf keinen Fall mehr betreten werden darf, bis Sie es im nächsten Jahr wieder mit der Spatengabel lockern.
Die günstigste Breite für ein Tiefkulturbeet ist 1,50. Über die Länge können Sie selbst entscheiden.

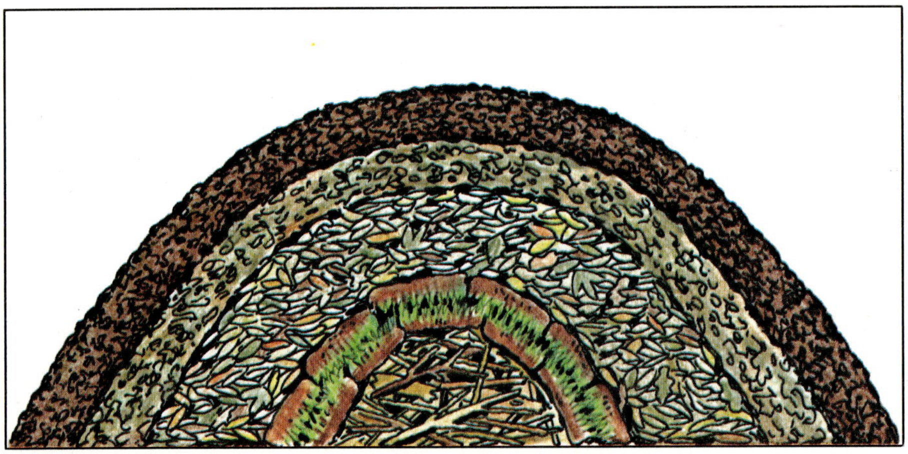

Beispiel für den Aufbau eines Hügelbeetes: Unterste Schicht (ca. 50 cm hoch und 50 cm breit) aus Zweigen und Reisig. Darüber werden (ca. 15 cm hoch) Rasensoden geschichtet. Darauf eine (ca. 30 cm hohe) Lage Laub. Dann eine (ca. 15 cm hohe) Schicht von wenig verrottetem Kompost. Ganz oben liegt gute Humuserde (ca. 15 cm hoch).

Fruchtwechsel zur Gesunderhaltung des Bodens und der Pflanzen

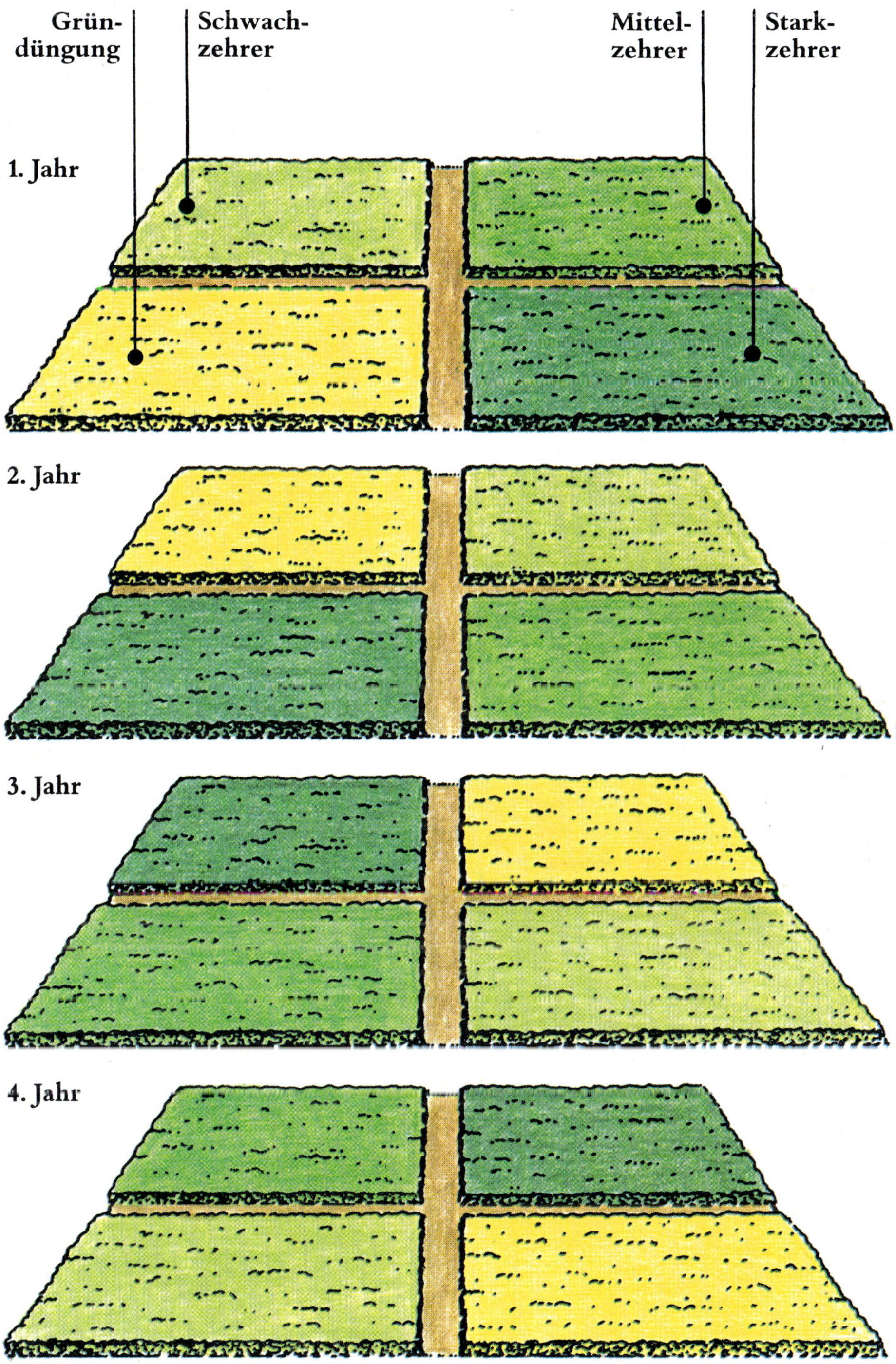

Jeder Land- oder Gartenbau bedeutet einen Eingriff in das natürliche biologische Gleichgewicht des Bodens. Wird ständig die gleiche Pflanzenart an derselben Stelle angebaut, kann es zur sogenannten „Bodenmüdigkeit" kommen.
Die Ursachen dafür sind einseitiger Nährstoffentzug, die Begünstigung von Schädlingen und Krankheiten sowie schädliche Wurzelausscheidungen der Pflanzen. Die Folgen sind spürbar nachlassendes Pflanzenwachstum und damit zurückgehende Erträge. Die beste Maßnahme gegen auftretende Bodenmüdigkeit ist der Fruchtwechsel, d. h. der jährliche Wechsel von Pflanzenarten auf ein und demselben Beet.
Für einen erfolgreichen Fruchtwechsel kann man den Garten z. B. in vier Quartiere einteilen.
Das erste Quartier könnte vorwiegend aus Schwachzehrern, das zweite aus Mittelzehrern, das dritte aus Starkzehrern und das letzte aus Gründüngung mit Leguminosen bestehen.
Beim Wechsel der Pflanzenart sollten Sie darauf achten, daß nach einem Starkzehrer eine Gründüngung folgt. Dann kann sich der Boden wieder regenerieren. Die schematische Darstellung soll für Sie eine kleine Hilfe bzw. Anregung sein.

Starkzehrer	**Mittelzehrer**	**Schwachzehrer**
Dicke Bohnen	Erbsen	Feldsalat
Zucchini	Bohnen	Kresse
Kürbis	Gurken	Radieschen
Mais	Fenchel	Kräuter
Rhabarber	Paprika	
Aubergine	Frühkartoffeln	
Kartoffeln	Broccoli	
Tomaten	Kohlrabi	
Blumenkohl	Zwiebeln	
Chinakohl	Porree	
Grünkohl	Endivien	
Rosenkohl	Kopfsalat	
Rotkohl	Krachsalat	
Weißkohl	Chicorée	
Wirsingkohl	Radicchio	
Sellerie	Zuckerhut	
Pastinaken	Spinat	
Schwarzwurzeln	Mangold	
	Mairüben	
	Möhren	
	Rettich	
	Rote Rüben	

Alles, was Sie über Saatgut wissen sollten.

So „harmlos“ diese vielgestaltigen Körnchen auch aussehen mögen, so großartig sind doch die Kräfte, die in ihnen schlummern. Wissenschaftler und Züchter sind ständig damit beschäftigt, neue und bessere Sorten zu entwickeln. In Laboratorien und praktischen Versuchen entstehen so Neuzüchtungen, die problemloser im Anbau sind und sichere Erträge bringen.

Saatgut-Qualität

Selbst aus dem kleinsten Samenkörnchen geht irgendwann einmal eine richtige Pflanze hervor. Wir wollen nicht anfangen, die komplizierten biologischen und chemischen Vorgänge zu erklären, die zur Entstehung einer gesunden Pflanze führen, wir wollen Ihnen aber einige Begriffe aus der Fachsprache erläutern, damit Sie die Hinweise auf den Samentütchen deuten können und nicht später von der Qualität oder Sorte Ihres Saatgutes enttäuscht sind.
Unter Saatgut werden im allgemeinen nicht nur Samen, sondern auch Pflanzgut (z. B. Saatkartoffeln) und Pflanzenteile verstanden. Das ist im Saatgut-Gesetz festgelegt. Die bedeutendste Rolle innerhalb der Saatgutproduktion nimmt jedoch der Samen ein. Er wird durch den gezielten Anbau von blühenden Pflanzen erzeugt und genauso geerntet und verkauft wie jede andere Frucht.
Zuerst einmal wird grundsätzlich unterschieden zwischen Basis-Saatgut und Standard-Saatgut. Aus Basis-Saatgut wird das Standard-Saatgut gezogen, das normalerweise dem Hobbygärtner zur Verfügung steht. Es entspricht den Anforderungen, die der Gesetzgeber an hochwertiges Saatgut stellt.

Saatgut sollte grundsätzlich nur aus ganzkörnigen Samen bestehen – ohne Verunreinigungen durch Erde oder Pflanzenteile.

Man unterscheidet zwischen der „technischen" Qualität und der „genetischen" Qualität einer Sorte. Unter technischer Qualität versteht man dabei „äußerliche" Merkmale wie z. B. Reinheit des Saatgutes.

Reinheit:

Wenn Saatgut geerntet wird, läßt es sich nicht vermeiden, daß auch andere Pflanzenteile oder Erde und Steinchen die Samen zunächst verunreinigen. Später, im Handel, sollte Saatgut jedoch grundsätzlich nur aus reinen, ganzkörnigen Samen der auf den Tütchen ausgewiesenen Art bestehen. Unter Reinheit versteht man daher den gewichtsmäßigen Anteil reinen Samens (er wird in Prozent ausgedrückt). Je höher der Reinheitsprozentsatz, desto besser ist die Qualität.

Keimfähigkeit:

Man versteht darunter den Prozentsatz der unter normalen Bedingungen keimenden Samenkörner. Als keimfähig können dabei nur solche Samen bezeichnet werden, die gesunde Keime entwickeln.
Ein besonderes Merkmal innerhalb der Keimkraft ist die Triebkraft des Saatgutes. Unter optimalen Bedingungen ist nahezu jedes Saatgut einigermaßen keimfähig. Unter erschwerten Bedingungen ist das nicht immer der Fall (s. Fotos); aber wer kann schon im Garten für optimale Temperaturen, optimale Feuchtigkeit und optimalen Boden sorgen.
Saatgut kann trotz guter Keimfähigkeit eine schlechte Triebkraft haben. Daher wird sich wertvolles Saatgut nicht nur durch hohe Werte für Reinheit und Keimfähigkeit ausdrücken, sondern vor allem durch besonders hohe Triebkraft.

Die genetische (innere) Qualität des Saatgutes sind die Eigenschaften, die durch Züchtung bestimmt werden. Dazu gehören:

1. Aussehen
2. Geschmack und Aroma
3. Krankheitsresistenz
4. einheitliche Fruchtbildung
5. hohe und sichere Ernteerträge
6. hoher Vitamin- und Mineralstoffgehalt
7. lange Erntezeit
8. Gleichmäßigkeit im Pflanzenwuchs
9. Lagerfähigkeit

Diese Eigenschaften machen den eigentlichen Wert einer Sorte aus und sind in den Erbanlagen verankert.
Die Entwicklung neuer Sorten ist mit einem hohen Kosten- und Arbeitsaufwand verbunden. Darum werden sie vom Gesetzgeber geschützt. So sind die Rechte der Züchter gesichert, und die Entwicklung immer neuer Sorten gewährleistet. Eine Sorte gilt nur dann als neu und eigenständig, wenn sie sich in ihren äußeren und inneren (genetischen) Merkmalen von anderen Sorten unterscheidet, die bereits im Handel sind.

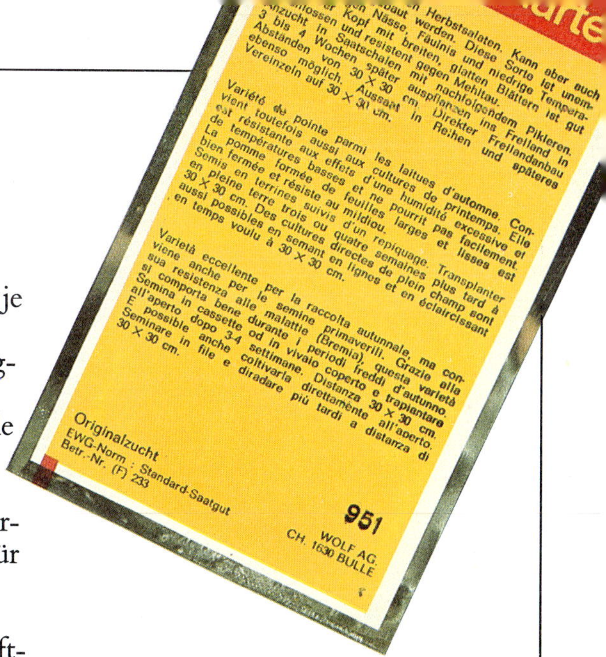

Haltbarkeit des Saatgutes

Die Keimfähigkeit der Samen ist je nach Art von unterschiedlicher Haltbarkeit. Damit die Keimfähigkeit und Triebkraft weitgehend unabhängig von der Art über viele Jahre erhalten bleibt, wurde eine besondere Form der Verpackung entwickelt: Die sogenannte H-Versiegelung. „H" steht als Symbol für „hermetisch" verpacktes Saatgut und als Gütesiegel für Gemüsesamen, die in einer Spezialfolie luftdicht versiegelt sind. Die Haltbarkeit angebrochener Tüten bleibt bestehen, wenn diese anschließend wieder verschweißt werden. Wenn das nicht möglich ist, kann die Öffnung mehrfach gefaltet und mit einer Büroklammer verschlossen werden. Grundsätzlich ist auf kühle und vor allem trockene Lagerung zu achten.

KEIMSCHUTZ VERSIEGELT

Tüten aus einer Spezialfolie verlängern die Haltbarkeit des Saatgutes.

Saatguteinkauf

Trotz der Regelung der einzelnen Qualitätsmerkmale im Saatgut-Gesetz (Reinheit, Keimfähigkeit) bleibt der Einkauf von Saatgut Vertrauenssache. Nicht selten werden heute noch Sorten angeboten, die den Anforderungen des Verbrauchers nach ertragreichen, leistungsfähigen und vor allem krankheitsresistenten Sorten nicht mehr entsprechen.

Hochwertiges Saatgut zeichnet sich durch gute Keimfähigkeit und hohe Triebkraft aus.

So werden für den privaten Gartenbau noch immer Sorten angeboten, die nur deshalb noch im Handel sind, weil davon billig große Mengen Saatgut produziert werden können.
Lassen Sie sich also nicht von schönen bunten Tütchen verführen, sondern lesen Sie die Sortenbeschreibung aufmerksam durch. Achten Sie z.B. auf den Hinweis: „Qualitäts-Züchtung" oder „exklusive Neuzüchtung". Dann können Sie sicher sein, hochwertiges Saatgut zu erhalten.

Qualitätszüchtung und exklusive Neuzüchtung

Beide sind das Produkt moderner Züchtungsarbeit. Die Zielsetzungen sind dabei hohe und sichere Erträge sowie verbesserte Qualitätseigenschaften (Geschmack, Aroma, Vitamin- und Mineralstoffgehalt und Krankheitsresistenzen).
Den meisten Hobbygärtnern ist unbekannt, welche großen Fortschritte bei der Entwicklung neuer Züchtungen gemacht wurden. Tomatenneuzüchtungen z. B. schmecken tatsächlich wieder nach Tomaten. Die Ernteerträge wurden wesentlich erhöht und man kann heute schon zu einem wesentlich früheren Zeitpunkt Tomaten ernten als man das bisher gewöhnt war.

Außerdem hat es die moderne Züchtungsarbeit fertiggebracht, auch jene Arten für uns anbaugerecht zu machen, die früher in unseren Breiten nicht angebaut werden konnten. So ist es heute beispielsweise möglich, Arten wie Broccoli, Zucchini und Fenchel mit gutem Erfolg anzubauen.

Neben der früher meist angewendeten Auslese-Züchtung und der konventionellen Kreuzungszüchtung hat heute die sogenannte **F1-Hybrid-Züchtung** eine sehr große Bedeutung erlangt. Die Beobachtung, daß aus einer Kreuzung nicht verwandter Mutterpflanzen oft ein besonders wüchsiger Nachkomme entsteht, macht man sich in der Hybridzüchtung zunutze. Das Ergebnis solcher Züchtungen ist eine erblich bedingte Gleichmäßigkeit. Sie führt zu völliger Einheitlichkeit der äußeren Merkmale der Pflanzen (gleichmäßige Blüte, einheitliche Blütezeit, gleichmäßige Fruchtausreife). Besonders beim Gemüse haben sich F1-Hybriden bewährt, da sie sich durch besseren Geschmack, höheren Vitamin- und Nährstoffgehalt sowie besondere Widerstandskraft gegenüber Krankheiten auszeichnen. Außerdem reagieren sie einheitlicher auf eine Reihe von Kulturmaßnahmen (Wässern, Düngen etc.) sowie auf Licht- und Temperatureinflüsse.

Beispiel der Hybridzüchtung:

Vater: krankheitsresistent **Mutter: festfleischig**

Nachkomme: krankheitsresistent und festfleischig.

Bei der F1-Hybridzüchtung werden die positiven Eigenschaften von mehreren Pflanzen in einer vereinigt. Verwenden Sie immer nur Saatgut vom Züchter.

Bei selbstgewonnenen Samen kommt es rasch zu einem Verlust der qualitätsbestimmenden Eigenschaften.

Aussaat, Anzucht, Pflanzung.

Erleben Sie die Keimung und die Entwicklung der ersten Blätter, beobachten Sie die Blütenbildung und die Fruchtreife.

Freilandaussaat

Bevor Sie das Saatgut aussäen, sollten Sie den Boden entsprechend vorbereiten. Er soll vor allem locker und feinkrümelig sein, damit alle Voraussetzungen für ein gutes Aufgehen der Saat geschaffen sind (siehe Seite 39 Bodenbearbeitung und Saatbeetvorbereitung).

Mit einem Rillenzieher macht das Markieren der Saatreihen richtig Spaß.

Breitsaat

Für bestimmte Zwecke, z. B. bei der Anlage einer Rasenfläche, hat sich die Breitsaat bewährt.
Für das Aussäen von Gemüse ist und bleibt sie jedoch problematisch. Es mag zwar einfacher erscheinen, das Saatgut ohne einen zusätzlichen Arbeitsgang breitwürfig auszustreuen – ohne die entsprechende Übung und Erfahrung ist es aber fast unmöglich, den Samen von Hand gleichmäßig über den Boden zu verteilen. Es werden sich Stellen ergeben, an denen zuwenig Pflanzen aufgehen, und solche, wo zu viele wachsen.
Die Pflanzen können sich deshalb bei der späteren Entwicklung gegenseitig behindern und Sie erschweren sich unnötig die Pflege.

Reihensaat

Bei der Aussaat von Gemüse sollten Sie sich daher für die Reihensaat entscheiden. Sie sparen dabei kostbares Saatgut und geben jeder Pflanze genügend Lebensraum. Dadurch steigern Sie den Ernteertrag und erleichtern sich die spätere Pflege. Für die Reihensaat ziehen Sie in regelmäßigen Abständen Rillen in den Boden, in die Sie das Saatgut anschließend gleichmäßig verteilen.
Nach der Aussaat bedecken Sie den Samen leicht mit Erde. Der Boden sollte bei allen Arbeitsvorgängen relativ trocken sein, damit der Samen hinterher gleichmäßig und nicht zu dick bedeckt wird.

Anschließend muß der Boden dann allerdings gut durchfeuchtet werden. Das sollte vorsichtig geschehen, ohne ihn zu verschlämmen.

So geht die Reihensaat schnell und sicher: Zuerst die Saatrillen mit dem Rillenzieher markieren, dann den Samen mit der Särolle verteilen. Zum Schluß die Saatreihen leicht zuharken.

Mit einer Särolle können Samen unterschiedlichster Größe bequem und im richtigen Abstand ausgesät werden.

Garten-Werkzeuge

Zum Ziehen der Saatrillen verwenden Sie am einfachsten einen **Rillenzieher.** Ganz gleich, ob Sie enge oder weite Abstände benötigen, er erleichtert es Ihnen, die Saat rillen gleichmäßig und in der entsprechenden Tiefe zu markieren.

Mit Hilfe einer **Särolle** kann man Samen verschiedenster Größe gleichmäßig und schnell aussäen. Die Aussaatdichte läßt sich durch Verstellen der Sä-Öffnung verändern, je nachdem, ob Sie grobe oder feine Samen ausbringen. Die transparente Vorderseite ermöglicht dabei jederzeit eine Kontrolle des Inhalts.

Freilandpflanzung

Die Freilandpflanzung erfolgt gewöhnlich ab Mitte Mai, wenn keine Nachtfröste mehr zu erwarten sind. Frostunempfindliche Kohlarten, aber auch Salat, können Sie jedoch schon früher pflanzen. (siehe Seite 170 ff).
Eine Vorverlegung des Erntetermins erreichen Sie, indem Sie die Beete nach der Pflanzung mit Loch- oder Schlitzfolie abdecken.
Pflanzen ohne Erdballen setzen Sie einfach in ein Pflanzloch, das Sie mit einem Pflanzholz oder der Pflanzschaufel gemacht haben und drücken die Erde anschließend gut an.
Pflanzen mit Topfballen oder Erdtopfpflanzen werden zuerst angefeuchtet und dann in ein entsprechendes Pflanzloch gesetzt. Anschließend drücken Sie die Erde mit den Händen fest an. Nach dem Einsetzen sollten Sie die jungen Pflanzen sorgfältig angießen. Das gilt sowohl für Pflanzen mit als auch ohne Erdballen und gewährleistet ein rasches Anwachsen.

Anzucht von Jungpflanzen

Die Anzucht von Jungpflanzen kann sowohl in einem Freilandanzuchtbeet erfolgen als auch weitgehend unabhängig von Witterung und Jahreszeit in einer Keimbox oder einem Frühbeet.

Keimbox

Wenn Sie in Ihrem Garten die Saison ohne Platzanspruch verlängern möchten, dann machen Sie sich mit der Methode der Pflanzenanzucht in der Keimbox vertraut. Eine Keimbox ermöglicht Ihnen, alle wichtigen Gemüse- und Blumensorten frühzeitig anzuziehen

Aussäen in die Keimbox

Pikieren in die Keimbox

Pikieren ist das Verpflanzen von Sämlingen aus einem dichten Pflanzenbestand in kleine Töpfe oder in die Keimbox, um eine kräftige Entwicklung der Pflanze und des Wurzelballens zu erreichen.

Umpflanzen ins Frühbeet

und später ins Freiland auszupflanzen. Dadurch werden Sie weitgehend unabhängig vom Witterungsverlauf. Die Ernte- und Pflanzzeit kann außerdem wesentlich vorverlegt werden. Sie geben die Samen einfach in das mitgelieferte Substrat. Es enthält alle wichtigen Nährstoffe, die das Saatgut zur sicheren Keimung braucht. Dann stellen Sie die Keimbox an einen hellen, luftigen Platz. Wenn die Sämlinge genügend stark sind, werden sie pikiert (oder zu dicht aufgegangene Saat ausgedünnt, um den verbleibenden Pflanzen genug Raum zu geben) und später ins Freiland umgepflanzt.

Sie können eine Keimbox auch mit einer leistungsfähigen, völlig ungefährlichen 16-Volt-Heizung bekommen. Dadurch wird sie zu einem richtigen Mini-Treibhaus, in dem sich die Temperatur und die Luftfeuchtigkeit regeln lassen. Unabhängig von Witterung und Außentemperatur bestimmen Sie dann selber, wann Sie Jungpflanzen anziehen. Die Anzucht von Pflanzen in der Keimbox ist auch eine schöne Aufgabe für Kinder. Sie können miterleben, wie aus einem Samen eine Jungpflanze wird. Vielleicht ist das der erste Schritt zu einer interessanten, abwechslungsreichen Freizeitbeschäftigung für Ihre ganze Familie.

Anzucht im Frühbeet

Eine ebenfalls erfolgversprechende Methode zur Verlängerung der Erntezeit ist die Pflanzenanzucht im **Frühbeet.**
Das Frühbeet ist im Prinzip ein „Kleinst-Gewächshaus", in dem durch die bessere Ausnutzung der Sonnenenergie höhere Temperaturen entstehen. Das ermöglicht Ihnen im Frühjahr eher zu pflanzen und im Herbst länger zu ernten. Auch zum Abhärten der Pflanzen aus der Keimbox ist ein solches Frühbeet sehr gut geeignet.
Ein Frühbeet können Sie auf verschiedene Weise bauen. Zum Beispiel: legen Sie auf einen einfachen Holzkasten ein Glasfenster. Dieses

Mini-Treibhaus sollten Sie aber bei starker Sonneneinstrahlung lüften. Sie können aber auch mit einfachen Folientunnels arbeiten. Dafür stecken Sie Drahtbügel in Abständen von ca. 50 cm in die entsprechenden Beete. Dann rollen Sie transparente Folie darüber, die Sie mit Wäscheklammern oder ähnlichem befestigen.
Wer alles einfacher und bequemer haben möchte, kann auch fertige Tunnels und Frühbeetkästen kaufen. Es gibt heute schon Frühbeetkästen mit bruchsicheren Doppelstegplatten, die gegenüber Glas eine wesentlich bessere Wärmedämmung haben (bis zu 35%). Bereits in der kühlen Jahreszeit (Februar/März) können Sie darin Ihre Pflanzen anziehen.
Die Anschaffung eines Frühbeetkastens lohnt sich in jedem Fall. Er ist zwar teurer als ein Folientunnel, dafür hält er aber auch wesentlich länger.

Freiland-Anzuchtbeet

Zur Vorkultivierung von Jungpflanzen hat sich die Anlage eines Anzuchtbeetes bewährt. Die Größe dieses Beetes hängt davon ab, wieviel Pflanzen Sie gleichzeitig anziehen möchten. Die Saaterde sollte in jedem Falle gut gelockert und stets gleichmäßig feucht sein. Gut ist es, den Boden jedes Jahr mit etwas Kompost anzureichern und Torf zur Lockerung unterzuarbeiten. Die Aussaat kann im Freilandanzuchtbeet dichter erfolgen als bei Freilandaussaat. Wenn die Jungpflanzen kräftig genug sind, werden sie am endgültigen Standort ausgepflanzt. Aus einem Freilandanzuchtbeet stehen somit ständig Jungpflanzen zur Verfügung, um abgeerntete Beete sofort wieder bepflanzen zu können.

Fertige Folientunnels gibt es in vielen verschiedenen Ausführungen. Sie sollten beim Kauf darauf achten, daß die Folie stabil ist und sich zum Lüften gut abheben oder raffen läßt.

Zum Schutz für empfindliche Pflanzen oder zur Vorverlegung des Erntetermins sind spezielle Pflanzen-Folien geeignet. Es gibt sie als Vlies, als Loch- und als Schlitzfolie. Alle drei sind luft- und wasserdurchlässig. Bei Vlies und Lochfolie müssen Sie das Wachstum der Pflanzen berücksichtigen und in Querrichtung entsprechend locker verlegen. Schlitzfolie ist dehnbar und „wächst“ mit den Pflanzen.

Die Grundstoffe der mineralischen Dünger sind natürlicher Herkunft. Stickstoff wird vorwiegend aus der Luft gewonnen, Phosphat und Kalisalze aus natürlichen Lagerstätten abgebaut.

Nährstoffe für unsere Nutzpflanzen.

„Nährstoffe" sind Substanzen, die ein Organismus für die Aufrechterhaltung seines Lebens benötigt.

Als Pflanzennährstoffe gelten dabei alle Elemente, die für ein gesundes Wachstum der Pflanze nötig und unersetzlich sind.

Bedeutung der Nährstoffe

Die Pflanze hat die einmalige Fähigkeit, mit Hilfe von Sonnenenergie organische Stoffe wie Stärke und Zucker zu bilden (Photosynthese). Daraus baut sie unter anderem ihre Körpersubstanz auf. Die dafür lebensnotwendigen Grundstoffe kann sie aber nicht selbst herstellen, sondern ist

auf deren Aufnahme aus der Luft bzw. aus dem Boden angewiesen. Das Grundgerüst aller organischen Stoffe bilden Kohlenstoff, Wasserstoff und Sauerstoff. Der Kohlenstoff wird von der Pflanze als Kohlendioxid aus der Luft aufgenommen.
Wasserstoff nimmt sie aus dem Wasser und Sauerstoff sowohl aus Wasser als auch aus der Luft auf (Atmung).
Die übrigen Nährstoffe, die wichtig für den gesamten Stoffwechsel sind, entnimmt die Pflanze als **Mineralsalze** dem Boden. Diese mineralischen Bodennährstoffe stehen bei der Ernährung der Pflanzen im Vordergrund. Das hängt vor allem damit zusammen, daß ihre Zufuhr möglich ist und bemessen werden kann (Düngung). Ganz gleich, ob die Nährstoffe der Pflanze mineralisch oder organisch angeboten werden, ihrer Aufnahme geht in jedem Fall ein biologischer Umwandlungsprozeß im Boden voraus, an dem das Bodenleben besonders beteiligt ist.
Es werden also die Nährstoffe aus Mineraldünger und die im Boden natürlich vorkommenden Nährstoffe auf gleichem Wege von der Pflanze verwertet. Der natürliche Bodenvorrat der Nährstoffe reicht aber in der Regel für ein gesundes Pflanzenwachstum über Jahre nicht aus. Darum müssen Sie durch Düngung für ein zusätzliches Nährstoffangebot in regelmäßigen Abständen sorgen.
Die Wirkung der Dünger kann einerseits auf die Zufuhr wichtiger Nährstoffe, andererseits auf die Verbesserung der Bodenstruktur hinzielen.

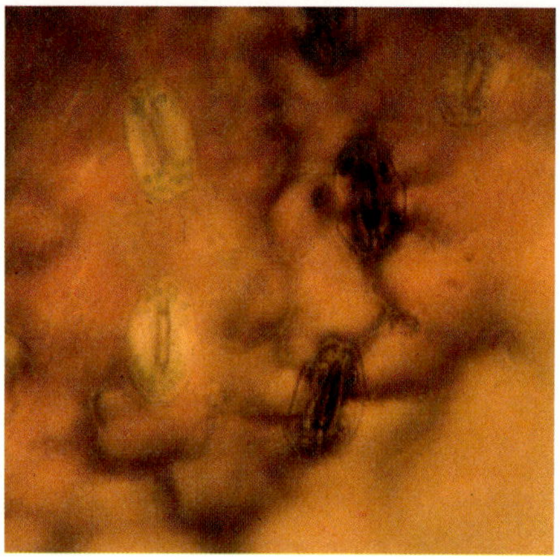

Jedes Blatt hat „Spaltöffnungen". Sie sind mit bloßem Auge nicht zu erkennen und befinden sich fast ausschließlich auf der Blattunterseite. Durch sie findet der lebensnotwendige Gasaustausch statt. Außerdem kann die Pflanze mit Hilfe der Spaltöffnungen ihren Wasserhaushalt regulieren.

Organische Düngung

Organische Dünger sind alle Düngemittel, die dem Boden organische Stoffe zuführen. Auf die bodenstrukturverbessernde Wirkung der natürlichen organischen Dünger (Kompost, Gründüngung etc.) wurde bereits in den entsprechenden Kapiteln unter „Bodenverbesserung" hingewiesen (Seite 28 ff).
Diese Dünger enthalten aber auch Pflanzennährstoffe in geringer Menge. Sie liegen vorwiegend in unlöslicher Form vor und können erst durch Bodenorganismen aufgeschlossen, d. h. pflanzenverfügbar gemacht werden.
Ähnlich wirken auch die organischen Handelsdünger. Sowohl Stickstoff als auch Phosphate sind in schwerlöslichen Verbindungen enthalten und werden erst durch den mikrobiellen Abbau freigesetzt. Die Gefahr der Auswaschung durch Regen ist also gering.
Im Vergleich zum mineralischen Dünger ist der Nährstoffgehalt beim organischen Handelsdünger erheblich geringer.

Gründüngung wird im Herbst untergegraben. Bis zum Frühjahr sind die Pflanzen dann verrottet und reichern den Boden so mit organischem Material an.

Mineralische Düngung

Mineralische Dünger sind Nährstoffe, die dem Boden bzw. den Pflanzen in anorganischer Form zugeführt werden.
Umfangreiche Versuche haben ergeben, daß sich mineralischer Dünger in jedem Falle qualitätsverbessernd auf die Ernteprodukte auswirkt, wenn er mit „Sinn und Verstand" angewendet wird. Richtig dosiert, erhält er dem Boden die Fruchtbarkeit, fördert die Gesundheit der Pflanzen – und damit ihr Wachstum und die Erträge.

Wie wir Menschen erkranken auch die Pflanzen, wenn ihnen einer der lebensnotwendigen Nährstoffe fehlt. Durch gärtnerische Nutzung werden dem Boden ständig Nährstoffe entzogen. Deshalb müssen die natürlichen Nährstoffvorräte des Bodens immer wieder ergänzt werden, um Mangelerscheinungen vorzubeugen.
Mit einem mineralischen Gemüse-Spezialdünger können Sie den Pflanzen während der ganzen Vegetationsperiode eine biologisch

Wenn Pflanzen ungenügend mit Nährstoffen versorgt werden, bleiben sie klein und kümmerlich. Ausreichende Versorgung garantiert optimales Wachstum.

optimal abgestimmte Nährstoffquelle anbieten. Sie enthält neben den wichtigen Hauptnährstoffen Stickstoff, Phosphorsäure und Kali auch alle wichtigen Spurenelemente im richtigen Verhältnis zueinander. Wichtig ist der richtige Zeitpunkt und die genaue Dosierung. Bei Überdüngung erhält die Pflanze zuviel Nährsalze und bekommt „Durst", weil sie die erhöhte Nährstoffkonzentration im Inneren ihrer Zellen durch verstärkte Wasseraufnahme ausgleichen muß. Das Zellgewebe wird dann wässerig.

Eine Streuschaufel ist ein idealer Helfer zum gleichmäßigen Ausbringen von mineralischem Dünger.

Regelmäßige Düngergaben wirken sich positiv auf Pflanzenwachstum und Erträge aus.

Pflanzennährstoffe und Pflanzennährstoffbedarf

Bei den Nährstoffen wird zwischen Elementen unterschieden, die eine Pflanze in großer Menge benötigt – **den Hauptnährstoffen** – und Elementen, die sie nur in geringem Umfang braucht – **den Spurenelementen.**
Die Hauptnährstoffe sind: Stickstoff, Phosphorsäure, Kalium. Obwohl im eigentlichen Sinne Spurenelemente, werden auch Magnesium und Calcium dazugerechnet, weil sie für die Pflanzen von großer Bedeutung sind.
Spurenelemente sind: Bor, Kupfer, Mangan, Zink, Molybdän und Eisen.

Stickstoff

Stickstoff ist vor allem im Blattgrün (Chlorophyll – dem Träger der Photosynthese) enthalten und in allen pflanzlichen Eiweißen.
Für das Leben jeder Pflanze ist er daher absolut unentbehrlich und einer der wichtigsten Nährstoffe überhaupt.
Bei **Stickstoffmangel** wächst die Pflanze schlecht, weil die Photosynthese nicht optimal ablaufen kann. Sie bildet weniger oder nur besonders kleine Früchte und Samen aus. Ihre Blätter bleiben wegen Chlorophyllmangels blaßgrün. Durch die nur spärlich vorhandenen Eiweißstoffe vergilben sie vorzeitig. Der ganze Wachstumszyklus der Pflanze wird verkürzt.
Umgekehrt wird durch eine **Stickstoffüberversorgung** der Entwicklungsabschluß (Blüte und Fruchtansatz) der Pflanze verzögert. Die Blätter sind wegen des hohen Chlorophyllgehaltes dunkelgrün und übernormal groß. Die Eiweißbildung wird stark gefördert. Infolgedessen ist der Verbrauch an dazu benötigten Kohlenhydraten so gesteigert, daß die Pflanze nicht mehr über genügend Vorräte zum Aufbau ihrer Festigungsgewebe verfügt. Die Standfestigkeit der Pflanze und die spätere Haltbarkeit leiden. Außerdem nimmt sie zuviel Wasser auf und wird damit empfindlicher gegen Temperaturschwankungen und anfälliger für Krankheiten und Schädlinge. Auch der Geschmack kann durch die verstärkte Bildung bestimmter organischer Verbindungen (Asparagin, Glutamin) beeinträchtigt werden.
Fast alle Pflanzen sind auf die Aufnahme von Stickstoff in geeigneten chemischen Verbindungen angewiesen. Die wichtigsten dieser Verbindungen sind mineralischer Ammoniumstickstoff und Nitratstickstoff. Sie sind im mineralischen Volldünger und im Humus enthalten. Das Stickstoffreservoir der Luft kann nur durch stickstoffbindende Knöllchen-Bakterien für die Pflanze verfügbar gemacht werden.
Über diese Bakterien verfügen jedoch nur die sog. Leguminosen, zu denen z. B. die Bohnen, Erbsen und Kleearten zählen.

Phosphorsäure

Phosphor ist, vereinfacht gesehen, ein Bestandteil vom arteigenen Eiweiß (Nucleinsäuren) jeder Pflanze und damit auch an der Bildung neuer Pflanzenzellen beteiligt. Er fördert vor allem Blütenbildung

und Fruchtansatz. Wegen der komplizierten Lösungsverhältnisse der Phosphorsäure ist die Versorgung der Pflanze mit Phosphor eine der schwierigsten Fragen der Pflanzenernährung. Phosphor kommt zwar im Boden in zahlreichen Verbindungen vor, hat aber die Eigenart, in sauren oder alkalischen Böden in schwerlösliche Verbindungen überzugehen. Im ungünstigsten Fall wird er festgelegt (in unlöslichen Verbindungen) und ist damit nicht mehr pflanzenverfügbar.
Um Phosphor in löslicher Form als Pflanzennährstoff bereitzustellen, sind also alle Maßnahmen richtig, die den Boden in einen neutralen bis schwach sauren pH-Bereich bringen bzw. dort halten (s. Kapitel „Bodenverbesserung").

Kalium

Kalium wird weder in die pflanzlichen Eiweiße noch ins Blattgrün eingebaut. Trotzdem spielt es eine bedeutende Rolle innerhalb des pflanzlichen Stoffwechsels. Kalium wirkt ausgleichend auf den Wasserhaushalt der Pflanze und macht sie widerstandsfähiger gegen Trockenheit, Temperaturschwankungen und Frost.
Außerdem spielt es eine Rolle bei der Stärke- und Zuckererzeugung (Photosynthese und Kohlenhydratstoffwechsel) und fördert deshalb Wurzel- und Knollenbildung.
Kalimangel erkennt man oft am Braunwerden und Welken, im schlimmsten Fall am Absterben (Vertrocknen) der Pflanzen.
Der Kaliumbedarf unserer Gemüsepflanzen ist relativ hoch und bedarf einer wiederholten Ergänzung.
In mineralischen Volldüngern ist Kalium jedoch in ausreichendem Maße vorhanden.

Magnesium

Magnesium ist der zentrale Baustein des Chlorophylls und damit maßgeblich an verschiedenen Stoffwechselvorgängen beteiligt (Photosynthese, Stärke- und Eiweißbildung).
Außerdem ergänzen sich Kalium und Magnesium in ihrer Wirksamkeit. Bei einem Überschuß des einen Elementes kann es zum Mangel des anderen kommen.

Ohne Magnesium kann die Pflanze kein Chlorophyll bilden, und ohne Chlorophyll kann keine grüne Pflanze überleben.

Calcium

Eigentlich gehört Calcium zu den Spurenelementen. Es wird aber trotzdem zu den Hauptnährstoffen gerechnet, weil es in Verbindungen auftritt (Kalk), die ausgleichend auf die Säure-Basen-Reaktion (pH-Wert) des Bodens wirken.

Calcium ist ein Stützelement der Pflanze („Skelett").

Spurenelemente

Spurenelemente sind (wie die Grundnährstoffe Stickstoff, Kalium und Phosphorsäure) für eine gesunde Entwicklung der Pflanze und ihre Fruchtausreife erforderlich. Sie beeinflussen den Mineralstoffgehalt der Ernteprodukte, der für die menschliche Ernährung so wichtig ist.
Wenn den Pflanzen Spurenelemente fehlen, können sie im schlimmsten Fall absterben. Beobachten Sie deshalb Ihren Garten genau. Versorgen Sie Ihre Pflanzen mit allen wichtigen Nährstoffen. Dann können Mangelerscheinungen erst gar nicht auftreten.
In der Tabelle auf der nächsten Seite sind die wichtigsten Mangelsymptome in übersichtlicher Form zusammengefaßt.

Die wichtigsten Mangelsymptome:

Welches Element?	Wo schauen?	Symptome:	Ursache:
Stickstoff	Ältere Blätter	Blattverfärbungen, rot, violett oder gelb bzw. blaßgelb, in der Mitte beginnend. Kleine Pflanzen, schlechter oder gar kein Fruchtansatz.	Nasse, kalte, schlecht durchlüftete Böden mit wenig Humus.
Phosphor	Ältere Blätter	Rötlich bis violette Blatt- und Adernverfärbungen, Blattfall.	Durch Fixierung von Phosphor in alkalischen oder sauren Böden mangelnde Aufnahmefähigkeit der Pflanze.
	Junge Blätter	Grau- bis dunkelgrün. Dünner, spindeliger Pflanzenwuchs, schlechter Fruchtansatz. Starre Haltung (Starre-Tracht).	
Kalium	Ältere Blätter	Blattverfärbungen (Ränder und Spitzen) von Gelb bis Dunkelbraun (besonders Salat). Schlechter Wuchs, welke Blätter (Welke-Tracht).	Trockenheit in schweren Lehmböden.
Calcium	Ganze Pflanze	Spärlicher Wuchs (kleine Blätter, wenig Wurzeln). Junge Blätter werden gelbgrün und verformen sich. (Extrem kleinwüchsige Kartoffeln; Tomatenblüten sterben ab.)	Saurer Boden (pH-Wert unter 5).
Magnesium	Ältere Blätter	Grüne Blattadern mit blaßgrünen Zwischenräumen (Chlorose), später Bräunung, beginnend an den Spitzen (bei Mais weißgelbe Streifen an den älteren Blättern). Vorzeitiger Blattfall. (Häufig bei Bohnen.)	Saure, vernäßte und sandige Böden oder Kaliumüberschuß.
Mangan	Junge Blätter	Grüne Blattadern mit gelbgrünen Zwischenräumen (Chlorose). In der Blattmitte kleine braune Flecken.	Alkalische Böden oder nach Feuchteperioden.
Eisen	Junge Blätter	Siehe Mangan, nur ausgeprägter. (Rotfärbung; häufig bei Erd- und Himbeerpflanzen.)	Alkalische Böden.
Bor	Junge Pflanzenteile	Schlecht entwickelte Blatt- und Blütenknospen, kleine, verformte Blätter. (Rote Rüben zeigen verkorkte Stellen an den Wurzeln; Blumenkohl bildet dunkelbraune, hohle Stengel.)	Leichte, sandige Böden bzw. Moorböden. Trockenheit verstärkt Bormangel.
Zink	Ganze Pflanze	Kleine, gelbgefleckte Blätter. Junge Triebe sterben ab.	Alkalische oder sehr saure Böden.
Molybdän	Ganze Pflanze	Mangelhafter Wuchs. Blattränder färben sich gelb oder braun bei Tomaten, Gurken und Bohnen; bei Blumenkohl weisen die Blätter gewellte Ränder auf oder sind lang und schmal.	Saure Böden.

Düngung und Erntequalität

Bei Obst und Gemüse umfaßt der Begriff „Qualität" je nach Interessenstandpunkt ganz unterschiedliche Eigenschaften. So wird vom Erzeuger eine Gemüsesorte als qualitativ hochwertig bezeichnet, die große Früchte bzw. gute Erträge verspricht. In der verarbeitenden Industrie wird man Lagerungs- und Verarbeitungsfähigkeit höher beurteilen, und beim Endverbraucher schließlich stehen Aussehen und vor allem guter Geschmack an erster Stelle. Der Qualitätsbegriff wird also vom Endzweck des Produktes bestimmt.

Wenn Sie als Hobbygärtner und Verbraucher Ihr selbstgezogenes Obst und Gemüse beurteilen, dann ist dessen Gehalt an verschiedenen Nähr- und Geschmacksstoffen entscheidend.

Es ist zwar durchaus möglich, über die Ernährung (also die Düngung einer Pflanze) die Bildung bestimmter Inhaltsstoffe zu beeinflussen (z.B. mehr Eiweiß oder mehr Stärke). Das ist aber vorwiegend in der erwerbsmäßigen Produktion von größerer Bedeutung, weil es besondere Kenntnisse von komplizierten Düngemethoden voraussetzt.

Für den Hobbygärtner sind die klimatischen Bedingungen und die Eigenschaft des Saatgutes weitaus interessanter. So können z.B. spezielle Züchtungen von stärkereichen Kartoffeln oder bitterstofffreien Gurken den Gehalt an Geschmacks- und Inhaltsstoffen weit nachhaltiger beeinflussen als jede Düngung. Für Sie genügt es also zu wissen, daß Sie Ihren Pflanzen Nährstoffe in ausgewogener Kombination und Menge zuführen müssen (weder zuviel noch zuwenig), damit Sie hochwertiges Gemüse und Obst ernten können.

Obwohl hohe Erträge als Qualitätsmerkmal beim Hobbygärtner nicht unbedingt im Vordergrund stehen, wird eine reiche Ernte sicher freudiger aufgenommen als eine spärliche.

Deshalb kurz ein Hinweis auf das **„Gesetz des Minimums".** Dieses Gesetz besagt, daß der am geringsten vorhandene Nährstoff den Ernteertrag bestimmt.

Folgendes Beispiel verdeutlicht dies: Enthält ein Boden zwar genügend Stickstoff und Phosphor, aber zuwenig Kali, so nehmen die Pflanzen – der Kalimenge entsprechend – weniger Stickstoff und Phosphor auf, um eine ausgewogene Nährstoffkonzentration im Pflanzengewebe zu erhalten. In einem solchen Fall würden also Kaligaben die Aufnahme von Phosphor und Stickstoff erhöhen und damit auch den Ertrag steigern.

Bodenuntersuchung zur Feststellung des Nährstoffgehaltes

In Zusammenhang mit der Düngung und der Erntequalität taucht sicher irgendwann einmal die Frage auf: Wie bestimme ich den optimalen Nährstoffbedarf meiner Pflanzen oder anders ausgedrückt, welche Nährstoffe sind in zu geringem Maße in meinem Gartenboden vorhanden? Eine Bodenuntersuchung kann darüber rasch Aufschluß geben.

Dafür wird an verschiedenen Stellen im Garten eine Probe entnommen. Alles wird gut vermischt und rund ein Kilo abgepackt zur Untersuchung versendet. Für eine relativ geringe Gebühr bekommt man dann eine genaue Bodenanalyse mit entsprechender Düngeempfehlung.

Bodenuntersuchungen werden in landwirtschaftlichen Untersuchungsanstalten (LUFA) und Fachinstituten des Verbandes Deutscher Landwirtschaftlicher Untersuchungs- und Forschungsanstalten (VDLUFA) durchgeführt. Diese Untersuchungen werden jedoch nur in Ausnahmefällen erforderlich sein. Auch sind die ausgewiesenen Analysenwerte oft nur im begrenzten Umfang für den Hobbygärtner umsetzbar für eine praktische Düngerempfehlung.

Sicherer als alles andere ist, wenn Sie regelmäßig mit einem Gemüse-Spezialdünger düngen, der ein biologisch optimal abgestimmtes Nährstoffverhältnis hat.

Wichtige Bodenpflege-Maßnahmen.

Während der gesamten Vegetationsperiode sollten Sie Ihren Garten pflegen. Dieses Kapitel soll Ihnen helfen, der Natur ein guter Partner zu werden.

Wässern zur rechten Zeit

Wenn es zuwenig regnet – und das ist im Sommer ja oft der Fall – muß der Garten gewässert werden. So einfach das scheinen mag, ein paar Regeln und Erfahrungen sind trotzdem zu befolgen.

Für ein gesundes Pflanzenwachstum ist Wasser ein wichtiger Faktor. Es löst die im Boden vorhandenen Nährstoffe, damit sie von den Pflanzen aufgenommen werden können. Es steuert die Bildung von Zucker, Stärke, Zellulose und unterstützt die Atmungsprozesse in den Blättern. Ausreichend mit Wasser versorgte Pflanzen sind kräftig und prall, sobald Wasser fehlt, welken sie.

Wenn Ihr Gartenboden Wasser aufnehmen soll, müssen Sie ihn dafür vorbereiten. Nur ein lockerer Boden kann lange das Wasser speichern und in den wurzelnahen Erdschichten halten. Auf verkrusteten Böden dagegen läuft das Wasser meist nutzlos ab.

Wichtigste Grundregel:
Jungpflanzen werden stets sparsam, dafür öfter bewässert, ausgewachsene Pflanzen werden reichlich, dafür seltener gegossen.

Das Wasser sollte fein verteilt werden, um den Boden vor Verschlämmung zu schützen. (So können Sie sich in vielen Fällen das nachfolgende Lockern sparen.)

Am besten geht das mit einem einfachen Gartenschlauch, an den z. B. eine Regenbrause angeschlossen wird. So können Sie auch schwer zugängliche Stellen gezielt bewässern, ohne Erdreich oder Saatgut wegzuspülen.

Für größere Flächen lohnt sich auch die Anschaffung eines speziellen Regners, der die Bewässerung automatisch durchführt.

Die beste Zeit zum Wässern ist der Morgen, besser noch der frühe Abend. Tagsüber oder in praller Mittagshitze verdunstet das Wasser viel schneller und kommt nicht in vollem Umfang den Pflanzen zugute. Außerdem können kleine Wassertropfen auf der Pflanze bei starker Sonneneinstrahlung wie ein Brennglas wirken. Braune Stellen auf Früchten und Blättern sind dann die mögliche Folge.

Unkrautjäten

Jäten gehört sicher nicht zu den angenehmsten Arbeiten im Garten, aber zu den unerläßlichen.

Pendeljäter

Das sogenannte Gartenunkraut ist von der Natur so ausgestattet, daß es eigentlich überall wachsen kann, selbst auf Müllhalden. Unsere Gemüse- und Kräuterpflanzen dagegen sind nicht so widerstandsfähig. Deshalb haben sie so gut wie keine Chance gegen diese „Unkräuter“. Das heißt: Sie müssen eingreifen und Unkraut jäten, wann immer es auftritt, denn aus einem fast freien Boden ist es schneller entfernt als aus einem völlig überwucherten. In jedem Fall aber müssen Sie es jäten, bevor es sich selbst wieder ansäen kann. Ein altes Sprichwort besagt: Ein Jahr Saat, sieben Jahre Plag. Das heißt mit anderen Worten: wer ein Jahr lang Unkraut wachsen läßt, hat sieben Jahre Mühe, es wieder aus dem Boden zu verbannen.

Bodenlockern

Von der Aussaat bis zur Ernte ist es besonders wichtig, daß die Bodenoberfläche im Garten nicht verkrustet. Sie muß wiederholt gelockert werden – denn ein lockerer Boden ist die Voraussetzung dafür, daß Feuchtigkeit und Bodengare erhalten bleiben und gleichzeitig Luft und Wärme bis zu den Wurzeln vordringen können.

Krümmerjäter

Jätehand

Ungelockerter Boden läßt das Wasser ungenutzt verdunsten. Im flach gelockerten Boden steht das Wasser den Pflanzenwurzeln voll zur Verfügung.

Durch fortgesetzte Bodenlockerung stören Sie zudem die Unkrautentwicklung und fördern die gesunde Entwicklung der Kulturen: Im lockeren, luftigen und warmen Boden kann sich vielfältiges Bodenleben entfalten, das die Gare fördert und die Nährstoffe für unsere Pflanzen aufschließt.

Das richtige Werkzeug zur Bodenpflege

Die gebräuchlichste – aber sicher auch anstrengendste – Methode Unkraut zu bekämpfen, ist wohl das Hacken. Dabei gibt es heute Gartenwerkzeuge, die diese ungeliebte Arbeit wesentlich erleichtern können. Trotzdem plagen sich selbst begabte Hobbygärtner mit veralteten Gartengeräten ab. Ihre Arbeitsweise ist noch immer „schlagend“ und daher enorm zeit- und vor allem kräfteraubend.

Gartenwerkzeuge, die eine „ziehende“ Arbeitsweise ermöglichen, sind müheloser und schneller zu handhaben.

Ein Krümmerjäter z. B. ist ein Werkzeug mit doppelter Funktion: Das Unkraut wird mit dem Jätemesser abgeschnitten, drei Zinken lockern die Erde und sorgen so dafür, daß sich neues Unkraut nicht so schnell entwickeln kann.

Auch ein Pendeljäter hilft Ihnen bei der Beseitigung des Unkrauts. Er wird leicht pendelnd hin- und hergezogen und schneidet alles Unkraut ab. Gleichzeitig wird der Boden dabei gelockert.

In Steingärten und Rabatten ist die Jätehand das richtige Werkzeug. Sie läßt sich sowohl mit Griff, als auch mit Stiel verwenden.

Ein Kultivator leistet Ihnen nicht nur bei der Bodenbearbeitung, sondern auch bei der Bodenpflege gute Dienste. Z. B. immer dann, wenn die Erde zwischen den Saatreihen gelüftet bzw. gelockert werden soll. Es gibt Kultivatoren mit starren Zinken und Verstellkultivatoren, die den unterschiedlichen Standweiten der Pflanzreihen angepaßt werden können.

In steinigen und nassen Böden können Sie auch einen Grubber verwenden. Seine spitzrunden Zinken dringen schon bei leichtem Ziehen scharf in den Boden ein. Er lockert und lüftet besonders wurzelschonend.

Achten Sie auch beim Kauf von Werkzeugen für die Bodenpflege auf Material und Verarbeitung (siehe Seite 40). Hochwertige Werkzeuge machen sich auf die Dauer bezahlt und erleichtern die Arbeit.

Pflanzenschutz im eigenen Garten.

Ganz ohne Pflanzenschutz werden Sie in Ihrem Garten nicht auskommen. Aber schon bei der Planung und Anlage sollten Sie einige Grundregeln beachten, die gegen Krankheiten und Schädlinge vorbeugen helfen.

Integrierter Pflanzenschutz

Der Gedanke des integrierten Pflanzenschutzes läßt sich nirgends so gut verwirklichen wie im Gemüsegarten. Integrierter Pflanzenschutz ist die Summe aller pflanzen- und gartenbaulichen Maßnahmen, die einen übermäßigen Schädlingsbefall verhindern helfen. Chemische Pflanzenschutzmittel sollten Sie nur einsetzen, wenn es nicht zu umgehen ist. Zum integrierten Pflanzenschutz zählen:

1. Alle Arbeiten, die der Pflanze ein **ungehindertes Wachstum** ermöglichen – den Boden öfter flach lockern oder mulchen, gleichmäßig feucht halten, Unkrautbekämpfung, gezielte Nährstoffversorgung. Dies ist schon in den entsprechenden Kapiteln ausführlich besprochen worden. (siehe Seiten 28 ff, 36 ff).

2. Spezielle **pflanzenbauliche Maßnahmen**, wie der jährliche Fruchtwechsel oder der Anbau in Mischkulturen. Das Einhalten ausreichender Pflanzabstände und das Auslichten von Bäumen und Sträuchern, damit die Blätter nach Regenfällen rasch trocknen können.

3. Verwendung von sogenannten **Abwehrpflanzen**, die wegen ihres starken Aromas oder ihrer Inhaltstoffe Schädlinge fernhalten können. Einige Beispiele dafür: siehe Tabelle oben.

4. **Natürliche Bekämpfung von Schädlingen**. Größere Schädlinge (Schnecken, Raupen, Käfer) können Sie einfach absammeln. In relativ kleinen Hobbygärten sollten Sie sich auf jeden Fall diese Mühe machen, bevor Sie zu chemischen Mitteln greifen.

Pflanze	**Wirkt gegen**	**Bemerkungen**
Basilikum	Fliegen, Mücken	
Dill	Kohlweißling	
Kapuzinerkresse	Kohlweißling	Lockt schwarze Blattläuse an
Knoblauch	Viele Schädlinge	Sollte als Zwischenpflanzung angebaut werden
Meerrettich	Kartoffelkäfer	
Pfefferminze	Erdflöhe, Kohlweißling Ameisen	
Ringelblumen	Kohlweißling	
Salbei	Möhrenfliege	
Tagetes	Nematoden (Älchen)	Lockpflanze für Schnecken

Kranke oder befallene Pflanzen vernichten Sie am besten sofort – aber nicht auf den Komposthaufen werfen, sondern in die Mülltonne!

Freuen Sie sich dagegen über die Nützlinge: Marienkäfer, Florfliegen und Schwebfliegen. Sie sind die Feinde von saugenden Schädlingen (Blattläuse, Milben, Schildläuse). Aber auch Raubwanzen und -milben ernähren sich von ihnen. Schlupfwespen und Raupenfliegen legen ihre Eier in Raupen, die daran zugrundegehen. Igel und Spitzmaus sind ebenfalls willkommene Gäste im Garten. Sie fressen unerwünschte Schnecken, Insekten und Käfer.

5. **Natürlicher Pflanzenschutz durch den Einsatz neuer, resistenter (widerstandsfähiger) Züchtungen.** Der Fortschritt bei Neuzüchtungen wird am deutlichsten an der verbesserten Widerstandskraft gegenüber Pilzbefall. Aber auch der Resistenz-Züchtung (der züchterischen Bearbeitung krankheitswiderstandsfähiger Sorten) sind natürlich Grenzen gesetzt. Es gibt z. B. keine blattläuseresistenten Salatsorten. Das wird es vermutlich auch nie geben, und wenn, dann dürfte solch ein Salat kaum noch schmecken. In solchen Fällen werden Sie also auf ein Minimum an Pflanzenschutz nicht verzichten können. Aber bitte stets nach der Devise: So wenig wie möglich und nur so viel wie nötig.

Chemischer Pflanzenschutz

Trotz aller vorbeugenden Maßnahmen kann es einmal zur Ausbreitung einer Pflanzenkrankheit kommen oder der Schädlingsbefall überhand nehmen. Erst dann sollten Sie zu Pflanzenschutzmitteln greifen. Also niemals auf Verdacht sprühen und möglichst nur bienenunschädliche, giftklassefreie Präparate mit geringer Wartezeit (Karenzzeit) verwenden. Das ist die Zeit von der Anwendung des Präparates bis zum frühest möglichen Erntetermin. Solange müssen Sie warten, damit die Pflanze die Wirkstoffsubstanzen wieder abbauen kann. Dann können Sie sicher sein, daß keine schädlichen Rückstände mehr vorhanden sind.
Und noch eins:
Richten Sie sich exakt nach der Gebrauchsanweisung der einzelnen Mittel und überschreiten Sie auf keinen Fall die angegebenen Konzentrationen.

Verfahren Sie nie nach dem Motto: „Viel hilft viel!"

Alle Pflanzenschutzmaßnahmen im häuslichen Gemüsegarten sollten sich nur auf die Bekämpfung tierischer Schädlinge wie beispielsweise Blattläuse, Raupen und Schnecken beschränken. Pilzliche Krankheiten dürften bei hochwertigen Sorten so gut wie nicht auftreten, so daß Sie auf den Einsatz von Fungiziden praktisch ganz verzichten können. Das ist sehr wichtig, denn fast alle fungiziden Wirkstoffe haben eine relativ lange Wartezeit.
Ebenso sollten Sie auf die Anwendung von Herbiziden im Gemüsegarten verzichten. Ihr Einsatz sollte sich auf die Bekämpfung von Unkräutern im Rasen beschränken.

Bei den chemischen Pflanzenschutzmitteln wird unterteilt in Herbizide, Insektizide, Fungizide und Akarizide.

Herbizide

Herbizide sind Mittel zur Bekämpfung von Unkraut. Es gibt selektive Herbizide, die nur Unkräuter vernichten, Kulturpflanzen aber schonen. Total-Herbizide töten die gesamte Vegetation. Außerdem gibt es noch Blatt-Herbizide, die auf die bereits voll entwickelte Pflanze einwirken und Boden-Herbizide, die Unkräuter schon im Keimstadium vernichten.

Insektizide

Insektizide sind Mittel zur Bekämpfung von Schadinsekten. Man unterscheidet nach der Wirkungsweise in Atem-, Berührungs- und Fraßmittel. Verwenden sie möglichst Insektizide, die nur eine bestimmte Schädlingsart vernichten (selektiv wirkende Mittel). Dadurch schützen Sie die Nützlinge. Achten Sie auf Bienenungefährlichkeit und spritzen Sie nicht in offene Blüten. Vorteilhaft sind die sogenannten systemischen Insektizide. Sie gelangen über Wurzeln oder Blattoberfläche in die Leitbahnen, d. h. in die Gewebe der Pflanze. Vernichtet werden saugende und beißende Schädlinge. Die Pflanze selbst nimmt keinen Schaden.
Nützlinge, die Blätter meist nur als Ruheplatz benutzen, bleiben ebenfalls unbeschadet.

Fungizide

Fungizide sind Mittel zur vorbeugenden Bekämpfung von Pilzkrankheiten. Sie verhindern vor allem das Auskeimen der Pilzsporen (Pilze vermehren sich ungeschlechtlich (vegetativ). Das heißt, sie bilden keine Blüten, und später nach der Befruchtung keine Früchte, sondern gleich sogenannte Sporen.) Organische Fungizide verdrängen immer mehr die Schwefel- und Kupferpräparate. Sie sind genauso wirksam, aber für Mensch und Tier ungefährlicher.

Akarizide

Akarizide sind Mittel, die speziell zur Bekämpfung der hartnäckigen Spinnmilben entwickelt worden sind.

Ernte, Verwertung und Lagerung.

Ernten ist der Lohn der Gartenarbeit, aber auch das Ernten will gelernt sein. Nicht selten werden durch zu frühes oder zu spätes Ernten folgenreiche Fehler gemacht. Deshalb haben wir zu einzelnen Gemüsearten spezielle Hinweise gegeben.

Ernte

Obst und Gemüse sollte geerntet werden, bevor es überreif ist (siehe Seite 170). Bei voller Reife ist schon ein großer Teil des vorhandenen Zuckers in Stärke umgewandelt, was meistens einen negativen Einfluß auf Aroma und Geschmack hat.

Verwertung

Unsere Nahrung besteht aus Stoffen, die Energie liefern: Fett, Eiweiß und Kohlenhydrate – und aus Stoffen, die einen reibungslosen Stoffwechsel garantieren: Vitamine, Mineralstoffe, Spurenelemente, Ballaststoffe und Wasser.

Fett und **Eiweiß** sind, von einigen Ausnahmen abgesehen, nur in geringen Mengen in Obst und Gemüse enthalten. Hauptquelle dafür sind tierische Produkte, deren Eiweiß auch biologisch höherwertig ist: Es liefert die Eiweißbausteine, die unser Körper nicht selbst herstellen kann, vollständiger als pflanzliches Eiweiß.

Kohlenhydrate sind Zucker, Stärke und Zellulose, wobei nur Zucker und Stärke für den menschlichen Magen verdaulich sind. Die Kohlenhydrate des Obstes – Frucht- und Traubenzucker – können direkt in die Blutbahn aufgenommen werden und wirken darum rasch energiespendend und belebend.

Im Gemüse finden sich relativ weniger verdauliche Kohlenhydrate. Gemüse zeichnet sich vor allem durch seinen Gehalt an Vitaminen, Mineral- und Ballaststoffen (Zellulose) aus.

Trotz aller Aufklärung ist unsere Ernährung auch heute noch zu einseitig: „Leere" Kohlenhydrate wie Raffinade-Zucker oder weißes Mehl werden entschieden zuviel verbraucht. Durch zuviel Fett erfolgt oft eine bedenklich hohe Kalorienaufnahme. Der Bedarf an Vitaminen, Mineral- und Ballaststoffen wird dagegen meist nur unzurei-

Der Vitamingehalt einiger Gemüsepflanzen:

Pflanze	Vitamin A	Vitamin B_1	Vitamin C
Erbsen	●●	●●●●	●●
Buschbohnen	●●	●●	●●
Gurken	●	●	●
Zucchini	●●	●●●●	●●
Kürbis	●●	●	●
Aubergine	●	●	●
Paprika	●	●●	●●●●●
Mais	–	●●●	●●
Fenchel	●●●	●●●●	●●●●
Rhabarber	●	●	●●
Tomaten	●●	●●	●●
Kartoffeln	●	●●●	●●
Blumenkohl	●	●●●	●●●
Broccoli	●●	●●●	●●●●
Kohlrabi	●	●●	●●●
Wirsing	●	●●	●●●
Weißkohl	●	●●	●●●
Rotkohl	●	●●	●●●
Rosenkohl	●●	●●●	●●●●
Grünkohl	●●●	●●●	●●●●
Chinakohl	●	●	●●●
Zwiebeln	●	●	●
Schalotten	●	●	●
Knoblauch	–	●●●●	●●
Porree	–	●●●	●●●
Kopfsalat	●●	●●	●●
Eissalat	●●	●●	●
Endivie	●●	●●	●
Feldsalat	●●●	●●	●●●
Chicorée	●●	●●	●●
Gartenkresse	●●●	●●●	●●●
Sauerampfer	●●●	–	●●●
Spinat	●●●	●●●	●●●
Mangold	●●●	●●●	●●●
Möhre	●●●●●	●●	●
Radieschen/Rettich	●	●	●●●
Rote Rübe	●	●	●●
Staudensellerie	●	●●	●
Sellerie	●	●	●
Schwarzwurzeln	●	●●●	●
Pastinake	●	●●	●●
Spargel	●	●●●	●●
Petersilie	●●●●	●●●	●●●●●
Schnittlauch	●●	●●●	●●●
Erdbeeren	●	●	●●●
Brombeeren	●	●	●●
Himbeeren	●	●	●●
Johannisbeeren rot	●	●●	●●●
Johannisbeeren schwarz	●	●●	●●●●●
Johannisbeeren hell	–	●●●	●●●
Stachelbeeren	●	●●	●●●

– = nicht vorhanden
● = vorhanden
●● = geringer Gehalt
●●● = mittelhoher Gehalt
●●●● = hoher Gehalt
●●●●● = sehr hoher Gehalt

chend gedeckt. Erntefrisches Gemüse und Obst können wesentlich dazu beitragen, solche Ernährungsfehler zu vermeiden. Wenn Sie sich ausreichend von frischem Obst und Gemüse ernähren, werden Sie über einen Mangel an **Mineralstoffen** und **Spurenelementen**, die zum Aufbau von Muskeln und Knochen notwendig sind, nie klagen können. Sie werden auch immer ausreichend mit **Ballaststoffen** versorgt sein, die die Darmbewegungen und damit die Verdauung anregen. Für Ihr Wohlbefinden ist es deshalb wichtig, Obst und Gemüse nicht ausschließlich als Saft zu trinken, Sie sollten es vor allem als erntefrische, ganze Frucht genießen. Wenn Sie diese Grundregeln beachten, haben Sie alles getan, um das mit soviel Liebe und Mühe selbstgezogene Obst und Gemüse vollwertig auf den Tisch zu bringen.

Vitamine kommen in allen Gemüse- und Obstsorten vor. Sie können vor Krankheiten bewahren und Stoffwechselstörungen vorbeugen. Besondere Bedeutung haben die Vitamine A, B-Gruppe, C und D. Vitamine sind empfindliche Stoffe, die durch unzweckmäßige Lagerung und nachlässige Verarbeitung zerstört werden können. So gehen durch langes Wässern, Kochen oder Aufwärmen ebensoviele Vitamine verloren wie durch unnötig lange Licht- und Lufteinwirkung. Obst und Gemüse sollte deshalb stets erntefrisch verarbeitet und möglichst nur unter Licht- und Luftabschluß gedünstet oder gedämpft werden. Das Kochwasser sollten Sie mit verwenden, da es einen Teil der wasserloslichen Inhaltsstoffe enthält.

Vitamin A (Retinol) wird aus Carotinoiden gebildet. Es ist wichtig für Haut, Haare und Augen. Ein Mangel an Vitamin A kann zur Nachtblindheit führen. Der tägliche Bedarf beträgt beim Erwachsenen 0,9 mg.

Vitamin B$_1$ (Thiamin) kommt hauptsächlich in Getreideprodukten vor (niedrig ausgemahlene, helle Mehle enthalten weniger Thiamin als dunkle Mehle). Es ist wichtig für die Nervenfunktion. Schwere Mangelerscheinungen können zu Nervenentzündungen, Krämpfen, bis hin zu Lähmungen (Beri-Beri-Krankheit) führen.
Der tägliche Bedarf beim Erwachsenen beträgt 1,5 mg.

Vitamin C (Ascorbinsäure) ist wichtig für das Bindegewebe, das Blut und als Schutz gegen Infektionen. Ausgesprochener Mangel an Vitamin C kann zu Skorbut führen (wie früher auf langen Schiffsreisen ohne Versorgung mit Obst und Gemüse). Vitamin-C-reiche Kost hilft gegen Frühjahrsmüdigkeit und beugt Erkältungskrankheiten vor. Der tägliche Bedarf beträgt beim Erwachsenen 75 mg.

Lagerung

Die Früchte müssen reif sein, gesund, unbeschädigt und trocken. Sie müssen übersichtlich gelagert werden, damit Früchte, die zu faulen beginnen, sofort aussortiert werden können.
Bei den Gemüsen eignen sich vor allem Wurzeln und Knollen für eine längere Lagerung. Sie halten sich gut, in feuchtem Sand eingeschlagen, unter den gleichen Bedingungen wie Obst.
Ideal für die Lagerung ist ein gut gelüfteter Keller mit einer Temperatur von ca. 2–5° C und hoher Luftfeuchtigkeit.

Porree kann in einer Ecke des Gartens in den Boden eingeschlagen werden.

Wurzeln und Knollen halten sich in feuchtem Sand eingeschlagen viele Wochen frisch.

Neben der einfachen Lagerung spielt natürlich die konservierende Lagerung für die Vorratshaltung eine große Rolle. Die ältesten Methoden dafür sind sicher das **Einsalzen** und das **Trocknen.**

Einsalzen:

Durch das Einsalzen wird dem Gemüse Feuchtigkeit entzogen. Damit wird die Aktivität von Organismen gehemmt, die das Gemüse verderben könnten. Außerdem wirkt Salz in hoher Konzentration schädlich auf Bakterien.
Zum Einsalzen eignen sich vor allem Stangenbohnen, die gesalzen beinahe besser schmecken als tiefgefroren und natürlich Weißkohl als Sauerkraut.
Das saubere Gemüse wird schichtweise mit Salz in ein geeignetes Gefäß gefüllt, festgedrückt, abgedeckt und kühl gestellt.
Das Gemüse schwimmt später in einer Lake, die nicht abgegossen werden darf. Der sich bildende Schaum wird von Zeit zu Zeit abgeschöpft. Das Gemüse wird nach Bedarf entnommen, gewaschen und zubereitet (siehe Rezeptteil).

Selbst eingesalzenes Sauerkraut ist eine Delikatesse, die Sie einfach herstellen können. Sie brauchen nur Weißkohl aus dem Garten, Salz, ein großes Gefäß – und etwas Geduld.
Der Weißkohl wird fein gehobelt und dann mit Salz schichtweise in einem sauberen, fettfreien Steintopf geschichtet (ca. 100 g Salz auf 5 kg Weißkohl). Dann wird alles so fest angedrückt, daß der sich bildende Saft über dem Kohl steht. Zum Schluß decken Sie das Kraut mit einem sauberen Tuch ab, legen ein Holzbrett darauf und beschweren es mit einem sauberen Stein. Nach 4–6 Wochen ist das Sauerkraut fertig. Besonders fein wird es, wenn Sie zusätzlich Wacholderbeeren oder Weinblätter oder Äpfel (500 g auf 5 kg Kohl) mit einschichten.

Wenn Sie spezielle Einmach-Gefäße aus Steingut verwenden, gelingt das Einsalzen bestimmt. Nach dem Putzen und Schnippeln werden die Bohnen mit Salz vermischt, in den Topf gefüllt und fest angedrückt (siehe Rezept-Teil Seite 206).
Dann setzen Sie den Deckel darauf und füllen den Rand des Behälters mit Wasser auf. So ist der Inhalt luftdicht abgeschlossen, aber Bläschen, die bei der Gärung entstehen, können trotzdem entweichen.

Trocknen:

Beim Trocknen wird den Früchten ebenfalls soviel Feuchtigkeit entzogen, daß schädliche Organismen nicht mehr aktiv werden können. Zum Trocknen eignen sich fast alle Obstsorten, außerdem alle Kräuter, Bohnen und Erbsen.
Obst wird vor dem Trocknen zerteilt, dann ca. eine Minute blanchiert (in kochendes Wasser getaucht) und anschließend getrocknet. Das geht im Backofen bei niedrigen Temperaturen oder auf einer besonderen Trockenvorrichtung.

Getrocknete Kräuter in Gläsern sollten Sie lichtgeschützt aufbewahren, damit Farbe und Aroma voll erhalten bleiben.

Als Trockenvorrichtung können Sie einen einfach herzustellenden Holzrahmen mit einer Trockenfläche aus Nesseltuch oder Maschendraht verwenden.

Kräuter werden einfach zu Sträußen gebunden und mit den Blättern nach unten an einem luftigen Ort zum Trocknen aufgehängt.

Weitere Möglichkeiten zur Konservierung sind das Einlegen in Essig (dazu lesen Sie sich bitte die entsprechenden Rezepte im zweiten Teil des Buches durch) und das Einfrieren.
Der besondere Vorteil des Einfrierens ist, daß Früchte und Gemüse weitgehend ihre Form und Farbe behalten und sich auch der Geschmack kaum verändert. Nährstoffe bleiben allerdings nur dann voll erhalten, wenn die Früchte erntefrisch und in ganz kurzer Zeit durchgefroren werden (Schockgefrieren).
Die meisten Gemüse werden vor dem Einfrieren blanchiert, um evtl. vorhandene Bakterien abzutöten und anschließend in geeignete Behälter abgefüllt.
Obst kann je nach Verwendungszweck mit oder ohne Zucker eingefroren werden. Das Blanchieren entfällt. Sowohl für Obst als auch für Gemüse gilt beim Einfrieren: Alles muß sehr sauber, möglichst trocken, unbeschadet und erntefrisch sein.

Der Gemüsegarten im Winter.

Zeit zur Besinnung.
Planen für das neue Gartenjahr.
Immer noch ernten.

Das wichtigste im winterlichen Gemüsegarten sind die Frostschutzmaßnahmen für die Pflanzen, die den Winter über auf dem Beet bleiben können. Dazu gehören Grünkohl, Rosenkohl, Pastinaken und Lauch. Man häufelt die Pflanzen vor dem ersten Frost gut mit Erde an und deckt sie, wenn Schnee zu erwarten ist, mit Reisig ab. Das erleichtert auch das spätere Wiederfinden. So „verpackt“ können die Pflanzen den ganzen Winter über geerntet werden.
Auch der Boden ist für ein „Winterkleid“ sehr dankbar, denn er sollte nie ganz unbedeckt sein. Mit einer Mulchschicht können Sie ihn vor Auswaschung der Nährstoffe schützen. Dafür können Sie z. B. auch die nährstoffreichen Blätter vom abgeernteten Kohl nehmen.
Besonders Rhabarberpflanzen sind für eine dicke Mulchschicht dankbar.
Der Komposthaufen sollte durch Abdeckung (z. B. mit einer dunklen Folie) vor Winterregen und Schnee geschützt werden. Wenn es die Witterung erlaubt, ist es gut, ihn jetzt umzusetzen. Er kann sich dann neu erwärmen und verrottet dadurch schneller.
Vielleicht erledigen Sie im Winter auch all die Arbeiten, die im Frühjahr Zeit und Mühe sparen helfen: Werkzeuge und Geräte reinigen, ausbessern bzw. neu kaufen, aufräumen; Boden im Gewächshaus umgraben, erneuern oder sterilisieren; Schuppen bauen oder neue Wege anlegen. Es können auch schon Stöcke für Erbsen oder Bohnen geschnitten werden. Solange Bäume und Sträucher keine Blätter haben, geht das natürlich viel einfacher.
Jetzt ist auch die richtige Zeit, einen neuen Gartenplan auszuarbeiten und geeignete Sorten für Ihre Mischkulturen zusammenzustellen. Es macht Spaß, an kalten Winterabenden gemütlich zu Hause zu sitzen, in Gartenkatalogen zu blättern und von dem zu träumen, was das kommende Gartenjahr an neuen Köstlichkeiten bringen wird.
Im übrigen sollten Sie sich jetzt ein bißchen „zurücklehnen“, Bilanz ziehen und sich über die schönen Erfolge des letzten Gartenjahres freuen. Das Frühjahr kommt schneller als Sie denken, und mit ihm viele Arbeiten, die soviel Mühe, aber auch soviel Freude bereiten.

Wintergemüse

Art	Aussaat	Ernte	Lagerung
Direkte Ernte			
Grünkohl	Mai/Juni	Oktober – Februar	
Rosenkohl	April/Mai	Oktober – Februar	
Schwarzwurzeln	März/April	Oktober – Dezember	
Feldsalat	August/September	(September) Oktober – Februar	
Radicchio	Juli/August	Mitte Dezember – Februar	
Einschlagen			
Porree	März/Mai	September	bis März
Rotkohl	März/Mai	September – November	bis Januar
Weißkohl	März/April	Oktober – November	bis Januar
Wirsing	April/Mai	September – Oktober	bis Dezember
Sandlagerung			
Möhren	März/Mai	September	bis März
Sellerie	März/April	September – Oktober	bis Februar
Rettich	Mai/Juni	Oktober	bis Januar
Rote Rüben	April/Juni	September – Oktober	bis Januar
Chicorée	Mai	Oktober – November	Kultur bis Februar
Andere Lagerung			
Zuckerhut	Juni/Juli	Oktober – November	aufhängen bis Januar
Chinakohl	Juli/August	September – November	aufhängen bis Januar
Topfpflanzen			
Petersilie	immer möglich		
Schnittlauch	immer möglich		
Kresse	immer möglich		

Wolf Saatgut- und Pflanzen-Ratgeber.

Im zweiten Teil unseres Buches finden Sie alles über das richtige Säen, Pflanzen und Ernten. Damit Sie sich schnell und leicht orientieren können, ist jedes Kapitel nach dem gleichen Prinzip aufgebaut:
Die Gemüse und Salate sind in Gruppen aufgeteilt, die sich durch Besonderheiten in Wuchs und Aussehen bzw. durch ihre Verwendung ergeben (z. B. Wurzelgemüse, Kohlarten, Salate, etc....). Das ist besonders nützlich, wenn Sie einmal einen Gemüsenamen nicht genau wissen. Für jede Pflanze gibt es eine detaillierte Kultur-Anleitung, in der alle Ansprüche an Boden, Nährstoffe und Klima beschrieben sind und ausführliche Informationen für Anzucht und Pflege sowie zur Ernte gegeben werden. Für Schädlinge und Krankheiten, die bevorzugt auf einer Pflanze auftreten, finden Sie Ratschläge, was Sie dagegen tun können.
Lassen sich Pflanzen zu Gruppen zusammenfassen, die ähnliche Ansprüche stellen, dann brauchen Sie nur die Allgemeine Kultur-Anleitung zu befolgen und Spezielle Kultur-Hinweise zu beachten.
Kleine „Tips", viele Bilder und Illustrationen veranschaulichen jedes Kapitel und machen das Lesen zum Vergnügen.

Hülsenfrüchte.

In Hülle und Fülle.

Hülsen-früchte

Erbsen und Bohnen gehören zu der großen Familie der Schmetterlingsblütler (Leguminosen). Wenn wir sie genauer betrachten, können wir die Verwandtschaft zu vielen Zierpflanzen entdecken, z. B. zur buntblühenden Gartenwicke. Aber auch Sojabohnen und Erdnüsse gehören in diese Familie. Wegen ihres relativ hohen Eiweißgehaltes sind sie wohl die wichtigste Pflanzenfamilie für eine hochwertige Nahrungsproduktion. Eßbar sind die Samen und die ganze Fruchthülse der Pflanze! Die Bezeichnung „Schote", wie sie sich im Volksmund eingebürgert hat, ist botanisch nicht richtig. Echte Schoten sind durch eine Scheidewand in zwei Hälften geteilt (z. B. beim Raps). Diese Scheidewand ist immer ziemlich hart, und man könnte sie nicht mitessen.
Die Herkunft der Erbse liegt ein wenig im dunkeln. Weder bei den Griechen noch bei den Römern oder Ägyptern finden sich Aufzeichnungen, die darauf schließen lassen, daß sie bei ihnen bekannt war.
Die Bohnen dagegen haben ihren Ursprung auf dem amerikanischen Kontinent. Von dort haben sie, wie viele andere Gemüsepflanzen, die Spanier ins alte Europa gebracht. Schon lange sind sie bei uns heimisch geworden. Und das nicht zuletzt deshalb, weil ihr Anbau relativ unproblematisch ist. Das liegt vor allem daran, daß sie sich sozusagen selbst mit „Nahrung" versorgen können:
In ihrem Wurzelbereich befinden sich kleine Knöllchen, in denen Bakterien leben, die Stickstoff aus der Luft zu binden vermögen. Sterben sie ab, wird dieser Stickstoff frei und steht der Pflanze zur Verfügung. (Wir haben auf diese Fähigkeit der Leguminosen schon im Kapitel „Gründüngung" hingewiesen.) Die Sorten, die wir heute in unseren Gärten anbauen, sind allerdings in erster Linie auf gute Erträge und hervorragenden Geschmack ausgerichtet.

Erbsen

Allgemeine Kultur-Anleitung

Boden, Nährstoffe und Klima
Erbsen fühlen sich in fast jedem Boden wohl. Besonders gut wachsen sie auf einem leichten, humosen, lockeren Boden. Obwohl sie Wärme mögen, gedeihen sie auch in kälteren Gegenden, wenn sie genügend Feuchtigkeit bekommen. Gedüngt wird der vorgesehene Boden vor der Saat mit ca. 40 g/m^2 eines Gemüsespezialdüngers. Das ist wichtig, obwohl die Erbsen später während der Wachstumsphase ausreichend Stickstoff bilden. Denn Stickstoff vor der Aussaat (zusammen mit einer ausgewogenen Menge lebenswichtiger Nährstoffe und Spurenelemente) begünstigt eine rasche Jugendentwicklung.

Anzucht und Pflege
Erbsen werden in Reihen gelegt, ca. 3–6 cm tief. Der Reihenabstand sollte etwa 50 cm betragen, der Abstand in der Reihe 3–5 cm. Als Rankhilfen eignen sich Maschendraht (an Stäben zwischen den Reihen gespannt) oder Reisig. Beides sollte ungefähr eine Höhe von einem Meter haben. Sobald die Pflanzen etwa handhoch sind, werden sie etwas angehäufelt. Das verleiht ihnen einen besseren Stand. Es gibt auch niedrigwachsende, sich selbst stützende Sorten. Wenn Sie über längere Zeit frische Erbsen haben wollen, wiederholen Sie die Aussaaten in kurzen Abständen bis Ende Mai.

Ernte
Erbsen schmecken jung geerntet am besten. Die Erbsenernte beginnt im Juni und geht bei geschickter Sortenauswahl und verschiedenen Aussaatterminen bis in den August. Jede Woche wird ein- bis zweimal durchgepflückt. Zum Pflücken immer beide Hände nehmen, um die Pflanze nicht zu beschädigen. Sie verhindern sonst die nachfolgende Fruchtbildung.
Häufige und frühe Ernte erhöht den Fruchtansatz und den Gesamtertrag.

Stellung im Fruchtwechsel
Wegen ihrer bodenverbessernden Eigenschaft (Knöllchenbakterien) und Bodengare aufbauenden Wirkung eignen sich alle Leguminosen ausgezeichnet als Vorfrucht.

Spezielle Kultur-Hinweise

Markerbse

Markerbsen gehören zum ersten jungen Gemüse aus dem Garten. Später, wenn sie vollreif sind, werden sie runzelig und hart. Sie müssen also jung und grün geerntet werden. Dann sind sie zart und sehr süß, weil sie einen Teil ihrer Kohlenhydrate als Zucker eingelagert haben.
Die Aussaat beginnt Mitte/Ende März. Geerntet wird, bevor die Hülsen gelb werden.

Schalerbse

Schalerbsen haben große, glatte Körner. Im vollreifen Zustand sind sie leicht mehlig, weil sie einen Großteil ihrer Kohlenhydrate als Stärke eingelagert haben.
Die Aussaat beginnt Mitte März bis Ende Mai. Geerntet wird, bevor die Hülse gelb wird.
Ausgereift eignen sie sich speziell zum Einkochen oder Einfrieren.

Zuckererbse

Zuckererbsen sind besonders köstlich und können mitsamt der Hülse gegessen werden. Ihnen fehlt die pergamentartige Innenhaut und sie bilden bei früher Ernte keine Fäden aus.
Die Aussaat beginnt ab Mitte März. Geerntet wird, bevor der Kernansatz deutlich sichtbar wird! Je früher desto besser!

Übrigens…

…sollten Sie beim Gießen Ihrer Erbsen das Wasser nie über die ganze Pflanze schütten. Gießen Sie immer nur von unten, dadurch beugen Sie Krankheiten (besonders Mehltau) vor.

Buschbohnen

Allgemeine Kultur-Anleitung

Boden, Nährstoffe und Klima
Buschbohnen sind kälteempfindlich. Sie bevorzugen einen leichten, lockeren, humosen, warmen Boden. Extrem schwere Böden sollten zuvor aufgemagert, d. h. leichter bearbeitbar gemacht werden (siehe allgemeinen Teil). Gedüngt wird mit etwa 50 g/m² eines Gemüsespezialdüngers vor der Saat, damit den jungen Pflanzen sofort ausreichend Nährstoffe zur Verfügung stehen.

Anzucht und Pflege
Die Samen werden in Reihen gelegt, einzeln oder in Horsten. Reihenabstand 40 cm, alle 6–8 cm eine Bohne. Bei Aussaat in Horsten werden alle 20–25 cm 4–5 Bohnen gelegt, Saattiefe 4–5 cm.
Die Pflegemaßnahmen ähneln denen der Erbsen: Empfohlen wird zwischen den Reihen ein mehrmaliges Häufeln bis zu Beginn der Blüte. Auf ausreichende Wasserversorgung achten! Bei Trockenheit besteht die Gefahr, daß Blüten abgestoßen werden und dadurch der Ernteertrag sehr niedrig bleibt.

Ernte
Buschbohnen werden ab Juli bis Ende September geerntet.
Die ersten Bohnen müssen zeitig gepflückt werden, um den folgenden Fruchtansatz zu fördern. Mehrere Ernten von Juli bis September sind jedoch nur durch zeitlich versetzte Aussaaten (Mitte Mai bis Ende Juni) möglich. Geerntet wird hauptsächlich die grüne Frucht, vereinzelt aber auch die ausgereiften Samen (Bohnenkerne). Sie können an der Luft getrocknet werden. Bohnen dürfen nie roh gegessen werden!! Sie enthalten eine Stickstoffverbindung (Phasin), die in größerer Menge schädlich ist, aber beim Kochen zerstört wird.

Stellung im Fruchtwechsel
Buschbohnen sind ebenso wie Erbsen eine ausgezeichnete Vorfrucht. Sie reichern den Boden mit Stickstoff an und fördern die Garebildung des Bodens.

Spezielle Kultur-Hinweise

Grüne Buschbohne

Die grüne Bohne ist die am häufigsten angebaute Art der Buschbohnen. Qualitätszüchtungen und

exklusive Neuzüchtungen sind fadenlos und besonders schmackhaft. Sie sind resistent gegen einige Pilzkrankheiten und sichern hohe Erträge.

Filetbohne

Sie ist eine zarte Gemüsebohne, die in sehr jungem Stadium geerntet werden muß (nicht länger als 8–10 cm). Später bilden sich Fäden. Darum 2–3mal wöchentlich durchpflücken.
Filetbohnen haben den typisch feinen Bohnengeschmack und sind ein ausgesprochenes Feinschmeckergemüse. Die Filetbohne ist teilweise auch unter der Bezeichnung „Haricot vert“ bekannt. Ihr Geschmack ist um vieles besser als die ähnlichen und häufig auf dem Markt angebotenen „Kenia-Böhnchen“. Wollen Sie keine speziellen

Filetbohnen anbauen, können Sie auch normale grüne Buschbohnen verwenden. Diese müssen dann nur entsprechend früh geerntet werden.

Wachsbohne

Die Wachsbohne ist eine gelbe Buschbohne, die sich wegen ihrer appetitlichen Farbe besonders für Salate eignet. Neue exklusive Qualitätszüchtungen bringen besonders hohe Erträge.

Stangenbohnen

Allgemeine Kultur-Anleitung

Boden, Nährstoffe und Klima

Stangenbohnen sind ebenso frostempfindlich wie Buschbohnen und dürfen erst ab Mitte Mai ausgelegt werden.
Boden-, Klima- und Nährstoffansprüche wie bei der Buschbohne. Stangenbohnen bevorzugen also einen eher leichten, lockeren, humosen und warmen Boden. Gedüngt wird vor der Aussaat mit ca. 50 g/m² Gemüsespezialdünger. Die jungen Pflanzen erhalten damit von Anfang an ausreichende Mengen Nährstoffe.

Anzucht und Pflege

Gelegt wird in Horsten mit etwa 5 Samen, ca. 3 cm tief. Abstand der Horste 60x40 cm. Vorziehen in Töpfen bringt eine Ernteverfrühung von 14 Tagen.

Stangen als Rankhilfe sollten Sie **vor** der Aussaat aufstellen, entweder senkrecht an jedem Horst eine, oder je zwei gegenüberstehende gekreuzt (mit einer oben querliegenden Stange). Auch mehrere Stangen als Zeltform sind möglich.
Die jungen Pflanzen müssen anfangs an das Stützgerüst angelegt

werden, damit sie den richtigen „Weg“ finden.
Stangenbohnen brauchen viel Feuchtigkeit. Daher bei Trockenheit wässern, weil sonst die Blüten abgestoßen werden.
Am besten bauen Sie Stangenbohnen am Nordende des Gartens an, damit die hohe Pflanzung keine Schatten auf andere Kulturen wirft. Stangenbohnen sind auch eine gute Sichtschutz-Pflanzung. Bei Platzmangel können Sie Stangenbohnen auch als Spalier an einer Südmauer ziehen. Die Pflegemaßnahmen (Anhäufeln und Jäten), Ernte und Fruchtfolge, sind die gleichen wie bei Buschbohnen.

Ernte
Erntezeit je nach Aussaat von Mitte Juli bis Mitte Oktober. Früh geerntete Stangenbohnen sind besonders zart und schmackhaft. Deshalb zweimal wöchentlich durchpflücken. Hier gilt das gleiche wie bei den Erbsen: Zum Pflücken beide Hände nehmen, damit die Ranken nicht abgerissen werden. Stangenbohnen sind ertragreicher als Buschbohnen. Häufiges Pflücken bewirkt stets neuen Blüten- und Fruchtansatz bis in den Spätsommer hinein.

Spezielle Kultur-Hinweise

Prunkbohne oder Feuerbohne

Die Prunkbohne ist eine Stangenbohne besonderer Art. Bei ihr bleiben die beiden Keimblätter in der Erde, während sie sich bei allen anderen Bohnen mit dem ersten Laubblattpaar zusammen über der Erde entfalten. Prunkbohnen sind außerdem wesentlich robuster als andere Stangenbohnen und bringen selbst in hohen und rauhen Lagen sichere Erträge. Trotz der rauhen Hülse sind Prunkbohnen zart und schmackhaft. Die großen Samen der ausgereiften Hülsen sind beliebt für dicke Bohnensuppe und Salat (s. Rezeptteil).
Mit ihren langen roten oder weißen Blütentrauben haben Prunkbohnen einen beachtlichen Zierwert und können als Begrünung vor Lauben und Mauern gesät werden.
Auf dem Balkon können sie an einem Bambusgitter emporwachsen und so rasch zu einem dekorativen Sichtschutz werden.

Für Stangenbohnen (und Prunk- oder Feuerbohnen) werden ca. 3 m lange Stäbe (aus Holz, Stahlrohr oder Kunststoff) vor dem Auslegen der Samen in den Boden gesteckt. Die Anordnung kann quadratisch sein, die Stangen zeltartig zusammengebunden; oder zweireihig, je 2 Stangen verbunden mit einer Querstange darüber. Ein Drahtgeflecht, freistehend an Pflöcken oder vor einer Mauer (Spalier), kann auch als Stütze dienen.

Puffbohne oder Dicke Bohne

Kultur-Anleitung

Boden, Nährstoffe und Klima
Puffbohnen bevorzugen mittlere bis schwere Böden mit genügend Feuchtigkeit. Leichte Böden müssen zuvor durch Einarbeitung von Kompost oder Gründüngung verbessert werden. Gedüngt wird vor der Aussaat mit ca. 50 g/m² eines Gemüsespezialdüngers. Auf leichteren Böden gibt man nochmals 40 g/m² bei Blühbeginn. Puffbohnen sind nicht besonders wärmebedürftig – sie vertragen bis zu –7° C und können daher mit die ersten Pflanzen in Ihrem Gemüsegarten sein.

Anzucht und Pflege
Die Samen (Bohnenkerne) werden in Reihen gelegt.
Abstand ca. 60 cm. Alle 8–10 cm kommt ein Samen etwa 5 cm tief in den Boden. Frühe Aussaat ist bereits ab Mitte März möglich, weil Puffbohnen frostunempfindlich sind. Sie brauchen keine Rankhilfe.
Pflegemaßnahmen, Ernte und Fruchtfolge wie bei Erbsen.
Die Puffbohne ist ein wichtiger Eiweißspender für die Wintermonate (getrocknet). Sie ist aber auch als Frischgemüse beliebt (s. Rezeptteil).

Schädlinge und Krankheiten
Alle Bohnenarten werden sehr häufig von der schwarzen Bohnenlaus befallen. Nur in den seltensten Fällen hilft Abwaschen der Blätter und Stengel. Empfehlenswert ist, rechtzeitig und wiederholt vor Einsetzen der Ernte mit giftklassefreien Insektiziden zu spritzen (Achtung: Wartezeiten beachten!).

Übrigens…

…kann man den Geschmack von Puffbohnen verfeinern, wenn man beim Enthülsen den stielartigen Ansatz der Kerne entfernt.

Fruchttragende Gemüse, Fenchel und Rhabarber. Die dicke Ernte.

Frucht-tragende Gemüse

Zu den fruchttragenden Gemüsen werden im allgemeinen Pflanzen gezählt, von denen weder die Blätter noch die Wurzeln oder Knollen gegessen werden, sondern ausschließlich die Früchte. Dazu gehören alle Kürbisgewächse, Auberginen, Paprika und Mais. (Auch die Tomate gehört eigentlich hierher, wegen ihrer besonderen Bedeutung haben wir ihr aber ein eigenes Kapitel gewidmet.)
Fenchel und Rhabarber gehören nicht zu den fruchttragenden Gemüsesorten. Es werden weder Blätter, noch Wurzeln oder Früchte gegessen, sondern die verdickten Blattstiele. Sie werden trotzdem im Kapitel fruchttragende Gemüse beschrieben, weil sie in Verwendung und Zubereitung diesen am nächsten kommen.

Gurken, Zucchini und Kürbisse

Gurken, Zucchini und Kürbisse gehören zur Familie der Kürbisgewächse (Cucurbitaceae), einer Familie prall voll Saft und Kraft. Über den Ursprung der saftigen Früchte streiten sich die Gelehrten noch. Sie stammen aber mit Sicherheit aus einer warmen asiatischen Gegend.
Die leicht verdaulichen Sommergerichte aus Gurken oder Zucchini oder süßsauer eingelegte Fruchtgemüse sind eine Delikatesse, die sich kein Hobbygärtner entgehen lassen sollte.

Der erfolgreiche Anbau ist nicht schwer. Wenn einige Grundregeln beachtet werden, dann bringen alle Kürbisgewächse etwas von der tropischen Üppigkeit ihrer früheren Heimat auch in unsere Gärten.

Allgemeine Kultur-Anleitung

Boden, Nährstoffe und Klima
Aufgrund ihrer tropischen Heimat sind alle Kürbisgewächse sehr wärmebedürftig und lieben, mit Ausnahme vom Kürbis, einen sonnigen Platz. Sie bevorzugen einen gut durchlässigen, lockeren, humosen Boden mit reichlich Nährstoffen. Obwohl sie viel Feuchtigkeit brauchen, mögen sie keine kalten oder nassen „Füße". Ton- oder schwere Lehmböden sind für den Anbau nur dann geeignet, wenn sie gelockert und aufgemagert, d. h. leichter bearbeitbar geworden sind. Stalldung, Gründüngung oder andere organische Dünger sollten vor der Pflanzung (am besten bereits im Herbst) in den Boden eingearbeitet werden. An mineralischen Nährstoffen werden vor der Saat bzw. ca. 14 Tage nach der Freilandpflanzung ca. 40–50 g/m^2 eines Gemüsespezialdüngers gegeben. Weitere 1 bis 2 Düngungen in gleicher Höhe sind in Abständen von 4–6 Wochen empfehlenswert.

Anzucht und Pflege
Die frostempfindlichen Kürbisgewächse werden erst nach den Eisheiligen ins Freiland gesät. In klimatisch ungünstigen Gebieten ist die Anzucht in Töpfen, unter Glas oder in der Keimbox von Nutzen. Die Pflanzung ins Freiland erfolgt auch erst ab Mitte Mai. Die Verwendung von Folien bietet sich an. Unter einem Folientunnel sowie unter Vlies oder Flachfolie wird wesentlich früher ein geschlossener Bestand und eine frühere Ernte erreicht. (Wichtig ist, daß die Luft unter dem Folientunnel zirkulieren kann.) Ebenso hat sich der Anbau auf schwarzer Folie bewährt, denn dunkle Stellen erwärmen sich schneller als helle, was diesen bodenwärmeliebenden Pflanzen zugute kommt.

Ernte
Die Ernte beginnt je nach Witterung Anfang bis Mitte Juli und reicht bis in den September/Oktober. Alle Kürbisgewächse sind frostempfindlich.

Stellung im Fruchtwechsel
Alle Kürbisgewächse haben einen hohen Nährstoffbedarf, deshalb sollten sie nicht nach Starkzehrern angebaut werden.

Kürbisgewächse tragen sogenannte eingeschlechtige Blüten. Fruchtknoten und Pollen (Blütenstand) sind nicht in einer Blüte vereinigt (wie z. B. beim Apfel), sondern auf männliche Blüten (Pollen) und weibliche Blüten (Fruchtknoten) verteilt. Die weiblichen Blüten erkennen Sie an der kleinen, kürbisartigen Verdickung am Stielansatz. (Weibliche Blüte siehe unteres Foto, männliche Blüte siehe oberes Foto.)

Spezielle Kultur-Hinweise

Schlangen- oder Salatgurke

Moderne Züchtungsforschung hat es möglich gemacht, daß heute auch Schlangengurken im Freiland mit sicherem Erfolg angebaut werden können. Anzucht, Pflege und Nährstoffbedarf unterscheiden sich nicht von anderen Kürbisgewächsen. Sie sollten jedoch den Haupttrieb abzwicken, wenn ca. 5 Blätter voll ausgebildet sind. Die Seitentriebe der Pflanze sind fruchtbarer und bringen dann eine reiche Ernte.

Anzucht und Pflege
Die Aussaat ins Freiland erfolgt in Horsten (5–6 Samen) in Abständen von 40x60 cm nicht vor Mitte Mai. Nach Ausbildung des zweiten Blattpaares werden pro Horst nur die zwei stärksten Pflanzen zur weiteren Entwicklung belassen.
Besonders schmackhaft sind jung geerntete Salatgurken, weil ihr Kerngehäuse erst schwach entwickelt ist. Größere überständige Früchte können aber in Essig eingelegt oder als Senfgurken verwendet werden (s. Rezept-Teil).

Einlegegurke

Einlegegurken entwickeln sich besonders gut, wenn sie am Spalier gezogen werden, denn sie sind von Natur aus Kletterpflanzen. Das Spalier (Maschendraht, Baustahlgewebe oder Schnüre) hat zudem den Vorteil, daß die Pflanze weniger Platz beansprucht, die Früchte nicht faulen können, vor Schnecken sicher und immer sauber sind.
Die Aussaat erfolgt wie bei den Schlangengurken. Auch bei Einlegegurken wird der Haupttrieb abgezwickt.
Geerntet werden die reifen Früchte, wenn sie maximal 12 cm lang und noch fest, klein und knackig sind. Dann schmecken sie am besten. Einlegegurken sollten regelmäßig alle 3–4 Tage durchgepflückt werden. Häufiges Pflücken bewirkt einen reicheren Blüten- und Fruchtansatz. Sie erzielen dann insgesamt höhere Erträge.

Zucchini

Zucchini wachsen schnell und brauchen viel Platz. Knapp einen Quadratmeter pro Pflanze sollten Sie einplanen. Die Früchte dieser Kürbisart schmecken jung am besten. Darum sollten sie geerntet werden, wenn sie höchstens 15–20 cm lang sind. Größere Früchte schmecken nur noch, wenn sie gekocht werden. Für dieses in deutschen Gärten relativ neue Gemüse gibt es zahlreiche Möglichkeiten der Zubereitung. Einige besonders leckere Vorschläge finden Sie in unserem Rezeptteil. Heute gibt es exklusive Neuzüchtungen, die sehr früh und reichtragend sind (von Ende Juni bis zum Frostbeginn im Herbst). Die Früchte sind butterzart mit dünner, weicher Schale. Weitere Züchtungserfolge sind der nichtrankende, offene, buschige Wuchs und Pflanzen, die vorwiegend weibliche Blüten tragen (nur die weiblichen Blüten tragen Früchte).
Zucchini sind klimatisch anpassungsfähig und auch dort noch sehr ertragreich, wo der Anbau von Gurken oftmals nicht mehr den gewünschten Erfolg bringt.

In Gewächshäusern oder windarmen Lagen können Sie die Befruchtung fördern, wenn Sie mit einem Pinsel etwas Blütenstaub von der männlichen auf die weibliche Blüte übertragen.

Zucchini werden ziemlich groß, wenn man sie auswachsen läßt. Sie schmecken trotzdem noch gut (geschmort oder gekocht, mit oder ohne Füllung), wenn Sie die Früchte schälen und die Kerne entfernen.

Kürbis

Häufig werden Kürbiskerne in den Komposthaufen gesteckt, damit ihm die Pflanzen später Schatten spenden. Man kann die Pflanzen aber auch in Töpfen im Haus vorziehen und später ins Freiland setzen – am besten unmittelbar neben den Komposthaufen. Die Ranken werden dann darüber geleitet. So findet die Pflanze ähnliche Bedingungen wie auf dem Kompost, zehrt ihn aber nicht so stark aus; dessen Beschattung bleibt erhalten. Bei dieser Art Anbau sollte während der Vegetationsperiode zusätzlich zweimal mit je 40–50 g/m^2 Gemüsespezialdünger gedüngt werden. Auf dem Beet sollte der Pflanzabstand 100 x 200 cm mit 1–2 Pflanzen pro Horst betragen. Kürbispflanzen entwickeln ein unwahrscheinlich üppiges Wachstum und verlangen (wenn nicht direkt im Komposthaufen) regelmäßige Düngung und viel Wasser.
Die Früchte werden geerntet, wenn der erste Frost das Laub vernichtet hat. Bei kühler, luftiger Lagerung sind sie über Wochen und Monate haltbar.
Kürbisse erfreuen sich regional ganz unterschiedlicher Beliebtheit. Wenn Sie Kürbisse nur als süß-saure Beilage kennen, dann probieren Sie doch mal die neuen Rezepte aus unserem Kochbuchteil.
Die Samen der Kürbisse sind ein beliebtes Winterfutter für Vögel. Sie enthalten eine Vielzahl wertvoller Mineral- und Wirkstoffe.

Aubergine und Paprika

Aubergine und Paprika gehören in die Familie der Nachtschattengewächse (Solanaceae). Die meisten Vertreter dieser formenreichen Familie (Kartoffel und Tomate gehören auch dazu) sind tropischen Ursprungs. Die Aubergine oder Eierfrucht wurde im 17. Jahrhundert von den Portugiesen aus Asien nach Europa gebracht. Der Paprika stammt wahrscheinlich aus Südamerika und wurde zu Beginn des 16. Jahrhunderts von den Spaniern für die Alte Welt entdeckt.

Allgemeine Kultur-Anleitung

Boden, Nährstoffe und Klima

Wie alle Pflanzen, die von einer sehr sonnenreichen Seite der Erde kommen, sind die Nachtschattengewächse sehr wärmebedürftig. Sie bevorzugen einen nährstoffreichen, humosen Boden. Als Grunddüngung vor dem Auspflanzen sind etwa 40–50 g/m² eines Gemüsespezialdüngers empfehlenswert. Eine weitere Düngung von 40–50 g/m² zur Zeit des Fruchtansatzes wirkt sich günstig auf den Gesamtertrag und die Erntequalität aus.

Anzucht und Pflege

Aubergine und Paprika sind relativ schwierig im Anbau, also etwas für den erfahrenen Hobbygärtner.
Wegen ihres tropischen Ursprungs ist der Freilandanbau von beiden Arten nur in sehr warmen Gebieten zu empfehlen (z. B. im Oberrheingraben, in Baden, in der Rheinpfalz). Im allgemeinen aber werden sie im Gewächshaus oder unter hohen Folienzelten gezogen.
Die Aussaat beginnt im Februar/März in die Keimbox, bei einer Temperatur von ca. 22–26° C. Die Sämlinge werden pikiert, wenn sich das erste Blattpaar entwickelt hat. Ins Gewächshaus werden sie im April/Mai ausgepflanzt. Oder sie werden in Töpfen bis zur Freilandpflanzung im geschlossenen Raum (Fensterbank) an einen sonnigen Platz gestellt.
Das Auspflanzen unter Folienzelten oder ins Freiland sollte erst erfolgen, wenn die Außentemperatur 15–20°C erreicht hat (etwa Ende Mai/Anfang Juni). Während des Wachstums muß der Boden gleichmäßig feucht gehalten werden.
Ausgewachsene Pflanzen bilden mehrere Triebe und können bis zu einem Meter hoch werden. Es ist empfehlenswert, im Gewächshaus nur vier Triebe und an anderen Standorten nur drei Triebe an der Pflanze zu lassen. Sie können sich dann kräftiger entwickeln und große Früchte tragen. Bei starkem Fruchtansatz sollten Sie die Seitentriebe mit kleinen Stäben abstützen. Pflanzabstand am endgültigen Standort etwa 70x50 cm.

Ernte

Mitte Juli/Anfang August sind die ersten Früchte reif. Ernten Sie in Abständen von ein bis zwei Wochen. Dabei die Früchte am Stielansatz abschneiden. Nicht pflücken, weil die Früchte sonst beschädigt bzw. ganze Triebe abgebrochen werden können. So wird die Pflanze viele weitere Früchte ansetzen können.

Spezielle Kultur-Hinweise

Aubergine oder Eierfrucht

So ungewöhnlich wie Form und Farbe der Aubergine anmuten, so ungewöhnlich ist auch der deutsche Name „Eierfrucht". Er wird verständlich, wenn man weiß, daß es auch kleinwüchsige Sorten gibt und daß die Stammform weiße und gelbe Früchte in Form und Größe von Hühnereiern hervorbringt.

Anzucht und Pflege

Bei der Anzucht ist zu beachten, daß die Seitentriebe (Geize) an den Blattachseln regelmäßig ausgebrochen bzw. ausgeschnitten werden müssen. Der Fruchtansatz am Haupttrieb ist für eine gute Ernte ausreichend. Ließe man alle Triebe

an der Pflanze, würde sie unter der späteren Last der Früchte (die immerhin bis zu 400 g schwer werden können) leicht abknicken. Außerdem sollten die verwelkten Blütenblätter von der Frucht entfernt und die unteren Blätter abgeschnitten werden. So kommt viel Licht und Luft zwischen die Pflanzen.

Ernte

Ernten Sie Ihre Auberginen, bevor sie ganz reif sind. Sie müssen noch dunkelviolett und glänzend sein. Beim wiederholten Anbau von Auberginen an gleicher Stelle (z. B. Gewächshaus) muß der Boden entweder ausgetauscht oder sterilisiert werden, um das Übertragen von Krankheiten zu vermeiden.

Paprika

Die übliche Bezeichnung Paprikaschote ist etwas irreführend, denn botanisch gesehen ist der Paprika eine Beere.

Ernte

Geerntet werden die Früchte ab Anfang/Mitte Juli. Die Erntezeit ist nicht genau begrenzt, weil reife Früchte (grün) noch an der Pflanze bleiben können, bis sie schließlich gelb oder rot werden. Sie sind auch dann noch vollwertig. Grüne Früchte haben einen leicht herben, bitteren, aber sehr angenehmen

Geschmack. Reife rote oder gelbe Früchte sind leicht süßlich.
Im Hinblick auf die Gesamternte und die Qualität der nachwachsenden Früchte sollten Sie aber nicht zu spät ernten. Beim wiederholten Anbau von Paprika an gleicher Stelle sind dieselben Vorsorgemaßnahmen zu treffen wie bei Auberginen.

Mais

Zuckermais gehört als einziges fruchttragendes Gartengemüse zu der artenreichen Familie der Gräser. Mais ist als Nutzpflanze schon sehr lange bekannt und stammt vermutlich aus Mexiko. Von dort wurde er Anfang des 16. Jahrhunderts über Westindien nach Spanien gebracht. Obwohl der Mais ein Kind warmer Gegenden ist, hat die züchterische Auslese (insbesondere die Züchtung von F_1-Hybridsorten) seine Anbaugrenze immer weiter nach Norden verschoben. Heute kann er problemlos auch bei uns angebaut werden.

Kultur-Anleitung

Boden, Nährstoffe und Klima
Zuckermais stellt keine besonderen Bodenansprüche. Am besten gedeiht er auf humosen, lockeren, nährstoffreichen Böden. Vor der Aussaat (oder ca. zwei Wochen danach) wird eine Düngung mit

40–50 g Gemüsespezialdünger empfohlen. Weitere 1–2 Düngungen im Laufe der Vegetationsperiode. Zuckermais braucht viel Sonne und hohe Keimtemperaturen.

Anzucht und Pflege
Die Aussaat erfolgt ab Mitte Mai direkt ins Freiland (in Reihen mit einem Abstand von 80 cm). In der Reihe werden später nur die kräftigsten Jungpflanzen belassen (Abstand 20 cm). Die Saattiefe beträgt 3–5 cm. Zwischen den Reihen sollte der Boden wiederholt flach gelockert werden.
Mais sollte immer nur in Gruppen stehen, möglichst nicht in einer langen Reihe. Dadurch wird eine einheitliche Bestäubung – und damit Kolbenbildung – erreicht.

Ernte
Wann Zuckermais reif ist (etwa ab Mitte August), das erkennt man an seinem „Bart" – den kleinen, weißen Büscheln an den Kolbenspitzen. Sobald sie sich dunkelbraun gefärbt haben, können die Kolben abgebrochen und von den Blättern befreit werden.
Die Körner sollen milchig sein und noch so weiß, daß man sie mit dem Fingernagel leicht eindrücken kann.

Stellung im Fruchtwechsel
Zwiebeln, Radieschen und Rettich wachsen schlecht nach Mais. Dies sollte bei der Ausarbeitung eines Planes berücksichtigt werden.

Fenchel

Fenchel gehört in die Familie der Doldengewächse (Umbelliferae), wie z. B. auch die Möhre, der Sellerie und viele Kräuter.
Bei den Fenchelknollen handelt es sich um sogenannte Scheinknollen, die aus verdickten Blattstielen gebildet werden. Knollenfenchel kann roh oder gekocht gegessen werden und eignet sich besonders als Diätgemüse für magenempfindliche Menschen.

Kultur-Anleitung

Boden, Nährstoffe und Klima
Fenchel braucht einen lockeren, humosen Boden und genügend Wasser, um große Knollen ausbilden zu können. Als Grunddüngung vor der Aussaat werden 40–50 g/m² eines Gemüsespezialdüngers gleichmäßig verteilt in den Boden eingearbeitet. Ca. 4–6 Wochen nach der Aussaat wird nochmals mit 40 g/m² nachgedüngt. Fenchel verträgt leichten Frost (bis ca. –3° C) ohne Schaden.

Anzucht und Pflege
Fenchel wird ab Mitte Juni an Ort und Stelle ins Freiland gesät. Bei zu früher Aussaat (vor Mitte Mai) bildet die Pflanze einen Blütenstengel und wird damit als Gemüse unbrauchbar.
Neue leistungsfähige Sorten besitzen diese negative Eigenschaft nicht mehr und können daher bereits ab Mitte Mai ausgesät werden. Aber auch späte Freilandaussaaten (bis Mitte Juli) bringen noch vollwertige Ernten. So kann Fenchel über einen langen Zeitabschnitt (Mitte August bis Mitte Oktober) geerntet werden. Gesät wird in Reihen. Der Reihenabstand sollte 40 cm betragen, der Abstand in der Reihe nach dem Vereinzeln 15 cm, Saattiefe 1,5 cm.
Die erforderlichen Pflegemaßnahmen sind regelmäßiges Wässern und Lockern des Bodens. Bei Beginn der Knollenbildung werden die Reihen leicht angehäufelt, damit die Knollen hell und zart bleiben.

Ernte
Geerntet wird Mitte August bis Mitte Oktober. Da Fenchel auch leichtere Fröste verträgt, kann er bis zum November auf dem Beet bleiben. Besser ist aber, ihn früher zu ernten und zu lagern.
Wenn man die Knollen im kühlen Keller oder Frühbeet in feuchten Sand oder Torf einschlägt, halten sie sich noch einige Wochen frisch.
Das Kraut wird abgeschnitten.

Rhabarber

Rhabarber gehört zur Familie der Knöterichgewächse (Polygonaceae), zu der auch der Sauerampfer zählt. Er ist bereits seit 5000 Jahren bekannt. Zuerst wurden nur die getrockneten Wurzeln als Arzneimittel benutzt. In England werden die schmackhaften Blattstiele seit etwa 1750 gegessen, in Deutschland kennt man sie ungefähr seit 1850.

Kultur-Anleitung

Boden, Nährstoffe und Klima
Rhabarber ist ein Tiefwurzler. Er bevorzugt daher einen tiefgründigen, lockeren Boden. Bei der Bodenvorbereitung sollte reichlich Stalldung untergegraben werden. Oder wählen sie gleich einen Platz in der Nähe des Komposthaufens. Rhabarber ist ein ausgesprochener Starkzehrer. Darum braucht er zusätzlich zur organischen Düngung ca. 100–150 g/m² eines Gemüsespezialdüngers (verteilt auf zwei Gaben). Der Zeitpunkt dafür ist gleich nach der Ernte und nochmals im Spätsommer.
An das Klima stellt Rhabarber keinen besonderen Anspruch. Selbst im Halbschatten gibt er noch gute Erträge.
Im Winter sollte die Pflanze mit einer Mulchschicht abgedeckt werden, um sie vor zu strengem Frost zu schützen.

Anzucht und Pflege
Rhabarber wird durch Teilung der Wurzelstöcke vermehrt. Die Anzucht aus Samen wäre viel zu mühsam. Man kauft die Pflanzen im Fachgeschäft oder fragt einen netten Nachbarn, der schon kräftige Pflanzen besitzt. Zum Teilen wird der Wurzelstock ausgegraben – etwa ab Anfang August, wenn die Blätter abgestorben sind. Er wird dann mit dem Spaten oder einem scharfen Messer in Stücke geteilt. Jedes Teilstück soll mindestens eine gut entwickelte Knospe haben. Nach dem Teilen müssen die Wundflächen gut abtrocknen, bevor die Teile in die Erde gesetzt werden (damit sie später nicht faulen). Dann werden die neuen Pflanzen in Abständen von etwa 100x100 cm eingepflanzt. Die Knospe soll nur mit soviel Boden bedeckt sein, daß sie gerade nicht mehr zu sehen ist.

Ernte
Wenn Sie auf Jahre hinaus kräftig ernten wollen, schonen Sie die Pflanzen im ersten und ernten erst im zweiten Jahr. Und auch dann nur die dicken Stiele. Denn die

Rhabarberstaude ist erst im dritten Jahr voll erntereif. Rhabarberstiele nie abschneiden, sondern am Wurzelhals herausdrehen. Schnittstellen würden die Staude zum Faulen bringen. Nie alle Stiele gleichzeitig ernten, weil sich dadurch der erneute Austrieb verzögert.
Im Frühjahr kann die Ernte etwas vorgezogen werden, wenn lichtdurchlässige Folie über den Rhabarber gespannt wird. Mit etwas Glück kann man dann je nach Lage schon Ende März das erste Rhabarberkompott essen. Sonst beginnt die Ernte Mitte bis Ende April und geht bis Mitte Juni.

Stellung im Fruchtwechsel
Rhabarber ist eine ausdauernde Pflanze und braucht deshalb bei der Fruchtfolge nicht berücksichtigt zu werden. Sie kann etwa 8 Jahre auf demselben Platz stehen.

Tomaten.
Voll Saft und Kraft.

Tomaten

Tomaten aus dem eigenen Garten schmecken unvergleichlich gut. Sie werden den Unterschied merken, wenn Sie bisher die Früchte auf dem Markt oder im Geschäft gekauft haben. Diese werden nämlich oft noch halbgrün geerntet und reifen erst auf dem Transport nach. Ihre Gartentomaten dagegen können ihr volles Aroma und die kräftige Farbe noch an der Pflanze entwickeln.
Die ursprüngliche Heimat der Tomate ist Peru, wo sie auch heute noch wild wächst. Die Frucht und den Namen verdanken wir den Azteken – sie nannten sie schon „tumatl". Spanische Eroberer brachten sie dann auf ihren Beutefahrten mit nach Europa. Von hier trat die Tomate später ihren eigenen „Siegeszug" in die ganze Welt an. Im Laufe der Zeit hat sie auch recht fantasievolle Namen erhalten: Paradiesapfel, Paradeiser und Liebesapfel.
Heute gibt es viele Sorten, die auch in unserem Klima problemlos gedeihen (siehe auch Anzucht und Pflege).
Nutzen Sie die kleinen Tricks, die sich passionierte Tomatengärtner ausgedacht haben, um die ursprünglichen „Sonnenkinder" mit Wärme zu verwöhnen. Dann werden Sie eine reiche Ernte haben und für die zusätzlichen Mühen belohnt: Die Tomate ist immer eine Delikatesse. Sie ist in ihrer Verwendung so vielseitig wie keine andere Frucht.

Allgemeine Kultur-Anleitung

Boden, Nährstoffe und Klima

Tomaten stellen keine hohen Ansprüche an Boden und Klima. Sie bevorzugen jedoch einen lockeren, durchlässigen, humosen Boden und brauchen viel Wärme (warme Füße). Am besten Ganztagssonne an der Hausmauer (Südseite), wo sie gleichzeitig vor Zug geschützt sind. Im Gegensatz zu den meisten anderen Pflanzen können sie viele Jahre am selben Platz angebaut werden. Weil Tomaten mit ihren Wurzeln

tief in den Boden gehen, sollte der Boden bereits im Herbst spatentief umgegraben werden.
Dabei ist es vorteilhaft, reichlich Stallmist oder Gründüngung mit einzugraben. Wo das nicht möglich ist, sollte der Boden bzw. das Pflanzloch mit Kompost angereichert werden.
Die richtige Anwendung von mineralischen Düngern ist für eine erfolgreiche Ernte besonders wichtig. Zuviel Dünger zu Beginn der Kultur würde nur das Blattwachstum einseitig fördern, was auf Kosten der Fruchtbildung und -reife ginge. Als Grunddüngung vor dem Pflanzen reichen ca. 50 g/m² eines Gemüsespezialdüngers aus. Bei allen weiteren Düngergaben (in der Regel nicht mehr als zwei) 30–40 g/m². Düngen sie erstmals nach der Pflanzung etwa Mitte Juni und dann ein zweites Mal ca. 4 Wochen später.

Anzucht und Pflege

Die Anzucht von Tomaten ist heute problemlos aus Samen möglich. Wenn Sie Qualitätszüchtungen und exklusive Neuzüchtungen wählen, können Sie zudem noch sicher sein, besonders hochwertige Pflanzen heranzuziehen.

Beim Kauf von Jungpflanzen erhalten Sie meist nur namenlose Sorten. Qualitätsbestimmende Merkmale (Krankheitsresistenz, reicher Fruchtansatz, guter Geschmack, frühe Ernte) lassen sich an diesen noch nicht erkennen. Sie müssen ganz den Aussagen des Händlers vertrauen. Bei selbstgezogenen

Pflanzen aus Qualitäts- und exklusiven Neuzüchtungen wissen Sie aber in jedem Fall, woran sie sind.
Säen Sie die Tomatensamen ab Ende März in die Keimbox. Sobald die Sämlinge 4 Blätter entwickelt haben (nach etwa 2–3 Wochen), erstmals in kleine Töpfe pikieren. Nach dem achten Blatt in größere Töpfe umpflanzen und nach den „Eisheiligen" ins Freiland aussetzen (Pflanzabstand 80x40 cm). Wichtig: Die Pflanzen bis zum untersten Blattansatz einpflanzen (ca. 10–15 cm tief). Sie treiben dann aus dem Stengel neue Wurzeln, was sich auf das gesamte Wachstum günstig auswirkt.
Abgesehen von den Buschtomaten benötigen alle Sorten eine Stütze. Dafür eignen sich stabile Draht- oder Holzstäbe; auch Gitter aus grobem Maschendraht oder Kunststoffstäbe sind geeignet. Draht und Kunststoff sind fast unbegrenzt haltbar.
Holzstäbe dagegen sehen natürlicher aus und sind dekorativer. Um Krankheiten vorzubeugen, müssen sie allerdings jedes Jahr desinfiziert werden. Dafür werden sie in eine Formalin-Lösung getaucht (gibt es in der Apotheke – man nimmt ¼ l auf 10 l Wasser) und gründlich abgewaschen. Die Pflanzen müssen wiederholt locker angebunden werden. Achten Sie darauf, daß der Faden nicht einwächst.

Wichtig ist auch das regelmäßige Entgeizen der Pflanze (Ausbrechen der in den Blattachseln wachsenden Nebentriebe). Der Haupttrieb ist

für den Fruchtansatz ausreichend. Ab Mitte August aber nicht mehr entgeizen. Lassen Sie maximal fünf Blütenstände an jeder Pflanze. Aus allen weiteren würden sich doch keine reifen Früchte mehr entwickeln und auf Kosten des Gesamtwachstums werden nur unnötig Nährstoffe verbraucht.

Übrigens…

…brauchen Tomaten zur Fruchtausbildung viel Wasser. Darum empfehlen wir, ebenerdig neben der Tomatenpflanze einen größeren Blumentopf einzusetzen. Dieser wird wiederholt mit Wasser nachgefüllt. Die Wurzeln können es dann direkt aufnehmen.

Um Pilzkrankheiten zu verhindern, die vom Boden her übertragen werden können, sollten Sie nach und nach die unteren Blätter entfernen (bis ca. 30 cm).
Um die Befruchtung, d. h. die Bestäubung der Blüten zu fördern (besonders an windgeschützten Stellen), sollten Sie die Pflanze in den Mittagsstunden einige Male kräftig rütteln.

Ernte
Geerntet wird, sobald sich die ersten Früchte rot färben. Es gibt neue Sorten, deren Fruchtreife schon nach 50–70 Tagen einsetzt. Bei älteren Sorten ist das oft erst nach ca. 90 Tagen der Fall. Zu den besonders früh reifenden Sorten zählen die Neuzüchtungen und F1-Hybriden „Tirana“ und „Quatuor“ sowie die typische Fleischtomaten-Sorte „Raf“. Biegen Sie die Früchte beim Pflücken etwas nach oben, dann lösen sie sich leicht vom Fruchtstand. Gesunde, noch grüne Früchte sollten vor den ersten Nachtfrösten abgenommen werden. Sie reifen in einem dunklen und kühlen Raum noch gut nach. Wickeln Sie die Früchte in Zeitungspapier oder legen Sie kleinere in Eierkartons. Probieren Sie auch einmal eines der Rezepte mit grünen Tomaten aus dem Kochbuchteil. Das herbfruchtige Aroma wird Sie bestimmt überzeugen.

Krankheiten und Schädlinge
Wenn Tomaten zu feucht oder zu dicht stehen, werden sie oft von Grauschimmel und Braunfäule befallen. Zur Vorbeugung für viel Licht und Luft zwischen den Pflanzen sorgen und widerstandsfähige Sorten auswählen.

Spezielle Kultur-Hinweise

Salat-Tomate

Wie die Sortenbezeichnung besagt, eignen sich diese Tomaten besonders gut zur Salatbereitung. Wählen Sie Neuzüchtungen, die auch noch im vollreifen Zustand schnittfest, saftig und vollaromatisch sind (z. B. Sorte „Tirana“).

Fleisch-Tomate

Die Salat-Tomate hat nur zwei Fruchtkammern, die Fleisch-Tomate dagegen mehrere. Sie ist daher besonders fleischig und wohlschmeckend. Hochwertige Sorten haben wenig Kerne, sind weichschalig und trotzdem schnittfest und von der Form her oft leicht gerippt.

Koch-Tomaten werden vorrangig zur Zubereitung von Soßen und Suppen verwendet. Die Frucht ist eher oval als rund, hat festes Fleisch und wenig Kerne. Sie ist vor allem in der italienischen Küche beliebt. Koch-Tomaten eignen sich auch zum Einfrieren.

Übrigens...

...reifen kleinere grüne Tomaten, die Sie noch vor dem ersten Frost geerntet haben, gut nach, wenn sie einige Zeit in Eierkartons an einem kühlen Ort stehen.

Fleischtomaten bilden besonders große Früchte und werden bis zu 400 g schwer. Sie eignen sich zur Zubereitung von Salaten, zum Grillen und auch zum Rohessen (z. B. Sorte „Raf").

Koch-Tomate

Kirsch-Tomate

Kirsch-Tomaten sind auch als Cocktail-Tomaten bekannt und eignen sich ganz besonders zur Dekoration von kalten Platten oder Salaten. Zum Kochen wären sie viel zu schade. Ihre Früchte wachsen meist in Traubenform, wobei die einzelne Frucht nicht größer als 2–3 cm im Durchmesser wird. Kirsch-Tomaten sind sehr ertragreich. Der Geschmack ist sehr angenehm und leicht süßlich.

Kartoffeln. Die Bodenschätzchen.

Kartoffeln

Die Heimat der Kartoffel sind die Hochanden von Bolivien bis Chile. Die Geschichte ihres Anbaus geht bis auf die Inkas zurück und ist mindestens 2000 Jahre alt. Die eroberungsfreudigen Spanier haben sie dann in der ganzen Welt heimisch gemacht.
Es dauerte allerdings eine Weile, bis sie auch bei uns ihren Siegeszug antreten konnte. Vielen Bauern war es verwunderlich, daß nicht die oberirdischen Beeren, sondern die Knollen aus dem Boden der eßbare Teil der Pflanze sein sollte. Erst nach und nach konnten sie dazu gebracht werden, diese neue Pflanze auf ihren Feldern anzubauen.
Heute ist die Kartoffel aus unseren Gärten und aus unserem täglichen Speiseplan nicht mehr wegzudenken. In letzter Zeit erfreut sie sich besonderer Beliebtheit: Seit sie nicht nur in Salzwasser gekocht, sondern auch zu wohlschmeckenden Delikatessen verwandelt wird.

Kultur-Anleitung

Boden, Nährstoffe und Klima

Kartoffeln bevorzugen einen leichten bis mittelschweren und vor allem lockeren Boden. Schwere Böden sind ungeeignet für den Anbau von Kartoffeln – beim Ausgraben muß man sich dann später zu sehr plagen. Eine gute Ernte läßt sich nur dann erzielen, wenn der Boden reichlich mit Nährstoffen versorgt wurde. Vor dem Auslegen der Pflanz- bzw. Saatkartoffeln gibt man deshalb 40–60 g/m² eines Gemüsespezialdüngers. Will man zusätzlich mit Mist düngen, so muß dieser gut verrottet sein. Sonst besteht die Gefahr der Schädigung durch Bodeninsekten.
Wie alle Nachtschattengewächse brauchen Kartoffeln viel Wärme. Die Bodentemperatur sollte beim Auslegen mindestens 7° C betragen.

Anzucht und Pflege

Im Hausgarten sollten Sie sich vor allem für den Anbau von Frühkartoffeln entscheiden. Sie können dann Kartoffeln zu einem Zeitpunkt ernten, wenn sie im Handel noch recht teuer sind und anschließend das Beet für eine wertvolle Nachkultur nutzen.

Die Anzucht beginnt mit dem Vorkeimen der Knollen. Das verkürzt die Kulturzeit und sorgt für eine frühere Ernte.
Hierzu verwendet man Kartoffeln aus der Ernte des vergangenen Jahres, die man im Februar/März in flache Kisten ans Licht stellt. Zuvor sollten diese Kartoffeln in kühlen Räumen aufbewahrt werden, um ein vorzeitiges Keimen zu verhindern. Bei 5–10° C sprießen dann Keimtriebe, die kurz und gedrungen sind.
Kartoffeln sind sehr virusanfällig. Den meisten Hobbygärtnern fehlen aber Erfahrung und Möglichkeiten, gesundes Pflanzgut selbst zu erzeugen. Sie sollten deshalb regelmäßig Jahr für Jahr neue, gesunde Saatkartoffeln kaufen. Das ist die beste Garantie für sichere Erträge und gesunde geschmackvolle Kartoffeln.
Im Herbst wird der Boden tief umgegraben. Im Frühjahr wird er dann nur noch mit einem Grubber gründlich gelockert. Soweit Stallmist verwendet wird, sollte auch dieser bereits im Herbst

eingegraben werden (spätestens jedoch im zeitigen Frühjahr). Das gleiche gilt für Gründüngung als Zwischenfrucht oder anderes organisches Material, wie z. B. Kompost. Die Kartoffeln werden einzeln in vormarkierte Reihen ausgelegt: Jeweils 10 cm tief und in Abständen von 30 cm. Der Abstand zwischen den Reihen beträgt 60 cm.
Wenn das Laub der Kartoffeln eine Höhe von 10–15 cm erreicht hat, wird angehäufelt. Das muß mehrmals wiederholt werden, bis die Reihen geschlossen sind. Es bewirkt eine Lockerung des Bodens und zerstört frühzeitig keimende Unkräuter. Vor allem aber wird die unterirdische Entwicklung der Knollen gefördert. Vor dem letzten Häufeln sollte eine letzte Mineraldüngung mit einem Gemüsespezialdünger in Höhe von ca. 40 g/m^2 gegeben werden.

Ernte

Ab Mitte Juni können Sie Ihre Kartoffeln ernten – aber immer nur soviel, wie Sie täglich brauchen. Die anderen Knollen sollen sich im Erdreich weiterentwickeln. Heben Sie sie einfach mit der Grabegabel heraus. Sie werden erstaunt sein, wie viele Kartoffeln aus einer Knolle gewachsen sind. Auch der unübertreffliche Geschmack wird Sie überraschen. Frisch geerntete und zube reitete Kartoffeln aus dem eigenen Garten sind viel aromatischer als die aus dem Handel. Denn sie haben noch nicht (durch längere Lagerung) an Würze und Geschmack verloren. Ende Juli bis Mitte August werden die Frühkartoffeln geschlossen gerodet, indem Sie diese reihenweise mit einer Kartoffelhacke herausnehmen. Das Land kann anschließend mit einer Nachkultur (meist Salate) oder mit Gründüngung bestellt werden. Die Ernte der mittelfrühen Sorten erfolgt ab Mitte August, wenn das Kraut welk geworden ist. Diese Sorten eignen sich auch zur Vorratshaltung.

Kohlarten.
Die Pracht im Garten.

Kohlarten

Blumenkohl, Broccoli, Chinakohl, Grünkohl, Kohlrabi, Rosenkohl und der Kopfkohl gehören alle zu einer der bedeutendsten Pflanzenfamilien: den Kreuzblütlern (Cruciferae).
Ein besonderes Merkmal der meisten Kohlgewächse ist ihre Zweijährigkeit. Die Pflanzen speichern während des ersten Lebensjahres reichlich Nahrung, die sie dann im zweiten Jahr zur Blüten- und Samenbildung verbrauchen. Kohlgewächse werden deshalb schon im ersten Jahr vor der Blüte geerntet. Dann sind sie voller Nährstoffe und für Ihren Speiseplan besonders wertvoll.
Aber machen Sie sich doch einmal das Vergnügen und lassen eine Kohlpflanze zum Blühen kommen. Sie werden staunen, wieviel unentdeckte Schönheit in ihr steckt. Bei diesem Anblick können Sie dann auch verstehen, daß im Kohl mehr steckt als nur ein derbes Winteressen.

Als Rohkost zubereitet, hat er wegen seiner vielen Vitamine und Mineralstoffe und der wohltuenden Wirkung auf Leber, Darm und den gesamten Stoffwechsel einen hohen Stellenwert in der Küche. Schwer verdaulich machen ihn meist nur die fetten Würste, mit denen er oft zusammen gekocht wird. Zarter Kohl, in Butter oder Fleischbrühe gedünstet, belastet dagegen überhaupt nicht – aber mehr davon im Rezeptteil.

Blumenkohl und Broccoli

Allgemeine Kultur-Anleitung

Boden, Nährstoffe und Klima
Beide Pflanzen gedeihen am besten auf mittelschwerem Boden, der mit reichlich organischer Substanz versorgt wurde. Als Grunddüngung vor der Pflanzung gibt man ca. 50 g/m² Gemüsespezialdünger. Zur weiteren Nährstoffversorgung – etwa drei Wochen später, weitere 40 g/m² und die gleiche Menge noch einmal, wenn sich die Blume auszubilden beginnt. Der Geschmack von Blumenkohl und Broccoli wird insgesamt durch eine reichliche, harmonische Düngung verbessert. Der Standort für die Pflanzen sollte sonnig sein, der Boden immer gut feucht.

Anzucht und Pflege
Bei der Anzucht unterscheidet man Früh-, Sommer- und Herbst-Pflanztermine. Für alle Sorten gilt: An den endgültigen Standort wird ausgepflanzt, wenn sich 4–5 Blätter entwickelt haben.
Frühere Sorten ab Mitte März in die Keimbox säen. Wenn sich die Keimblätter gut entwickelt haben, werden die Pflanzen in 6–8 cm große Töpfe pikiert. Ab Anfang Mai wird Blumenkohl ins Freiland gepflanzt. Broccoli bereits ab Mitte April.
Der Pflanzabstand sollte bei Blumenkohl 50x60 cm für frühe Sorten, 60x80 cm für späte Sorten betragen; Broccoli wird mit einem Abstand von 50x50 cm gepflanzt.
Sommerblumenkohl bzw. Sommerbroccoli wird ab Ende März bis Juni im Frühbeet oder Freilandanzuchtbeet angezogen und dann direkt ins Freiland gesetzt.
Für die Herbsternte werden beide bis Ende Juli ins Freilandanzuchtbeet gesät. Etwa 5 Wochen nach der Aussaat können sie ins endgültige Beet ausgepflanzt werden.
Vor jedem Umpflanzen gilt: Wurzelballen gut anfeuchten, krank aussehende Pflanzen aussortieren.
An Pflegemaßnahmen ist das regelmäßige Wässern besonders zu nennen, damit das Wachstum nicht zum Stillstand kommt. Die Bodenoberfläche muß locker und frei von Unkraut gehalten werden.

Stellung im Fruchtwechsel
Niemals Kohl nach Kohl anbauen. Kohl sollte nur alle vier Jahre auf ein- und demselben Beet stehen.

Spezielle Kultur-Hinweise

Blumenkohl

Blumenkohl ist eines der beliebtesten Gemüse in Hobbygärten. Er schmeckt hervorragend und ist ausgezeichnet bekömmlich. Schon der Anblick der weißen Blume inmitten der dunklen Blätter ist ein Genuß für sich.

Ernte
Blumenkohl wird geerntet, wenn sich die Blume außen etwas lockert. Dann aber nicht mehr zu lange warten, weil der Kohl sonst schnell seine Kopfform verliert.
Es ist längst widerlegt, daß die besonders weißen Köpfe die besten sind. Weiß oder weniger weiß spielt für die Qualität und den Geschmack keine Rolle. Ganz weiße Köpfe werden im Hobbygarten mit mehr Arbeit und im Geschäft mit mehr Geld erkauft. Wer trotzdem in seinem Garten weiße Köpfe ern-

ten will, sollte – als Schutz gegen die Sonne – die Außenblätter kreuzweise über die gerade gebildete Blume decken.

Broccoli

Broccoli ist ein sehr edles Gemüse. Auf dem Markt gekauft, ist es selten ganz frisch und meistens zu teuer. Dieses schmackhafte Gemüse italienischer Herkunft können sie jedoch auch in unserem Klima völlig problemlos und preiswert selbst ziehen.

Der Anbau von Broccoli ist leichter als der von Blumenkohl. Wie beim Blumenkohl werden die nicht voll entwickelten Blütenstände gegessen. Broccoli schmeckt aber feiner als Blumenkohl und ein bißchen wie Spargel. Er enthält mehr Vitamine als Blumenkohl und selbst die Stiele sind eine Delikatesse. Qualitätszüchtungen unterscheiden sich von alten Sorten durch hohen Ertrag, schnellen Wuchs sowie festen und gleichmäßigen Kopf.

Ernte
Geerntet wird, wenn die Blütenknospen gut entwickelt, aber noch fest geschlossen sind. Wenn die Pflanze erst gelb blüht (und das geht oft sehr schnell), ist sie als Gemüse wertlos. Erntefrisch ist Broccoli am wertvollsten. Schon nach wenigen Stunden wird er welk.

Nach der Ernte des Haupttriebes bilden sich viele kleine Seitentriebe, die Sie über mehrere Wochen immer wieder nachernten können.

Kohlrabi

Der Kohlrabi bildet durch die Verdickung des Stengels eine oberirdische Knolle. Für den kleinen Garten ist diese Kohlart besonders geeignet, weil sie schnell wächst und wenig Platz braucht. Es gibt grünlich-weiße, kräftig-grüne und blauviolette Sorten.
Sie sind auch als Rohkost ein geschätztes Gemüse.

Kultur-Anleitung

Boden, Nährstoffe und Klima
Kohlrabi gedeiht problemlos auf nahezu allen Böden. Besonders gut wächst er jedoch auf leichteren, humosen Böden, die sich rasch erwärmen. Bei leichtem, sandigem Boden muß auf die ausreichende Wasserversorgung geachtet werden. Organische Dünger werden gut verwertet: Stallmist sollte im Herbst vor der Pflanzung untergegraben werden, Kompost direkt vor der Kultur. An mineralischem Dünger gibt man vor der Pflanzung ca. 50 g/m^2 Gemüsespezialdünger, nach etwa zwei Wochen nochmals 40 g/m^2. Kohlrabi verträgt keine Kälte, dann neigt er zur Blütenbildung. Dabei bleibt die Entwicklung

der Knolle aus, und die Pflanze wird als Gemüse wertlos. Abdeckung mit Flachfolie (s. S. 65) ist eine vorbeugende Maßnahme.

Anzucht und Pflege
Anfang April wird in die Keimbox ausgesät. Wenn die Keimblätter gut entwickelt sind, in 6–8 cm große Töpfe pikieren. Etwa nach vier Wochen, wenn die Pflanze 3–4 Blätter gebildet hat, ins Freiland umpflanzen.
Reihenabstand etwa 30 cm, Abstand in der Reihe 25 cm.
Während des Wachstums müssen Sie für eine regelmäßige Bewässerung sorgen. Gleichmäßige Wasserversorgung verringert das Platzen und Holzigwerden der Knollen.

Ernte
Kohlrabi sollte im frühen Stadium geerntet werden, wenn die Knollen einen Durchmesser von ca. 6–8 cm erreicht haben. Dann ist er besonders zart und reich an Vitaminen und Mineralstoffen.

Wirsing, Rotkohl und Weißkohl

Kultur-Anleitung

Boden, Nährstoffe und Klima
Kopfkohl liebt reichlich Wasser und Nährstoffe. Frühe Sorten mögen leichteren, spätere Sorten gedeihen besser in schwerem Boden. Da sie ausgesprochene Starkzehrer sind, bekommen ihnen außer einer reichlichen mineralischen Düngung zusätzliche Stallmistgaben sehr gut.
An mineralischem Dünger sollten vor dem Pflanzen ca. 50 g/m^2 Gemüsespezialdünger gegeben werden. Drei Wochen später nochmals 50 g/m^2 und zu Beginn der Kopfbildung 40 g/m^2. Der Dünger wird einfach rund um die Pflanze gestreut und flach in den Boden eingearbeitet.
Kopfkohl gedeiht auch noch bei kühler und feuchter Witterung und verträgt Frost bis −5° C. Bei stärkeren Frösten wird er herausgenommen und eingelagert.

Anzucht und Pflege
Ab Anfang März wird ins Frühbeet gesät. Nach etwa 6 Wochen können die abgehärteten Pflanzen auf das endgültige Gemüsebeet umgesetzt werden, Pflanzabstand etwa 50x40 cm.
Wer einen großen Garten hat und Spätkohl ziehen möchte, sät Ende April ins Freilandanzuchtbeet. Ausgepflanzt wird dann Anfang Juni im Abstand von 50x50 cm.

Ernte
Die frühen Sorten können bereits ab Juli geerntet werden, spätere ab Ende September bis in den Spätherbst. Der Strunk wird anschließend aus dem Boden gezogen. Strunk und Wurzelballen nicht auf den Komposthaufen geben, sondern in den Müll. So halten sie die Gefahr der Kohlhernie in Grenzen.

Frühkohl läßt sich nicht lagern. Deshalb nur soviel anbauen, wie in etwa 4 Wochen verbraucht werden kann.

Stellung im Fruchtwechsel
Beim Anbau von Frühkohl kann das Beet im Juli noch mit einer Nachkultur bestellt werden (z. B. Salate). Gute Vorfrüchte sind Bohnen oder Erbsen, die im Jahr zuvor angebaut wurden.

Rosenkohl

Rosenkohl hat seinen Namen von den Röschen, die als kleine Kohlköpfe in den Blattachseln wachsen. Er ist als Herbst- und Wintergemüse problemlos im Anbau und ein sehr wertvolles Feingemüse für eine Zeit, in der andere Gemüse rar sind.

Kultur-Anleitung

Boden, Nährstoffe und Klima
Rosenkohl kann auf jedem Boden angebaut werden. Am besten gedeiht er auf Lehm- bzw. sandigem Lehmboden.
Der Nährstoffbedarf ist nicht ganz so hoch wie bei den anderen Kohlarten. Vor der Pflanzung genügen 50 g/m² Gemüsevolldünger und etwa vier Wochen später nochmals 40 g/m². Eine Düngung mit Stallmist sollte vermieden werden, weil er zu lockere Röschen verursacht. Rosenkohl ist winterfest – leichter Frost verbessert sogar seinen Geschmack. (Beim Gefrieren wird ein Teil der pflanzlichen Stärke in Zucker umgewandelt.)

Anzucht und Pflege
Rosenkohl wird ab April im Frühbeet vorgezogen; zu dicht aufgegangene Saat vereinzelt bzw. pikiert.

Bei einer Pflanzenhöhe von ca. 12–15 cm werden die Jungpflanzen ab Ende Mai bis Mitte Juni bei einem Reihen-/Pflanzabstand von 60 x 60 cm ins Freiland gesetzt. Ab Ende April sind auch direkte Aussaaten ins Freilandanzuchtbeet möglich. Dann ab Mitte Juni auf das endgültige Pflanzbeet umsetzen. Während des Wachstums den Boden wiederholt lockern und frei von Unkraut halten. Hohe Pflanzen eventuell abstützen.

Ernte

Geerntet wird etwa ab Oktober, wenn die untersten Röschen ca. 2–3 cm dick geworden sind. Rosenkohl ist nach dem ersten Frost besonders schmackhaft. Immer von unten nach oben pflücken, denn in dieser Reihenfolge reifen die Röschen. Beim ersten Ernten alle aufgegangenen, losen, gelben und faulen Röschen entfernen. Sie beeinträchtigen sonst das Wachstum der anderen. Im Spätherbst Pflanzenspitzen herausbrechen, damit alle Kraft noch einmal in die Röschen gehen kann.

Stellung im Fruchtwechsel

Rosenkohl kann als Nachkultur angebaut werden, z. B. nach Salaten oder Radieschen.

Grünkohl

Grünkohl ist frosthart und winterfest und deshalb meistens das letzte grüne Gemüse im Garten. Er hat einen hohen Anteil an Karotin, das zusammen mit Fett im Körper in Vitamin A umgewandelt wird. Außerdem gehört Grünkohl zu dem eiweißreichsten Gemüse. Nur gedünstet behält er seinen hohen Vitamin-C-Gehalt. Blanchiert eignet er sich sehr gut zum Einfrieren.

Kultur-Anleitung

Boden, Nährstoffe und Klima

Als anspruchsloseste Kohlart wächst Grünkohl auf jedem Boden. Schwerer, nicht zu fester Boden ist jedoch vorzuziehen.

Vor dem Auspflanzen düngt man mit ca. 50 g/m² Gemüsespezialdünger. In der Hauptwachstumszeit (August und September) braucht er nochmals 40–50 g/m² Dünger. Grünkohl ist frosthart. Wie bei Rosenkohl wird auch der Grünkohlgeschmack durch Frost verbessert. Ein Teil der Pflanzenstärke wird dabei in Zucker umgewandelt, wodurch der Kohl milder schmeckt. Grünkohl gedeiht auch im Halbschatten.

Anzucht und Pflege

Gesät wird ab Mai ins Freilandanzuchtbeet. Ausgepflanzt wird Ende Juli bis Anfang August. Der

Abstand von Pflanze zu Pflanze bzw. der Reihenabstand soll 50x60 cm betragen.
Wenn Sie die Anzucht von Jungpflanzen versäumt haben, können Sie Anfang August mit ganz gutem Erfolg auch noch direkt ins Gemüsebeet säen. Der Reihenabstand darf dann allerdings nur ca. 20 cm betragen. Sonst wird keine geschlossene Pflanzendecke mehr erzielt.
Nach der Pflanzung sollte der Boden regelmäßig gelockert und damit das Unkraut zerstört werden. So oft wiederholen, bis der Bestand so dicht ist, daß es kaum noch aufkommen kann. Grünkohl braucht viel Bodenfeuchtigkeit und sollte deshalb gut gewässert werden.

Ernte
Geerntet wird etwa ab Mitte Oktober bzw. bevor die untersten Blätter gelb werden. Nie alle Blätter von einer Pflanze abernten, die jungen Blätter wachsen an der Pflanze noch weiter.

Stellung im Fruchtwechsel
Grünkohl läßt sich gut als Nachkultur von frühen Erbsen oder Frühkartoffeln pflanzen.

Chinakohl

Ein besonderes Gemuse fur die vitaminarme Herbstzeit. Chinakohl hat nicht den typischen Kohlgeschmack und ist sehr zart. Er bildet ovale bis länglich lockere Köpfe und hat keinen Strunk. In China ist er ein sehr weit verbreitetes Gemüse und erfreut sich auch bei uns zunehmender Beliebtheit. Wenn Sie Chinakohl bisher nur als Salat kennen, dann probieren Sie auf jeden Fall die Kochrezepte aus dem zweiten Teil des Buches.

Kultur-Anleitung

Boden, Nährstoffe und Klima
An Boden und Nährstoffe stellt Chinakohl etwa die gleichen Ansprüche wie seine nahen Verwandten. Der Boden sollte nicht zu leicht sein. Zusätzliche Düngung in Form von Mist oder Kompost ist

daher auf besonders leichten Böden günstig. Als Grunddüngung gibt man ca. 50 g/m² Gemüsespezialdünger, nach ca. 4 Wochen weitere 40 g/m².

Anzucht und Pflege
Als einzige Kohlart wird Chinakohl gleich an Ort und Stelle ausgesät, und zwar im Spätsommer (Mitte Juli bis Mitte August). Man sät in Reihen mit einem Abstand von ca. 40 cm; Saattiefe 1,5 cm. In den Reihen wird später auf 30 cm vereinzelt. Wird früher gesät, besteht die Gefahr daß der Kohl „schoßt", d.h. unerwünscht in die Höhe wächst und Blüten bildet (Chinakohl ist einjährig).
Vor allem die jungen Pflanzen müssen ausreichend bewässert werden. Gegen Unkraut und zur Bodenlockerung sollten Sie die Reihen regelmäßig durchziehen.

Ernte
Die Ernte dauert etwa von Mitte September bis Anfang November. Chinakohl kann aber ruhig noch einige Wochen im Beet verbleiben, wenn die Temperaturen nicht unter −5° C sinken. Sonst muß man ihn aus der Erde nehmen.
Zum Lagern wickelt man die Köpfe mit Wurzeln in Zeitungspapier und stellt sie senkrecht in Obstkisten. An kühlen Orten halten sie sich so einige Wochen frisch.

Stellung im Fruchtwechsel
Wegen der späten Aussaat ist Chinakohl eine ausgezeichnete Nachfrucht, z. B. nach Buschbohnen.

Schädlinge an Kohlpflanzen
Zum Schluß noch ein Wort zum speziellen Pflanzenschutz dieser artenreichen Familie.
Die gefährlichste Krankheit aller Kohlarten ist die Kohlhernie. Es handelt sich dabei um eine Pilzerkrankung, deren Erreger durch infiziertes Pflanzenmaterial oder vom Boden übertragen werden. Eine direkte Bekämpfung gibt es noch nicht, abgesehen von einer relativ aufwendigen Sterilisation des Bodens mit entsprechenden Präparaten.
Sie müssen also versuchen, dem Pilz die Lebensgrundlagen zu entziehen. Er tritt vor allem in sauren und schlecht entwässerten Böden auf. Bei einem Befall sorgen Sie also zuerst für gute Entwässerung. Dann entseuchen Sie den Boden durch Düngung mit Kalkstickstoff (50–80 g/m²).
Vorbeugende Maßnahmen sind eine weite Stellung aller Kohlarten im Fruchtwechsel (Kohl sollte nur alle vier Jahre denselben Standort belegen) und „Erholungspausen" für den Boden mit Gründüngungspflanzen. Sie müssen frei von Kreuzblütlern sein (z. B. Senf), denn Kohl gehört auch zu dieser Familie. Übermäßige Stallmistgaben vermeiden. Nur gesunde Jungpflanzen verwenden.
Weitere Feinde des Kohls sind Kohlfliegen und Erdflöhe.
Gegen Erdflöhe hilft vorbeugend das Feuchthalten des Bodens.
Gegen die Kohlfliege hilft nur die Behandlung mit geeigneten Spezialmitteln bzw. das rechtzeitige Entfernen befallener Pflanzen.
Gegen Raupen sollte nicht gespritzt werden. Machen Sie sich in kleineren Gemüsegärten lieber die Mühe und sammeln Sie die Raupen ab. (Siehe auch allgemeiner Teil – Pflanzenschutz.)

Laucharten. Von Porree, Zwiebeln und Schalotten.

Laucharten

Die verschiedenen Lauch- und Zwiebelarten gehören zur Familie der Liliengewächse (Liliaceae). Sie stammen wahrscheinlich alle aus Gegenden um Afghanistan und Persien. Zu ihrer ausgedehnten Verwandtschaft gehören nicht nur Zierpflanzen wie Tulpen oder Lilien, sondern auch (und das ist gar nicht so leicht zu erkennen) der milde Spargel.
Alle Liliengewächse haben die Fähigkeit, im ersten Lebensjahr die Nährstoffe zu speichern, die sie im zweiten Lebensjahr brauchen.
Schon die alten Ägypter haben diese nahrhaften Pflanzen als Kraftspender genutzt. Im ersten Jahr geerntet, enthalten sie nämlich eine Fülle von Nähr- und Mineralstoffen, Vitaminen und vielen wichtigen Wirkstoffen, die nur von wenigen anderen Pflanzen übertroffen wird.
In der modernen Küche werden die verschiedenen Laucharten weniger als Kraftspender, sondern vielmehr als Gewürz und als schmackhaftes Gemüse verwendet.
Auch ihre Heilkräfte sind nicht in Vergessenheit geraten. Frischer Zwiebelsaft z. B. lindert Bienen- und Insektenstiche.
Laucharten sollten wegen ihrer Vielseitigkeit in keinem Garten fehlen, denn sie tragen (auch im Winter) zur würzigen Bereicherung der Mahlzeiten bei.

Frühlingszwiebeln sind die erste Laucharte aus dem Garten. Es gibt Sorten mit und ohne „Knollen". Sie schmecken mild würzig, und das Laub kann ähnlich wie Schnittlauch verwendet werden.

Zwiebeln

Zwiebeln sind eine sehr formenreiche Gruppe von Speise- und Gewürzpflanzen. Der typische Zwiebelgeschmack kommt durch den Gehalt an Zucker und schwefelhaltigen, ätherischen Ölen, die auch das Tränen der Augen beim Verarbeiten der Zwiebel verursachen.

Allgemeine Kultur-Anleitung

Boden, Nährstoffe und Klima
Die Zwiebeln stellen keine besonderen Ansprüche. Sie gedeihen jedoch am besten auf leichten, humosen Böden. Sie sind wärmeliebend und brauchen zum Ausreifen einen trockenen Herbst. Zwiebeln wurzeln relativ flach und bevorzugen einen gut mit Nährstoffen versorgten Boden. Vorteilhaft ist gut verrotteter Kompost (der den Boden gleichzeitig lockert) und ein reichliches Angebot mineralischer Nährstoffe.
Vor der Kultur oder etwa 10 Tage nach der Aussaat oder Pflanzung gibt man ca. 40 g/m² eines Gemüsespezialdüngers und weitere 40–50 g/m² während der Hauptwachstumszeit etwa Mitte Juni.

Anzucht und Pflege
Aussaat für den Sommer- und Winterbedarf: Ab Anfang bis Mitte März direkt ins Freiland. Ausschließlich für den Sommerbedarf: Bis Juni ins Freiland. Reihenabstand 30 cm, ca. 1 cm tief säen. Nach dem Aufgehen der Saat (nach etwa 4–6 Wochen) werden die Pflanzen auf ca. 5–15 cm Abstand in der Reihe vereinzelt. Einen zeitlichen Vorsprung bringt der Anbau von Steckzwiebeln. Sie bringen schon Ende Juli/Anfang August eine gute Ernte, sind aber nicht so lagerfähig wie Saatzwiebeln.
Man kauft Steckzwiebeln mit einem Durchmesser von max. 1,5 cm. Größere neigen oft zum Schoßen. Gesteckt wird im März/April, Reihenabstand 25 cm, Abstand in der Reihe 10–15 cm. Flach in den Boden setzen.

Das Wachstum der Zwiebeln sollte nie durch Unkraut gestört werden. Den Boden aber nur vorsichtig und flach lockern, ohne die Wurzeln zu beschädigen (Flachwurzler). Zwiebeln reifen besser, wenn Sie 2–3 Wochen vor der Ernte das Laub (Blätter) seitlich abknicken.

Ernte
Etwa im Juli/August beginnt das Grün der Pflanzen abzusterben. Wenn es richtig trocken geworden ist, sollten die Zwiebeln an einem trockenen, warmen Tag geerntet werden. Sie bleiben dann noch ein bis zwei Tage im Freien an der Sonne liegen und können dann (z. B. zu Zöpfen geflochten) an einem trockenen, luftigen Ort aufbewahrt werden. Bei der Ernte nicht beschädigen, sonst wird die Haltbarkeit herabgesetzt.

Spezielle Kultur-Hinweise

Frühlingszwiebel

Diese sehr frühe Zwiebelsorte zeichnet sich durch einen sehr milden, feinwürzigen Geschmack aus. Sie ist besonders in der „neuen Küche“ sehr beliebt. Das Laub kann mitgegessen werden. Frühlingszwiebeln werden schon sehr früh, d.h. klein und jung geerntet. Dann sind sie besonders nahrhaft und das Laub ist sehr aromatisch.

Perlzwiebel

Für den Anbau der Perlzwiebeln gibt es besonders weiße Zwiebelsorten. Beim Aussäen ist zu beachten, daß sie ziemlich tief und dicht gesät und später nicht vereinzelt werden. Reihenabstand ca. 5–8 cm, Aussaattiefe etwa 2 cm.
Perlzwiebeln zeitig und klein ernten (ca. 10–12 Wochen nach der Aussaat). Sie werden dann sofort von Laub und Wurzeln befreit und fast ausschließlich in Essig eingelegt.

Gelbe Zwiebel

Gelbe Zwiebeln sind jedem als gewöhnliche Speisezwiebeln bekannt. Sie schmecken pikanter als Frühlingszwiebeln und eignen sich vor allem zum Kochen und Braten. Das Laub wird nicht mitgegessen.

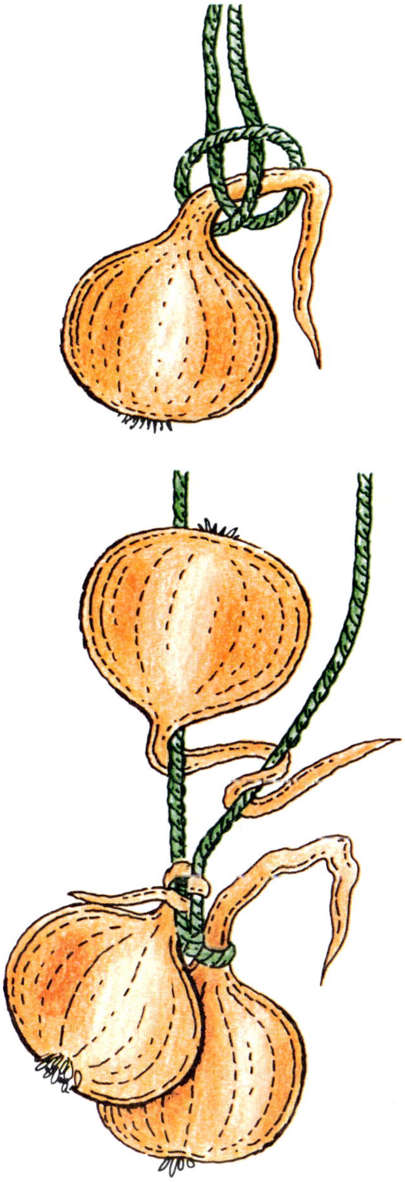

Zum Zopf geflochten, lassen sich Zwiebeln lange aufbewahren. Dafür legen Sie das trockene Laub um einen Bindfaden (wie aus der Zeichnung ersichtlich) und ziehen es fest.
Bei Bedarf werden die Zwiebeln dann von oben nach unten abgeschnitten. Dabei nicht den Faden, sondern nur das Laub durchschneiden.

Rote Zwiebel

Rote Zwiebeln haben einen würzigen, aber nie scharfen Geschmack. Sie werden vor allem roh gegessen. Ihre intensive Färbung ist auch eine optische Bereicherung für knackige Rohkostsalate.

Ein Korb Schalotten ist eine Kostbarkeit, denn nur selten sind sie zu kaufen.

Schalotte

(Gibt es nicht als Samen.)
Schalotten sind eine Form der Speisezwiebeln, bei der viele kleine Neben- oder Brutzwiebeln ausgebildet werden. Sie sind kleiner und schmaler als Speisezwiebeln und von besonders feinem Geschmack. Schalotten sind früh reif. Sie können mit ihnen den Bedarf an Zwiebeln decken, bis die eigentliche Zwiebelernte beginnt. Für den Anbau nehmen Sie im Jahr zuvor geerntete und überwinterte Schalotten. Sie werden – ähnlich wie Steckzwiebeln – im März im Abstand von 30 x 15 cm ausgepflanzt. Flach in den Boden setzen, so daß nur noch die obere Spitze herausguckt. Die jungen Blätter der Schalotten können vor der Ernte wie Schnittlauch verwendet werden.

Knoblauch

(Gibt es nicht als Samen.)
Knoblauch ist eine aus dem Orient stammende Zwiebelart. Ihr Wert liegt in dem in hoher Konzentration vorhandenem ätherischen Öl (Allicillin) und in den antibakteriellen Wirkstoffen. Dem Knoblauch wird eine heilsame Wirkung bei verschiedenen Altersbeschwerden nachgesagt. Er ist außerdem appetitanregend und verdauungsfördernd. Als Gewürz wird er zu vielen Speisen verwandt.
Als Einzelpflanze zwischen verschiedene Kulturen gesetzt, wirkt

Knoblauch bakterizid, fungizid und schädlingsabweisend.

Anzucht
Von einer ausgewachsenen Knoblauchzwiebel werden die äußeren kleinen „Zehen“ abgetrennt und in einem Abstand von 30x15 cm ausgelegt. In wärmeren Gegenden im Oktober/November. In kälteren Regionen warten Sie besser bis März/April. Für die Pflanzung im Herbst eignen sich vor allem die weißen Sorten. Die roten Sorten werden besser im Frühjahr gepflanzt.

Porree oder Lauch

Porree oder Lauch ist eine Würz- und Gemüsepflanze, die sehr frosthart ist. Während der kargen Zeit ohne Frischgemüse ist er eine willkommene und aromatische Ergänzung des Speiseplans.

Kultur-Anleitung

Boden, Nährstoffe und Klima
Porree stellt keine besonderen Boden- und Klimaansprüche. Er wächst auf einem humusreichen feuchten Boden besonders gut. Feste Böden müssen spatentief gelockert werden. Die Grunddüngung sollte aus ca. 50 g Volldünger in Form eines Gemüsespezialdüngers bestehen. 4–6 Wochen nach der Pflanzung nochmals mit 40 bis 50 g/m² düngen. Porree hinterläßt durch eine große Menge feiner Wurzeln einen gesunden, lockeren Boden.

Anzucht und Pflege
Aussaat Anfang bis Mitte März ins Frühbeet oder April/Mai direkt ins Freiland. Jungpflanzen aus dem Frühbeet ab Mitte Mai ins Freiland setzen. Abstand zwischen den Reihen 40 cm, in der Reihe 15 cm. Pflanztiefe ca. 10 cm! Spitzen der Pflanzen und Wurzeln etwas kürzen. Bei direkter Freilandsaat: Reihenabstand wie bei der Pflanzung. Saattiefe 1 cm, die Pflanzen später auf 15 cm vereinzeln.

Nach der Saat bzw. Pflanzung zwischen den Reihen öfter flach lockern, dabei wiederholt anhäufeln, um einen langen, gebleichten Schaft zu erhalten. Immer gut gießen. Porree soll feuchter gehalten werden als Zwiebeln.

Ernte
Ab August/September, so wie er gerade in der Küche gebraucht wird. Seine volle Ausreife zu dicken Schäften erreicht er aber erst im Spätherbst.
Für die Überwinterung ist Porree gut geeignet. Dazu wird er leicht abgedeckt (Reisig o. ä.). Bis weit in das nächste Jahr hinein können Sie dann beliebig ernten. Beim Ausgraben der Lauchstengel nicht zuviel von den grünen Blättern abschneiden, da in ihnen hauptsächlich das wertvolle Vitamin A enthalten ist.

Übrigens …

… können Sie auch Perlzwiebeln aus Porree (Lauch) ziehen!
Dafür bleibt der überwinterte Porree auf dem Beet stehen. Sobald sich Blütenansätze zeigen, werden sie abgeknipst, worauf sich am Stammgrund der Porreestange kleine weiße Zwiebelchen bilden.
Im August ernten, und die nicht benötigten sofort wieder einpflanzen. So bilden sich im nächsten Jahr ganze Horste von Perlzwiebeln.
Zusätzlich kann man von diesen im August wieder eingepflanzten Perlzwiebeln den ganzen Winter über grünes Laub ernten, das wie Schnittlauch verwendet werden kann.

Salate und Blattgemüse. Buntgemischte Vitamine.

Salate und Blattgemüse

Gibt es etwas Erfrischenderes als einen bunten Salat aus dem eigenen Garten, etwas Delikateres als zarte Blattgemüse – erntefrisch, voller Vitamine, reich an Mineralien und unübertrefflich im Geschmack? Frische Salate und Blattgemüse rund ums Jahr, vom Winter bis in den Spätherbst hinein – mit unseren Anleitungen für einen optimalen Ernteerfolg wird das für jeden Hobbygärtner zu einem völlig problemlosen Vergnügen.
Ganz gleich, ob Sie nur einen grünen Salat erntefrisch genießen wollen oder ihn raffiniert zubereiten – nutzen Sie die ganze Vielfalt, die Ihnen Ihr Garten bieten kann. Und wenn Sie's lieber „heiß" mögen, dann sehen Sie sich die Rezepte etwas genauer an. Vieles, was Sie vielleicht nur als Salat kennen, läßt sich auch als Gemüse genießen.

Kopfsalat, Krachsalat, Schnittsalat und Bindsalat

Allgemeine Kultur-Anleitung

Boden, Klima und Nährstoffe
Alle vier Salat-Typen können auf jedem Gartenboden angebaut werden. Die einzige Ausnahme bildet sehr leichter Sandboden, dem die feuchtigkeitshaltende Kraft fehlt; Salat verdunstet über seine große Blattoberfläche viel Wasser, hat aber im Verhältnis dazu ein nur flachwachsendes Wurzelnetz. Eine geregelte Wasserversorgung ist daher Grundvoraussetzung für den erfolgreichen Anbau.
Mit Düngemitteln sollte bei Salat sehr sorgsam umgegangen werden, weil ein zu schnelles, zu üppiges Wachstum den Salat anfälliger für Trockenheit macht. Als Düngung vor der Pflanzung sind 40 g/m² Gemüsespezialdünger ausreichend. Eine Gabe von gut verrottetem Stallmist, im Herbst vor der Pflanzung, hat sich außerdem bewährt. Salate gedeihen am besten in gemäßigten Klimazonen. Wenn der Standort so gewählt werden kann, daß die frühen und späten Sorten sonnig stehen, wird der Salat besonders gut gedeihen. Ausgesprochene Sommersorten wachsen selbst im Halbschatten noch recht gut.

Schädlinge und Krankheiten
An den Blatträndern auftretende Verfärbungen müssen keine Krankheit sein, sie sind meist durch Fehler in der Wasserversorgung entstanden. Der Salatfäule an

Blättern und Wurzelhals (durch verschiedene Pilze und Bakterien verursacht) können Sie entgegenwirken, wenn Sie abgefallene Blätter entfernen und bei optimaler Wasserversorgung die Bodenoberfläche durch Hacken stets locker halten. Dadurch wird eine zu hohe Luftfeuchtigkeit im Pflanzenbereich verhindert. Vögel können am Salat viel Schaden anrichten, besonders wenn die frühe Pflanzung das erste und einzige Grün im Garten ist. Netze oder die bewährte Folienabdeckung schaffen Abhilfe. Blattläuse sollten möglichst frühzeitig bekämpft werden, weil sie Viruskrankheiten übertragen können. Entweder Sie entfernen befallene Pflanzen, bevor sich die Schädlinge auch auf Nachbarpflanzen ausbreiten können, oder Sie spritzen frühzeitig mit einem giftklassefreien Mittel (Wartezeiten beachten). Schnecken sollten Sie absammeln – auf kleinen Flächen lohnt sich der Einsatz von Schneckengiften nicht.
Die beste krankheitsvorbeugende Maßnahme ist die richtige Sortenauswahl. Qualitätszüchtungen und exklusive Neuzüchtungen sind in hohem Maße resistent gegen Mehltau und Viruserkrankungen.

Spezielle Kultur-Hinweise

Kopfsalat

Am häufigsten in unseren Gärten ist der zarte Kopfsalat. Er wird nur roh gegessen und kann das ganze Jahr über geerntet werden.

Anzucht und Pflege
Für den Frühjahrsanbau erfolgt die Aussaat in die Keimbox ab Ende Februar. Sobald sich nach den Keimblättern das erste Blattpaar gebildet hat, wird pikiert. Etwa Anfang bis Mitte April, wenn der Boden sich erwärmt hat, wird im Abstand von 25 x 30 cm ins Freiland gepflanzt. Salat darf nicht tief gepflanzt werden, die Blätter müssen über der Erdoberfläche bleiben. Vor dem Pflanzen Wurzelballen feucht machen, nach dem Pflanzen leicht angießen. Früh gepflanzter Salat entwickelt sich schneller unter Schlitz- oder Lochfolie bzw. Vlies. Die Ernte kann dadurch bis zu zwei Wochen vorverlegt werden. Ab Mai bis Mitte Juli (immer im Abstand von etwa zwei Wochen) kann für den Sommeranbau direkt ins Freiland gesät werden. Dann sind Sie stets mit frischem Salat versorgt. Es wird in Reihen gesät

(Abstand ca. 30 cm). Die jungen Pflanzen werden auf ca. 25 bis 30 cm vereinzelt.

Ernte
Von der Aussaat bis zur Ernte vergehen im Durchschnitt 8–10 Wochen. Der Salat sollte geerntet werden, wenn der Kopf gut ausgebildet, fest und geschlossen ist.

Krachsalat oder Eissalat

Der bei uns noch nicht so häufig angebaute Krachsalat schmeckt herzhafter als Kopfsalat und läßt sich länger aufbewahren, ohne gleich zu welken. Der Name kommt von den etwas spröden Blättern und Blattrippen, die beim Essen förmlich „krachen".

Anzucht und Pflege
Anzucht und Pflege wie beim Kopfsalat. Die Pflanzabstände sollten jedoch 30x30 cm betragen.

Ernte
Krachsalat hat im allgemeinen nach dem Auspflanzen eine etwas längere Entwicklungszeit.
Sobald sich ein fester Kopf gebildet hat, kann mit der Ernte begonnen werden.

Schnitt- oder Pflücksalat

Dieser Salat bildet keine Köpfe. Er wird wie Kopfsalat verwendet, kann aber auch gedünstet werden. Nach dem ersten Schnitt – nicht zu tief schneiden! – wächst er wieder nach. Ein dritter Schnitt ist möglich, jedoch nicht mehr so ergiebig wie die ersten beiden. Beim Schnitt- und Pflücksalat gibt es verschiedene Blattformen und neben den üblichen grünen auch rote Sorten.

Anzucht und Pflege
Schnittsalat wird ab Mitte März ins Freiland gesät, Reihenabstand 15 cm. Gesät wird in Abständen von etwa zwei Wochen, um fortlaufend ernten zu können.

Ernte
Ca. 5–6 Wochen nach der Aussaat kann der Schnittsalat geerntet werden. Schneiden Sie nicht zu tief ab, um die jüngsten Blattansätze, das „Herzblatt", nicht zu beschädigen. So kann die Pflanze schnell wieder neue Blätter bilden. Beim Pflücken werden immer nur die äußeren, ältesten Blätter abgepflückt. So wächst die Pflanze von innen heraus weiter.

Bindsalat oder Römischer Salat

Der Geschmack von Bindsalat ist etwas herzhafter als der anderer Salate und erinnert etwas an Endivie. Er wird sowohl roh gegessen als auch wie Gemüse gekocht. Wenn der Salat dazu neigt, einen zu lockeren Kopf zu bilden, kann er mit einem Stück Schnur leicht zusammengebunden werden (Name!). Die Kopfbildung (lang-ovale Köpfe) wird dadurch verbessert und die inneren Blätter bleiben hell und zart.

Anzucht und Pflege
Aussaat ab Mitte März in die Keimbox, später (ab April) ins Frühbeet. Pflanzabstand 30x30 cm. Bindsalat sollte früh angebaut werden, weil die Gefahr des Welkens im Sommer besonders groß ist.

Ernte
Bindsalat kann etwa 6–8 Wochen nach der Pflanzung geerntet werden. Wenn sich die Blätter des Kopfes zu öffnen beginnen, dürfen Sie mit der Ernte nicht mehr zu lange warten. Die Pflanze fängt dann an zu „schossen" (in die Höhe zu wachsen) und Blüten zu bilden.

Endivie

Die Endivie ist mit dem Chicorée verwandt. Auch ihr Geschmack ist manchmal leicht bitter. Das kann aber durch Bleichen gemildert oder ganz verhindert werden. Endivie wird fast ausschließlich roh gegessen und ähnlich wie Kopfsalat zubereitet.

Kultur-Anleitung

Boden, Nährstoffe und Klima
Endivie kann auf allen Gartenböden angebaut werden. Auf humosen Böden bringt sie jedoch die besten Erträge. Sie benötigt mehr Nährstoffe als Kopfsalat. Die organische Düngung (z.B. Stallmist) wird durch 40–50 g/m² Gemüsespezialdünger ergänzt. Endivie ist nicht ganz so empfindlich gegen Trockenheit, weil ihre Pfahlwurzel auch Wasser aus tieferen Bodenschichten erschließen kann. Sie ist wenig frostempfindlich und stellt an das Klima keine besonderen Ansprüche.

Anzucht und Pflege
Da zu frühe Aussaat ein „Schossen" der Pflanzen (Bildung von Blütenständen) zur Folge hat, eignet sich Endivie besonders gut als Nachfrucht. Von Mitte Mai bis Mitte Juli wird ins Frühbeet oder Freiland gesät, mit einem Abstand von 30x30 cm wird später ins Freiland gepflanzt bzw. dort vereinzelt. Oft werden die Pflanzen später zum Bleichen hochgestellt und zusammengebunden. Enger Pflanzabstand kann jedoch auch ohne Hochbinden einen Bleicheffekt verursachen. Es gibt heute Sorten, die sebstbleichende Herzen haben, d.h., ihre jüngeren Blätter bilden kein Blattgrün.
Gute Wasserversorgung und Bodenlockerung sind besonders nach dem Pflanzen bzw. Vereinzeln wichtig.

Ernte
Geerntet wird, wenn die Köpfe gut entwickelt sind – in milden Lagen bis in den Winter hinein. Bei Frostgefahr nimmt man die ganzen Pflanzen heraus und setzt sie in eine Sandkiste (Wurzel feucht, Blätter trocken). So halten sie sich noch einige Zeit, ohne zu faulen.

Stellung im Fruchtwechsel
Endivie mit Pflanz- oder Saatterminen ab Mitte Juni ist besonders als Nachfrucht geeignet. Achten Sie jedoch darauf, daß der Fruchtwechsel streng beachtet und niemals Salat nach Salat angebaut wird.

Feldsalat oder Rapunzel

Feldsalat gehört als einziger Salat zur Familie der Baldriangewächse (Valerianaceae). Er kommt fast überall in Europa noch wild vor und hat von allen Salaten den größten Vitamin-C-Gehalt.

Kultur-Anleitung

Boden, Nährstoffe und Klima
Feldsalat gedeiht auf jedem Boden, bevorzugt jedoch mittelschwere, unkrautfreie Böden. Vor der Aussaat werden ca. 50 g/m² Gemüsespezialdünger gegeben. Feldsalat verträgt geringe Fröste, sollte jedoch im Winter mit Reisig abgedeckt werden.

Anzucht und Pflege
Ab August bis Mitte September wird Feldsalat in gut vorbereiteten, unkrautfreien Boden gesät. Reihenabstand 15–20 cm. Nach dem Aufgang ist zwischen den Reihen wiederholt zu lockern, jedoch möglichst ohne Erde auf die Pflanzen zu bekommen. Sand im Salat ist unangenehm beim Verzehr! Die Reihen sind unkrautfrei zu halten. Auf unkrautfreien Böden kann Feldsalat auch als Breitsaat (s. Seite 60) angebaut werden.
Feldsalat kann auch ab Mitte September ins Frühbeet gesät werden, wo er bis zur Ernte stehenbleibt.

Ernte
Die Ernte von Feldsalat beginnt Ende September und dauert den ganzen Winter an, wenn durch Reisig oder Folienbedeckung für Frostschutz gesorgt wird. Die letzten Pflanzen aus dem Frühbeet können noch im nächsten Frühjahr geerntet werden. Es wird immer die ganze Blattrosette mit einem scharfen Messer abgeschnitten. Im Frühjahr muß zügig geerntet werden, da sich nach den ersten warmen Tagen rasch Blüten bilden.

Zuckerhut oder Zichoriensalat und Radicchio

Wer kennt nicht die Wegwarte, die Naturform der Zichorie mit ihren herrlich blauen Blüten! Eine Kulturform dieser zur Familie der Korbblütler gehörenden Pflanze ist die Wurzelzichorie, aus deren Wurzeln lange Zeit Kaffee-Ersatz hergestellt wurde. Andere Kulturformen sind die Salatzichorie, bekannter als Chicorée sowie Zuckerhut und Radicchio.

Allgemeine Kultur-Anleitung

Boden, Nährstoffe und Klima
Zuckerhut und Radicchio können auf fast allen Böden angebaut werden. Ungeeignet sind nur steinige oder mit frischem Mist gedüngte Böden.
Gedüngt wird erstmals mit ca. 40 g/m² Gemusespezialdünger zur Pflanzung. Nach 4–5 Wochen nochmals 30–40 g/m². An das Klima werden keine besonderen Ansprüche gestellt. Leichte Nachtfröste werden ebenso unbeschadet überstanden wie kurze Trockenperioden.

Stellung im Fruchtwechsel
Beide Salate sind wegen des späten Saattermins ausgezeichnete Nachfrüchte.

Spezielle Kultur-Hinweise

Zuckerhut oder Zichoriensalat

Anzucht und Pflege
Ausgesät wird von Juni bis Mitte Juli in Reihen ins Freiland. Frühere Saaten sind schoßgefährdet, spätere wenig ertragreich.
Der Reihenabstand soll ca. 40 cm betragen. Wenn die Pflanzen etwa 10 cm hoch sind, werden sie vereinzelt, Abstand 30 cm. Während des Wachstums muß der Boden locker und unkrautfrei gehalten werden.

Ernte
Geerntet wird, wenn sich ein fester, geschlossener Kopf gebildet hat. Wenn Sie den Zuckerhut vor dem Einsetzen der ersten Nachtfröste mitsamt der Wurzel ausgraben und kühl lagern (z. B. an der Wurzel aufhängen), können Sie ihn bis zum nächsten Frühjahr aufbewahren.

Radicchio

Radicchio ist vor allem aus der italienischen Küche als Salat bekannt. Die rote Farbe seiner Blätter gibt einen interessanten Farbkontrast zu den meist grünen anderen Salaten.

Anzucht und Pflege
Ausgesät wird Mitte Juli bis Mitte August ins Freiland. Reihenabstand 40 cm. Wenn die Pflanzen etwa handhoch sind, werden sie auf 10 cm vereinzelt. Zur Bodendurchlüftung und Unkrautbekämpfung wird zwischen den Reihen gehackt und bei Bedarf wird gewässert. Für den Winter werden die Pflanzen mit Reisig bedeckt.

Ernte
Es gibt Sorten vom Radicchio, die bereits im Herbst Köpfe bilden. Sie werden ab beginnender Kopfbildung geerntet. Schneidet man sie nicht allzu tief ab, dann können sich im Frühjahr wieder kleine Köpfe entwickeln. Andere Sorten haben nur lockere Blattrosetten. Diese Blätter werden im Herbst abgeschnitten, jedoch nicht verwertet. Im Frühjahr bilden sich kleine rote Köpfe, die dann geerntet werden.

Chicorée

Die Anzucht von Chicorée ist etwas langwierig, aber weniger schwierig als allgemein angenommen wird. Sie sollten ruhig einmal den Versuch wagen. Chicorée ist besonders vielseitig und eignet sich sowohl zum Rohessen als auch zum Zubereiten delikater Gemüsegerichte.

Kultur-Anleitung

Boden, Nährstoffe und Klima
Der Chicorée stellt die gleichen Ansprüche wie seine Verwandten Radicchio und Zuckerhut, sollte jedoch in tiefgründigen, gut gelockerten Boden gesät werden. Eine zweite Düngergabe von 50 g/m² Gemüsespezialdünger im Sommer (vor der Aussaat werden 40 g/m² gegeben) wird die Wurzelbildung verbessern.

Anzucht und Pflege
Die Aussaat erfolgt ab Anfang Mai in Reihen von 30 cm Abstand. Im Dreiblatt-Stadium wird in den Reihen auf ca. 15 cm vereinzelt. Ab Oktober können die Rüben (Wurzeln) geerntet werden. Die Blätter eignen sich nicht zum Verzehr. Zum Treiben verwendet man nur starke Rüben mit wenigstens 3–5 cm Durchmesser. Die Blätter werden 3 cm über dem Wurzelansatz abgeschnitten. Die so vorbereiteten Wurzeln werden je nach Bedarf in ein mit feuchtem Torf gefülltes Gefäß gesteckt. Sie dürfen sich nicht gegenseitig berühren. Der Blattansatz darf nicht von Torf bedeckt sein. Das Gefäß wird nun mit ausreichend großer schwarzer Folie so abgedeckt, daß auch beim Austreiben der neuen Blätter kein Licht an die Pflanzen gelangt. Der Torf muß ständig feucht gehalten werden. Das Gefäß stellt man in einen möglichst dunklen, warmen Raum. Die noch nicht zum Treiben verwendeten Wurzeln werden kühl gelagert. Durch ständig neu angesetzte Treibgefäße kann die Versorgung mit frischem Chicorée bis in den März/April sichergestellt werden.

Ernte
Je nach Temperatur haben sich nach drei bis vier Wochen die gebleichten Chicorée gebildet und können geerntet werden.

Die Weiterkultivierung von Chicorée

(Schritt für Schritt, von oben nach unten.)

1. *Chicoréepflanzen im Garten.*
2. *Die Blätter können vor dem Herausnehmen der Rüben oder danach abgeschnitten werden.*
3. *Anschließend werden die Rüben gereinigt.*
4. *Der Blattansatz sollte etwa 3 cm über der Rübenschulter stehenbleiben.*
5. *Rüben, die Sie nicht unmittelbar zum Treiben verwenden, lagern Sie kühl und trocken.*
6. *Zur Weiterkultivierung schneiden Sie die Wurzelspitze und die Seitenwurzeln ab.*

7. Füllen Sie ein Gefäß (z. B. einen Eimer) mit Torf oder humoser Erde und stecken Sie die Rüben fast bis zur „Schulter" hinein. Dann gut anfeuchten.

8. Hier können Sie sehen, wie hoch das Wasser etwa in dem Gefäß stehen sollte.

9. Decken Sie den Eimer mit schwarzer Folie zu und stellen Sie ihn dunkel. Die ideale Temperatur liegt bei etwa 16 bis 20° C.

10. Nach einer Woche beginnen die Blattsprossen auszutreiben.

11. Nach ca. 3 Wochen ist der Chicorée erntefertig.
Wie Sie Ihren selbstgezogenen Chicorée dann am leckersten zubereiten, können Sie im Rezept-Teil nachlesen.

Gartenkresse

Die Heimat der Gartenkresse ist der Mittelmeerraum. Auch in Südwestasien kommt sie noch wild vor. Sie ist eine recht alte Gemüsepflanze, die schon den alten Griechen, Römern und Ägyptern bekannt war.

Kultur-Anleitung

Boden, Nährstoffe und Klima
Die Kresse stellt keine besonderen Ansprüche an Boden und Klima. Wegen der kurzen Vegetationsdauer sind keine Düngergaben nötig. Der Boden soll nur gut feucht gehalten werden.

Anzucht und Pflege
Von April bis September kann ins Freiland gesät werden. Der Reihenabstand braucht nicht mehr als 10 cm zu betragen. In der Reihe wird dicht gesät. Kresse kann auch mit gutem Erfolg das ganze Jahr über auf der Fensterbank gezogen werden. Dafür füllt man eine Keimbox mit etwas Torf oder Fertigsubstrat. Dann streut man die Kressesamen darauf und deckt diese dünn mit Erde ab.

Die ersten zwei Tage (bis zur Keimung) deckt man die Aussaat ab. Danach kommt sie ans Licht. Wenn keine Erde oder Torf zur Hand ist, kann man die Samen sogar auf Watte oder Haushaltspapier zum Keimen bringen. Einzige Bedingung ist: immer gut feucht halten. Um immer frische Kresse zur Verfügung zu haben, sät man in wöchentlichen Abständen wieder neu aus.

Ernte
Im Freiland kann je nach Witterung nach 2–4 Wochen geerntet werden. Kresse ist selbst bei einer Wuchshöhe von 10–15 cm noch sehr aromatisch. Bei der Anzucht im Haus können Sie die Pflänzchen im Sommer schon nach ca. 1 Woche und im Winter nach ca. 2 Wochen schneiden. Die Pflanzen sind dann etwa 5 cm hoch.

Sauerampfer

Sauerampfer gehört (wie Rhabarber) zu den Knöterichgewächsen und ist mehrjährig. Man kann ihn sowohl durch Teilen vermehren (s. Rhabarber) als auch aus Samen ziehen. Beim Sauerampfer sind die jungen, zarten Blätter besonders delikat. Die großen Blätter dahingegen schmecken durch ihren hohen Säuregehalt etwas bitter. Jung gepflückt wird er aber zur Delikatesse, z. B. als Sauerampfersuppe, wie Spinat gekocht, oder zu Omeletts, Fleisch, Fisch und Salaten.

Kultur-Anleitung

Boden, Nährstoffe und Klima
Die Pflanze ist genügsam und wächst überall, sogar auf nährstoffarmen Böden und im Schatten. Humoser Gartenboden und etwas Sonne tragen natürlich zur besseren Ernte bei.

Anzucht und Pflege
Die Anzucht von Sauerampfer ist einfach. Säen Sie ihn ab März/April ins Freiland. Gesät wird in Reihen mit 20–30 cm Abstand. In der Reihe wird dicht gesät und später nicht vereinzelt.

Ernte
Die Blätter werden jung geerntet, nicht größer als 5–10 cm. Man schneidet sie ca. 2–3 cm über dem Boden ab. Die Stengel bleiben stehen, die Pflanze treibt dann wieder durch.

Spinat

Spinat gehört zur Familie der Gänsefußgewächse (Chenopodiaceae) und ist eng mit dem Mangold verwandt. Aber auch Zucker- und Futterrüben sowie Rote Bete gehören zu den Verwandten. Spinat ist eine beliebte Gemüsepflanze im Hobbygarten. Er kann gedünstet und als Salat zubereitet werden und eignet sich sehr gut zum Tiefgefrieren.

Kultur-Anleitung

Boden, Nährstoffe und Klima
Spinat wächst schnell und stellt daher große Ansprüche an Boden und Nährstoffhaushalt. Er gedeiht am besten auf leichteren, humosen Böden, die sich durch gutes Wasserhaltevermögen auszeichnen. Auf schweren, trockenheitsempfindlichen Böden wächst er nur langsam. Es werden dann nur wenige Blätter gebildet und schon frühzeitig Blüten und Samen angesetzt. Gedüngt wird mit ca. 50 g/m² Gemüsespezialdünger vor der Saat. An das Klima stellt Spinat keine besonderen Ansprüche, im Herbst ausgesät, kann er sogar überwintern.

Anzucht und Pflege
Spinat ist eine typische Langtagpflanze. Bei längerer Lichteinwirkung (lange Tage im Sommer) setzt er Blüten an. Dann ist er als Gemüse nicht mehr zu gebrauchen. Man sät Spinat also in Jahreszeiten mit relativ kurzen Tagen aus.
Im Frühjahr, von März bis etwa Mitte April, im Herbst, ab August/September, wird ins Freiland in Reihen mit einem Abstand von etwa 15–20 cm gesät. Bei Trockenheit muß gewässert werden, der Boden sollte stets locker und frei von Unkraut gehalten werden.

Ernte
Ab Mitte Mai etwa kann man zuerst die großen Blätter abpflücken. Sind die Pflanzen ganz ausgewachsen, schneidet man sie am Wurzelhals ab.
Die Herbstsaat bringt noch etwa eine Ernte vor dem ersten Frost und kann dann noch mal im zeitigen Frühjahr gepflückt werden. Nach der Ernte sollten die Spinatstoppeln bald abgehackt werden (dann auf den Müll geben). In den Wurzeln könnten sich Maden von Wurzelfliegen befinden, die möglicherweise die nachfolgende Frucht befallen. Deshalb sollten Buschbohnen und Spinat auch nicht nacheinander angebaut werden.

Neuseeländer Spinat

Wer auch in den Sommermonaten nicht auf den geliebten Spinat verzichten möchte, der kann auf Neuseeländer Spinat ausweichen. Er ist zwar mit dem bekannten Gemüsespinat nicht verwandt (er gehört zur Familie der Portulakgewächse), schmeckt aber sehr ähnlich.

Kultur-Anleitung

Boden, Nährstoffe und Klima
Neuseeländer Spinat gedeiht auch noch auf Böden, die für Spinat zu trocken sind. Nahrhafte, lockere und nicht zu trockene Böden, die sich schnell erwärmen, geben aber

reichlichere Ernten. Als Grunddüngung sollten Sie ca. 50 g/m² Gemüsespezialdünger geben, der gut in den Boden eingearbeitet werden muß. Nach weiteren 6–8 Wochen wird nochmals mit 40 g/m² gedüngt. Junge Pflanzen sind frostempfindlich.

Anzucht und Pflege
Ab Mitte Februar wird in die Keimbox gesät. Die Samen brauchen sehr lange zum Keimen (6 Wochen). Vor der Saat sollte man sie 24 Stunden lang in Wasser quellen lassen. Während der Keimzeit gut feucht und warm halten. Ausgepflanzt werden nur die kräftigsten Pflanzen etwa ab Mitte Mai. Die Pflanze braucht viel Platz – der Pflanzabstand sollte nicht weniger als 80 x 80 cm betragen. Durch diese weiten Pflanzabstände bleibt ein großer Teil des Bodens „offen". Sie müssen ihn ständig von Unkraut frei halten, bis sich ein geschlossener Bestand gebildet hat. Oder Sie säen ein schnellwachsendes Gemüse in den Zwischenräumen an (z.B. Radieschen oder Salat).

Ernte
Die Ernte beginnt etwa Mitte Juli und geht bis zum ersten Frost. Ernten Sie immer nur die größten Blätter, die Triebspitzen erst bei der letzten Ernte.

Mangold

Es wird allgemein in Blattmangold und Rippenmangold unterschieden. Blattmangold ist dem Spinat ähnlich, Rippenmangold erinnert im Geschmack etwas an Spargel. Schon die alten Griechen und Römer kannten diese vielseitige Pflanze. Ihre ursprüngliche Heimat sind die Küstengebiete Europas – vor allem des Mittelmeeres.

Kultur-Anleitung

Boden, Nährstoffe und Klima
Mangold stellt keine besonderen Ansprüche an den Boden, die besten Ergebnisse werden jedoch auf humusreichen Gartenböden erzielt. Vor der Saat sind ca. 50 g/m² Gemüsespezialdünger nötig, um eine ausreichende Nährstoffversorgung zu gewährleisten. Nach der ersten Ernte werden nochmals 30 g/m² des gleichen Düngers gegeben. Mangold ist relativ frosthart. Nur in extrem kalten Wintern kann er Schaden nehmen.

Anzucht und Pflege
Die Anzucht von Mangold ist etwas einfacher als von Spinat, weil Mangold nicht zur Blütenbildung neigt. (Er bildet erst Blüten im zweiten Jahr, wird aber bereits im ersten geerntet.)
Mangold wird ab Anfang April ins Freiland gesät. Reihenabstand 30 cm. Nach dem Aufgehen werden die Pflanzen auf 30 cm in der Reihe vereinzelt.

Ernte
Die Ernte beginnt etwa Mitte Juli. Blattmangold wird wie Spinat geschnitten, wenn die Blätter etwa 10–15 cm hoch sind. Die Stoppeln bleiben stehen, dann treibt die Pflanze noch einmal durch. Bei Rippenmangold werden immer nur die äußeren Blätter geerntet. Wenn Sie die grünen Blätter entfernen und nur den Stiel zubereiten, erhalten Sie ein spargelähnliches Gemüse. Nicht ganz so fein, aber auch sehr schmackhaft.

Junges Wurzelgemüse.

Wurzelgemüse

Verglichen mit Blüten, Früchten und Blättern ist die Wurzel der unscheinbarste Teil der Pflanze – fristet sie doch ihr Dasein im Dunkel der Erde. Aber was wäre die Pflanze ohne die Wurzel? Sie gibt dem winzigen Kraut ebenso Halt wie dem mächtigen Baum. Sie dient der Aufnahme von Wasser und Nährstoffen, ohne die kein Gewächs überleben könnte.
Unter ungünstigen Standortverhältnissen haben manche Pflanzenarten besonders starke, dicke oder lange Wurzeln ausgebildet, um überhaupt überleben zu können. Die Wurzeln wurden damit zu einer Art Vorratsspeicher für nährstoff- oder wasserarme Zeiten. In ihren knollen- oder rübenförmigen Verdickungen sind Vitamine, Mineralien und heilkräftige Bestandteile in großer Menge gespeichert.
Schon in sehr früher Zeit erkannten unsere Vorfahren die Bedeutung der Wurzeln.
Heute sind wir nicht mehr darauf angewiesen, wilde Wurzeln in Feld und Wald zu suchen. Die Wildgemüse sind längst durch die Hand erfahrener Züchter gegangen und nicht nur formenreicher, sondern auch schmackhafter geworden.
So haben Wurzelgemüse schon lange Einzug in unsere Gemüsebeete und Kochtöpfe gehalten.

Allgemeine Kultur-Anleitung

Boden, Nährstoffe und Klima

Alle Wurzelgemüse bevorzugen einen tief und gründlich gelockerten, humusreichen und weitgehend steinfreien Boden. In steinigen und zu schweren Böden finden sie keine optimalen Voraussetzungen für die Ausbildung ihrer unterirdischen Pflanzenteile. Die Wurzeln bzw. Knollen bleiben klein, verzweigen sich oft unerwünscht. Das wird dann „Beinigkeit“ genannt. Als Grunddüngung reichen vor der Aussaat ca. 50 g/m² eines Gemüsespezialdüngers. Je nach Art und Vegetationsdauer werden später zusätzliche Nährstoffmengen verabreicht (s. spez. Kulturhinweise).
Während der gesamten Vegetationsperiode sollen Wurzelgemüse gleichmäßig feucht gehalten werden.
An das Klima stellen Wurzelgemüse keine besonderen Anforderungen. Fast alle gedeihen auch noch in kühleren Gegenden.

Mairübe

Die Mairübe, die auch als „Teltower Rübchen“ bekannt ist, war lange Zeit in Vergessenheit geraten. Nicht zuletzt deshalb, weil sie in schlechten Zeiten oftmals das einzige war, was es an nahrhaftem Gemüse zu essen gab. Dabei ist sie, richtig zubereitet (s. Kochteil), sehr schmackhaft und vitaminreich. Sie verdient bestimmt größere Beachtung.

Kultur-Anleitung

Anzucht und Pflege

Ausgesät wird im März/April, in Reihen mit 30 cm Abstand. Wenn die ersten Blättchen sichtbar sind, werden die Pflanzen auf ca. 15–20 cm vereinzelt.
Wegen der relativ kurzen Wachstumsphase bedarf es außer der Grunddüngung (vor der Aussaat) keiner weiteren Düngung.

Ernte

Geerntet wird im Mai/Juni. Die Mairüben sollen noch weich und zart sein.

Stellung im Fruchtwechsel

Mairüben eignen sich besonders gut als Vorfrucht. Der Anbau einer Zweitkultur (Nachfrucht) bringt wegen der frühen Ernte der Mairübe noch einen vollen Ertrag.

Möhren, Karotten und Pastinaken

Allgemeine Kultur-Anleitung

Boden, Nährstoffe und Klima

Zur Aussaat genügen als Grunddüngung ca. 40 g/m² eines Gemüsespezialdüngers. Sobald das grüne Laub etwa handhoch ist, werden nochmals ca. 50 g/m² desselben Düngers gegeben. Der Dünger wird gleichmäßig von Hand oder mit einer Streuschaufel verteilt und leicht in den Boden eingearbeitet.

Anzucht und Pflege

Die ersten Möhren und Pastinaken werden bereits im März/April ausgesät. Folgesaaten können bis Mitte Juni vorgenommen werden.
Der Boden sollte zur Aussaat nicht zu naß sein, da sonst der Samen nur schwer aufgeht. Saattiefe in normal feuchtem Boden 0,5–1 cm. Reihenabstand 15–40 cm (wird bestimmt durch die Vegetationsdauer).
Unkrautbekämpfung ist besonders in den ersten Wochen sehr wichtig, da alle Möhren und Pastinaken sehr langsam keimen und daher leicht vom Unkraut überwuchert werden können. Vorsichtig hacken, um die Wurzeln nicht zu beschädigen (s. Hinweis bei Pastinake). Stehen die Pflänzchen nach dem Aufgehen zu dicht, müssen sie auf einen Abstand von ca. 3–5 cm in der Reihe ausgedünnt werden. Zur Ernte hin sollte regelmäßig gegossen werden, da sonst bei plötzlichen Regenfällen (besonders nach längeren Trockenperioden) die Möhren leicht platzen.

Schädlinge und Krankheiten

Der größte Feind der Möhren ist die Möhrenfliege. Sie legt ihre Eier an den Möhren ab. Die Larven bohren sich in die Wurzeln und verderben die Ernte. In offenen, windigen Lagen kommt dies relativ selten vor – darum wählen Sie am besten eine „windige Ecke" für Ihre Möhren. Bei Bedarf helfen sonst nur noch der rechtzeitige Einsatz von (möglichst giftklassefreien) Pflanzenschutzmitteln. Auf die Einhaltung der angegebenen Wartezeit ist zu achten, d. h., die Zeit bis zu einem rückstandsfreien Abbau der Wirkstoffe in der Pflanze.

Ernte

Die frühen Sorten können bereits ab Juni geerntet werden, spätere Sorten je nach Saattermin bis in den Oktober hinein. Jung geerntet sind sie besonders zart und schmecken am besten. Möhren und Pastinaken werden bei feuchtem Boden einfach mit der Hand am Laub ausgezogen. Größere Wurzeln werden am besten vorher mit der Grabegabel etwas gelockert, damit das Grün nicht abreißt.

Spezielle Kultur-Hinweise

Möhre und Karotte

Möhren gibt es in ganz unterschiedlichen Sorten – kugelrund bis lang und schmal. Die kurzbleibenden rund-ovalen Sorten (Karotten) haben eine kürzere Kulturdauer als die meisten langen oder halblangen Sorten (Möhren). Karotten können bereits nach 8–10 Wochen geerntet werden. Die halblangen Sorten nach ca. 10–12 Wochen und die langen erst nach etwa 20–24 Wochen. Die längere Kulturdauer wird aber durch höhere Erträge ausgeglichen. Alle halblangen und langen Sorten können bei Bedarf auch früher geerntet werden. Sie sind dann besonders zart, schmackhaft und saftig.
Sämtliche Möhrensorten enthalten relativ viel Karotin, das im Körper zu Vitamin A umgewandelt wird. Ein Vergleich: 100 g Wintermöhren enthalten 6,0 mg Karotin, 100 g Pastinake dagegen nur 0,02 mg.

Übrigens…

…sollten Sie bereits beim Hacken darauf achten, ob der oberste Teil der Möhre (Kragen) grün wird. Dann müssen Sie leicht anhäufeln, weil grüne Möhren nicht schmecken. Qualitätszüchtungen und neue exklusive Züchtungen haben diese negative Eigenschaft nicht mehr und sind innen wie außen von kräftig roter Färbung.

Pastinake

Die Pastinake ist mit der Möhre verwandt und nicht nur in Wuchs und Form dieser sehr ähnlich. Auch Boden- und Nährstoffansprüche sowie Anzucht und Pflege sind die gleichen wie bei den Möhren. Der Abstand zwischen den Reihen beträgt 30 cm. In der Reihe wird nach Auflaufen der Saat auf 10 cm vereinzelt. Saattiefe etwa 1 cm. Pastinaken sind völlig winterhart. Sie können deshalb den Winter über im Beet bleiben. Sie brauchen sogar Frost, um ihr volles Aroma zu entwickeln.

Übrigens …

… keimen Möhren und Pastinaken sehr langsam. Darum hat es sich bewährt, den Saatreihen etwas Radieschen- oder Salatsamen beizugeben. Diese keimen schneller und markieren so frühzeitig die Reihen, was das Lockern zwischen den Reihen und das Jäten des Unkrautes wesentlich erleichtert.

Radieschen und Rettich

Rettich und Radieschen unterscheiden sich weniger im Geschmack als in Größe und Farbe der Wurzelknollen. Im Gegensatz zu ihren meisten Verwandten (sie gehören, wie auch der Kohl, zur Familie der Kreuzblütler) sind sie nicht zwei-, sondern nur einjährig und von kurzer Kulturdauer. Radieschen haben einen aromatischen Geschmack und hohen Vitamin- und Mineralstoffgehalt.

Allgemeine Kultur-Anleitung

Boden, Nährstoffe und Klima

Die Wachstumszeit von Radieschen ist relativ kurz. Sie brauchen deshalb genügend Feuchtigkeit und ausreichend Nährstoffe. Das gilt vor allem, wenn Rettich und Radieschen während der trockenen Sommermonate angebaut werden. Ein hoher Gehalt des Bodens an organischer Substanz (Kompost) ist ideal. Wenn außerdem noch Nährstoffe in schnell verfügbarer Form enthalten sind (ca. 50 g Gemüsespezialdünger pro m^2 vor der Aussaat), dann werden Sie sich über eine gute Ernte freuen können.

An das Klima stellen Rettiche und Radieschen keine besonderen Anforderungen: Sie gedeihen schon im zeitigen Frühjahr bei oftmals noch feucht-kalter Witterung.

Ernte

Die ersten Radieschen werden bereits 3–4 Wochen, Rettiche 8–10 Wochen nach der Aussaat geerntet. Spätere Sorten brauchen etwas länger. Probieren Sie, damit Sie den richtigen Erntetermin nicht verpassen. Wenn Rettiche und Radieschen zu lange im Boden bleiben, werden sie leicht hart und holzig. Früh geerntet sind sie dagegen besonders zart, schmackhaft und vitaminreich.

Spezielle Kultur-Hinweise

Radieschen

Anzucht und Pflege
Radieschen können vom Frühjahr fortlaufend alle 14 Tage ins Freiland ausgesät werden (März bis Mitte August). Die Saattiefe beträgt 1–1,5 cm. Der Reihenabstand etwa 15 cm. In der Reihe wird dünn gesät. Zu starke Aussaaten können auf 2–3 cm vereinzelt werden. Das gibt gleichmäßig große Radieschen.

Rettich

Anzucht und Pflege
Rettiche werden von März bis August ins Freiland gesät. Saattiefe ca. 1–1,5 cm. Reihenabstand 25 cm. In der Reihe je nach Sorte auf 6–15 cm vereinzelt. Während des gesamten Wachstums braucht der Rettich einen gleichmäßig feuchten Boden. Er benötigt je nach Sorte und Kulturdauer eine zusätzliche Düngung von ca. 40 g/m².

Schädlinge und Krankheiten
Der größte Feind ist der Erdfloh. Vorbeugen können Sie durch Feuchthalten des Bodens. Bei starkem Befall hilft der rechtzeitige Einsatz eines giftklassefreien Insektizids. Wartezeiten wegen der kurzen Vegetationszeit besonders beachten.

Rote Rübe oder Rote Bete

Die Rote Rübe zählt zur Familie der Gänsefußgewächse (wie auch Spinat oder Mangold). Die meisten Mitglieder dieser Familie stammen ursprünglich aus Küstengebieten. Um in ihrer ehemaligen salzhaltigen Umgebung überleben zu können, haben sie eine charakteristische zähe Blattoberfläche, die das „Ausschwitzen" (Verdunsten) von zuviel Wasser verhindert.

Kultur-Anleitung

Boden, Nährstoffe und Klima
Wie alle anderen Wurzelgemüse sind sie genügsam, gedeihen sogar noch im Halbschatten. In Trockenzeiten muß reichlich gegossen werden.

Anzucht und Pflege
Ausgesät wird im April/Mai bis Ende Juni (zur Einlagerung erst etwa Mitte Juni). Der Reihenabstand soll ca. 40 cm betragen, Saattiefe 2,5–3 cm. Was Sie als Samen ausbringen, sind eigentlich die kleinen Früchte der Roten Rübe, in denen ca. 3–4 Samen enthalten sind. Wenn alle aufgehen, sollten Sie nur das kräftigste Pflänzchen stehenlassen und auf einen Abstand von ca. 15 cm innerhalb der Reihe vereinzeln.

Ernte
Geerntet wird etwa 12–15 Wochen nach der Aussaat. Rote Rüben können gegen Ende Oktober eingelagert werden. Sie halten sich, in feuchtem Sand oder Torf eingeschlagen, mehrere Wochen frisch. Das Laub muß vorher abgedreht werden, weil die Rüben beim Abschneiden „bluten".

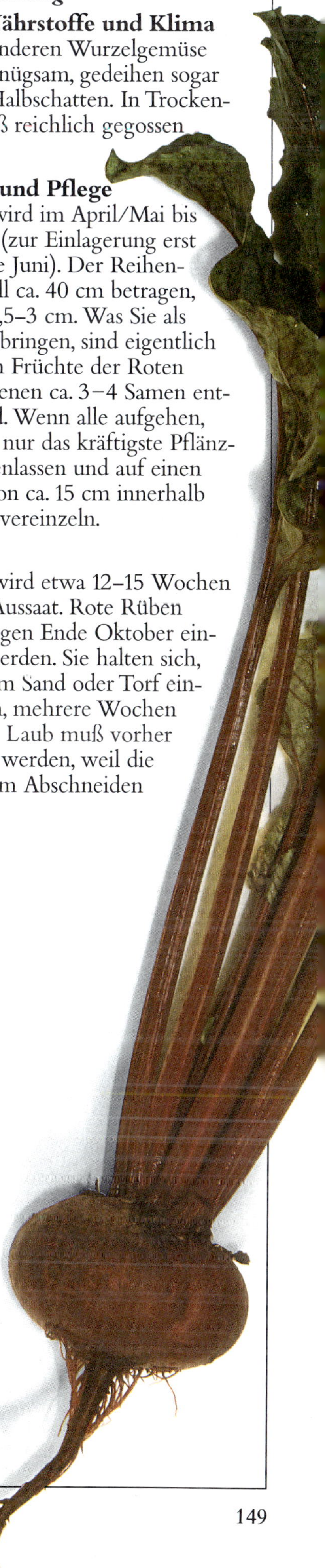

Bleichsellerie oder Stangensellerie

Der Bleichsellerie ist mit dem Knollensellerie verwandt, bildet aber keine Knolle aus. Gegessen werden die fleischigen Blattstiele, die zu dem Zweck gebleicht werden (durch Anhäufeln oder Überdecken mit Papier). Diese Selleriesorte ist eine beliebte Vorspeise und wird fast ausschließlich roh gegessen.

Kultur-Anleitung

Boden, Nährstoffe und Klima
Bevorzugt wird ein nicht zu schwerer, humoser, stets feuchter Boden. Als Grunddüngung reichen etwa 50 g/m² eines Gemüsespezialdüngers. Anfang Juli und Mitte August gibt man nochmals je 40 g/m² Gemüsespezialdünger, denn der Nährstoffbedarf von Sellerie ist groß. Wie beim Grünkohl wird der Geschmack von erntereifem Bleichsellerie durch Frost verbessert.

Anzucht und Pflege
Aussaat ab März in die Keimbox oder im April ins Frühbeet. Ausgepflanzt wird im Juni ins Freiland. Auch direkte Freilandsaat im Juni ist möglich (ist aber weniger ertragreich).

Der Pflanzabstand beträgt ca. 40 cm zwischen den Reihen und 20 cm in der Reihe. Genauso weit wird auch gesät bzw. vereinzelt. Die jungen Pflanzen gut feucht halten. Auch bei selbstbleichenden Sorten können durch zusätzliches künstliches Bleichen Geschmack und Qualität verbessert werden. Das geschieht durch Anhäufeln oder durch Umwickeln der Staudenstiele mit schwarzer Folie. Der Bleichvorgang soll etwa 14 Tage dauern. Beginnen Sie also ca. 2 Wochen vor der Ernte damit.

Ernte
Die Ernte beginnt ab Mitte August. Nach dem ersten Frost schmeckt Bleichsellerie aber am besten.

Knollensellerie

Auch die Blätter von Knollensellerie sind eßbar. Als Suppengrün würzen sie leckere Eintöpfe. Angebaut wird er allerdings wegen seiner nahrhaften Knolle. Ob diese wirklich „müde Männer munter macht", probieren Sie am besten selber aus.

Kultur-Anleitung

Boden, Nährstoffe und Klima
Knollensellerie gedeiht besonders gut auf schweren Lehmböden mit relativ hohem Humusgehalt. Der Boden soll tief umgegraben bzw. gelockert sein. Sellerie braucht viel Feuchtigkeit und mineralische Dünger. Ursprünglich wuchs er ja einmal auf salzhaltigen Böden. Als Grunddüngung 50–60 g/m² Gemüsespezialdünger geben und jeweils die gleiche Menge Ende Juni und Mitte August.

Anzucht und Pflege
Im März in die Keimbox oder im April ins Frühbeet aussäen. Ausgepflanzt wird ab Ende Mai mit einem Pflanzabstand von ca. 40 x 30 cm. Freilandaussaaten im Juni sind möglich, bringen aber geringere Erträge als die Kultur mit vorgezogenen Jungpflanzen.

Pflanzen Sie relativ flach, weil sich sonst nur kümmerliche Knollen entwickeln. Knollensellerie muß regelmäßig gegossen, gelockert und frei von Unkraut gehalten werden.

Ernte
Die Knollen werden im Oktober/November geerntet. Sie können in feuchtem Sand oder Torf am kühlen Ort lange aufbewahrt werden, dürfen sich beim Lagern aber nicht berühren.

Stellung im Fruchtwechsel
Knollensellerie eignet sich als Nachkultur für Salate, Radieschen und anderes früh zu erntendes Gemüse, wenn er erst ab Ende Juni ins Freiland gepflanzt wird.

Übrigens...

... hält sich das feingeschnittene Selleriegrün, mit der gleichen Gewichtsmenge Salz vermischt, lange frisch. Es kann dann zum Würzen von Suppen und Soßen verwendet werden.

Schnittsellerie

Die aromatischen Blätter vom Schnittsellerie werden gern als Gewürz für Suppen und Soßen verwendet. Sie sind ein Bestandteil von Suppengrün und auch für Salate und als Rohkost beliebt. Schnittsellerie bildet keine Knollen, eignet sich so auch für die Anzucht im Balkonkasten.

Kultur-Anleitung

Boden, Nährstoffe und Klima
Schnittsellerie stellt keine besonderen Ansprüche an Klima und Boden. Auf humosem, feuchtigkeitshaltendem Boden gedeiht er am üppigsten. Als Grunddüngung werden 40 g/m² Gemüsespezialdünger gegeben, nach dem ersten Schnitt nochmals ca. 30 g/m².

Anzucht und Pflege
Die Aussaat erfolgt im April ins Frühbeet oder auch direkt ins Freiland im Juni. Gepflanzt wird auf 40x25 cm bzw. bei Reihensaat auf ca. 15 cm in der Reihe vereinzelt.

Ernte
Ab Juli kann das Grün geschnitten werden. Die Stoppeln sollen ca. 2–3 cm lang bleiben. Danach 2–3 Wochen warten, bis die Pflanze neu durchgetrieben hat. So können Sie bis tief in den Herbst ernten.

Schwarzwurzeln

Schwarzwurzeln ähneln in Form und Geschmack dem Spargel und werden auch oft „Winterspargel" genannt. Beide Arten sind aber nicht miteinander verwandt.

Kultur-Anleitung

Boden, Nährstoffe und Klima
Boden und Klima wie alle Wurzelgemüse. Schwarzwurzeln benötigen jedoch einen besonders tief und sorgfältig gelockerten Boden. An Nährstoffen sollten Sie 50 g/m² eines Gemüsespezialdüngers vor der Saat geben. Im Juli/August nochmals ca. 40 g/m². Stalldung bereits im Herbst untergraben. Bei Trockenheit regelmäßig wässern.

Aussaat und Pflege
Die Aussaat erfolgt bereits ab März in Reihen. Reihenabstand etwa 25 cm. Saattiefe ca. 3 cm. Wenn die Pflänzchen sichtbar werden, auf 3–6 cm Abstand ausdünnen. Zwischen den Reihen wiederholt lockern. Vorsichtig jäten, um die Wurzeln nicht zu beschädigen. Sie „bluten" stark.

Ernte
Sobald im Oktober/November das Laub abstirbt, beginnen Sie mit der Ernte. Da die Wurzeln leicht brechen, mit der Grabegabel hinter die Wurzeln fassen und dann vorsichtig herausnehmen. Selbstverständlich eignen sich auch abgebrochene Wurzeln noch zum Verzehr. Schichtweise mit feuchtem Torf in der Obstkiste gelagert, halten sich unbeschädigte Wurzeln an einem kühlen Ort lange frisch.

Gartenfrische Kräuter.

Kräuter

Kräuter sind uns aus frühester Zivilisation bekannt. Schon aus dem alten Persien, Ägypten und Indien, aus Griechenland und China gibt es Berichte mit Einzelheiten über ihren Anbau und ihre Verwendung. Fast alle Kräuter genießen neben ihrer Würzkraft seit Jahrhunderten auch medizinische Wertschätzung. Sie haben deshalb in der heutigen modernen Pharmazie noch eine wichtige Funktion. Wofür sie ursprünglich verwendet wurden – ob als Arznei oder als Gewürz –, ist nicht ganz geklärt. Vermutlich ist aber die Heilkunst ein Nebenprodukt der Kochkunst.
Das ist nicht verwunderlich, denn, frisch aus dem Garten geholt, sind die aromatischen Pflänzchen voller Duft und Wohlgeschmack – und überhaupt nicht zu vergleichen mit den getrockneten Produkten aus dem Gewürzregal eines Supermarktes. Kräuter sind also durchaus nichts Altmodisches – sie gehören einfach dazu.
Sie können Kräuter eigentlich überall anziehen: im Garten, auf der Terrasse, auf dem Balkon oder auf der Fensterbank. Dann sind sie immer frisch zur Hand und verfeinern viele Gerichte.

Sogar im Blumenkasten auf der Fensterbank gedeihen Kräuter, die Sie in der Küche immer wieder frisch verwenden können.

Allgemeine Kultur-Anleitung

Boden, Nährstoffe und Klima

Da die meisten Kräuter im Mittelmeerraum heimisch sind, brauchen sie auch bei uns viel Wärme und lieben einen leichten, lockeren Boden. Weil sie im Garten häufig abgeerntet werden, ist ihr Nährstoffbedarf etwas höher als der ihrer wild wachsenden Verwandten. Eine leichte Düngergabe (ca. 30–40 g Gemüsespezialdünger) im Jahr reicht völlig aus, um sie üppig wachsen zu sehen.
Wählen Sie für Ihre Kräuter einen warmen Platz im Garten, an dem sie viel Sonne bekommen und vor zuviel Nord- und Ostwinden geschützt sind. (So einen Platz bevorzugen vor allem Salbei, Thymian, Basilikum und Zitronenmelisse.)
Nur wenige Kräuter gedeihen besser im Halbschatten und wollen feuchtere, nährstoffreichere Erde (siehe auch spezielle Hinweise bei Sauerampfer, Borretsch, Pfefferminze und Liebstöckel).

Anzucht und Pflege

Fast alle Kräuter können Sie aus Samen ziehen. Die Aussaat erfolgt ab Mitte März ins Frühbeet oder ab Mitte April direkt ins Freiland. Wo kein Frühbeet zur Verfügung steht, können die Pflanzen auch im Haus oder in der Keimbox vorgezogen werden. In jedem Fall werden die Samen dünn ausgesät und nur leicht mit Erde bedeckt (nicht tiefer als 1 cm). Sobald die Sämlinge zwei Blattpaare gebildet haben, werden sie entweder pikiert oder so weit ausgedünnt, daß die ausgewachsenen Pflanzen genügend Raum zur ungehinderten Entwicklung haben. Das gleiche gilt für Aussaaten direkt ins Freiland. Berücksichtigen Sie dabei auch die unterschiedlichen Wuchshöhen der einzelnen Kräuterarten (vorn: niedrige; Mitte: halbhohe; hinten: hohe Arten).
Im Haus vorgezogene Kräuter müssen vor dem Auspflanzen an einem kühlen Ort abgehärtet werden, sonst besteht die Gefahr, daß sie nicht richtig anwachsen und eingehen.

Obwohl fast alle Kräuter aus Samen gezogen werden können, unterscheiden wir zwischen einjährigen und mehrjährigen Kräutern.
Einjährige Kräuter haben eine auf das Ansaatjahr begrenzte Lebensdauer. Sie sterben bei Frosteinwirkung ab und überstehen den Winter nicht.
Mehrjährige Kräuter haben eine Lebensdauer, die über zwei Jahre hinausgeht. Oftmals kommen sie auch erst im Jahr nach der Ansaat zum Blühen. Mehrjährige Kräuter brauchen also nicht jedes Jahr erneut angesät zu werden. Alte Pflanzen werden durch Teilung verjüngt (so werden sie auch vermehrt). Sie werden einfach ausgegraben und der Wurzelballen wird mit dem Spaten halbiert. Die beste Zeit für das Umpflanzen ist der Herbst oder das Frühjahr.

Übrigens …

…sollten Sie frische Kräuter immer mit der Hand schneiden. Beim maschinellen Zerkleinern geht zuviel vom wertvollen Aroma verloren. Außerdem hackt die Küchenmaschine die Blätter viel zu fein. Die Kräuter werden dann leicht matschig und lassen sich nicht so gut verteilen.

Spezielle Kultur-Hinweise

Basilikum

(einjährig)

Durch sein leicht süßliches, pfeffriges Aroma verleiht fein geschnittenes Basilikum fast jedem Gericht einen besonderen Geschmack. Besonders Tomatengerichte gewinnen durch dieses Gewürz, das Sie etwa 10 Minuten vor dem Servieren zu den Speisen geben.

Anzucht und Pflege
Basilikum ist eine sehr frostempfindliche Gewürzpflanze, die deshalb nicht vor den Eisheiligen ins Freiland gepflanzt werden sollte. Oft wird Basilikum wegen seines Zierpflanzen-Charakters im Haus

gezogen. Schon Mitte März können Sie mehrere Samenkörner in Blumentöpfe aussäen. Im Sommer werden die Pflanzen mit einem Reihenabstand von 20 cm und einem Pflanzabstand von 25 cm in die warme Erde umgesetzt. Für regelmäßiges Gießen ist diese Gewürzpflanze dankbar. Dann wachsen die Blätter saftig heran.
In ausgesprochen nassen und kühlen Jahren ist das Kultivieren von Basilikum schwierig. In solchen Fällen empfiehlt sich, die Anzucht auf der Fensterbank oder unter einem Regenschutzdach. Zwicken Sie die Spitzen der Pflanze regelmäßig ab, dann verzweigt sie sich besser.

Ernte
Die jungen Blätter können sofort gepflückt werden. Basilikum können Sie auch trocknen. Jedoch sollten die Blätter noch vor der Blüte abgeerntet werden, weil sie dann das stärkste Aroma haben. Getrocknetes Basilikum bewahren Sie am besten in lichtgeschützten Behältern auf.

Bohnenkraut

(einjährig)

Bohnenkraut wuchs bereits im Kräutergarten Karls des Großen. Bekannt ist bei uns besonders das einjährige Bohnenkraut mit seinen 30–50 cm hohen Pflanzen. Als Gewürz verfeinert es (sparsam verwendet) alle Bohnengerichte, denn es verstärkt den Eigengeschmack der Bohne. Das leicht herbe, minzige Aroma paßt aber auch zu vielen Fleisch- und Fischgerichten, kräftigen Suppen, Salaten und Kartoffelspeisen.

Anzucht und Pflege
Bohnenkraut wird Mitte April bis Mitte Mai direkt ins Freiland bei einem Reihenabstand von 20 cm ausgesät. Bedecken Sie die Samen nur leicht mit Erde und dünnen Sie die Pflanzen bei zu dichtem Stand später aus. Viel Sonne und reichlich Nährstoffgaben verstärken das Aroma.

Ernte
Die frischen Blätter vom Bohnenkraut werden grundsätzlich vor der Blüte geerntet. Dann ist das Aroma am intensivsten. Erntezeit ist Mitte Juli bis Mitte Oktober.
Zum Trocknen binden Sie Bohnenkraut zu einem Strauß und hängen es im Schatten auf. Auch getrocknet ist es noch sehr würzig.

Borretsch oder Gurkenkraut

(einjährig)

Borretsch ist das klassische Gurkengewürz. Verwenden Sie immer nur die jungen Blätter. Feingehackt verfeinert er Soßen, Salate und Fischgerichte sowie Kohlrabi und Wirsinggemüse. Mit den blauen Blüten können Sie auch Erfrischungsgetränke garnieren.

Anzucht und Pflege
Da nur die jungen Blätter verwendet werden, sollte Borretsch ab Mitte April bis in den Juli hinein in 3–4wöchigen Abständen mehrmals ausgesät werden. Die Samen werden mit einem Reihenabstand von 30 cm direkt ins Freiland gesät. Borretsch gedeiht auch im Halbschatten.

Ernte
Bereits bevor der Borretsch blüht, können Sie die ersten jungen Blätter pflücken. Wurde in zeitlichen Abständen gesät, sind immer wieder zarte Blätter erntereif. Ältere Blätter sind hart. Pflücken Sie immer erst kurz bevor Sie Borretsch verwenden wollen.

Dill

(einjährig)

Spricht man vom Dill, denkt man ans Gurkeneinlegen. Dabei ist Dill ein sehr vielseitiges Gewürz. Es verfeinert frische Salate, Fisch, Geflügel oder Kräutersoßen. Ihm wird sogar eine beruhigende Wirkung als Heilkraut zugesprochen. Zum Würzen eignen sich sowohl die blühenden Pflanzen als auch die feinen Blätter. Streuen Sie Dill beim Kochen immer zum Schluß bei, da er nur so seine volle Würzkraft entfalten kann.

Anzucht und Pflege
Ab April sollte der Samen im Freiland mit einem Reihenabstand von 20 cm in vierwöchentlichen Abständen immer wieder neu ausgesät werden. Die jungen Pflanzen wachsen dort, wo sie gesät wurden, am besten. Zu dichte Saaten werden darum nur ausgedünnt. Das Verpflanzen verträgt der Dill nicht. Schon im Juni beginnt die Blüte der bis zu 1,50 m herangewachsenen Pflanzen. Wird er kräftig gegossen, wächst

Dill praktisch auf jedem Boden. Der Standort muß allerdings windgeschützt sein.

Ernte
Besonders feinwürzig ist das Dillgrün, das sind die zarten Triebspitzen.
Die getrockneten Dolden werden vorwiegend zum Gurkeneinlegen verwendet. Schneiden Sie Dill früh, dann haben Blüten und Körner das beste Aroma.

Estragon

(mehrjährig)

Estragon hat einen angenehm würzigen Geschmack, der Fischsoßen, Suppen, Kräuterbutter, Salate, Omeletts, Ragouts und Fleisch delikat verfeinert. Beliebt ist er auch als Estragon-Essig (Blätter mit Weinessig übergießen).

Anzucht und Pflege
Russischer Estragon wird ab Mitte März in der Keimbox vorgezogen und ab Mitte Mai ins Freiland gepflanzt. Direkte Aussaat ab Juni ist ebenfalls möglich.
Estragon sollte immer einen Platz in Ihrem Garten haben. Denn frischer Estragon wird nur selten auf Wochenmärkten angeboten. Im Handel ist er frisch beinahe gar nicht zu bekommen.
Russischer Estragon bildet Ausläufer und verzweigt sich stark. Der Pflanz-

abstand muß deshalb von vornherein 50 x 50 cm betragen. Wenn der Frost nicht zu hart ist, übersteht Estragon den Winter und ist mehrjährig.

Ernte
Für den täglichen Gebrauch können Sie während des Wachstums – ab Mitte Juni – immer wieder frische Blätter pflücken.
Estragon eignet sich zum Trocknen. Hierfür werden ganze Pflanzen abgeschnitten, gebündelt und an einem schattigen, trockenen Platz aufgehängt.

Kerbel

(einjährig)

Kerbel ist eine einjährige Pflanze von süßlich-feinem Geschmack. Er ist sehr beliebt zum Garnieren und Würzen von kalten Platten, Suppen, pikanten Milch- und Eierspeisen und hellem Fleisch.
Kerbel nie mitkochen, sondern zum Schluß überstreuen oder beigeben.

Anzucht und Pflege
Kerbel wird ab Mitte April bis Ende August ausgesät und kann bis Anfang November geerntet werden.
Der Reihenabstand beträgt 15–20 cm. Kerbel sollte weder umgepflanzt noch vereinzelt werden. Durch wiederholte Aussaat (in Abständen von ca. 1–2 Wochen) können Sie den ganzen Sommer über jungen Kerbel ernten. Lassen Sie die Pflanzen nicht blühen. Sonst vermehren sie sich unerwünscht.
Kerbel gedeiht auch im Halbschatten.

Ernte
Bereits 3–4 Wochen nach der Aussaat können Sie Ihren Kerbel ernten. (Anfang Juni bis Ende Oktober.) Jedoch sollte er vor der Pflanzenblüte geschnitten werden.

Lavendel

(mehrjährig)

Der Lavendel ist hauptsächlich als Duftstoff-Lieferant für Parfüms oder Seifen bekannt – weniger als Gewürz. Die jungen Blattspitzen bringen aber (sparsam verwendet) einen würzigen „provenzalischen“ Geschmack an Fischgerichte, Fischsoßen, Suppen, Gemüse und Fleischgerichte. Zum Grillen können Sie einige Lavendelsträuße ins Grillgut geben. Auch Kräuterbutter schmeckt mit Lavendel noch feiner.

Lavendelfelder sind im Süden Europas keine Seltenheit. Die Bewohner ganzer Landstriche leben vom Lavendel.

Anzucht und Pflege
Wegen seiner zarten blauen Blüten findet Lavendel seinen besten Platz im Ziergarten. Die Aussaat in der Keimbox erfolgt im März oder im April im Frühbeet. Direkte Aussaat ins Freiland ist im Juni möglich. Vorgezogene Jungpflanzen werden ebenfalls im Juni ins Freiland gesetzt.
Im Herbst kurzschneiden! So bleibt er mehrjährig.

Ernte
Geerntet werden nur die jungen Blattspitzen.
Erntezeit: August bis September.

Übrigens ...

... können Sie Lavendelblüten auch in kleine Stoffsäckchen füllen. Wenn Sie diese Duftkissen in Ihren Wäscheschrank hängen, strömen sie einen angenehmen Geruch aus, der zugleich Motten fernhält.

Liebstöckel

(mehrjährig)

Liebstöckel – im Volksmund auch Maggikraut genannt – hat ein pikantes, süßlich-bitteres Aroma. Beim Würzen sollte er deshalb sparsam eingesetzt werden. Dann aber verfeinert er Suppen, Eintöpfe, Fleisch-, Geflügel- und Fischgerichte. Auch Reisgerichte, Ragouts und Pasteten gewinnen durch eine Liebstöckel-Würzung. Sie können die Blätter mitkochen oder die Wurzeln trocknen, feinmahlen und dann als kleine Prise Suppen und Soßen zufügen.

Anzucht und Pflege
Liebstöckel ist eine schnell- und starkwachsende Pflanze von intensiver Würzkraft. Sie wird bis zu 2 Meter hoch. Deshalb kommt ein normaler Haushalt schon mit einer Pflanze aus. Liebstöckel kann in der Keimbox und im Frühbeet vorgezogen werden oder von März bis Juli direkt ins Freiland gesät werden (ca. 3 cm tief). Liebstöckel muß viel gegossen werden. Falls Sie auch die Wurzeln verwenden wollen, ist ein leichter Humusboden von Vorteil. Liebstöckel gedeiht auch im Halbschatten.

Ernte
Die Blätter können mehrmals im Jahr geschnitten werden. Achten Sie darauf, daß Sie vor der Blüte ernten. Sie zieht Kraft und Aroma aus den Blättern.

Majoran

(einjährig)

Als Gewürz ist Majoran sehr delikat, aromatisch und von leicht brennendem Geschmack – als Gewürzpflanze unentbehrlich im Kräutergarten. Die jungen Triebspitzen verfeinern Soßen, Suppen, Eintöpfe, Rind-, Schweine- und Lammfleischgerichte genauso wie Eierspeisen, Käsegerichte und Salate. Mit Thymian gemischt, ist er raffinierte Würz-Kombination. Ein Sträußchen Majoran sollte in keiner Weihnachtsgans-Füllung fehlen.

Anzucht und Pflege

Majoran ist eine frostempfindliche, einjährige Würzpflanze. Deshalb erst nach den Eisheiligen ins Freiland aussäen. Empfehlenswert ist die Anzucht in der Keimbox und im Frühbeet. Vielfach wird Majoran auch in Blumentöpfe ausgesät. Dann (bis die ersten Pflanzen auflaufen) mit einer Glasscheibe abdecken. Die Keimlinge unbedingt feuchtwarm halten. Optimal ist humoser, nährstoffreicher, lockerer Boden an einem geschützten Platz. Pflanzabstand 25 x 15 cm (jeweils 2–3 Pflänzchen zusammensetzen).

Ernte

Geerntet werden Blätter und Stiele vor der Blüte. Die Stiele ca. 5 cm über dem Boden abschneiden, damit sie zum Nachernten wieder austreiben können. Frische Triebspitzen laufend pflücken. Zur Vorratshaltung können Sie Majoran in dunklen Räumen an der Luft trocknen. Dafür schneiden Sie ihn bei sehr trockenem Wetter, kurz bevor sich die Blüten öffnen.

Petersilie

(mehrjährig)

Petersilie ist wohl die beliebteste und vielseitigste Würzpflanze im Gemüsegarten. Sie ist nicht nur vitamin- und mineralstoffreich, sie verleiht auch fast jedem Gericht durch ihre feine Würze den abgerundeten Geschmack. Während die krause Petersilie sich besonders dekorativ auf jeder kalten Platte macht, würzt die einfache italienische Petersilie um so intensiver.

Außer der Blattpetersilie gibt es noch die Wurzelpetersilie, von der die Wurzel genutzt wird.

Anzucht und Pflege

Die Freilandaussaat ist von Mitte März bis August möglich (nicht tiefer als 1 cm, mit einem Reihenabstand von 30 cm). Der Boden sollte schon relativ warm sein. Das beschleunigt die Keimung. Petersiliensamen geht nur langsam auf. Ziehen Sie ihn deshalb in der Keimbox vor. Wenn Sie Petersilie auch noch im Winter ernten wollen, müssen Sie die Pflanzen unbedingt abdecken. Petersilie braucht feuchte, humusreiche, leichte Böden.

Sie gedeiht auch in leichtem Schatten noch gut. Sonne ist also nicht unbedingt nötig. Oft wird sie in einer Reihe am Rande eines Beetes zusätzlich ausgesät. Meistens reicht schon eine einmalige Düngung. Petersilie jährlich neu aussäen. Weil sie mehrjährig ist, bildet sie im 2. Jahr Blütentriebe. Das mindert die Qualität.

Ernte
Da Petersilie immer wieder nachwächst, sollte eine Pflanze nie ganz abgeschnitten werden. Immer nur einige Blätter ernten und das Herzblatt stehenlassen. Die Pflanzen haben dann eine Höhe von 15–20 cm erreicht. Petersilie können Sie (als Vorratsgewürz) tiefgefrieren oder im Backofen trocknen.

Übrigens...

...sollten Sie es mal mit Spätsaat versuchen, wenn es mit Ihren Petersilienpflänzchen nicht so recht vorangehen will. Säen Sie erst im Sommer oder im Herbst, wenn der Boden noch sehr warm ist.
Dann keimen die Samen schnell, und das Wachstum geht zügig voran. Im Jahr der Aussaat können Sie dann natürlich nicht mehr ernten. Im darauffolgenden Frühjahr haben Sie dann aber schon sehr zeitig kräftige Pflanzen.

Ein Bestandteil des „Suppengrüns" sollte die rübenartige Wurzel der Wurzelpetersilie sein.

Pfefferminze

(mehrjährig)

Wer einen Tee von frischen grünen Pfefferminzblättchen getrunken hat, wird Minze nie mehr missen wollen – ob im Topf auf dem Balkon gezogen oder im Kräutergarten. Weniger bekannt ist die Pflanze als Gewürz zu Soßen und Remouladen, zu Kalb-, Lamm- und Hammelfleisch, zu Rohkost und Salaten.

Anzucht und Pflege
In der Keimbox und im Frühbeet vorgezogen, können junge Minzepflanzen von Juni bis Juli ins Beet gepflanzt werden. Da sie mit sehr starken Wurzelausläufern wuchern, benötigen sie einen Pflanzabstand von 40x50 cm. Bei zu starker Wucherung die Pflanzen trennen und im Herbst als Ableger umpflanzen.
Regelmäßiges Hacken und reichliche Nährstoffversorgung fördern den Wuchs.
Wild wächst Minze an Bächen oder auf feuchtem Grund. Auch im Garten müssen Sie deshalb reichlich gießen. Setzen Sie die Pflanzen in einen humusreichen Boden. Pfefferminze gedeiht gut im Halbschatten – sogar unter Bäumen.

Ernte
Frische Blätter können laufend gepflückt werden. Zum Trocknen nur an Sonnentagen pflücken.

Pimpinelle oder Bibernelle

(mehrjährig)

Pimpinelle ist eigentlich eine wildwachsende Pflanze. In den letzten Jahren hat sie sich aber mehr und mehr einen festen Platz in Kräutergärten, Blumentöpfen und Balkonkästen erobert. Wegen ihres mildwürzigen, nußartigen Geschmacks ist sie eine klassische Beigabe zu allen Kräuterzubereitungen. Kleingeschnitten verfeinert sie auch Frikassee, Fisch, Eierspeisen, Gemüse, Salate, Quarkspeisen und Soßen.

Anzucht und Pflege
Pimpinelle wird von März bis Mai ins Frühbeet ausgesät. Nach dem Auflaufen ausdünnen. Sie kann ab Mai ins Freiland gepflanzt werden, mit einem Reihenabstand von 20 cm. Vor der Blüte die Blütenstengel abkneifen, damit die ganze Kraft in die Blätter geht.

Ernte
Ende April bis Anfang November. Nur die jungen Blätter pflücken und gleich frisch verbrauchen. Getrocknet verlieren die Blätter ihr Aroma und die Würzkraft.

Rosmarin

(mehrjährig)

Rosmarin hat ein pikant-bitterwürziges Aroma, das unverkennbar an den Geruch eines Pinienwaldes erinnert. Die nadelartigen Blättchen oder Zweige gehören zu jedem Wildgericht und an Fisch-, Schaf-, Hammel- oder Schweinefleisch, Grilladen, südliche Gemüse und Salatsoßen. Auch für Kompotte und Eingemachtes wird Rosmarin verwendet. Hähnchen mit Rosmarin soll einst Goethes Leibgericht gewesen sein.

Anzucht und Pflege
Rosmarin wird von Mitte März bis Mitte Mai in der Keimbox und im Frühbeet vorgezogen (4 Wochen Keimdauer) und im Juni bis Juli ins Freiland gepflanzt (30 x 30 cm). Zum Überwintern reicht eine Fichtenreisigabdeckung im Freiland oder die Pflanzen werden umgetopft und an einen kühlen, hellen Platz ins Haus gestellt. Rosmarin verträgt keine stauende Nässe.

Ernte
Im ersten Anbaujahr werden nur einzelne Blätter gepflückt. Doch schon im zweiten Jahr kann von Mai bis Oktober hinein laufend geerntet werden.

In Kübeln gezogener Rosmarin kann zum schönen Zierstrauch heranwachsen.

Salbei

(mehrjährig)

Sparsam dosiert sind die frischen oder getrockneten Blätter des Salbeis eine beliebte Zutat zu Fischgerichten, besonders zu Aal. Fleisch, Wild und gebratenes Geflügel erhalten durch ihn eine ebenso pikante Würze wie Gemüsegerichte, Quark und Teigwaren. Als Tee lindert Salbei durch seine ätherischen Öle Husten und Halsschmerzen.

Anzucht und Pflege
Von Mitte März bis Mai wird Salbei in der Keimbox und im Frühbeet vorgezogen. Die jungen Pflanzen können Sie dann von Juni bis Juli mit einem Pflanzabstand von 30 x 30 cm ins Freiland setzen.

Ernte
Von Mai bis Oktober können die Pflanzen geschnitten werden. Salbei ist eine verholzende Pflanze. Deshalb im Spätsommer nachschneiden. (Etwa handhoch und immer so früh, daß sich noch vor dem Winter neue Triebe entwickeln können.) Die rauhen silbrigen Blätter brauchen eine längere Zeit zum Trocknen. Darauf achten, daß sie nicht schwarz werden oder faulen! Salbei entwickelt sein volles Aroma erst ab dem 2. Jahr.

Salbei erreicht durch seine Mehrjährigkeit eine stattliche Größe.

Schnittlauch

(mehrjährig)

Am Geschmack der röhrenförmigen Blätter verrät der Schnittlauch seine Zugehörigkeit zu den Zwiebelgewächsen. Schnittlauch, fein geschnitten auf Brot, schmeckt erfrischend köstlich. Aber auch als Gewürz verleiht Schnittlauch Milch- und Eierspeisen, Salaten, Gemüsen und Soßen die rechte Würze.

Anzucht und Pflege
Schnittlauch ist eine ausdauernde Pflanze, die am besten an einem warmen, schattigen Platz auf humusreichem Boden wächst. Gesät oder auch durch Teilung der Mutterpflanzen bringt Schnittlauch eine reiche Ernte.
Um den Anzuchtzeitraum zu verkürzen, sollte Schnittlauch ab Mitte Februar in der Keimbox vorgezogen, im Frühbeet zur Jungpflanze weiterkultiviert und von März bis in den Sommer ins Freilandbeet gepflanzt werden. Schnittlauch braucht viel Feuchtigkeit und Platz zum Ausbreiten. Die Pflanzen können im Haus zum Überwintern in Blumentöpfe gesetzt werden. Pflanzen, die auf dem Beet bleiben, müssen während der Winterzeit leicht abgedeckt werden. Im Frühjahr sprießt er wie selbstverständlich satt und kräftig aus der Erde. Da er im 2. Jahr Blütentriebe bildet, sollten Sie ihn besser stets neu aussäen. Die Sämlinge werden büschelweise im Abstand von 20x20 cm gepflanzt.

Ernte
Nach ca. 5–6 Wochen kann bereits der erste Lauch geschnitten werden. Am besten schneiden Sie nur zwei Drittel der Blattlänge ab. Dann wachsen die Pflanzen immer wieder nach, und das Schneiden wirkt sich vorteilhaft auf einen kräftigen Nachwuchs aus. Schnittlauch eignet sich nicht besonders gut zum Trocknen. Er verliert dabei zuviel Aroma. Besser ist tiefgefrieren.

Blühender Schnittlauch mit seinen kugeligen, rosafarbenen Scheindolden.

Thymian

(mehrjährig)

Nicht nur als Gewürz erfreut sich der Thymian großer Beliebtheit – er ist eines der ältesten Heilkräuter gegen Husten und genauso als Badezusatz sehr geschätzt. Für die französische Küche ist Thymian durch sein herb-pikantes Aroma eines der wichtigsten Gewürze. Mitgekochte Thymianblätter sind der „Pfiff“ bei Kalb- und Hammelfleisch, Wild, Geflügel und Füllungen sowie bei Salaten, Tomaten, südlichen Gemüsen und Eierspeisen.

Anzucht und Pflege
Thymian wächst niedrig verholzend und wird oft als Einfassung von Beeten oder im Steingarten als Verzierung angepflanzt.
Er wird in der Keimbox vorgezogen, ab Mitte März ins Frühbeet gepflanzt und ab Juni an den endgültigen Standort umgesetzt (Abstand 20x20 cm). Aussaat an Ort und Stelle ist ab April möglich. Einmal gepflanzt, vermehrt er sich recht üppig und ist mehrjährig. Thymian will regelmäßig gegossen werden.

Ernte
Die Stengel kurz vor der ersten Blüte schneiden, bündeln und luftig, jedoch schattig trocknen. Ernten Sie möglichst in den Mittagsstunden, in denen das Kraut den höchsten Gehalt an ätherischen Ölen hat.

Thymian im Topf, eine nützliche Zierde für das Fensterbrett.

Wermut

(mehrjährig)

Wer gern fett und deftig ißt, sollte einen Strauch Wermut pflanzen.

Durch seine verdauungsfördernde Wirkung wird Wermut besonders zur Verfeinerung fetter Speisen geschätzt. Aber Vorsicht. Wegen des herben, bitterwürzigen Geschmacks (durch die Bitterstoffe und Harze der Pflanze) sollten Sie nur sparsam mit den Triebspitzen würzen.

Anzucht und Pflege

Wermutpflanzen werden von März bis Mai in der Keimbox und im Frühbeet vorgezogen und im Juni ins Freiland gepflanzt. Bei einem Pflanzabstand von 30 x 40 cm sollten nur die kräftigsten Pflanzen stehenbleiben.

Ernte

Kurz vor der Blüte können die Blätter geerntet und an einem schattigen Ort getrocknet werden.

Zitronen-melisse

(mehrjährig)

Die Zitronenmelisse wächst in Stauden und ist im Blumentopf oder im Kräutergarten ideal zu halten. Ihr intensiver Duft lockt die zur Bestäubung anderer Gartenpflanzen unerläßlichen Bienen an. Gleichzeitig lindert der Saft ihrer Blätter (man reibt sie einfach auf die Haut) den Schmerz von Bienen- und Insektenstichen. Als Würzkraut mit

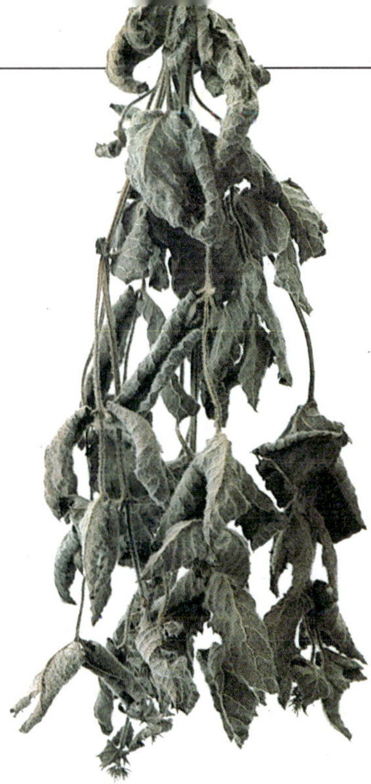

leicht bitterem Aroma wird Zitronenmelisse für frische Salate, Obstsalate, pikante Milchspeisen und Tomatengerichte verwendet. Aber auch für Fischsoßen, Fleisch, Wild und Erfrischungsgetränke ist die Beigabe möglichst frischer Blätter ein aromatischer Gewinn.

Anzucht und Pflege

Der Samen benötigt eine hohe Temperatur zum Keimen und deshalb sollten die Pflanzen in der Keimbox und später im Frühbeet vorgezogen werden. Juni ist die beste Pflanzzeit für das Freilandbeet (30 x 30 cm), wenn die jungen Pflanzen etwa 10 cm Höhe erreicht haben.
Ein sonniger Platz und lockerer, nährstoffreicher Boden sorgen für kräftigen Blattwuchs.

Ernte

Von Juni bis Mitte Oktober werden die Blätter geerntet. Vor der Blüte ist ihr Aroma am intensivsten. Die Pflanzenstiele sollten ca. 15 cm uber dem Boden geschnitten werden. Beim Abpflücken die Blätter nicht drücken.

Übrigens …

…können Sie sehr feines Saatgut besonders gleichmäßig aussäen, wenn Sie es mit etwas Sand vermischen.

Beeren.

Die süßesten Früchtchen.

Beeren

Wer im kleinen Nutzgarten keinen Platz für große, schattenwerfende Bäume hat, der muß trotzdem nicht ganz auf köstliches Obst verzichten. Hier bieten sich die verschiedenen Beeren zur Kultur geradezu an. Erdbeeren brauchen nicht mehr Platz als Gemüse. Und wer möchte schon auf das große Vergnügen verzichten, diese aromatisch duftenden, zarten Früchte frisch vom Beet zu naschen.
Beerensträucher brauchen zwar etwas mehr Platz. Sie können sie aber gut als fruchttragende Hecke entlang des Gartenzaunes pflanzen oder als attraktive Hochstämmchen am Wegrand. Die Hecke dient dann gleichzeitig als Sicht- und Windschutz, die Hochstämmchen sehen besonders hübsch aus und geben dem Garten eine liebenswerte, fast romantische Note.

Erdbeeren

Der Anbau von Erdbeeren ist etwas mühsam. Aber würden Sie deswegen auf die „Königin der Beeren" verzichten wollen?
Man unterscheidet zwischen einmaltragenden (Juni/Juli) und kleinfrüchtigen, immertragenden Monatserdbeeren (Juni–Oktober). Sie können aus Saatgut selbst angezogen werden und bringen bereits im Ansaatjahr eine gute Ernte.

Kultur-Anleitung

Boden, Nährstoffe und Klima
Gartenerdbeeren waren ursprünglich Waldpflanzen. D. h., sie stellen ganz besondere Ansprüche. Sie brauchen sehr viel Humus und gedeihen in ihrer Wildform auch noch auf saurem Boden. Sie sind eher für kühles als für heißes Klima geeignet. Auch wenn sie im Halbschatten noch wachsen, fruchten sie doch in voller Sonne besser. Spätestens alle drei Jahre muß die Anbaufläche gewechselt werden, um Bodenmüdigkeit vorzubeugen. In diesem Zeitraum entnehmen sie mit ihrem weit- und tiefreichenden Wurzelsystem dem Standort ein Übermaß an Nährstoffen. Die Pflanzen selbst überaltern und bringen kaum noch Triebe.
Gedüngt wird mit 50 g/m² Gemüsespezialdünger vor der Pflanzung im Herbst bzw. Frühjahr. Vier Wochen nach der Pflanzung ca. 40 g/m² und nochmals die gleiche Menge Ende September.
Der Boden muß für die Pflanzung gründlich vorbereitet werden: spatentief umgraben, Anreicherung mit Stallmist oder Kompost. Unkrautfreier Boden von Beginn an erleichtert die spätere Pflege.

Anzucht und Pflege
Für die erste Pflanzung sollten gesunde Pflanzen aus Anzuchtbetrieben gekauft werden. Später können Sie dann die Ausläufer dieser Mutterpflanzen zur Vermehrung nutzen. Als Pflanzzeit ist der Spätsommer am günstigsten, weil dann bereits im nächsten Jahr eine volle Ernte erzielt werden kann. Gepflanzt wird im Abstand von 30 cm in Reihen. Reihenabstand etwa 75 cm. Die Pflanzen müssen so eingesetzt werden, daß die Wurzelkrone gerade mit Erde bedeckt ist. Nach der Pflanzung müssen Sie den Boden unkrautfrei halten. Nur flach durchziehen, nicht zwischen den Reihen umgraben! Die Wurzeln verlaufen flach unter dem Boden.

Sehr gut ist eine Mulchdecke aus Stroh bzw. schwarzer Folie. Dann schützen Sie auch gleich die Früchte vor zuviel Schmutz und Nässe. Aber haben Sie dann ein wachsames Auge auf Schnecken. Nach der Ernte wird das Stroh entfernt und der Boden von totem Laub und unerwünschten Ausläufern befreit.

Ernte
Pflücken Sie Erdbeeren immer mit Stiel, damit nicht unnötig Saft und Inhaltsstoffe verlorengehen. Vorverlegung der Ernte ist durch Abdeckung mit Flachfolien oder Vlies möglich.

Schädlinge
Besonders gefürchtet ist der Grauschimmel, eine Fäulniskrankheit. Sie tritt vor allem in sehr feuchten Jahren auf. Bei Befall müssen faule Früchte rechtzeitig entfernt werden, um eine weitere Infektion zu verhindern. Strohmulch oder Holzwolle um die Pflanze herumpacken. Eventuell Einsatz von giftklassefreien Spritzmitteln – Wartezeit beachten!
Am besten, Sie wählen beim Kauf der Mutterpflanzen die Sorten, die weitgehend resistent gegen Grauschimmel sind.

Monatserdbeeren haben eine ganze Reihe von Vorteilen: Sie können vom späten Frühjahr bis zum ersten Frost geerntet werden. Sie haben ein besonderes Aroma, das an Walderdbeeren erinnert und sie können sogar in Töpfen herangezogen werden.
Wenn Sie spezielle Tongefäße mit Pflanzlöchern verwenden, können Sie auf kleinstem Raum schon eine ansehnliche Ernte einbringen – und Sie haben gleichzeitig eine hübsche Dekoration für Balkon oder Terrasse.

Himbeeren und Brombeeren

Himbeeren und Brombeeren gehören zu der Familie der Rosengewächse (Rosaceae). Sie sind mit den Erdbeeren und auch mit Äpfeln und Birnen verwandt. Obwohl Form und Gestalt von Früchten und Pflanzen sehr verschieden sind, läßt sich beim genaueren Betrachten der Blüten diese Verwandtschaft unschwer erkennen.

Allgemeine Kultur-Anleitung

Boden, Nährstoffe und Klima

Beide Sträucher gedeihen auf nahezu jedem Boden (von Himbeeren wird jedoch ein leicht saurer Boden bevorzugt). Das ist zurückzuführen auf den Standort der ursprünglichen Wildform, den Wald. Bei den heutigen Züchtungen braucht darauf keine besondere Rücksicht mehr genommen zu werden. Außer reichlich Kompost geben Sie etwa 60 g/m² Gemüsespezialdünger im zeitigen Frühjahr vor dem Austrieb und nochmals ca. 30 g/m² gegen Ende der Blüte. An das Klima stellen beide Kulturen keine besonderen Ansprüche. Himbeeren gedeihen auch noch im Halbschatten, aber bei voller Sonne werden die Früchte aromatischer. Das gleiche gilt auch für Brombeeren.

Ernte

Himbeeren und Brombeeren werden erst geerntet, wenn sie fast von selbst abfallen. Dann ist das Aroma am besten. Frisch verzehrt oder zubereitet schmecken sie am besten. (Siehe Rezeptteil)

Spezielle Kultur-Hinweise

Himbeeren

Anzucht und Pflege

Die ersten Himbeersträucher sollten Sie immer bei einer Baumschule kaufen. Nur so können Sie sicher gehen, gesunde Pflanzen zu erhalten. Später können Sie von den eigenen Himbeeren Ausläufer ausgraben und an anderer Stelle wieder einpflanzen.
Die gekauften Himbeerpflanzen bestehen aus dem Wurzelstock und einer Rute. Die Ruten werden gleich bei der Pflanzung auf etwa 30 cm gekürzt, damit sich neue Triebe entwickeln. Gepflanzt wird im Herbst mit einem Abstand von 40–50 cm in der Reihe und 150 cm zwischen den Reihen. Die Bodenknospen sollen etwa 5 cm hoch mit Erde bedeckt sein.
Himbeeren werden am Spalier gezogen. Sonst wachsen die Ruten wild durcheinander. Der Schnitt ist einfach. Gleich nach der Ernte werden die alten Triebe dicht über dem Boden abgeschnitten. Von den Jungtrieben sollen nur ca. 8–12 pro Pflanzstelle stehenbleiben, so daß genug Licht und Luft an die Pflanze kommt. Damit kein Unkraut aufkommt, sollte der Boden zwischen und unter den Sträuchern gemulcht werden. Das entspricht auch den natürlichen Bedingungen, die die Pflanze im Wald findet, wo sie auch heute noch wild wächst. Denn Waldboden ist nie unbedeckt.

Schädlinge

Die Himbeerrutenkrankheit ist die größte Gefahr für Himbeeren. Man erkennt diese Pilzerkrankung im Frühjahr an bräunlichen Flecken auf den jungen Ruten.
Vorbeugend hilft das Entfernen der abgetragenen Ruten sofort nach der Ernte, mulchen und im Winter mit Grünkupfer spritzen.

Brombeeren

Anzucht und Pflege

Brombeeren werden im Frühjahr gepflanzt. Verwenden Sie entweder Ableger oder gekaufte Pflanzen. Die Bodenknospen sollen ca. 5 cm mit Erde bedeckt werden. Auch bei Brombeeren ist der Schnitt einfach. Von den Jungtrieben sollen immer nur etwa 6–8 stehenbleiben, die dann an Drähten oder einem Spalier festgebunden werden. Sie tragen im nächsten Jahr (am zweijährigen Holz) und werden im Spätherbst herausgeschnitten. Von den neuen Trieben werden immer nur die kräftigsten angebunden, der Rest zurückgeschnitten. Damit sich kein unübersichtliches Triebgewirr entwickelt, ist zusätzlich noch ein Sommerschnitt nötig. Die aus den Blattachseln entstehenden Geiztriebe an den Hauptruten werden bis auf zwei Blätter entfernt.
Etwa zwischen Mitte Juni und Anfang August, wenn sie ungefähr 20–50 cm lang sind. Auch für Brombeeren hat sich das Mulchen gut bewährt. Auch sie waren ursprünglich Waldpflanzen.

Johannisbeeren und Stachelbeeren

Johannisbeeren und Stachelbeeren gehören zu der Familie der Steinbrechgewächse. Ihre Heimat ist das nördliche Europa. Dort gibt es auch noch Wildformen dieser Arten.

Allgemeine Kultur-Anleitung

Boden, Nährstoffe und Klima
Beide Beerensträucher stellen keine besonderen Ansprüche an Klima und Boden. Gedüngt wird mit einem Gemüsespezialdünger im März, zur Blütezeit und nach der Ernte je ca. 40 g/m². Im zeitigen Frühjahr wird noch etwas Mist oder Kompost gegeben. Er darf aber nur oberflächlich eingearbeitet werden, weil die Wurzeln sehr flach unter der Oberfläche verlaufen und leicht beschädigt werden können. Stachelbeeren und Johannisbeeren sind extrem winterfest und daher auch noch für besonders frostgefährdete Lagen geeignet.

Anzucht und Pflege
Die Johannisbeer- und Stachelbeersträucher kaufen Sie in der Baumschule. Gepflanzt wird vorzugsweise im Herbst. Zuvor werden dicke Wurzeln eingekürzt, damit sich die wertvolleren feinen Haar- oder Saugwurzeln entwickeln. Dann werden die Sträucher in Abständen von ca. 1,50 m gepflanzt und gut eingewässert. Die Sträucher sollen etwas tiefer gesetzt werden als vorher in der Baumschule. Dadurch bilden sich neue Triebe, die für die ständige Verjüngung der Sträucher nötig sind. Der Schnitt ist bei den einzelnen Sorten unterschiedlich.

Ernte
Geerntet wird, sobald die Früchte kräftig gefärbt sind. Johannisbeeren so lange hängen lassen, bis auch die Früchte am Traubenende durchgefärbt sind. Grüne Beeren sind nur von Stachelbeeren verwendbar. Die noch unreifen Früchte haben nur sehr kleine, nicht störende Kerne. Sie eignen sich daher besonders für Marmelade, Kompott und als Kuchenbelag.
Bei reichlichem Fruchtbehang hat es sich sogar bewährt, einen Teil der Stachelbeeren noch unreif zu pflücken. Verbleibende Früchte entwickeln sich dann besonders gut.

Spezielle Kultur-Hinweise

Rote Johannisbeeren und Stachelbeeren

Diese Arten tragen am besten an zwei- bis dreijährigem Holz. Triebe, die älter als vier Jahre sind, werden ganz abgeschnitten. Sie erkennen sie an der dunkleren Farbe und an stark verholzten Ästen. Jüngere bleiben stehen und werden im Herbst etwa um ein Drittel gekürzt, um eine gute Verzweigung zu erreichen. Es sollten nicht mehr als 8–12 kräftige, gut verzweigte Triebe an jeder Pflanze bleiben, damit genug Licht und Luft an Blätter und Früchte kommt.

Schwarze Johannisbeeren

Schwarze Johannisbeeren tragen am vorjährigen Austrieb (einjähriges Holz). Darum werden bereits nach der Ernte die abgetragenen Triebe zurückgeschnitten. Entweder bis zum Boden (wenn dort genügend neue Triebe vorhanden sind) oder bis zum ersten Jungtrieb.
Der Boden rund um die Sträucher soll immer von Unkraut freigehalten werden. Weil tiefes Umgraben und Hacken problematisch ist – die Sträucher sind Flachwurzler – hat sich Mulchen gut bewährt. Bei Trockenheit müssen Sie wässern, sonst fallen die Beeren ab.

Schädlinge und Krankheiten
Der größte Feind der Johannisbeere ist die Gallmilbe. Die Knospen werden zu kugeligen „Galläpfeln" und treiben nicht mehr aus. Zur Bekämpfung dieser Milben werden alle befallenen Triebe ausgeschnitten bzw. die Knospen abgeknipst. Nicht auf den Kompost, sondern in den Müll werfen oder verbrennen.
Für Stachelbeeren kann besonders der Mehltau gefährlich werden. Ein weißer Pilzbelag überzieht dann die Pflanze, und die Früchte werden ungenießbar. Zur Vorbeugung müssen Sie die Sträucher licht halten. Bei Befall hilft nur noch der Rückschnitt bis auf gesunde Triebe und vorbeugende Spritzungen mit speziellen Mehltaumitteln. Wartezeiten beachten. Verlangen Sie gleich beim Kauf mehltau-resistente Sorten.

Das Gartenjahr:

Zeitplan fürs Säen, Pflanzen, Ernten.

Rund ums Jahr frisches Gemüse aus dem eigenen Garten. Da gibt es von Januar bis Dezember eine Menge zu säen, zu pflanzen und zu ernten.

Damit Sie keinen dieser Zeitpunkte versäumen, haben wir alle in einem übersichtlichen Plan zusammengestellt.

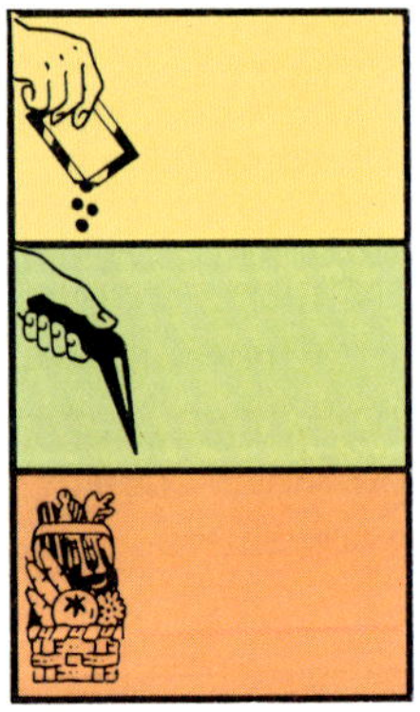

	Erbsen	**Zuckererbsen**	**Buschbohnen**
Reihenabstand	50 cm	50 cm	40 cm
Pflanzenabstand			25 cm
Saattiefe	3–6 cm	3–6 cm	4–5 cm
JANUAR			
FEBRUAR			
MÄRZ	**Frei-land**	**Frei-land**	
APRIL		später anhäufeln	
MAI			4–5 Samen pro Horst **Fr la**
JUNI	später anhäufeln		
JULI			später anhäufe
AUGUST			
SEPTEMBER			
OKTOBER			
NOVEMBER			
DEZEMBER			

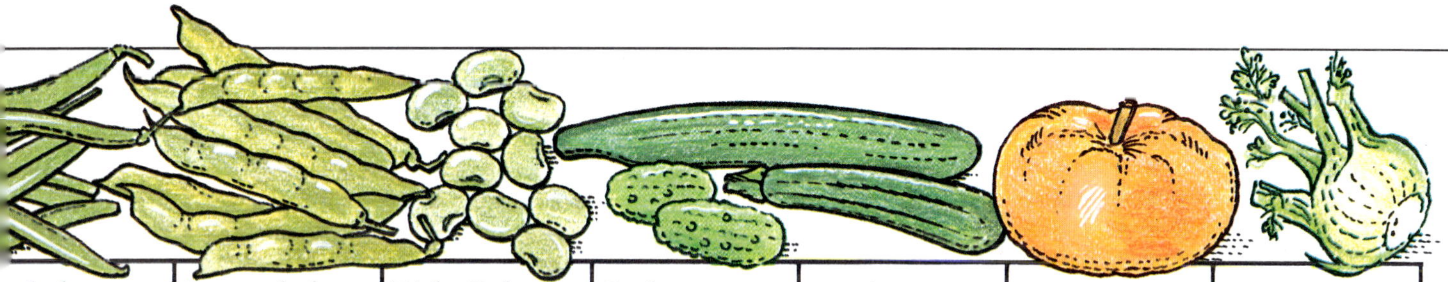

etbohnen	Stangenbohnen	Dicke Bohnen	Gurken	Zucchini	Kürbisse	Fenchel
cm	60 cm	60 cm	40 cm	60 cm	100 cm	40 cm
cm	40 cm		60 cm	80 cm	200 cm	
cm	3 cm	5–6 cm	3 cm	2,5 cm	2,5 cm	1,5 cm

		Samenabstand 10–15 cm Frei-land				
			3 Samen pro Pflanzstelle Früh-beet	3–4 Samen pro Pflanzstelle	3–4 Samen pro Pflanzstelle	
Samen Horst Frei-land	4–5 Samen pro Stange Frei-land		Frei-land	Frei-land	Frei-land	
						Frei-land
						auf 15 cm vereinzeln
						später anhäufeln

	Mais	Rhabarber	Aubergine	Paprika	Tomaten	Früh-Kartoffeln
Reihenabstand	80 cm	100 cm	70 cm	70 cm	80 cm	60 cm
Pflanzenabstand		100 cm	50 cm	50 cm	40 cm	30 cm
Saattiefe	3–5 cm					10 cm

	Mais	Rhabarber	Aubergine	Paprika	Tomaten	Früh-Kartoffeln
JANUAR						
FEBRUAR			Keimbox	Keimbox		
MÄRZ					Keimbox	Fr- la
APRIL						
MAI	Freiland		Frühbeet oder Folienhaus	Frühbeet oder Folienhaus	Freiland	
JUNI	in der Reihe auf 20 cm vereinzeln					
JULI						
AUGUST						
SEPTEMBER						
OKTOBER		Freiland				
NOVEMBER		Ernte im darauffolgenden Jahr				
DEZEMBER						

ittelfrühe artoffeln	Blumenkohl	Broccoli	Kohlrabi	Wirsing	Weißkohl	Rotkohl
) cm	50–60 cm	50 cm	30 cm	50 cm	50 cm	40 cm
) cm	60–80 cm	50 cm	25 cm	50 cm	40–50 cm	50 cm
cm	1,5–2 cm	1,5–2 cm	1,5–2 cm	1,5–2 cm	1,5–2 cm	1,5–2 cm

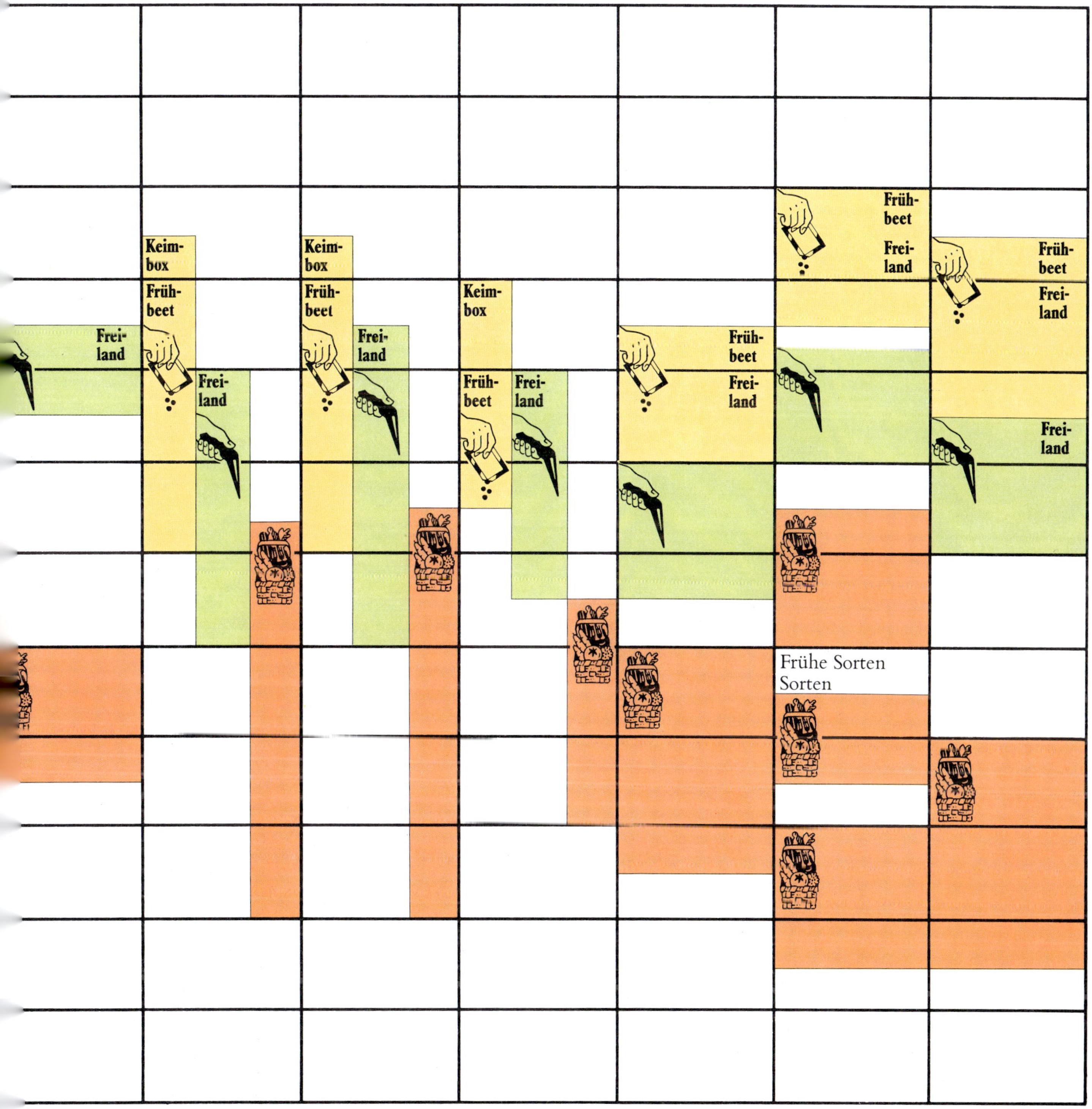

	Rosenkohl	Grünkohl	Chinakohl	Frühlings-Zwiebeln	Zwiebeln	Schalotten
Reihenabstand	60 cm	50 cm	40 cm	10–20 cm	30 cm	30 cm
Pflanzenabstand	60 cm	60 cm				15 cm
Saattiefe	1,5–2 cm	1,5–2 cm	1,5 cm	1 cm	1 cm	
JANUAR						
FEBRUAR						
MÄRZ				**Freiland**	**Freiland**	**Fr la**
APRIL	**Frühbeet Freiland**					
MAI	**Freiland**	**Freiland**			auf 15 cm vereinzeln	
JUNI						
JULI			**Freiland**			
AUGUST			auf 30 cm vereinzeln			
SEPTEMBER						
OKTOBER						
NOVEMBER						
DEZEMBER						

oblauch	Porree oder Lauch	Kopfsalat	Krach- oder Eissalat	Schnitt- oder Pflücksalat	Bindsalat oder Römisch. Salat	Endivie
cm	40 cm	25 cm	30 cm	15–20 cm	30 cm	30 cm
cm	15 cm	30 cm	30 cm		30 cm	30 cm
	1 cm	1,5 cm	1,5 cm	1,5 cm	1,5 cm	1,5 cm

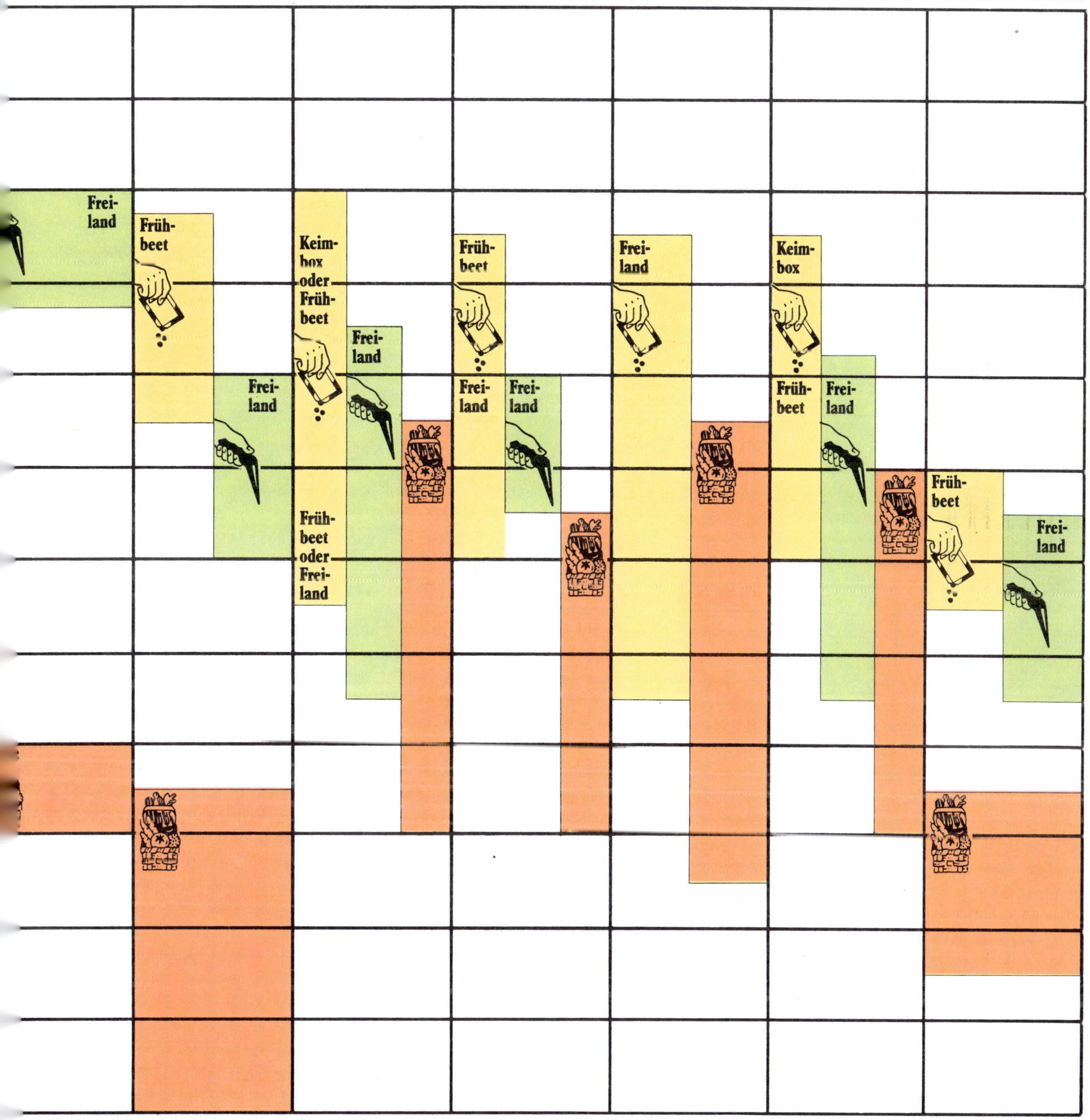

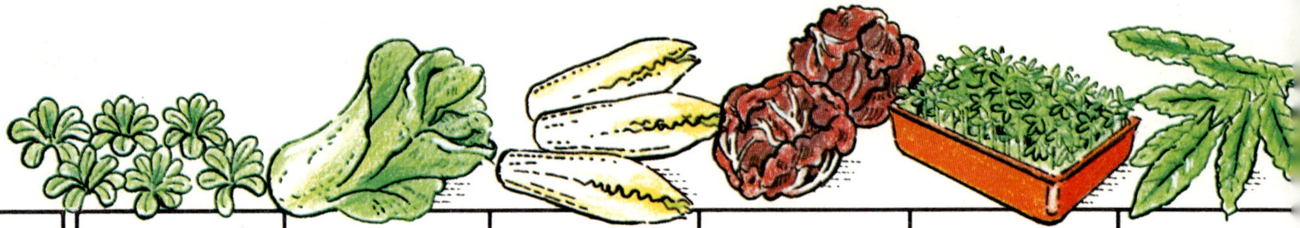

	Feldsalat oder Rapunzel	Zuckerhut oder Zichoriensalat	Chicorée	Radicchio	Gartenkresse	Sauerampfer
Reihenabstand	15–20 cm	40 cm	30 cm	40 cm	15–20 cm	20–30 cm
Pflanzenabstand		30 cm		10 cm		
Saattiefe	1,5 cm	1,5 cm	1–1,5 cm	1,5 cm	1 cm	1 cm

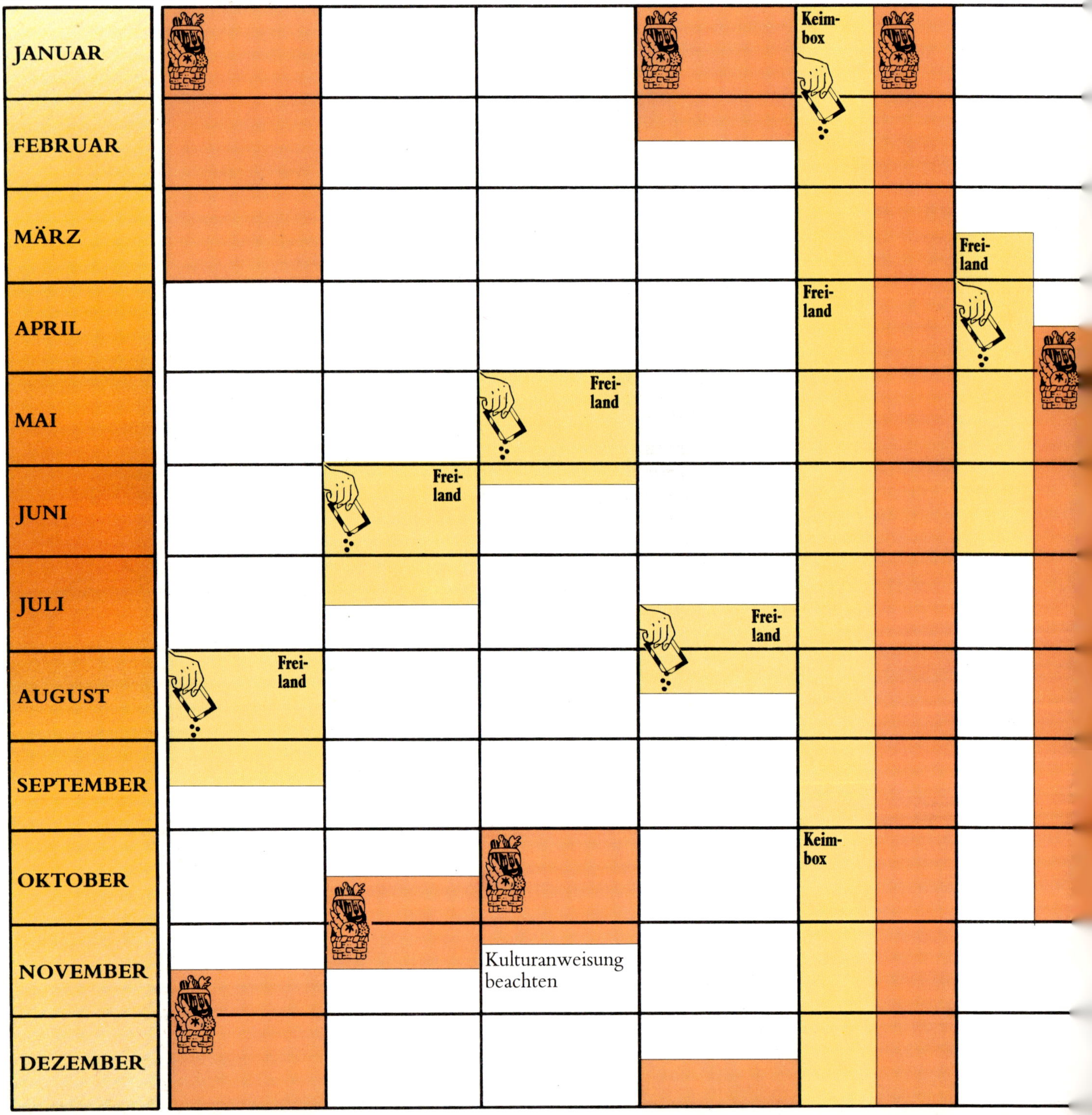

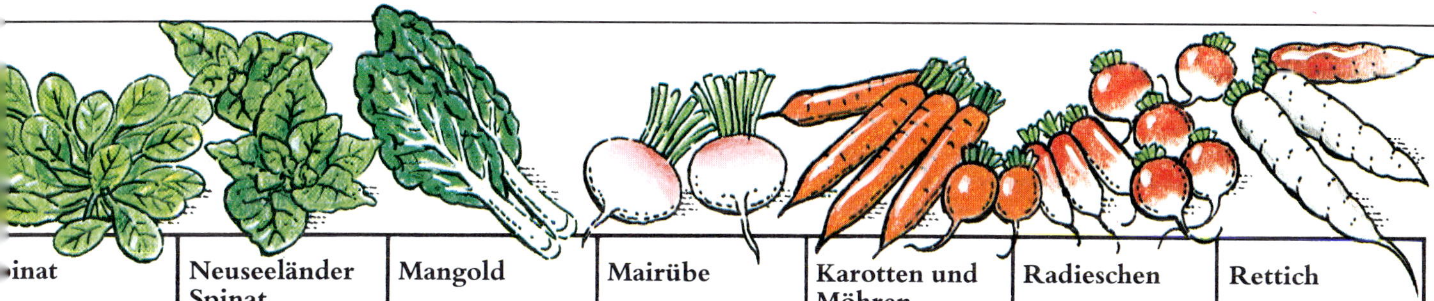

...inat	Neuseeländer Spinat	Mangold	Mairübe	Karotten und Möhren	Radieschen	Rettich
-20 cm	80 cm	40 cm	30 cm	15–40 cm	15 cm	25 cm
	80 cm					
:m		2,5 cm		0,5–1 cm	1–1,5 cm	1–1,5 cm

	Rote Rübe oder Rote Bete	Bleich- oder Staudensellerie	Knollensellerie	Schnittsellerie	Schwarzwurzel	Pastinake
Reihenabstand	40 cm	40 cm	40 cm	40 cm	25 cm	30 cm
Pflanzenabstand		20 cm	30 cm	25 cm		
Saattiefe	2,5–3 cm				3 cm	1 cm

JANUAR						
FEBRUAR						
MÄRZ		**Keim-box**	**Keim-box**	**Keim-box**	**Frei-land**	**F la**
APRIL	**Frei-land**	**Früh-beet**	**Früh-beet**	**Früh-beet**		
MAI					auf 3–6 cm vereinzeln	
JUNI		**Frei-land**	**Frei-land**	**Frei-land**		auf 10 cm vereinzeln
JULI	auf 15 cm vereinzeln					
AUGUST						
SEPTEMBER						
OKTOBER						
NOVEMBER						
DEZEMBER						

…asilikum	Bohnenkraut	Borretsch oder Gurkenkraut	Dill	Estragon	Kerbel	Lavendel
…0 cm	20 cm	30 cm	20 cm	50 cm	15–20 cm	40 cm
…5 cm				50 cm		50 cm
	1 cm	1,5 cm	1 cm		1 cm	

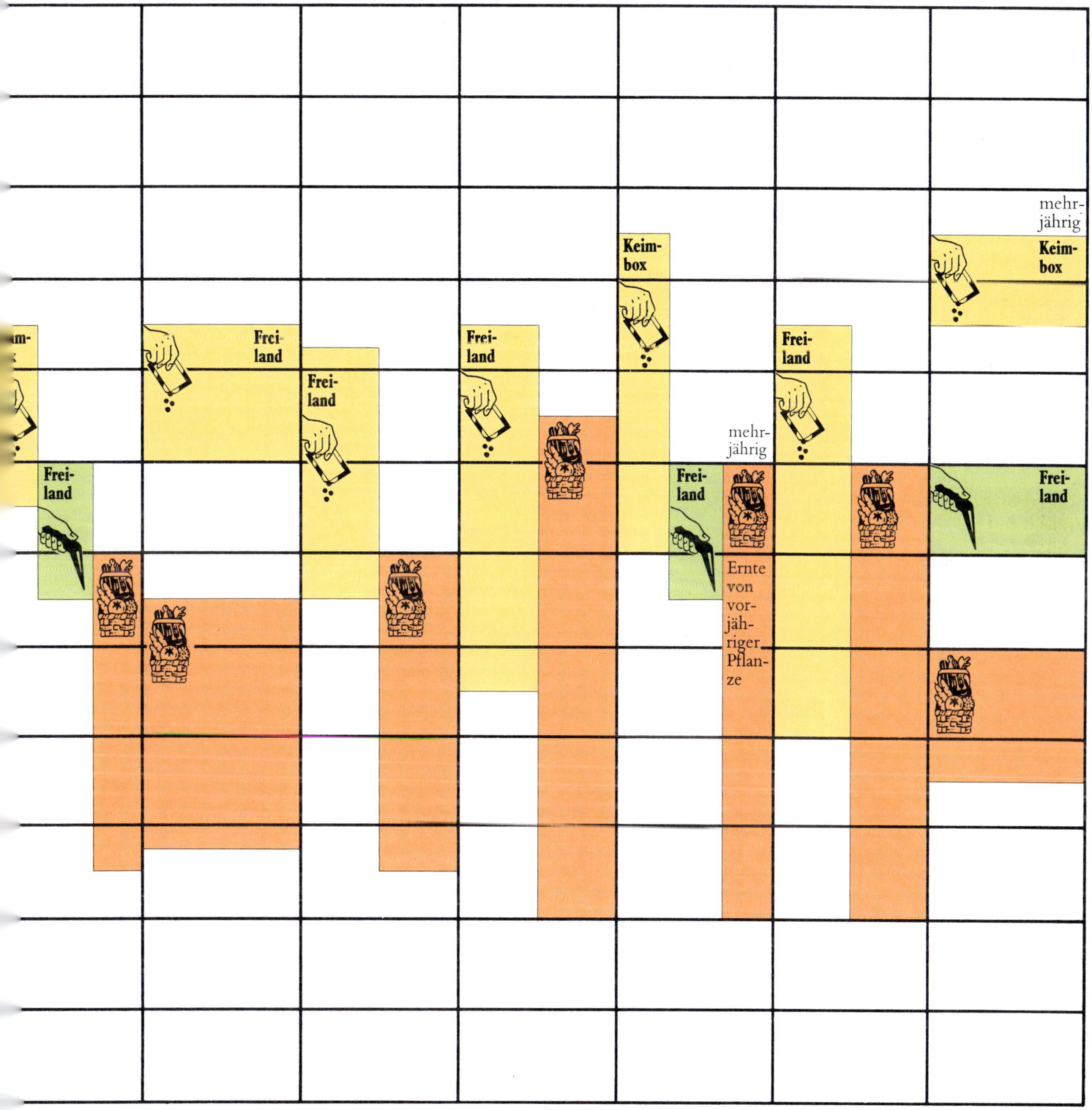

	Liebstöckel	Majoran	Petersilie	Pfefferminze	Pimpinelle oder Bibernelle	Rosmarin
Reihenabstand	40 cm	25 cm	30 cm	40 cm	20 cm	30 cm
Pflanzenabstand	50 cm	15 cm		50 cm		30 cm
Saattiefe			1 cm		1 cm	

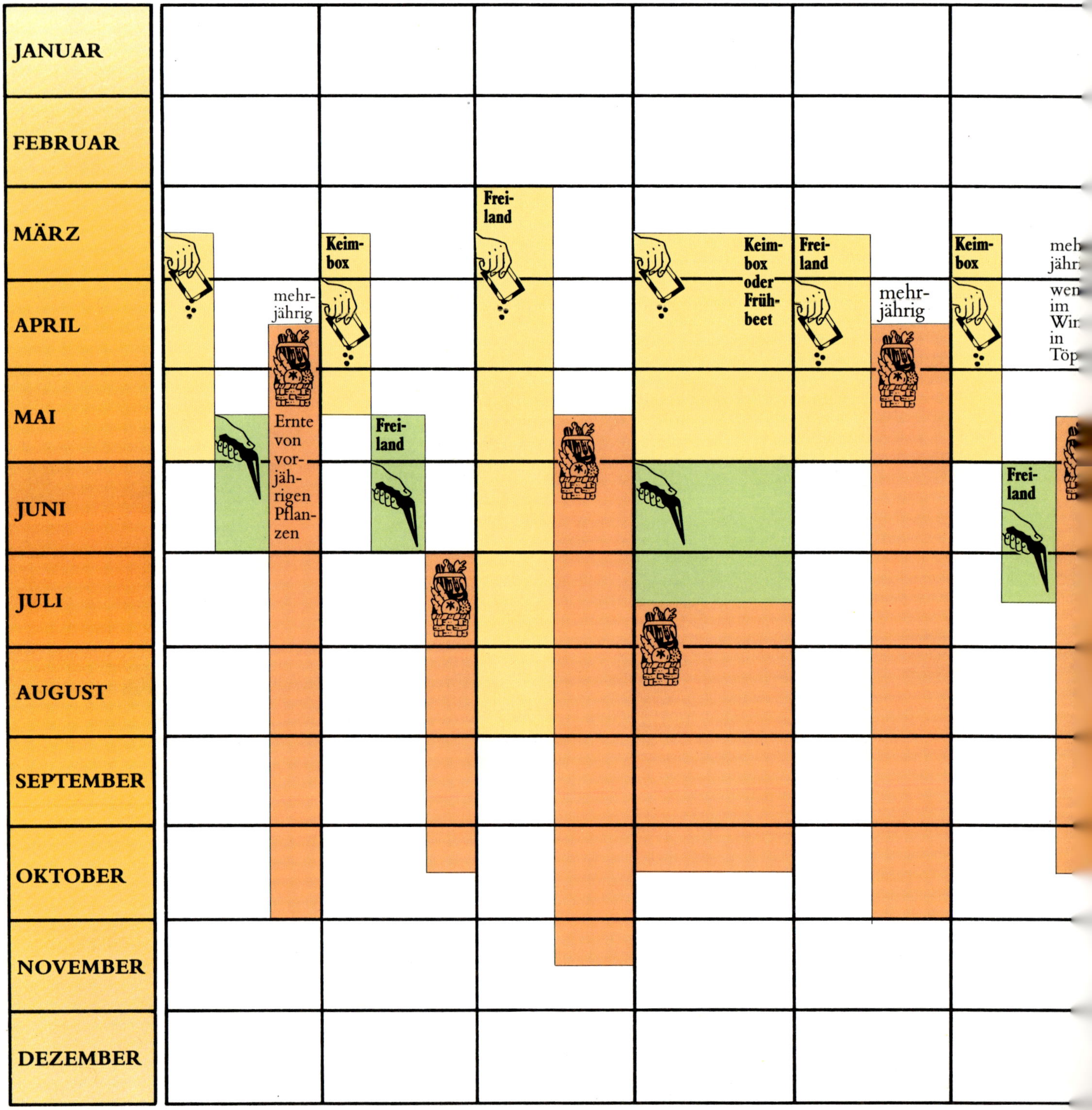

albei	**Schnittlauch**	**Thymian**	**Wermut**	**Zitronen-melisse**	**Erdbeeren**	**Monats-erdbeeren**
) cm	20 cm	20 cm	30 cm	30 cm	75 cm	20 cm
) cm		20 cm	40 cm	30 cm	30 cm	20 cm
	1,5 cm					

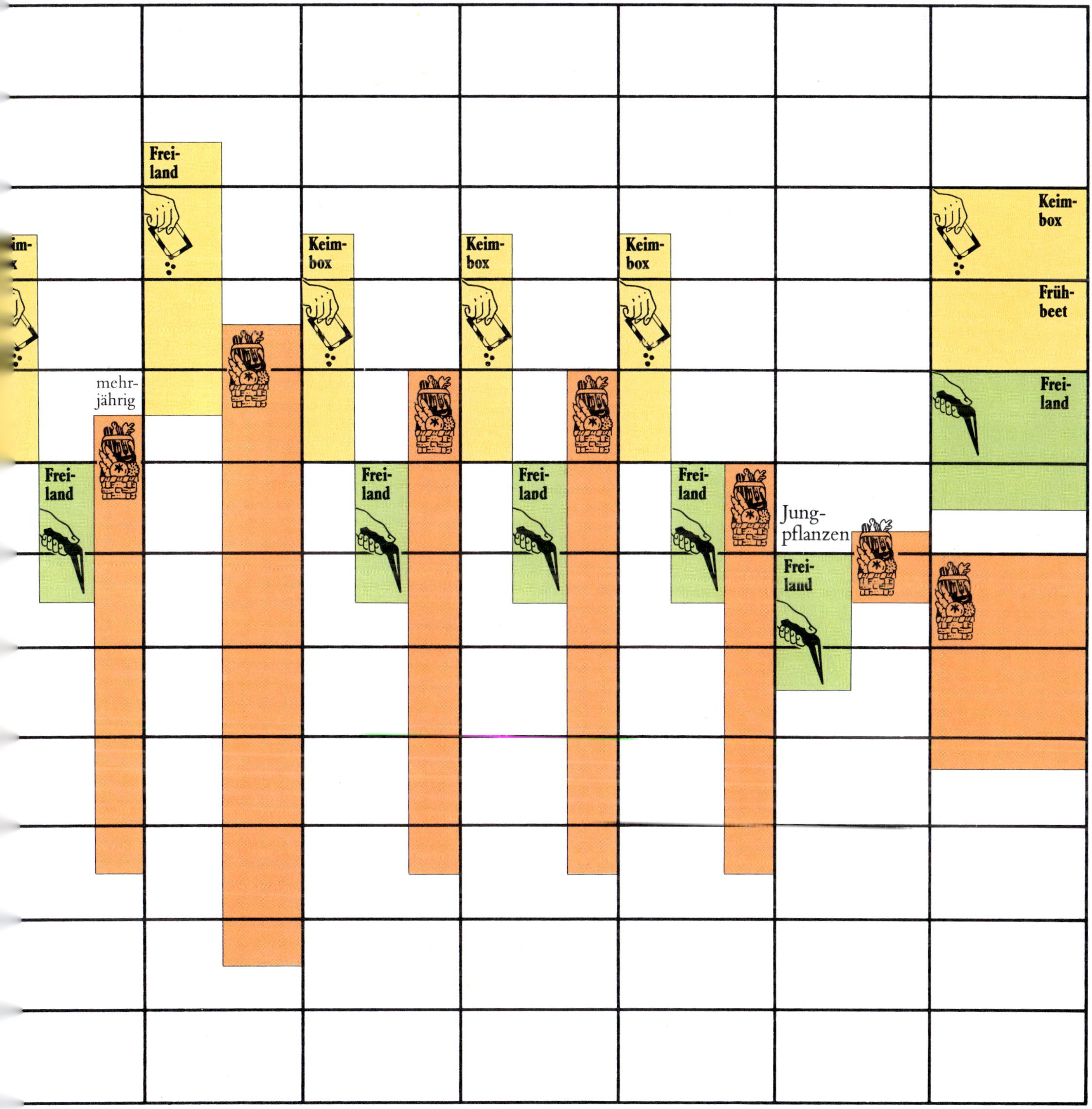

	Brombeeren	Himbeeren	Johannisbeeren rot	Johannisbeeren schwarz	Stachelbeeren
Reihenabstand		150 cm			
Pflanzenabstand	250 cm	40 cm	200 cm	300 cm	150 cm
Saattiefe					

JANUAR					
FEBRUAR		Frühjahrs-pflanzung möglich			
MÄRZ					
APRIL					
MAI					
JUNI		Ernte ab zweitem Jahr nach Pflanzung			
JULI	Ernte ab zweitem Jahr nach Pflanzung				
AUGUST					
SEPTEMBER					
OKTOBER					
NOVEMBER					
DEZEMBER					

Wolf Garten-Lexikon.

Ein erfolgreicher Hobbygärtner sollte die wichtigsten Gartenbegriffe kennen. Darum haben wir einige leicht verständlich für Sie erklärt.

A

Abbau
Abbau der Wirkstoffe eines Pflanzenbehandlungsmittels = chemische Umwandlung in andere Verbindungen, bis die Eigenart und Wirkung der ursprünglichen Verbindung verloren ist. Durch den unterschiedlichen Aufbau der Mittel geschieht auch der Abbau unterschiedlich schnell. Von der Schnelligkeit des Abbaus werden die → Wartezeiten bestimmt. Nach Ablauf der Wartezeit sind keine Rückstände auf und in der Pflanze mehr zu erwarten. Siehe Seite 81.

Anhäufeln
Auch: häufeln. Die unteren Pflanzenteile werden teilweise mit Erde bedeckt. Das ist z. B. mit einem Häufler sehr einfach zu bewerkstelligen.
Zweck: bessere Standfestigkeit (z. B. bei Buschbohnen), → Bleichen von Stengel- oder Blatteilen (Porree, Fenchel), Bildung einer lockeren Bodenschicht zur Ausbildung gut geformter Knollen und leichtere Ernte bei Kartoffeln.

Anorganisch
(= unbelebt)
Stoffe mineralischen Ursprungs, d. h. nicht aus der Tier- und Pflanzenwelt stammend. Beispiel Mineralien (Steine), Salze.

Assimilation
(lat. assimilare = anpassen)
Umwandlung der von der Pflanze aufgenommenen körperfremden in körpereigene Substanz (Sauerstoff bzw. Kohlenstoff durch Spaltöffnungen, siehe Foto). Siehe auch → Chlorophyll.

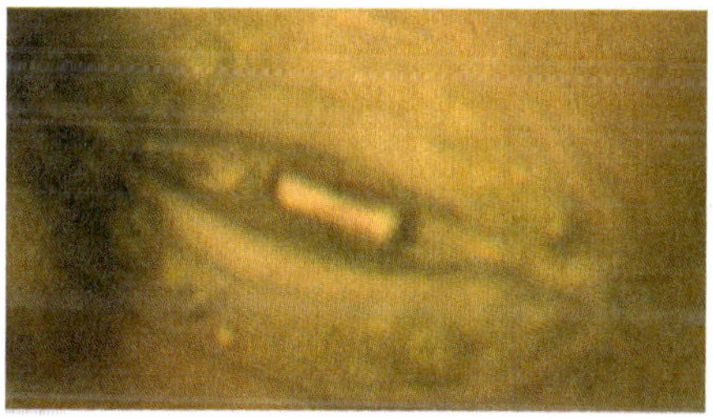

Aufmagern
Einen schweren, undurchlässigen Boden durch Beimischung von Sand auflockern. Bewirkt Verbesserung der Krümelstruktur und der Wasserführung.

Ausläufer
Ausläufer sind Sprosse, die von einer Pflanze aus seitwärts über oder unter der Erde wachsen. Sie können an einer entfernten Stelle Wurzeln schlagen und eine neue Pflanze bilden (Beispiel Erdbeere).

B

Blattläuse
Kleine geflügelte oder ungeflügelte Insekten, welche die Pflanzen auf verschiedene Weise schädigen. Sie treten meist in großen Mengen auf, saugen den Saft aus den Pflanzen und können diese zum Welken bringen. Durch das Saugen werden auch Viruskrankheiten von Pflanze zu Pflanze übertragen. Siehe Seite 79 ff.

Bleichen
Durch Lichtabschluß (→ anhäufeln, überstülpen von Töpfen oder schwarzen Folienhauben) wird die Bildung von → Chlorophyll verhindert und die Pflanze bleibt farbstofflos. Dadurch ist auch eine geringe Geschmacksbeeinflussung möglich.

Bluten
Starker Flüssigkeitsverlust bei Pflanzen durch Verletzungen.

Bodengare
Durch Tätigkeit von → Mikroorganismen bei der Zersetzung organischer Substanz und durch mechanische Bodenbearbeitung entstehender lockerer, krümeliger

Zustand des Bodens. Gute Bodengare kennzeichnet einen lebenden, nährstoffreichen Boden (ohne Fäulnisgeruch). Siehe Seite 28.

C

Chlorophyll
(griech. Blattgrün).
Grüner Farbstoff in Pflanzen. Chlorophyll ist als Energie-Überträger bei der → Photosynthese bedeutsam. Z. B. ist die → Assimilation von Kohlenstoff nur unter Mitwirkung von Licht und Chlorophyll möglich.

E

Entgeizen
Ausbrechen der sog. Geiztriebe = Seitentriebe in den Blattachseln (z. B. bei Tomaten). Dadurch werden dem Haupttrieb mit den Fruchtständen ausreichend Nährstoffe zugeführt, die sonst in die Geiztriebe gelangen würden, was die Fruchtbildung stark beeinträchtigen würde. Siehe Seite 113.

Erdfloh
Ein kleiner, schwarzer oder gelbgestreifter Käfer, der winzige Löcher in die Blätter von Kohlarten, Radieschen und Rettich frißt. Nähert man sich den befallenen Pflanzen, springen die Käfer schnell weg. Sie vertragen keine Feuchtigkeit, man kann sie daher mit ausreichender Wasserversorgung der Pflanzen etwas „in Schach" halten. Siehe Seite 79 ff.

F

F1-Hybride
(F von filia = Tochter)
→ Hybride der 1. Tochtergeneration; F_1-Saatgut ist das aus der Kreuzung der Elternpflanzen hervorgegangene Saatgut. Läßt man die aus diesem F_1-Saatgut gewachsenen Pflanzen zur Samenreife gelangen, dann ist der davon geerntete Samen F_2-Saatgut (2. Tochtergeneration). F_2- und F_3-Saatgut verliert teilweise die für die F_1 charakteristischen Qualitätsmerkmale. Deshalb muß der Züchter Jahr für Jahr die aufwendigen Kreuzungsarbeiten zur Gewinnung von F_1-Saatgut durchführen. → Hybride. Siehe Seite 57.

Freilandanzuchtbeet
Ein separates, kleines Beet im Garten, das zur Anzucht von → Jungpflanzen reserviert ist, die später im Frühjahr oder erst im Sommer ausgepflanzt werden (z. B. Grünkohl, Spätkohlrabi). Das Saatgut wird dünn breitwürfig ausgesät. Die Jungpflanzen bleiben bis zum Pflanzzeitpunkt im Beet, werden also nicht pikiert. Siehe Seite 65.

Früchte
Die Bezeichnung der Fruchtformen richtet sich nach ihrem botanischen Aufbau bzw. der Zugehörigkeit zu den verschiedenen Pflanzenfamilien. Beispiele:
→ Hülsen (Bohne, Erbse)
→ Schoten (Kohl, Rettich)
Beeren (Tomate, Paprika, Kürbis, Johannisbeere)
Steinfrüchte (Kirsche, Pflaume)
Sammelfrüchte (Himbeere, Erdbeere)
Kapseln (Mohn).

Frühbeet
Ein besonderes Anzuchtbeet zur Verfrühung des Pflanzenanbaus. Durch Seitenwände und lichtdurchlässiges Dach wird der dadurch überbaute Boden von Witterungseinflüssen geschützt und erwärmt sich früher als der ungeschützte Boden. Wärmequellen außer der Sonne können auch verschiedene Heizsysteme sein oder aber die Wärme, die durch → Verrottung von Mist entsteht, der unter die Mutterbodenschicht gepackt wurde (Mistbeet). Siehe Seite 64.

G

Geiztriebe
→ Entgeizen.

Genetik
(griech. genea: Abstammung)
Lehre von der Vererbung. Siehe Seite 55.

Grubber
Bodenlockerungsgerät, z. B. mit Gänsefußzinken. Siehe Seite 77.

Gründüngung
Anreicherung des Bodens mit organischer Masse. Die zur Gründüngung vorgesehene Saatmischung wird breitwürfig ausgesät. Die

Pflanzen werden später gemäht und untergegraben.
Als Gründüngungspflanzen werden oft → Leguminosen verwendet, weil sie als Stickstoffsammler wertvoll sind, und ihre Wurzeln den Boden lockern.
Der durch die Aussaat erreichte dichte Pflanzenbestand ist auch vorteilhaft für die Gare. (→ Schattengare). Siehe Seite 32.

Grunddüngung
Allgemein die Düngergabe, die **vor** der Aussaat in den Boden eingearbeitet wird. Spätere Düngungen, wenn bereits Pflanzen auf der Fläche wachsen, nennt man auch „Kopfdüngung".

H

Haupttrieb
Der senkrecht wachsende Trieb einer Pflanze, von dem Seitentriebe, Blüten- und Fruchttriebe abzweigen.

Horst
Als Horst bezeichnet man die Pflanzstelle, an welcher mehrere Pflanzen anstatt normalerweise eine Pflanze stehen. Bei der Aussaat werden mehrere Samen in ein Pflanzloch gelegt, wie z. B. bei Bohnen. Dadurch wird u. a. das Durchstoßen der oftmals verkrusteten Bodenoberfläche beim Keimvorgang erleichtert. Später können die Pflanzen sich gegenseitig stützen.

Hülse
Frucht der Hülsenfrüchtler (z. B. Bohne, Erbse), ohne Trennwand. Die Samen sitzen an beiden Hülsenhälften. → Früchte.

Hülsenfrüchtler
→ Leguminosen

Humus
Zusammenfassung aller organischen Substanzen im Boden, unabhängig von ihrer Zersetzungsstufe. Siehe Seite 29.

Hybride
(griech.: gemischter Herkunft)
Produkt einer Kreuzung von Elternpflanzen mit verschiedenem Erbgut zur Erzielung von Nachkommen mit bestimmten Merkmalen und Eigenschaften. Durch moderne Züchtungsmethoden wird eine wesentliche Verbesserung der Qualitätseigenschaften gegenüber dem Ausgangsmaterial erreicht. Die Elternpflanzen sind bereits das Produkt einer jahrelangen gezielten Zucht auf bestimmte Eigenschaften hin. Durch die Kreuzung wird bei der ersten Tochtergeneration (F_1-Hybride) eine völlige Einheitlichkeit im Aussehen der Pflanze, ebenfalls eine gleichmäßige Blüte und Fruchtausreife erreicht. Besonders wichtig sind jedoch die durch entsprechende Elternauswahl erreichbaren Verbesserungen der Ernteerträge, der Fruchtqualität, des Geschmacks oder der Krankheitsresistenz. Siehe Seite 57.

J

Jungpflanzen
Kleine Pflanzen mit oder ohne → Wurzelballen, die z. B. in der Keim-

box oder in kleinen Töpfen angezogen werden, um dann am endgültigen Platz ausgepflanzt zu werden. Im allgemeinen ist eine Jungpflanze im Stadium zwischen dem Pikieren und dem Auspflanzen bzw. zwischen 2-Blatt-Stadium und 4- bis 6-Blatt-Stadium. Siehe Seite 62 ff.

K

Kapillaren
(lat. capillus: Haar)
Haarröhrchen, feinste Hohlräume, z. B. im Boden, durch welche das Bodenwasser emporsteigt. Siehe Seiten 38 und 77.

Keimblätter
Die ersten zwei Blätter bei „zweikeimblättrigen" Pflanzen (z. B. Kohl) bzw. das erste Blatt bei „einkeimblättrigen" Pflanzen (z. B. Gräser). Diese Blätter sind meist nicht so deutlich gegliedert wie das zweite Blattpaar (Laubblätter).

Keimpflanzen
Kleine Pflanzen, die nach der Keimung aus dem Samen entstehen, bis zum 2-Blatt-Stadium bzw. bis zum Pikieren.

Knöllchenbakterien
Bodenbakterien, die in die Wurzeln von Hülsenfrüchtlern (Wirtspflanze) eindringen. Dadurch entstehen unterschiedlich große Knöllchen, in welchen die Bakterien sich vermehren.
Sie können den freien Stickstoff aus der Luft in körpereigenes Eiweiß umwandeln. Der durch das Absterben der Bakterien entstehende Stickstoff kann von der Wirtspflanze genutzt werden. Nach dem Absterben der Wirtspflanze verrotten die Knöllchen, die noch lebenden Bakterien gelangen in den Boden und können wieder in eine Wirtspflanze eindringen. Bakterie und Wirtspflanze leben in Symbiose, d. h. jede von ihnen profitiert teilweise von der anderen.
→ Gründüngung. Siehe Seiten 32 und 70.

Knolle
Ein Speicherorgan, das aus Stengel oder Wurzelteilen einer Pflanze gebildet wird, nennt man Knolle (Rüben sind demnach auch Knollen). Der Begriff wird (aber) hauptsächlich für Kartoffeln, Kohlrabi und Sellerie angewendet.
Durch die Speicherung von Stärke und Zucker sind Knollen und Rüben für die Ernährung von Mensch und Tier wertvoll.

Kohlenhydrate
Stickstoff-freie organische Kohlenstoffverbindungen der Pflanzen. Dazu gehören Vorratsstoffe und Gerüstsubstanzen wie Zucker, Stärke und Zellulose. Zusammen mit Fett- und Eiweißstoffen bilden die Kohlenhydrate die organischen Nährstoffe für Mensch und Tier. Siehe Seite 86.

Kohlfliege
Eine etwa 6 mm große Fliege, die ihre Eier an die Stengel von Kohlpflanzen ablegt. Die bis zu 1 cm langen weißen Maden fressen an den Wurzeln, so daß die Pflanzen keine ausreichende Wasserversorgung mehr haben. Sie erschlaffen dann und gehen entweder ein oder werden im Wachstum stark behindert.

Die kranken Pflanzen lassen sich ganz leicht aus dem Boden herausziehen. Zur Bekämpfung sind entsprechende Streu- oder Gießpräparate direkt an den Stengelgrund anzubringen. Siehe Seite 79 ff.

Kohlhernie
Pilzkrankheit an → Kreuzblütlern. Geschwulst an Wurzeln von z. B. Kohl, Rettich, Raps, Senf. Vorbeugung durch Fruchtwechsel. Siehe Seite 127.

Kompost
Mischung von verrottenden organischen Stoffen und Erde. Im Komposthaufen entsteht unter Mitarbeit der Bakterien und der Luft → Humus. Bei der Verrottung entsteht Wärme, die bis zu 60° C betragen kann. Dadurch werden Unkrautsamen und einige pilzliche Krankheitserreger zerstört.
Siehe Seite 30 ff.

Kreuzblütler
Pflanzenfamilie, zu der viele Kulturpflanzen gehören, wie z. B. die Kohlarten, Radieschen und Rettich, Kresse.

Kultivator
Ein vielseitiges Gartenwerkzeug zur Bodenlockerung. (Es gibt auch Kultivatoren mit verstellbaren Zinken = Verstellkultivator.) Siehe Seite 39.

L

Leguminosen
= Hülsenfrüchtler. Zu dieser Pflanzenfamilie gehören die → Schmetterlingsblütler. Siehe Seiten 32 und 33.

M

Mehltau
Pilzkrankheit an vielen Pflanzen, die meistens bei hoher Luftfeuchtigkeit und sehr dichtem Pflanzenbestand auftritt. Entweder auf der Blattunterseite oder der Blattoberseite zeigt sich ein weißlich-grauer Pilzbelag (Pilzrasen).
Es gibt heute Gemüsesorten, die gegen Mehltaubefall resistent sind.
Siehe Seite 80.

Mikroorganismen
(griech. mikro = klein)
Kleinstlebewesen, mit dem Auge nicht erkennbar, z. B. Bodenbakterien, die im Boden für die Zersetzung von Pflanzenresten wichtig sind. Siehe Seite 28.

Mineralstoffe
→ Anorganische Nährstoffe für den pflanzlichen, tierischen und menschlichen Organismus mit vielseitiger Funktion. Zu den Mineralstoffen zählen z. B. Calcium, Kalium, Phosphor, Magnesium, Eisen und Spurenelemente. Siehe Seiten 69 und 86.

Möhrenfliege
Es gibt zwei Arten von Schadfliegen an der Möhre: die Möhrenfliege und die Möhrenminierfliege. Während die Maden der Möhrenfliege von der Wurzel her hauptsächlich im unteren Teil der Rübe fressen, dringen die Maden der Möhrenminierfliege vom Kraut her in den oberen Rübenteil.
Nach der Ernte sollten möglichst keine Rückstände befallener Möhren im Boden bleiben. Sie sind Ausgangspunkt für einen Befall im kommenden Jahr. Auch gehören die angefaulten Möhren nicht in den Kompost.
Ein windiger Standort vermindert den Befall von Möhrenfliegen. Bei der Anwendung von Pflanzenschutzmitteln muß unbedingt auf die teilweise sehr langen → Wartezeiten geachtet werden. Siehe Seite 79 ff.

Molybdän
Chemisches Element (Mo).
Als Spurenelement wichtig im pflanzlichen Stoffwechsel, Siehe Seite 71 ff.

Mulchen
Schaffen einer Bodenbedeckung mit organischem Material. Verhindert Verdunstung und teilweise auch die Keimung von Unkräutern. Siehe Seite 33.

Mutterboden
Der obere Bereich eines Bodens, der durch Bearbeitung gelockert und gelüftet, von Pflanzen durchwurzelt ist. Im Vergleich zum sich darunter befindlichen Boden mit mehr organischer Masse angereichert, mit stärkerem Bodenleben. Siehe Seite 26.

N

Neuzüchtung
Durch züchterische Bearbeitung erreichte Veränderung und Verbesserung des Ausgangsmaterials (Pflanze).

Ergebnis ist eine neue → Sorte, die sich in einer oder mehreren Eigenschaften von anderen Sorten unterscheidet. Eine Neuzüchtung kann charakterisiert sein durch bessere Erträge, Verfrühung des Erntezeitpunkts (frühere Reife), Verbesserung des Geschmacks, Widerstandsfähigkeit gegen Krankheiten. Eine „Exclusive Neuzüchtung" ist eine Sorte, die nur begrenzt verfügbar, oder nur über bestimmte Handelswege erhältlich ist. Siehe Seite 56.

O

Organisch
(Zur lebenden Natur gehörend)
Organische Stoffe stammen aus dem Tier- und Pflanzenreich, z. B. → Humus, → Torf.
Gegensatz: → anorganisch.

P

Pflanzenzüchtung
Wissenschaftlich fundierte, gezielte Veränderung der erblichen Eigenschaften von Pflanzen. Damit wird eine Verbesserung der Ernteerträge sowie vieler Qualitätseigenschaften erreicht (z. B. Frühreife, Krankheitsresistenz). Zuchtsorten, die „landeskulturellen Wert" besitzen und sich in wesentlichen Merkmalen von anderen Sorten unterscheiden, haben durch die Eintragung in die Sortenliste des Bundessortenamtes einen dem Patent vergleichbaren Schutz. Siehe Seite 56 ff.

Photosynthese (gr.)
Umwandlung von Kohlendioxid (unter Mitwirkung von Licht und → Chlorophyll im Blatt) in Traubenzucker. Siehe Seite 68.

pH-Wert
(lat. potentia hydrogenii)
Meßwert für die Konzentration freier Wasserstoff-Ionen in einer wäßrigen Lösung. Siehe Seite 29.

R

Raupen
Besonders an Kohlarten treten häufig Fraßschäden auf, die von verschiedenen Raupen verursacht sein können. Am ehesten fallen die großen Raupen des Kohlweißlings auf, eines weißen Schmetterlings. Sie fressen meist in Gruppen an den Blättern.
Aber auch Raupen der Kohleule und der Kohlmotte findet man, diese fressen sich jedoch mehr in die Kohlköpfe hinein und sind oft nur einzeln zu finden.
Bevor Fraßschäden entstehen, spätestens jedoch bei den ersten Anzeichen sollten die auf der Blattunterseite abgelegten Eier und die geschlüpften Räupchen abgelesen werden. Siehe Seite 79 ff.

Resistenz
(lat. resistere: widerstehen)
Widerstandsfähigkeit einer Krankheit gegenüber. D. h. die Pflanze kann von einer Krankheit, gegen die sie resistent ist, nicht befallen werden. Resistenzen werden durch die → Pflanzenzüchtung in eine Sorte gebracht und sind erblich. Viele neue Sorten haben verschiedene Krankheitsresistenzen.

Rübe
Aus der Wurzel oder dem Wurzelhals gebildetes Speicherorgan vieler Pflanzen (Möhre, Zuckerrübe, Rote Bete, Pastinake) → Knolle

S

Schattengare
Durch Beschattung (Pflanzendecke) erhaltene Krümelstruktur des Bodens. Weniger Einfluß von Wind und Sonne (Austrocknung) sowie Niederschlag (Verschlämmung).
→ Gründüngung. Siehe Seiten 28 und 33.

Schmetterlingsblütler
Unterfamilie der → Hülsenfrüchtler. Dazu gehören u. a. Bohnen, Erbsen, Lupinen, Klee.

Schote
Die Frucht von Kreuzblütlern (wie z. B. Kohl, Rettich). In der Mitte der Schote befindet sich eine Trennwand. Die Samen sitzen an der Trennwand. Fälschlich als Schote bezeichnet werden Erbsen (→ Hülse) und Paprika (Beere).
→ Früchte.

Seitentrieb
Vom → Haupttrieb abzweigende Triebe, die wiederum Blütentriebe bilden können. Zu starke Seitentriebentwicklung kann bei manchen Kulturpflanzen zu einer Schwächung der Haupttriebentwicklung führen. Ebenso wird die Blütentriebbildung insgesamt geschwächt. Deshalb bricht man z. B. bei Tomaten und Auberginen die aus den Blattachseln wachsenden jungen Seitentriebe (Geiztriebe) aus. → Entgeizen.

Sorte
Untere Stufe der Systematik (Gliederung verwandter Pflanzen in Haupt- und Untergruppen).
Ein Beispiel:

Familie:	Liliengewächse (Liliaceae)
Gattung:	Lauch (Allium)
Arten:	Zwiebel (Allium cepa) Porree (Allium porrum) Schnittlauch (Allium schoenoprasum)
Sorten:	Weiße Frühlingszwiebel Braunschweiger dunkel-

blutrote Zwiebel
Porree Elektra
Porree Herbstriesen

Sorten der gleichen Art unterscheiden sich durch äußere und innere Merkmale.

Spaltöffnungen
Von zwei Schließzellen umgebene winzige Öffnungen der Blattoberfläche höherer Pflanzen, die zu einem Hohlraum (Atemhöhle) führen.
Zur Regelung der Transpiration (Abgabe von Wasserdampf) und zum Gasaustausch. Sie machen oft nur 1–2% der Blattoberfläche aus, können aber bei voller Öffnung 50 bis 70% der Wassermenge abgeben, die eine gleich große Wasseroberfläche verdunsten würde. Siehe Seite 68. Foto siehe Seite 183.

Spurenelement
Chemisches Element, das in geringsten Mengen für Pflanze, Mensch und Tier unentbehrlich ist. Siehe Seiten 71 und 72.

Standardsaatgut
Saatgut von Gemüsesorten, die nach Erteilung des Sortenschutzes in die Sortenliste eingetragen wurden. Standardsaatgut muß bestimmten Mindestanforderungen entsprechen. (→ Pflanzenzüchtung).

T

Torf
Torf für gärtnerische Zwecke wird aus Hochmooren gewonnen. Er besteht zum größten Teil aus abgestorbenen Torfmoospflanzen (Sphagnum), die stark wasserspeichernd sind. Schwarztorf ist bereits stärker zersetzt und von dunkler Farbe, während Weißtorf noch nicht vollkommen zersetzt ist. Man findet im hell- bis dunkelbraunen Weißtorf noch die kleinen Sphagnum-Pflanzen.
Im Handel erhält man außer reinem Torf auch solchen, der mit Nährstoffen angereichert ist. Siehe Seite 34.

Treiben
Durch Einfluß von künstlichen Wärme- und Lichtquellen versucht man, die Pflanzen zu schnellerem Wachstum zu bringen. Dadurch Verfrühung der Ernte oder Ernte zu einer Zeit, wenn in der Natur kein Wachstum möglich ist. Treiben von Salat, Tomaten und Radieschen in Gewächshäusern (Treibhäusern) im Spätwinter–Frühjahr. Z. B. Treiben von Chicorée.

V

Vereinzeln
Aus einer Reihe dichtstehender Pflanzen werden so viele entfernt, daß nur die für die Weiterkultivierung vorgesehenen Pflanzen im vorgegebenen Abstand stehen bleiben. Das Vereinzeln kann schrittweise erfolgen, wenn die Pflanzen noch sehr klein sind. „Verziehen" und „Ausdünnen" sind ähnliche Begriffe für das gleiche Ziel.

Verrottung
Zersetzung toter Organismen unter Mithilfe von Bakterien und Luft. → Humus. Siehe Seite 31.

Verziehen
→ Vereinzeln.

Vitamine
Organische Wirkstoffe, die in geringsten Mengen für die Ernährung von Mensch und Tier von großer Bedeutung sind. Siehe Seiten 86 und 87.

Volldünger
Ein Düngemittel, das alle Hauptnährstoffe (Stickstoff, Phosphorsäure und Kalium) enthält. Das Verhältnis der Nährstoffe zueinander wird bestimmt vom Verwendungszweck. Siehe Seite 69.
Die Nährstoffverhältnisse in einem Düngemittel werden in Prozentzahlen, bezogen auf das Gesamtgewicht, angegeben. Die Nährstoffe werden mit Buchstaben benannt. Die Nennung erfolgt immer in der Reihenfolge N – P – K – Mg. Dabei bedeutet

N Stickstoff (Nitrogenium)
P Phosphat (P_2O_5)
K Kaliumoxid (K_2O)
Mg Magnesium

Ein Düngemittel mit der Bezeichnung 10–10–15 enthält demnach 10% Stickstoff, 10% Phosphat und 15% Kaliumoxid.

W

Wartezeit
Die Zeit von der Ausbringung eines Pflanzenschutzmittels bis zu dem Zeitpunkt, an welchem der → Abbau der Wirkstoffe so weit fortgeschritten ist, daß keine Rückstände mehr auf oder in dem Erntegut sind. Siehe Seite 81.

Wurzelballen
Von den Wurzeln einer Pflanze stark durchwachsenes Substrat (Torf oder Erde) in einem Gefäß (Topf). Jungpflanzen mit Wurzelballen wachsen schneller an als Pflanzen ohne Ballen. Durch mehrfaches Pikieren bzw. Umpflanzen in jeweils größere Gefäße wird eine allmähliche Vergrößerung des Wurzelballens erreicht.

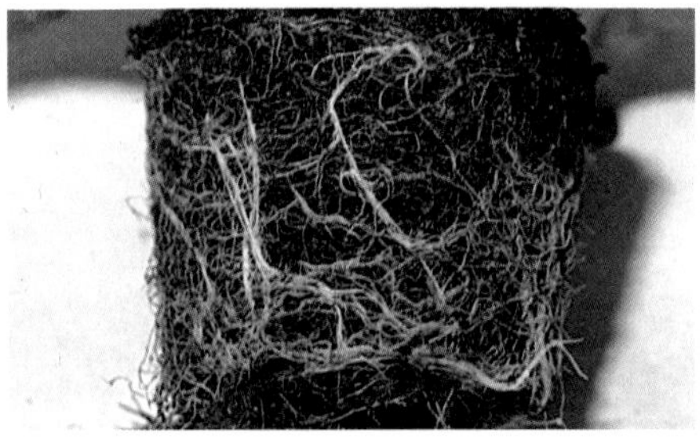

Z

Züchten
Oft wird dieser Begriff für das Anziehen oder Ziehen von Pflanzen im Garten gebraucht. Das ist jedoch nicht richtig. Züchten ist die gezielte Veränderung von erblichen Eigenschaften in einer Pflanze mittels verschiedener Methoden der → Pflanzenzüchtung.

Zwiebelfliege
Die weißen Maden der Zwiebelfliege fressen in den Zwiebeln, so daß deren Blätter vergilben und sich leicht herausziehen lassen. Befallene Pflanzen sollten in den Müll und keinesfalls in den Kompost geworfen werden. Siehe Seite 79 ff.

Stichwortregister

Wenn Sie schnell etwas nachlesen wollen, finden Sie in diesem Stichwortverzeichnis sofort die richtige Seite im Buch.

Dr. Oetker Küchen-Ratgeber.

Gemüse gehört zu unseren gesündesten Nahrungsmitteln. Es liefert – sparsam, aber wirksam – wertvolle Kohlenhydrate in Verbindung mit Vitaminen, Mineralstoffen und Spurenelementen. Darum sollten Sie Ihr Gartengemüse so natürlich belassen wie nur möglich. Völlig unverfälscht können Sie es genießen, wenn Sie die dazu geeigneten Gemüsearten als Rohkost servieren – oder nur wenig verändert, wenn Sie das kleine ABC des gesunden Garens beherrschen.

Kurze Garzeiten für junges Gemüse.

Gemüse in wenig Salzwasser – z. B. auf 500 g gut 125 ml – garen. Verbleibende Gemüseflüssigkeit mit verwenden (Soßenzubereitung usw.), weil sie ausgekochte Mineralstoffe und wasserlösliche Vitamine enthält: nämlich die wasserlöslichen Vitamine C, B_1, B_6 und B_{12}. Wichtig: Gemüse immer in kochendes, gesalzenes Wasser geben. Die Nährstoffe bleiben besser erhalten, und das Salz sorgt dafür, daß das Gemüse weniger auslaugt.

Gemüse in Fett zu dünsten, hat den Vorteil, daß es im eigenen Saft gart und auf jeden Fall die geringe Flüssigkeit, die es abgibt, mit verwendet wird. Auch dämpfen im Siebeinsatz ist eine empfehlenswerte Garmethode.

Immer im geschlossenen Topf garen. Durch das entstehende Kondenswasser wird weniger – oder wie beim Dünsten ganz wenig zusätzliche Flüssigkeit gebraucht. Außerdem bleiben die flüchtigen Aromastoffe besser erhalten. Das Gemüse wird schmackhafter. Wie lange aber darf Gemüse garen, um noch als vollwertige Kost gelten zu können? Angesichts der unterschiedlichen Beschaffenheit auch nur einer Gemüseart können keine genauen Garzeiten angegeben werden. Denn sie hängen immer davon ab, ob Gemüse jung oder ausgewachsen ist, grob oder zart, frisch oder gelagert, ganz oder zerkleinert.

Gemüsegarzeiten können also immer nur Mittelwerte sein. Und die Frage, ob Gemüse bißfest – also knapp gar – oder auf den Punkt genau – also vollkommen gar, aber nicht zerkocht – sein soll, kann nur jeder für sich und nach seinem Geschmack beantworten.

Für den Gartenbesitzer stellt sich zum Glück nicht die Frage, ob sein Gemüse jung oder ausgewachsen, frisch oder gelagert ist, weil er bestimmen kann, wann er ernten will. Ein Weg in den Garten genügt, zur rechten Zeit zu ernten. Lagern muß er sein Gemüse ja nur dann, wenn die Ernte zu groß ist. Dazu gibt's im Gartenteil die passenden Tips.
Für junges Gemüse, das am Ernte-

tag zubereitet wird, ergeben sich folgende Garzeiten, und zwar für junges, zerkleinertes Gemüse die kürzeren, für ausgereiftes Gemüse die längeren Garzeiten.

	Garzeiten
Aubergine	10–15 Min.
Bleich-/Staudensellerie	8–10 Min.
Blumenkohl (ganz. Kopf)	10–15 Min.
Bohnen, grün	10–15 Min.
Broccoli-Röschen	3– 4 Min.
Broccoli-Stengel	7– 8 Min.
Chicorée	5– 8 Min.
Chinakohl	15–20 Min.
Dicke Bohnen	10–20 Min.
Erbsen, grün	8–12 Min.
Fenchel	10–15 Min.
Grünkohl	20–25 Min.
Gurke/Schmorgurke	6–10 Min.
Kartoffeln	20–25 Min.
Kohlrabi	20–35 Min.
Kürbis	8–10 Min.
Lauch/Porree	12–15 Min.
Mairübchen (Teltower)	10–15 Min.
Maiskörner/-kolben	10–15 Min.
Möhren	10–15 Min.
Paprika	10–15 Min.
Pastinaken	7–15 Min.
Rhabarber	5– 8 Min.
Rosenkohl	15–20 Min.
Rote Rüben (Rote Bete)	25–30 Min.
Rotkohl	30–40 Min.
Schwarzwurzeln	10–20 Min.
Sellerie (Knollen-)	12–15 Min.
Spargel	10–18 Min.
Spinat/Mangold	7–10 Min.
Weißkohl	20–30 Min.
Wirsing	20–30 Min.
Zucchini	7–10 Min.
Zwiebeln	10–12 Min.

Und hier noch ein paar nützliche Tips dafür, wie Nähr- und Wirkstoffe im Gemüse – abgesehen von den Garzeiten – optimal erhalten bleiben.

Gemüse putzen und schlechte Teile entfernen. Nicht aber farbintensive grüne Blätter wie bei Wirsing, Bleichsellerie, Chinakohl, Lauch (Porree) und Spitzkohl. Denn sie enthalten – je grüner, um so mehr – Vitamine und Mineralstoffe.

Gemüse möglichst unzerkleinert waschen. Kleingeschnittenes Gemüse gibt wertvolle Vitamine, nämlich die wasserlöslichen ab und verliert an Nährwert und Aroma.

Zerkleinertes Gemüse sofort ins kochende Salzwasser oder ins heiße Fett geben. Liegt es lange, dann verliert es an Saft und wird vom Sauerstoff der Luft ungünstig beeinflußt.

Wer aus zwingenden Gründen das Gemüse fürs Mittagessen am Morgen vorbereiten muß, packt es am besten in Alu- oder Klarsichtfolie oder in Frischhaltebeutel und legt es bis zum Garen ins Gemüsefach des Kühlschrankes. Da ist es vor Umwelteinflüssen gut geschützt und bleibt frisch.

Die gesunden eiweißreichen Hülsenfrüchte.

Ohne Eiweiß kein Leben. Denn die Eiweißstoffe in der Nahrung sorgen dafür, daß die ungezählten Zellen des menschlichen Körpers ernährt und die verbrauchten ersetzt werden.

Die tägliche Nahrung, so empfehlen Ernährungswissenschaftler, soll zu zwei Dritteln aus tierischem, zu einem Drittel aus pflanzlichem Eiweiß bestehen.

Ideale Kombination: Kartoffeln mit Eierspeisen, Eierspeisen und grüne Bohnen oder Erbsen, Rindfleisch, Gemüse und Kartoffeln. Ideale pflanzliche Eiweißträger sind die Hülsenfrüchte.

So enthalten im Durchschnitt 100 g grüne Erbsen 7 g Eiweiß, reichlich Vitamine der B-Gruppe und interessante Mineralstoffverbindungen. Sie gehören also zum besten Gemüse, das man auf den Tisch bringen kann. Grüne Bohnen sind zwar reich an Vitaminen und Mineralstoffen, enthalten aber pro 100 g im Durchschnitt nur 2 g Eiweiß. Damit liegen sie aber im Vergleich zu anderen Gemüsearten immer noch gut.

Ein paar wichtige Tips:
Säen Sie viel Erbsen. Denn frische Erbsen gibt's nur wenig am Markt, und wenn, dann nur für kurze Zeit.

Bei Erbsen muß man mit einem Abfall von 60 Prozent rechnen. Also etwa 1200 g Schoten pflücken, wenn etwa 500 g ausgepalte Erbsen zubereitet werden sollen.

Ideales Würzkraut für Erbsen und grüne Bohnen ist die Petersilie, für Bohnen allein das Bohnenkraut.

Achtung: Grüne Bohnen nie roh essen. Sie enthalten eine giftige Stickstoffverbindung, die erst durchs Kochen unwirksam wird.

Fruchttragende Gemüse, Fenchel und Rhabarber: für die kalorienarme frische Küche.

Wenn Sie gern leichte, kalorienarme Sommergerichte zubereiten, dann sollten Sie auf fruchttragende Gemüse, Fenchel und Rhabarber in Ihrem Garten nicht verzichten. Hier ist ein Überblick darüber, wie sie verwendet und gewürzt werden, wieviel Kalorien sie haben und wie gesund sie sind.

Salat- oder Schlangengurken. Sie fördern durch ihren Gehalt an wassertreibendem Kalium und anderen Mineralstoffen die Durchblutung der Haut und regen die Nieren an. 100 g Gurken haben nur 10 Kalorien = 42 Joule. Als Salat oder Schmorgemüse schmecken Gurken gleich gut. Ideal sind sie zum Rohessen und für Schlankkuren. Nur Magenempfindliche vertragen sie manchmal nicht so gut. Die Behauptung, sie seien eingesalzen und ausgepreßt leichter verdaulich, stimmt aber nicht. Im Gegenteil. Dadurch werden die Mineralstoffe ausgeschwemmt, die für bessere Verträglichkeit der Gurke sorgen. Noch verträglicher sind Gurken, wenn Sie die Scheiben für Salat erst kurz vor dem Servieren unter die Marinade mischen.

Einlegegurken sind zum Einlegen in Essigsud bestimmt. Lassen Sie die Früchte weiter reifen und grüngelb werden, dann sind sie genau richtig für Schmorgurken. Vollkommen reif und gelb können sie dann zu Senfgurken verarbeitet werden. Einlegegurken haben den gleichen Kaloriengehalt wie Salatgurken. Gute Würze für alle Gurken: Dill, Borretsch, Petersilie, Zwiebeln, Pfeffer, Knoblauch und Paprika.

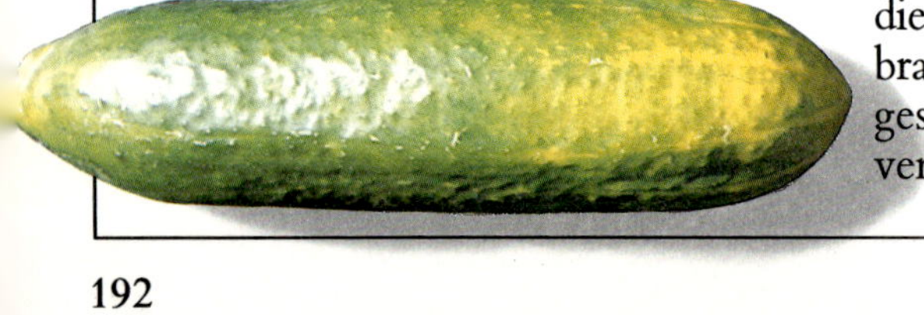

Zucchini sind Sommerkürbisse mit zarter Schale. 100 g haben 16 Kalorien = 67 Joule. Sie werden ungeschält gewaschen, an beiden Enden gekappt und weiterverarbeitet (s. Rezepte). In Verbindung mit Paprika, Auberginen und Tomaten schmecken Zucchini besonders gut. Geeignete Gewürze: Dill, Koriander, Basilikum, Petersilie, Zitronensaft, Pfeffer und Paprika.

Den Kürbis – zu Unrecht ein bißchen aus der Mode geraten – kennen die meisten nur süß-sauer eingelegt. Aber er ist vielseitig verwendbar. Sie können Kürbisscheiben grillen, Kürbis mit Äpfeln, Pfirsichen und Apfelsinen zu Marmelade verarbeiten, aus Kürbis Kompott, Suppen und Soßen kochen. 100 g haben nur 27 Kalorien = 113 Joule.
Da der Kürbis einen geringen Eigengeschmack hat, braucht er kräftige Gewürze. Die Auswahl: Pfeffer, Paprika, Ingwer, Curry, Tabasco, Zwiebel, Zitrone, Piment. Für süße Zubereitungen: Vanille, Zimt, Kardamom, Ingwer, Nelken, Zitrone. Übrigens: Getrocknete, in Eiweiß gewendete Kürbiskerne, im Backofen geröstet und dann gesalzen, sind eine leckere Knabberei.

Die Aubergine ist zwar kalorienarm (100 g enthalten 25 Kalorien = 105 Joule), braucht aber beim Zubereiten mehr Fett. Da sie reichlich Bitterstoffe enthält, werden die Scheiben vor dem Braten, Grillen oder Dünsten mit Salz bestreut. Dann sollten sie etwa 30 Minuten ziehen. Die Scheiben werden dann leicht ausgepreßt und unter Wasser abgespült. Dadurch werden die Bitterstoffe entfernt. Der Nebeneffekt: Die Scheiben nehmen nicht mehr soviel Fett auf. Auberginen, die gekocht werden sollen, brauchen vor der Zubereitung nicht gesalzen zu werden. Die Bitterstoffe verschwinden beim Garen. Auberginen können gut mit Zucchini, Tomaten, Zwiebeln und Paprika als Mischgemüse zubereitet werden. Die besten Gewürze: Zitrone, Knoblauch, Zwiebel, Pfeffer, Estragon, Basilikum, Oregano, Zimt und Sojasoße.

Die vitaminreichen ***Paprikaschoten*** (100 g können bis zu 340 mg Vitamin C enthalten) sollten Sie möglichst überhaupt nicht lagern. Frisch aus dem Garten sind die grünen und die roten Früchte besser. 100 g haben 28 Kalorien = 117 Joule. Die passenden Gewürze: Knoblauch, Chili, Gewürzpaprika, Pfeffer und Zucker.

Mais ist frisch geerntet und zubereitet unübertroffen. Am besten schmeckt er, wenn das Korn fein und innen milchig ist. Dann können Sie ihn sogar roh essen. Wer die Kolben nicht im Ganzen verarbeiten möchte, kocht sie 8–10 Minuten, löst die Kerne ab und gart diese in weiteren 5 Minuten fertig. Mais kann als eigenständiges Gemüse serviert oder gemischt werden mit Erbsen, Paprika, Tomaten oder in Speck und Zwiebeln. Es können auch die ganzen Kolben gekocht (10–15 Minuten in Salzwasser) und danach geschmort, gegrillt und überbacken werden. Der hohe ernährungsphysiologische Wert von Mais ist unbestritten. Aber sein Fruchtzuckergehalt bewirkt nicht nur den mildaromatischen Geschmack, sondern auch den höheren Kalorienanteil. 100 g Mais haben 107 Kalorien = 448 Joule.

Fenchel, dieses Lieblingsgemüse der Italiener, schmeckt roh oder gedünstet mit pikanten Soßen zu Fleisch, Geflügel und Fisch ebenso gut wie mit Käsesoße überbacken. Gedünstet ist er eine vorzügliche Magendiät. 100 g haben 50 Kalorien = 209 Joule. Wichtig: Das zarte Blattgrün aufbewahren und feingehackt zum Essen geben. Das macht Fenchel noch aromatischer. Roh – als Salat zubereitet – kann Fenchel gut mit Orangen, Zwiebeln, Möhren, Tomaten, Paprika, Äpfeln und Ananas kombiniert werden; als Dessert mit Käse. Die passenden Gewürze: Dill, Koriander, Petersilie, Kerbel, Liebstöckel, Zitronensaft, Pfeffer und Muskat.

Rhabarber – obwohl zum Gemüse gehörend – wird hierzulande fast ausschließlich süß zubereitet, z. B. als Kompott, Grütze, Gelee und Kuchenbelag. Er enthält reichlich Vitamine und Mineralstoffe und die aus Zitronen- und Apfelsäure bestehende Rhabarbersäure. Sie frischt das Blut auf und sorgt für gute Verdauung. Eine Rhabarber-Frühjahrskur wird zur Generalreinigung des menschlichen Körpers empfohlen. Rhabarber enthält viel Säure und muß daher gesüßt werden. Figurbewußte helfen sich mit Süßstoff, damit ihr Rhabarbergericht kein Kalorienschwergewicht wird. 100 g Rhabarber haben 20 Kalorien = 84 Joule.

Tomaten sind unglaublich vielseitig.

Tomaten können Pizza- oder Toastbelag sein, Hauptzutat für Aufläufe und Salate und Sie können sie grillen oder Mixed-Grills damit zubereiten. Sie eignen sich sogar zum Marmeladekochen, zur Saftbereitung, für Püree und als Mixdrink mit Alkohol. Sie können sie füllen und schmoren oder roh mit Delikateßsalaten füllen. Sie sind Würzzutat für große Braten und für gebratenen oder gedünsteten Fisch. Tomaten können süßsauer eingelegt oder zu Chutneys verarbeitet werden. Und als frischer Brotbelag sind sie unübertrefflich. Außerdem werden sie als diätetisches Gemüse bei Darmträgheit, Leber- und Galle-Empfindlichkeit empfohlen, und auch Diabetiker dürfen sie essen. Hinzu kommt ihr hoher ernährungsphysiologischer Wert. Tomaten enthalten u. a. reichlich Kalium, Calcium, Phosphor und Magnesium. Diese Mineralstoffe halten Knochen und Blut gesund, sorgen für ausreichenden Druck in den menschlichen Körperzellen und für einen geregelten Stoffwechsel. Der Gehalt der Tomaten an Vitamin A ist hoch, an C beachtlich, an den eher raren Vitaminen der B-Gruppe noch bemerkenswert.

Wohl dem, der Tomaten im eigenen Garten zieht. In Aroma und Konsistenz sind sie den gekauften um Längen voraus.

Wer eine reiche Ernte hat, kann Tomaten auch öfter als Saft servieren. Einfach 1500 g Tomaten waschen, vierteln, mit einer Zwiebel in Scheiben im Entsafter auspressen und mit Salz, Pfeffer, Zitronensaft und gehackter Petersilie würzen. Dieser Saft liefert alle Wirkstoffe in der reinsten Form zum Wohle der Gesundheit.

Für den Vorrat: Tomaten roh pürieren, in Gefrierbehälter füllen und einfrieren. Oder Tomaten zerkleinern, kochen, passieren, etwas einkochen lassen und erkaltet in Gefrierbehältern einfrieren. Das spart Platz. Wer kein Gefriergerät hat, kann Tomatenpüree auch in Gläsern sterilisieren.

Die passenden Gewürze: Basilikum, Petersilie, Lorbeer, Kerbel, Rosmarin, Thymian, Estragon, Schnittlauch, Knoblauch, Zwiebeln, Pfeffer, Muskat und Gewürzpaprika.

Praktische Tips:
Tomaten als Einlage für Mischgemüse oder klare Bouillons immer enthäuten.

Enthäutete, gewürfelte oder andere kleingeschnittene Tomaten in Mischgemüse nur etwa 5 Minuten mitgaren lassen, sonst verkochen die Stücke.

Kartoffeln, die nahrhaften Knollen.

Die Kartoffel, das hat eine Befragung ergeben, ist die beliebteste Beilage zum deutschen Essen. Als Salz- oder Petersilienkartoffeln passen sie zu Braten, Geflügel, Fisch und Eierspeisen. Auch als Bratkartoffeln oder lockeres, mit Butter und Milch angereichertes Püree. Als Pellkartoffeln sind sie der reinste Genuß. Als Kroketten, Mandelkroketten, Pommes frites, fritierte Kartoffelnestchen, Medaillons und Herzoginkartoffeln (ein Püree mit Ei und Butter, als Rosetten auf dem Blech gebacken) gehören sie zur feinen Küche.

Als Knödel aus rohen oder gekochten Kartoffeln oder aus einer Mischung davon sind sie die eher deftigen Begleiter von Schweine-, Rinder- oder Gänsebraten. Darüber hinaus aber ist die Auswahl an Kartoffelgerichten unübersehbar. Sie reicht von der kostbaren, mit saurer Sahne oder Crème fraîche und Kaviar belegten Pellkartoffel bis zu Reibekuchen; von Suppen der feinen und derberen Sorte bis zum Brot aus Kartoffeln. Mit Kartoffeln können Torten zubereitet werden und sie können pikant gefüllt und in Alufolie im Backofen gebacken werden, wie es bei den Amerikanern so beliebt ist. Eine universelle Knolle.

Kohlarten liefern viel gesunde Ballaststoffe.

Der Mensch bezieht die für seine Gesundheit äußerst wichtigen Ballaststoffe (Zellulose) vornehmlich aus Gemüse, Obst und Getreide-Erzeugnissen (z. B. Vollkornbrot). Während Eiweiß, Fett und Kohlenhydrate fast vollkommen vom Dünndarm aufgenommen werden, gelangen die Ballaststoffe über den Verdauungsapparat fast unverändert in den Dickdarm. Diese Füllstoffe regen die Darmtätigkeit (die Peristaltik) an und nehmen Schlackstoffe auf. Sie können also den Körper von Schlacken und Schadstoffen befreien. Damit wirken sie nicht nur gegen Verstopfung, sondern auch gegen Krankheiten.
Das erhellt, warum wir mehr Nahrungsmittel mit hohem Ballaststoffanteil zu uns nehmen sollten. Ernährungswissenschaftler empfehlen mindestens 12 g täglich.
Unter den Gemüsearten sind viele Kohlsorten besonders reich an Ballaststoffen. Als kleine Übersicht die folgende Tabelle. Der erste Wert bezieht sich auf das rohe, der zweite auf das gegarte Produkt.

Je 100 g	Ballaststoffe in g	
Blumenkohl	0,9	0,9
Broccoli	1,5	1,5
Chinakohl	0,5	0,5
Grünkohl	1,7	1,6
Kohlrabi	1,0	1,0
Rotkohl	1,1	1,1
Rosenkohl	1,6	1,6
Weißkohl	0,8	0,8
Wirsing	1,0	1,0

Laucharten sind Gemüse voll Geschmack und Würze.

Ein eigenes Beet mit Porree und Zwiebeln ist für jeden Gärtner empfehlenswert. Denn die Laucharten sind nicht nur würzig, sondern auch gesund. Sie enthalten z. B. das schwefelartige Lauchöl, das sich sowohl auf den Verdauungstrakt als auch auf Nieren und Atmungsorgane günstig auswirkt. 100 g Zwiebeln haben 45 Kalorien = 188 Joule, 100 g Porree nur 28 Kalorien = 177 Joule. Mit 136 Kalorien = 569 Joule ist der Knoblauch Spitzenreiter. Aber davon wird ja nur immer eine geringe Menge ins Essen gegeben.
Als Gemüse eignet sich sowohl die frühe Frühlingszwiebel einschließlich ihrem Lauch als auch die gelbe und die rote Zwiebel – und natürlich der zarte Porree (Lauch). Frühlingszwiebeln werden im Ganzen oder halbiert in Fett gedünstet und sind sehr lecker als Beilage zu Steaks und Braten. Aus der gelben und roten Zwiebel kann ein sehr schmackhaftes Gemüse zubereitet werden. Die geschälten Zwiebeln vierteln oder in Scheiben schneiden, mit ein paar Rosinen und einem Schuß Weißwein in Butter dünsten. Diese Mischung mit Curry würzen. Oder das Gemüse mit Kümmel garen, dann aber die Rosinen weglassen. Weitere Gewürze: Pfeffer und eine Prise Zucker. Selbstverständlich wird auch gesalzen. Mit Sahne oder Eigelb legiert, ist Zwiebelgemüse mild und lecker als Beilage zu Braten, Kurzgebratenem oder gekochtem Rindfleisch.
Weitere bekannte Zwiebelgerichte: Mit Käse auf Croutons überbackene Suppe, klare Zwiebelsuppen und würzige Zwiebelkuchen zu Wein.
Große Exemplare können sehr gut mit pikanten Farcen gefüllt und gegart werden. Auch das würzige Lauch (Porree) ist, gedünstet und mit weißer Soße oder Sahnesoße angemacht, von zartem Wohlgeschmack. Muskat ist seine beste Würze. Aus Zwiebeln können Suppen und Soßen gekocht werden, und in zarten Ringen geben rohe Zwiebeln vielen Salaten die pikante Note. In der Chinaküche sind Lauch und Frühlingszwiebeln unentbehrlich.
Schließlich möchte niemand auf die Würzkraft der Laucharten verzichten. Die feinwürzige Frühlingszwiebel eignet sich vorzüglich für Suppen der gehobenen Klasse. Die frühreife Schalotte bevorzugen Kenner für die feine Küche, weil sie so mildaromatisch ist. Die pikante gelbe Zwiebel sorgt für den guten Geschmack von Braten, Suppen, Soßen und Eintöpfen. Rote Zwiebeln sind milder im Geschmack. Knoblauch in geringen Mengen gibt warmen Gerichten sowie Salaten den typischen Geschmack. Und Lauch ist unverzichtbarer Würzbestandteil im Suppengrün. Alle Zwiebeln und auch Lauch können roh gegessen werden. Die Perlzwiebeln dagegen sind in erster Linie zum Einlegen in Essig-Sud gedacht, auch im Verein mit winzigen Gurken und als Bestandteil von Mixed pickles.

Salate und Blattgemüse – So kann man sie mischen und garen.

Es gibt eine Reihe von Salaten, die auch wie Gemüse zubereitet lecker schmecken, aber auch umgekehrt – viele Blattgemüse, die Sie roh genießen können.
Weil es so viele Kombinations- und Zubereitungsmöglichkeiten gibt, haben wir alle in einer Tabelle für Sie zusammengestellt.

Gemüse	Kombination	Marinade	Garen
Kopfsalat und Schnitt- oder Pflücksalat	Tomaten und Gurken; geraspelte Möhren, Rettich, Gartenkresse; Tomaten, Paprikaschoten, Schafskäse; rohe Champignon; Radicchio.	Essig-Öl-Gewürze; Sahne mit Zitronensaft; saure Sahne mit Haselnußöl; Créme fraîche.	Wie Spinat aber nur etwa 3 Minuten.
Eis- oder Krachsalat	Tomaten, Gurken, Paprika; Äpfel, Mandarinen, Walnußkerne; geraspelter Fenchel, Tomaten, Meerrettich; Krabben, Äpfel, Haselnußkerne.	Sahne; Saure Sahne; Créme fraîche; Mayonnaise-Joghurt.	
Römischer Salat oder Bindsalat	Geflügelleber oder Kalbsbries gebraten, lauwarm, Haselnußkerne; Chicorée, Äpfel; Tomaten, Radieschen.	Sherry-Essig-Olivenöl; Sahne-Joghurt-Olivenöl; Eigelb mit Weinbrand.	3–5 Minuten wie Spinat garen.
Endivie	Radicchio; Paprikaschoten; rohe Champignon, Tomaten; Apfelsinen.	Essig-Öl mit hart-gekochtem, gewürfeltem Ei; Sahne-Joghurt-Öl.	
Feldsalat oder Rapunzel	Hartgekochtes Ei, Rote Bete; Mandarinen; Äpfel, Kalbsbries.	Essig-Öl-Senf; Weinessig-Walnußöl; Créme fraîche.	
Radicchio	Kopfsalat; Champignon, Äpfel; ausgebratene kalte Speckwürfel; Walnußkerne.	Essig-Öl-Senf; Créme fraîche-Knoblauch; Himbeeressig-Walnußöl.	Halbierte Köpfchen in Speck und Zwiebeln und Olivenöl etwa 10 Minuten dünsten.
Chicorée	Gehackte Walnußkerne; Walnußkerne, Mandarinen; Krabben, Ananas; Tomaten, Gurken, Paprika.	Essig-Walnußöl; Sahne oder Créme fraîche-Essig; Olivenöl-Senf-Meerrettich; Mayonnaise, Joghurt.	8–10 Minuten in Butter dünsten. Mit Käse über-backen.
Gartenkresse	Kopfsalat; Endivie; Radicchio; Chicorée.	Essig-Öl; leichte Joghurt-Mayonnaise; Sahne-Zitronensaft.	
Sauerampfer	Zarte junge Blätter mit Äpfeln, Kräutern; Chicorée und Mandarinen; Apfelsinen, Birnen; Römischem Salat.	Joghurt-Mayonnaise; Sahne-Himbeeressig.	Wie Spinat, auch zu Sahnesuppen und -soßen. Etwa 5 Minuten dünsten.
Spinat	Zarte junge Blätter, Champignon, Haselnußkerne; Tomaten; Paprikaschoten; Räucherlachs.	Sahne; Saure-Sahne-Cherry-Essig; Haselnußöl; leichte Mayonnaise mit Joghurt und Kräutern.	Etwa 7 Minuten dünsten. In Sahne anrichten. Mit Käse bestreut überbacken.

Gegart, als Dip oder Rohkost: Wurzelgemüse.

Mit Ausnahme von Pastinake, Roter Rübe und Schwarzwurzel ist alles Wurzelgemüse für Rohkost geeignet. Auf der Reibe fein geraspelt und nur mit Zitronensaft und Zucker gewürzt, ist es etwas für überzeugte Rohköstler. In Essig-Öl-Marinade, in Sahne-, Créme fraîche- oder Mayonnaise-Marinaden gemischt etwas für Feinschmecker. Besonders schmackhaft ist eine Wurzelgemüse-Rohkost mit einem Mayonnaise-Sahne-Dip mit Ketchup und Gewürzen abgeschmeckt.
Tip am Rande: Ein Stück Wurzelgemüse zwischendurch gegessen, dämpft den Hunger bei Schlankheitskuren. Wurzeln lassen sich alle zu hübschen Formen schneiden oder ausstechen und zum Garnieren verwenden. Radieschen zum Beispiel können zu Röschen und Blüten, Rettich in Scheiben geschnitten werden, Wurstplatten mit Rettichspiralen garniert werden, die köstlich zu Bier schmecken.

Die Brennwerte pro 100 g Wurzelgemüse:
Radieschen und Rettich 19 Kalorien = 80 Joule; Stauden- und Bleichsellerie 21 Kalorien = 88 Joule; Mairübe 26 Kalorien = 109 Joule; Möhren 35 Kalorien = 147 Joule; Rote Bete und Knollensellerie 38 Kalorien = 159 Joule. Bei Schwarzwurzeln mit 78 Kalorien = 327 Joule und bei Pastinaken mit 68 Kalorien = 285 Joule liegen die Werte etwas höher. Wurzelgemüse ist durchweg reich an wichtigen Mineralstoffen. Möhren gehören mit 1100 Internationalen Einheiten pro 100 g zu den größten Vitamin-A-Trägern beim Gemüse.

Die Gewürze fürs Wurzelgemüse: Muskat, Pfeffersorten, eine Prise Zucker, Kümmel (Rote Bete), Paprika, Nelken und eine winzige Prise Zimt.
Die passenden Kräuter: Petersilie, Schnittsellerie, Basilikum, Kresse, Kerbel, Estragon, Schnittlauch.
Wurzelgemüse selbst paßt zu Schweinebraten, Rinderschmorbraten, Kurzgebratenem wie Koteletts, Hähnchen und Entenbraten.
Sehr lecker: Eine mit Pastinaken gefüllte Gans.
Roh geraspelter Knollensellerie – so jung wie möglich verwendet – ist eine unverzichtbare Zutat zum Waldorf-Salat.

Kräuter sind das i-Tüpfelchen für viele Gerichte.

Nichts geht über einen Kräutergarten. Denn Kräuter liefern Würze fürs Essen durch ihr intensives Aroma und zusätzliche Vitamine und Mineralstoffe. Die vollen Wirkstoffe und das ganze Aroma haben aber nur gartenfrische Kräuter, die darum sorgfältig verarbeitet werden sollten.

Kräutertips
Kräuter am besten morgens pflücken, bevor die Sonne sie erwärmt hat. Ausnahmen sind im Gartenteil nachzulesen.
Kräuter immer nur von Hand zerkleinern.

Frische, gehackte oder kleingeschnittene Kräuter erst in heiße Speisen geben, wenn diese schon angerichtet sind. Nur so bleiben Frische, Würzkraft und Wirkstoffe voll erhalten.

Kräuter nicht offen in ein Glas mit Wasser stellen. Besser: Leicht mit Wasser benetzen und in Frischhaltebeutel legen. Dann aufblasen und verschließen. Sie können die Kräuter auch locker in Klarsichtfolie wickeln. Im Kühlschrank aufbewahrt bleiben sie so drei bis vier Tage frisch.

Basilikum
Die feingeschnittenen Blätter eignen sich besonders gut zum Würzen von Tomatengerichten, kalten Kräutersoßen, wie die berühmte Pesto alla Genovese, die zu Nudeln (Spaghetti) gereicht wird. Gut geeignet für Gemüse und Gemüsesuppen (wie Minestrone), frische Salate, Fleischgerichte vom Lamm, Schwein oder Rind, gedünsteten und gebratenen Fisch und für Pizzas.

Bohnenkraut
Das pfeffrige, typisch nach Bohnen schmeckende Kraut intensiviert den Geschmack aller Bohnengerichte, auch den von getrockneten Bohnen. Ist kräftig-aromatisch und kann daher auch mit den Stengeln gekocht werden. In Eintöpfen, bei Schmortomaten und in Auberginengerichten. Es paßt sogar zu Bouillon und macht Lammgerichte würzig.

Borretsch oder Gurkenkraut
Borretsch ist ideal als Gewürz für alle Gurkengerichte, deren Aroma er wirksam unterstreicht. Wird nur frisch gehackt verwendet. Und zwar zu Blattsalaten, Misch- und Delikateßsalaten, für kalte Kräutersoßen, Kräuterquark und Créme-fraîche-Mischungen. Die dekorativen Blüten sind hübsch als Garnierung.

Dill
Frische Dillblätter und – zum Gurkeneinlegen – die trockenen Dilldolden (Blüten) verwenden. Dill gehört in Gurkensalat, zu eingelegten Gurken und ist als Gewürz genau so wichtig für Fisch, Hummer und Krebse sowie die dazu passenden Soßen. Dill kommt ins Kochwasser von Fischen und Schalentieren, in Sahnemarinaden für Kopfsalate wie in alle Rohkostsalate, in Mayonnaise, helle Suppen und in Kräuterzubereitungen. Dill kann mit fast allen Kräutern kombiniert werden.

Estragon
Unerläßlich für die sauce béarnaise. Ist aber auch für kalte Kräuter- und Mayonnaisesoßen die typische Würze. Er paßt zu geschmortem Hähnchen (als Füllung), zu Kaninchen- und Kalbsbraten sowie zu Sauerbraten und ist wichtiger Bestandteil des Estragon-Essigs.

Kerbel
Kerbel gehört in die berühmte Frankfurter Grüne Soße. Auch zu den fines herbes (feine Kräuter) der klassischen französischen Küche, zusammen mit Schnittlauch, Petersilie und Estragon.
Mit Kerbel können Eierspeisen, Quark- und Frischkäsezubereitungen gewürzt werden. Und natürlich gehört Kerbel in die Kerbelsuppe und die Kerbelsoße, aber auch in Tomatengerichte, frische Salate sowie in Sahnesoße zu Fisch.

Lavendel
Lavendel ist ein wichtiger Bestandteil der Provence-Kräuter und wird – sparsam – als Würze für provenzalische Gerichte, aber auch für Lammbraten, Eintöpfe, Fischsuppen, im Sud für Kochfisch, in Kräuterbutter, für Salat und in Marinaden für Steaks und Braten verwendet. Verträgt sich gut mit Fenchel und Knoblauch.

Liebstöckel
Da Liebstöckel hocharomatisch ist, verliert er seinen Geschmack auch beim Kochen nicht. Die getrockneten, gemahlenen Wurzeln sind ein guter Würzvorrat für den Winter. Mitgekocht oder frisch gehackt würzt Liebstöckel Frühlings- und Eintopfsuppen, Pasteten, Bratensoßen, Erbsen- und Bohnengemüse, Salate, Kräutersoßen, Kartoffelsuppen und andere Kartoffelzubereitungen. Auch für Salate ist er geeignet.

Majoran
Auch Wurstkraut genannt, da es für viele Wurstsorten in der häuslichen Küche unentbehrlich ist. Geeignet für alle Gemüse- und Räucherfleischgerichte, auch für Leber, fettes Geflügel, die Füllung von Gänsen, für Hülsenfruchteintöpfe, Leberpastete und -knödel.

Petersilie
Vielseitige Verwendung.
Wächst als glatte und krause Petersilie und macht Salate und kalte Soßen, Erbsen, Möhren, Grüne Bohnen, Suppen, Eintöpfe, Salzkartoffeln und Kräuterzubereitungen aromatisch. Paßt zu Fisch wie zu Meeresfrüchten und Geflügel. Zum Garnieren unentbehrlich. Petersilie kann mitgekocht werden, genau wie die Wurzelpetersilie.

Pfefferminze oder Minze
Pfefferminze oder Minze ist zuallererst als Tee bekannt, der auch aus frischen Blättern zubereitet werden kann und ist unentbehrlich für die Minzsoße zu Lamm. Aber auch Wild, orientalische Hackgerichte, frische Blatt- und gemischte Salate, Drinks und Cocktails werden mit Minze gewürzt. Minze kann gut mit Basilikum und Oregano kombiniert werden.

Pimpinelle oder Bibernelle
Pimpinelle gehört in die Frankfurter Grüne Soße, würzt frische Salate, Gurkengerichte, Eintöpfe, Kräuterquark und -butter, Suppen, Rührei, Kräutereierkuchen, Mayonnaisen und helle Soßen und ist Bestandteil von Kräuteressig.

Rosmarin
Rosmarin paßt vorzüglich zu Braten, gegrilltem Fisch und anderen Grillgerichten, es macht Tomatengerichte noch würziger und eignet sich gut als Würze für Fleisch- und Fischgerichte, die im Backofen gebraten werden. Ein Kraut auch für Lammbraten nach italienischen Rezepten. Typisch provenzalisch: Lammkeule mit einer Mischung aus Knoblauch, Fenchel, Rosmarin und Basilikum. Paßt auch zu Hähnchen wie zu Auberginen und Zucchini.

Salbei
Salbei ist für Aal- und Fettfischgerichte fast unerläßlich. Gut auch für Grilladen, wenn er – das gilt allgemein – vorsichtig dosiert wird. Die italienischen Kalbsschnitzel (Saltimbocca) sind ohne Salbei nicht echt. Bekannt sind noch Salbei-Leber, -Lamm und -Schweinebraten.

Schnittlauch
Schnittlauch ist – wie die Petersilie – ein Universalkraut für fast alle salzigen Gerichte. Schnittlauch gehört zu den Zwiebelgewächsen und paßt deshalb zu allen Gerichten, bei denen auch Zwiebeln verwendet werden. Also in alle Eintöpfe, in Delikateßsalate und Blattsalate, in Kräuterquark und -butter, in Suppen und Soßen, Eierspeisen und als Brotbelag. Zu gekochtem Fisch und Mayonnaise wird Schnittlauch genauso gern verwendet. Er ist mit allen frischen Kräutern zu kombinieren.

Thymian
Thymian ist die gute Würze für Fleisch mit dunklen Soßen, Wild-, Schweine- oder Lammbraten. Er gibt Kaninchen und Geflügel ein bißchen Nelkengeschmack, der typisch für Thymian ist. Für alle Tomatengerichte, Zucchini- und Auberginengerichte geeignet und – gering dosiert – auch für Kräuterbutter und Fischgerichte.

Wermut
Sparsam verwendet gibt Wermut deftigen Eintöpfen, Schweinebraten und Gänsebraten einen interessanten Geschmack.

Zitronenmelisse
Zitronenmelisse eignet sich allein oder in Verbindung mit anderen Kräutern für Blatt- oder gemischte Salate, für Delikateßsalate und überall da, wo auch Zitrone verwendet wird. Kräutersoßen, -quark und -butter, helle Soßen und Suppen macht das Kraut feiner und ist auch für Fisch und Wild geeignet. In der süßen Küche gibt es Obstsalaten und Dessertgelees Pfiff.

Beeren, die zarten Früchte für süße Köstlichkeiten.

Ob Erdbeeren, Himbeeren oder Brombeeren, sie wollen besonders zart behandelt werden. Frisch geerntet sind die empfindlichen Früchte allerdings widerstandsfähiger als im Geschäft gelagerte. Und so werden Beeren behandelt:

Erdbeeren
waschen, abtropfen lassen, dann entstielen.

Himbeeren
nur verlesen und entstielen.

Brombeeren
verlesen, waschen, abtropfen lassen.

Johannisbeeren und Stachelbeeren
Johannisbeeren waschen, abtropfen lassen, entstielen und Stachelbeeren von Blüte und Stiel befreien, waschen und abtropfen lassen.
Die Beerenfrüchte schmecken roh besonders gut, aber auch als aromatisch-erfrischender Kuchenbelag und verarbeitet zu Gelees oder Konfitüren.
Lesen Sie dazu die folgenden wichtigen Einmachtips:
Gläser sorgfältig in heißem Wasser spülen. Umgekehrt auf einem Geschirrtuch trocknen lassen.
Zum Einfüllen die Gläser auf ein feuchtes Tuch stellen, damit sie nicht platzen, wenn das heiße Einmachgut eingefüllt wird. Bei Verwendung von Zubindegläsern ist es empfehlenswert, die fertige, von der Kochstelle genommene Konfitüre noch etwa 5 Minuten weiter zu rühren und erst dann in die vorbereiteten Gläser zu füllen. So verteilen sich die Früchte besser im Glas.
Runde Blättchen aus Pergamentpapier ausschneiden, und zwar so groß, daß sie das Eingemachte rundum abdecken. Danach die ausgeschnittenen Blättchen durch Alkohol oder Essig ziehen, auf das Eingemachte legen und gut andrücken. Auf die Blättchen wird jetzt etwas Einmach-Hilfe gestreut und mit einem Pinsel gleichmäßig verstrichen. Dadurch kann sich kein Schimmel mehr bilden.
Zum Zubinden die Einmachhaut oder Sichtfolie in passende Stücke schneiden, mit Wasser anfeuchten, straff über die Öffnung der Gläser ziehen, mit einem Gummibändchen befestigen.
Bei Verwendung von Twist-off-Gläsern müssen Konfitüre oder Gelee sofort kochendheiß in die vorbereiteten Gläser bis etwa ½ cm unter den Rand gefüllt und die Gläser sofort verschlossen werden und umgedreht etwa 5 Minuten auf dem Deckel stehen bleiben.
Empfehlenswert ist es, Konfitüren und Gelees einzufrieren. So halten sie sich jahrelang frisch und trocknen nicht ein.
Die fertigen Konfitüren und Gelees werden lauwarm in vorbereitete Kunststoffschälchen (z. B. Quark- oder Margarine-Becher) gefüllt. Wenn sie ausgekühlt sind, werden sie verschlossen und im Gefriergerät gelagert. Nicht vergessen: Für jedes Gefäß ein Schildchen mit der Bezeichnung des Eingemachten und dem Datum schreiben.
Konfitüre oder Gelee, wenn sie nicht eingefroren werden, an einem trockenen, kühlen Ort aufbewahren, z. B. im Keller. Von Zeit zu Zeit überprüfen, ob sie noch in Ordnung sind.
Sollte Konfitüre durch ungünstige, also zu warme Lagerung, zu fest geworden sein, können Sie sie mit etwas heißem Wasser geschmeidig rühren.

Dr. Oetker Rezepte für gartenfrisches Kochen.

Trotz aller Raffinesse gelingt jedes Rezept schnell und sicher. Kulinarische Impressionen stellen nicht nur einen „Gaumen"- sondern auch einen „Augenschmaus" in Aussicht. Eine Fundgrube für alle, die ihr gartenfrisches Gemüse in den köstlichsten Kombinationen genießen möchten.

Hülsenfrüchte.

Butterzart auf feinste Art.

Filetbohnen auf afrikanische Art

(Abb. oben)

Von
500 g Filetbohnen die Enden abschneiden, die Bohnen waschen
2–3 Bohnenkrautzweige vorsichtig abspülen
beide Zutaten in
wenig kochendes Salzwasser geben, zum Kochen bringen, etwa 5 Minuten dünsten, abtropfen lassen, die Bohnenkrautzweige entfernen
1 Eßl. Butter zerlassen, über die Bohnen geben
50 g Butter zerlassen
75 g Kokosraspeln darin leicht bräunen lassen, mit
gemahlenem Kurkuma
gemahlenem Koriander
Cayennepfeffer würzen, über die Bohnen geben, sofort servieren.

Filetbohnen auf afrikanische Art zu gebratenem Geflügel servieren.

Filetbohnen im Speckmantel

(Abb. S. 200/201)

Von
500 g Filetbohnen die Enden abschneiden, die Bohnen waschen
2–3 Bohnenkrautzweige vorsichtig abspülen, trockentupfen
beide Zutaten in
wenig kochendes Salzwasser geben, zum Kochen bringen, etwa 5 Minuten kochen, abtropfen lassen, die Bohnenkrautzweige entfernen, die Bohnen in 8 Portionen teilen, jede Portion in 1 Scheibe von
8 Scheiben Schinkenspeck wickeln
3 Eßl. Butter zerlassen, die Bohnenportionen darin etwa 3 Minuten von allen Seiten braten lassen.

Filetbohnen im Speckmantel zu Rinderfilet oder Roastbeef mit Röstkartoffeln servieren.

Bohnengemüse mit Pfifferlingen

Von
500 g Filetbohnen die Enden abschneiden, die Bohnen waschen, in Stücke schneiden oder brechen
2–3 Bohnenkrautzweige vorsichtig abspülen
beide Zutaten in
wenig kochendes Salzwasser geben, zum Kochen bringen, etwa 5 Minuten dünsten lassen
75 g durchwachsenen Speck in Würfel schneiden
1 Eßl. Butter zerlassen, die Speckwürfel darin ausbraten
1 Zwiebel abziehen, fein würfeln, in dem Speckfett glasig dünsten lassen

250 g Pfifferlinge putzen, vorsichtig abspülen, abtropfen lassen, in die Speck-Zwiebel-Masse geben, mit
Salz, Pfeffer würzen, etwa 5 Minuten dünsten lassen
375 g Tomaten kurze Zeit in kochendes Wasser legen (nicht kochen lassen), in kaltem Wasser abschrecken, enthäuten, halbieren, entkernen, die Stengelansätze entfernen, das Tomatenfleisch in Achtel schneiden, mit den Bohnen zu den Pilzen geben, vorsichtig unterrühren, miterhitzen.

Würzig-pikante Filetbohnen

Von
500 g Filetbohnen die Enden abschneiden, die Bohnen waschen, abtropfen lassen
150 g durchwachsenen Speck in kleine Würfel schneiden
1 Eßl. Butter zerlassen, die Speckwürfel in der Butter ausbraten
2 Schalotten abziehen, fein würfeln, in dem Speckfett andünsten, die Bohnen hinzufügen, mit
Salz, Pfeffer würzen
2–3 Eßl. Wasser hinzufügen, die Bohnen etwa 5–7 Minuten dünsten lassen, ab und zu durchrühren, mit Salz, Pfeffer abschmecken
2–3 Eßl. gehackte Petersilie unterrühren.
Würzig-pikante Filetbohnen zu kurzgebratenem Fleisch servieren.

Filetbohnen mit Zitronensoße

(Abb. oben)

Von
750 g Filetbohnen die Enden abschneiden, die Bohnen waschen
2–3 Bohnenkrautzweige vorsichtig abspülen
beide Zutaten in
wenig kochendes Salzwasser geben, zum Kochen bringen, in etwa 8 Minuten gar dünsten lassen

für die Zitronensoße
70 g Butter erhitzen, abschäumen, bis die Butter klar ist
mit
5 Eigelb
abgeriebener Schale und Saft von 1 Zitrone (unbehandelt)
2 Eßl. Wasser in einem kleinen Kochtopf verrühren, mit
Salz, Pfeffer
Tabasco würzen, im Wasserbad mit einem elektrischen Handrührgerät in etwa 5 Minuten zu einer schaumigen Masse schlagen, den Topf aus dem Wasserbad nehmen, die geklärte, noch flüssige Butter tropfenweise unterrühren
die Zitronensoße über die Filetbohnen geben, sofort servieren.
Filetbohnen mit Zitronensoße zu Räucherlachs oder Filetsteak reichen.

Bohnengemüse mit Dillsahne

500 g Brechbohnen	abfädeln, waschen
2–3 Bohnenkrautzweige	vorsichtig abspülen, beide Zutaten in
wenig kochendes Salzwasser	geben, zum Kochen bringen, in etwa 15 Minuten gar dünsten lassen
1 mittelgroße Zwiebel	abziehen, fein würfeln
2 Eßl. Butter	zerlassen, die Zwiebelwürfel darin glasig dünsten lassen, die garen Bohnen darin schwenken
1 Becher (150 g) Crème fraîche	etwas einkochen lassen, mit
2 Eßl. gehacktem Dill	unter die Bohnen rühren. Bohnengemüse mit Dillsahne zu Kalbskoteletts servieren.

Bohnengemüse mit Dicken Bohnen

750 g Grüne Bohnen	abfädeln, waschen, in kleine Stücke brechen oder schneiden
2–3 Bohnenkrautzweige	vorsichtig abspülen beide Zutaten in
wenig kochendes Salzwasser	geben, zum Kochen bringen, die Bohnen in etwa 15 Minuten gar dünsten lassen
2 Eßl. Butter oder Margarine	zerlassen
1 Zwiebel 1–2 Knoblauchzehen	beide Zutaten abziehen, fein würfeln, in dem Fett glasig dünsten lassen
etwa 450 g ausgepalte Dicke Bohnen (etwa 1 3/4 kg mit Schoten)	waschen, mit
wenig Wasser	zu den Zwiebel- und Knoblauchwürfeln geben, zum Kochen bringen, die Bohnen in etwa 15 Minuten gar dünsten lassen die Grünen Bohnen mit den Dicken Bohnen vermengen
250 ml (1/4 l) Sahne	etwas einkochen lassen, mit
1–2 Eßl. gehackten Bohnenkrautblättchen 1–2 Eßl. gehackter glatter Petersilie	über die Bohnen geben. Bohnengemüse mit Dicken Bohnen zu Kasseler Koteletts oder zu Nackenkoteletts servieren.

Böhnchensalat Feinschmecker

(Abb. nebenstehend)

	Von
200 g Filetbohnen	die Enden abschneiden, die Bohnen waschen, in
kochendes Salzwasser	geben, zum Kochen bringen, etwa 3 Minuten kochen lassen, mit einem Schaumlöffel aus der Flüssigkeit nehmen, abtropfen lassen
200 g Wachsbohnen	abfädeln, waschen, in das Bohnenwasser geben, zum Kochen bringen, etwa 10 Minuten kochen lassen, mit einem Schaumlöffel aus der Flüssigkeit nehmen, abtropfen lassen
1 große Möhre (etwa 200 g)	putzen, schrappen, waschen, in dünne Stifte schneiden, in das Bohnenwasser geben, zum Kochen bringen, etwa 2 Minuten kochen, abtropfen lassen
1 Fleischtomate (etwa 250 g)	kurze Zeit in kochendes Wasser legen (nicht kochen lassen), in kaltem Wasser abschrecken, enthäuten, halbieren, entkernen, den Stengelansatz entfernen, das Tomatenfleisch in Streifen schneiden
	für die Salatsoße
1 Schalotte	abziehen, fein würfeln, mit
3 Eßl. Walnußöl 2–3 Eßl. Weißweinessig Salz Pfeffer Zucker	verrühren
2 Eßl. feingeschnittenen Schnittlauch	unterrühren Bohnen und Möhrenstifte mit etwas von der Salatsoße vermengen, 1–2 Stunden ziehen lassen
125 g kleine, feste Champignons	putzen, waschen, in Scheiben schneiden, mit
1 Eßl. Zitronensaft	beträufeln Bohnen, Möhrenstifte, Tomatenstreifen, Champignonscheiben mit
100 g Schinkenscheiben	auf Portionstellern anrichten, die restliche Salatsoße darüber geben, sofort servieren.
Beigabe:	Stangenweißbrot, Butter.

Kräuterbohnen

750 g Grüne Bohnen	abfädeln, waschen, einmal durchbrechen
2–3 Bohnenkrautzweige	vorsichtig abspülen beide Zutaten in
wenig kochendes Salzwasser	geben, zum Kochen bringen, in etwa 10 Minuten gar dünsten lassen die Bohnen in eine vorgewärmte Schüssel geben
1 Eßl. gehackte Thymianblättchen	
1 Eßl. gehackte Rosmarinnadeln	über die Bohnen streuen
50 g geriebenen Parmesan-Käse	darüber streuen
50–75 g Butter	zerlassen, etwas bräunen lassen, über die Bohnen geben.

Brech-, Perl- oder Wachsbohnen, eingesalzen

(Abb. unten)

Bohnen	abfädeln, waschen, in etwa 4 cm lange Stücke brechen oder schneiden, in
kochendes Wasser	geben, zum Kochen bringen, etwa 5 Minuten darin ziehen, abtropfen lassen, zum Abkühlen auf ein Tuch geben die Bohnen mit
Salz (auf 5 kg Bohnen 200 g Salz)	vermengen einen Steintopf gründlich reinigen, in klarem Wasser nachspülen, auf ein Tuch stülpen, ablaufen lassen (alle Einmachgefäße dürfen nur ausschließlich für ihren besonderen Zweck verwendet werden und vor allem nicht mit Fett in Berührung gebracht werden) die gesalzenen Bohnen so fest wie möglich in den Steintopf drücken, mit einem Leinentuch bedecken, mit Brett und Stein beschweren, an einem kühlen Ort (Keller) zugedeckt aufbewahren
Dauer der Gärung:	4–6 Wochen.

Bohnengulasch

500 g Schweinenacken (ohne Knochen)	waschen, abtrocknen, in kleine Würfel schneiden
3 Eßl. Speiseöl	erhitzen, die Fleischwürfel darin von allen Seiten gut anbraten
500 g Zwiebeln	abziehen, fein würfeln, hinzufügen, andünsten lassen, mit
Salz **Pfeffer**	würzen
250 ml (1/4 l) Fleischbrühe	hinzugießen, zum Kochen bringen, etwa 30 Minuten schmoren lassen
500 g Grüne Bohnen	abfädeln, waschen, in Stücke schneiden oder brechen, zu dem Fleisch geben, etwa 10 Minuten mitschmoren lassen
1 Becher (150 g) saure Sahne	mit
1 Eßl. Weizenmehl	verrühren, in das Bohnengulasch geben das Gulasch unter Rühren noch etwa 10 Minuten schmoren lassen
1–2 Eßl. gehackte Bohnenkraut-blättchen	unterrühren das Bohnengulasch mit Salz, Pfeffer abschmecken.

Faßbohneneintopf

750 g Schweinerücken	waschen, abtrocknen, in kleine Würfel schneiden
1 Eßl. Schweineschmalz	erhitzen, die Fleischwürfel darin unter Wenden schwach bräunen lassen
1 Zwiebel	abziehen, würfeln, zu dem Fleisch geben, glasig dünsten lassen 250 ml (1/4 l) von
750 ml (3/4 l) Wasser	hinzugießen, die Fleischwürfel zugedeckt etwa 20 Minuten schmoren lassen, ab und zu durchrühren
750 g Kartoffeln	schälen, waschen, kleinschneiden
750 g Faßbohnen	waschen, abtropfen lassen die Bohnen zu dem Fleisch geben, mit
Salz	würzen, das restliche Wasser (500 ml – 1/2 l) hinzugießen, zum Kochen bringen, zugedeckt etwa 25 Minuten schmoren lassen, die Kartoffelstücke hinzufügen, den Eintopf zugedeckt weitere 20 Minuten schmoren lassen.

Bohneneintopf mit Hammelfleisch

(Abb. oben)

1¼ kg Hammelkeule	waschen, abtrocknen, das Fleisch vom Knochen lösen, in Würfel schneiden
2–3 Eßl. Pflanzenfett	erhitzen, die Fleischwürfel darin von allen Seiten gut anbraten, mit
Salz Pfeffer	würzen
300 g kleine Zwiebeln	abziehen, halbieren
2 Knoblauchzehen	abziehen, fein würfeln beide Zutaten zu dem Fleisch geben, mitbräunen lassen
750 g Grüne Bohnen	abfädeln, waschen, in Stücke schneiden oder brechen
500 g Kartoffeln	schälen, waschen, in Achtel schneiden
2 große grüne Paprikaschoten	halbieren, entstielen, entkernen, die weißen Scheidewände entfernen, die Schoten waschen, in Streifen schneiden die 3 Zutaten zu dem Fleisch geben
2–3 Bohnenkrautzweige	vorsichtig abspülen, mit
1 l Wasser	hinzufügen, zum Kochen bringen, den Eintopf zugedeckt in etwa 1 Stunde gar schmoren lassen, mit Salz, Pfeffer abschmecken, mit
1–2 Eßl. gehackter Petersilie	bestreuen.

Wachsbohnensalat mit Kräutersahne

750 g Wachsbohnen	abfädeln, waschen
2–3 Bohnenkrautzweige	vorsichtig abspülen beide Zutaten in
wenig kochendes Salzwasser	geben, zum Kochen bringen, in etwa 10 Minuten gar dünsten lassen
	für die Kräutersahne
1 Knoblauchzehe	abziehen, durchpressen, mit
1 Becher (150 g) Crème fraîche 1 Eßl. gehackten Kräutern (Estragon, Basilikum, Dill, Majoran, Petersilie, Schnittlauch, Zitronenmelisse)	verrühren, mit den Bohnen vermengen, mit
Salz Pfeffer	abschmecken.

Schnippelbohnen mit Speck

750 g Grüne Bohnen	abfädeln, waschen, abtropfen lassen, schnippeln
2–3 Bohnenkraut-zweige	vorsichtig abspülen, trockentupfen
150 g durch-wachsenen Speck	in feine Streifen schneiden
1 Eßl. Butter	erhitzen, die Speckstreifen darin ausbraten
2 Zwiebeln	abziehen, fein würfeln, in dem Speckfett goldgelb dünsten, Bohnen und Bohnenkraut hinzufügen, durchdünsten lassen
etwa 6 Eßl. Wasser	hinzugießen, das Gemüse zugedeckt in etwa 15 Minuten gar dünsten lassen, mit
Salz Pfeffer	würzen
2–3 Eßl. gehackte Petersilie	unterrühren. Schnippelbohnen mit Speck zu Koteletts mit Pellkartoffeln servieren.

Bohnensalat mit Schafskäse und Basilikum

500 g Grüne Bohnen	abfädeln, waschen, in Stücke schneiden oder brechen
2–3 Bohnenkraut-zweige	vorsichtig abspülen beide Zutaten in
wenig kochendes Salzwasser	geben, zum Kochen bringen, in etwa 10 Minuten gar dünsten lassen, abgießen, die Flüssigkeit auffangen, 2 Eßl. davon abmessen, die Bohnen erkalten lassen
	für die Salatsoße
1 Zwiebel 1 Knoblauchzehe	beide Zutaten abziehen, fein würfeln, mit der abgemessenen Kochflüssigkeit,
5 Eßl. Salatöl 3 Eßl. Rotweinessig Salz Pfeffer	verrühren die Salatsoße mit den Grünen Bohnen vermengen
100 g Schafskäse	zerbröckeln, mit
2–3 Eßl. gehackten Basilikum-blättchen	zu den Bohnen geben, vermengen, den Salat gut durchziehen lassen. Bohnensalat mit Schafskäse und Basilikum als Vorspeise servieren.

Dicke Bohnen mit Möhren

500 g ausgepalte Dicke Bohnen (etwa 2 kg mit Schoten)	waschen
375 g junge Möhren	putzen, schrappen, waschen, in Scheiben schneiden
375 g Kartoffeln	schälen, waschen, in Würfel schneiden
1 Zwiebel	abziehen, fein würfeln
12 Salbeiblättchen	vorsichtig abspülen, trockentupfen, fein hacken
2 Eßl. Butter	zerlassen
75 g durchwachsenen Speck	fein würfeln, in der Butter ausbraten Dicke Bohnen, Möhrenscheiben, Kartoffelwürfel, Zwiebelwürfel, die Hälfte der gehackten Salbeiblättchen in das Speckfett geben, andünsten lassen, mit
Salz Pfeffer Zucker	würzen
125 ml (1/8 l) Wasser	hinzugießen, das Gemüse in etwa 15 Minuten gar dünsten lassen
4 Eßl. Sahne	unterrühren, die restlichen gehackten Salbeiblättchen über das Gemüse streuen. Dicke Bohnen mit Möhren zu Bratwurst oder Koteletts servieren.

Dicke Bohnen mit saurer Sahne und Majoran

500 g ausgepalte Dicke Bohnen (etwa 2 kg mit Schoten) waschen, in
wenig kochendes Salzwasser geben, zum Kochen bringen, in 10–15 Minuten gar dünsten, abtropfen lassen
2–3 Zwiebeln abziehen, fein würfeln
2 Eßl. Butter oder Margarine zerlassen, die Zwiebelwürfel darin glasig dünsten lassen
die Bohnen hinzufügen, etwa 10 Minuten dünsten lassen
1 Becher (150 g) Crème fraîche unterrühren, etwas einkochen lassen
das Gemüse mit
Salz
Pfeffer würzen
1 Eßl. gehackte Majoranblättchen
1 Eßl. gehackte Bohnenkraut-blättchen
1 Becher (150 g) Sahnejoghurt unterrühren.
Dicke Bohnen mit saurer Sahne zu Lamm- oder Schweinekoteletts servieren.

Dicke-Bohnen-Ragout mit Fleischklößchen

(Abb. nebenstehend)

600 g ausgepalte Dicke Bohnen (etwa 2½ kg mit Schoten) waschen, in
500 ml (½ l) kochendes Salzwasser geben, zum Kochen bringen, 10–12 Minuten kochen lassen, abgießen, die Kochflüssigkeit auffangen
1 Brötchen in kaltem Wasser einweichen, gut ausdrücken
1 Zwiebel abziehen, fein würfeln
250 g Thüringer Mett
250 g Gehacktes (halb Rind-, halb Schweinefleisch) mit dem Brötchen, den Zwiebelwürfeln,
1 Ei gut vermengen, mit
Salz
Pfeffer
Paprika edelsüß wurzen
aus der Hackfleischmasse kleine Klößchen formen
das Bohnenwasser zum Kochen bringen, die Fleischklößchen hineingeben, zum Kochen bringen, in 5–7 Minuten gar ziehen lassen (Wasser muß sich leicht bewegen)
die Fleischklößchen herausnehmen, die Brühe mit Wasser auf 500 ml (½ l) auffüllen
50 g durchwachsenen Speck in feine Würfel schneiden
1 Eßl. Speiseöl erhitzen, die Speckwürfel darin ausbraten
1 Zwiebel abziehen, würfeln, in dem Speckfett andünsten
300 g Tomaten waschen, grob zerkleinern, hinzufügen, mitdünsten lassen
40 g Weizenmehl darüber stäuben, gut verrühren, durchdünsten lassen
die aufgefüllte Brühe hinzufügen, gut verrühren, zum Kochen bringen, etwa 5 Minuten kochen lassen, durch ein Sieb streichen, mit Salz, Pfeffer, Paprika edelsüß würzen
2 Eßl. Tomatenmark (aus der Tube)
2 Ecken Sahne-Schmelzkäse hinzufügen, die Soße erhitzen, gut verrühren, bis der Käse geschmolzen ist
Dicke Bohnen und Fleischklößchen in die Soße geben, erhitzen
200 g Tomaten waschen (evtl. enthäuten), halbieren, entkernen, die Stengelansätze entfernen, das Tomatenfleisch in Würfel schneiden, in das Ragout geben, miterhitzen
2 Eßl. gehackte Petersilie darüber streuen, das Dicke-Bohnen-Ragout sofort servieren.
Beilage: Röstkartoffeln.

Zuckererbsen mit Zitronensoße

(Abb. unten)

Von
600 g Zuckererbsen (Zuckerschoten) die Enden abschneiden, die Schoten waschen, abtropfen lassen, in
kochendes Salzwasser geben
2 Eßl. Speiseöl hinzufügen, zum Kochen bringen, 5–7 Minuten kochen, abtropfen lassen, in einer vorgewärmten Schüssel anrichten

für die Zitronensoße
1 Becher (150 g) Crème fraîche mit
2 Eßl. Joghurt
abgeriebener Schale von 1 Zitrone (unbehandelt)
Salz
Pfeffer
Zucker verrühren
1–2 Eßl. feingehackte Zitronenmelisseblättchen unterrühren, die Soße zu den Zuckererbsen reichen.
Zuckererbsen mit Zitronensoße zu Filetsteaks oder Koteletts reichen.

Zuckererbsen mit Mandelbutter

Von
600 g Zuckererbsen (Zuckerschoten) die Enden abschneiden, die Schoten waschen, abtropfen lassen, in
kochendes Salzwasser geben, zum Kochen bringen, etwa 5 Minuten kochen, abtropfen lassen
50 g Butter zerlassen, etwas bräunen lassen
40 g abgezogene, gehobelte Mandeln darin unter Rühren leicht bräunen lassen, die Zuckererbsen hinzufügen, gut durchschwenken, mit
Salz
Pfeffer würzen, sofort servieren.
Zuckererbsen mit Mandelbutter zu kurzgebratenem Fleisch, z. B. Filetsteaks, Koteletts reichen.

Süß-saure Zuckererbsen mit Schweinefilet

	Von
500 g Zuckererbsen (Zuckerschoten)	die Enden abschneiden, die Schoten waschen, abtropfen lassen
500 g Schweinefilet	waschen, abtrocknen, in sehr dünne Scheiben schneiden
4 Eßl. Rotweinessig	mit
4 Eßl. Tomaten-Ketchup	
4 Eßl. Zucker	verrühren
2 Scheiben frische Ingwerwurzel	schälen, fein würfeln
1 Knoblauchzehe	abziehen, fein würfeln
4 Eßl. Speiseöl	erhitzen, die Filetscheiben darin etwa 1 Minute unter häufigem Wenden braten lassen, mit
Salz	würzen, Knoblauch- und Ingwerwürfel hinzufügen, noch etwa 1 Minute braten lassen, die Zuckererbsen hinzufügen, 1 Minute mitschmoren lassen die Essig-Ketchup-Mischung hinzugießen, zum Kochen bringen, 2–3 Minuten dünsten lassen, sofort servieren.
Beilage:	Reis.

Pikanter Zuckererbsentopf

400 g Roastbeef	waschen, abtrocknen, in feine Streifen schneiden
3 Eßl. Speiseöl	erhitzen, das Fleisch unter Rühren etwa 3 Minuten darin braten, mit
Salz	
Pfeffer	würzen, aus dem Topf nehmen
2 Eßl. Speiseöl	zu dem Bratensatz geben
3–4 Zwiebeln	abziehen, würfeln, in dem Bratensatz andünsten von
375 g Zuckererbsen (Zuckerschoten)	die Enden abschneiden, die Schoten waschen, abtropfen lassen, zu den Zwiebelwürfeln geben
2 Basilikumzweige	vorsichtig abspülen, mit
125 ml (1/8 l) Wasser	
Salz	
Pfeffer	hinzufügen, etwa 3 Minuten dünsten lassen
2 Fleischtomaten (etwa 400 g)	kurze Zeit in kochendes Wasser legen (nicht kochen lassen), in kaltem Wasser abschrecken, enthäuten, halbieren, die Stengelansätze entfernen, die Tomaten in Würfel schneiden, zu den Zuckererbsen geben, etwa 3 Minuten mitdünsten lassen das Fleisch,
3 Eßl. Sojasoße	unterrühren, den Zuckererbsentopf 2–3 Minuten durchschmoren lassen, mit Salz, Pfeffer abschmecken, sofort servieren.
Beilage:	Reis.

Reissalat mit Geflügelfleisch und Erbsen

(6–8 Portionen – Abb. oben)

200 g Langkornreis	in
2 l kochendes Salzwasser	geben, zum Kochen bringen, in etwa 20 Minuten ausquellen lassen, auf ein Sieb geben, mit kaltem Wasser übergießen, gut abtropfen lassen
300 g ausgepalte Erbsen (etwa 700 g mit Schoten)	waschen, in
wenig kochendes Salzwasser	geben, zum Kochen bringen, in etwa 10 Minuten gar dünsten lassen von
1 kleinen Staude Chinakohl (etwa 250 g)	die welken Blätter entfernen, den Chinakohl halbieren, den Strunk herausschneiden, die Blätter waschen, in feine Streifen schneiden, gut abtropfen lassen die Salatzutaten miteinander vermengen, auf Portionstellern anrichten
500 g gares Hähnchenfleisch	evtl. enthäuten, das Fleisch in Scheiben schneiden, auf dem Salat anrichten
	für die Salatsoße
100 ml (1/10 l) Weißweinessig	mit
3 Teel. scharfem Senf	
Salz, Pfeffer	gut verschlagen, nach und nach
125 ml (1/8 l) Salatöl	unterschlagen, so lange schlagen, bis eine dickliche Masse entstanden ist die Salatsoße mit
Zitronensaft	abschmecken, über die Salatzutaten verteilen, den Salat etwas durchziehen lassen.

Erbsen in Parmesan-Sahne

1 Eßl. Butter	zerlassen
1 Zwiebel	
1 Knoblauchzehe	beide Zutaten abziehen, fein würfeln, in der Butter glasig dünsten lassen
500 g ausgepalte junge Erbsen (etwa 1 kg mit Schoten)	waschen, hinzufügen

250 ml (1/4 l) Sahne hinzugießen, aufkochen lassen

100 g geriebenen Parmesan-Käse unterrühren

das Gemüse mit

Salz

Pfeffer würzen, etwa 10 Minuten dünsten lassen, dabei ab und zu umrühren.

Erbsen in Parmesan-Sahne zu rohem Schinken mit Pellkartoffeln reichen.

Omeletts, gefüllt mit Erbsen auf französische Art

(Abb. unten)

1 Bund Frühlingszwiebeln (etwa 250 g) putzen, das dunkle Grün bis auf etwa 15 cm entfernen, die Knollen evtl. abziehen, die Frühlingszwiebeln waschen, abtropfen lassen, in Ringe schneiden

3–4 Eßl. Butter zerlassen, die Zwiebelringe darin andünsten

von

1 Kopfsalat die welken Blätter entfernen, die anderen vom Strunk lösen, gründlich waschen, abtropfen lassen, zu den Zwiebelringen geben, gut durchdünsten lassen

450 g ausgepalte Erbsen (etwa 1 kg mit Schoten) waschen, zu den Zwiebelringen und den Salatblättern geben, mit

Salz

weißem Pfeffer

Zucker würzen, das Gemüse in etwa 20 Minuten gar dünsten lassen

für die Omeletts

8 Eier mit

2 Eßl. Milch

Salz verschlagen

Butter oder Margarine in einer Stielpfanne zerlassen, 1/4 der Eiermasse hineingeben, die Pfanne mit einem Deckel verschließen, die Eiermasse in etwa 10 Minuten langsam gerinnen lassen, die untere Seite muß bräunlich gebacken sein, die obere weich bleiben

das Omelett herausnehmen, warm stellen

aus der restlichen Eiermasse 3 weitere Omeletts backen

die Füllung auf die Omeletts verteilen, die Omeletts zusammenklappen, sofort servieren.

Erbsen-Soufflé

50 g Butter	zerlassen
40 g Weizenmehl	unter Rühren so lange darin erhitzen, bis es hellgelb ist
500 ml (½ l) Milch	hinzugießen, mit einem Schneebesen durchschlagen, darauf achten, daß keine Klumpen entstehen, die Soße zum Kochen bringen, etwa 5 Minuten kochen lassen, mit
Salz **Pfeffer** **geriebener Muskatnuß**	würzen
2 Eigelb	verschlagen, unterrühren, die Soße etwas abkühlen lassen
450 g ausgepalte Erbsen (etwa 1 kg mit Schoten)	waschen, abtropfen lassen, in die Soße geben
2 Eiweiß	steif schlagen, unterheben eine Soufflé-Form ausfetten, mit
Weizenmehl	ausstreuen, die Masse einfüllen, die Form auf dem Rost in den vorgeheizten Backofen schieben
Strom:	Etwa 200
Gas:	Etwa 4
Backzeit:	Etwa 20 Minuten das gare Soufflé sofort servieren.

Kartoffelbrei-Nestchen mit Erbsen-Schinken-Füllung

750 g mehlig-kochende Kartoffeln	waschen, in so viel
Wasser	zum Kochen bringen, daß die Kartoffeln bedeckt sind, in 20–25 Minuten gar kochen lassen, abgießen, abdämpfen, noch heiß pellen, durch die Kartoffelpresse geben
2 Eier **1–2 Eßl. Butter**	unterrühren, die Masse durchschlagen, mit
Salz **Pfeffer** **geriebener Muskatnuß**	abschmecken den Kartoffelbrei in einen Spritzbeutel mit großer, gezackter Tülle füllen, auf ein gefettetes Backblech 4–6 Nester spritzen
1 Eigelb	mit
etwas kaltem Wasser	verschlagen, die Kartoffelbrei-Nestchen damit bestreichen, das Backblech in die Mitte des vorgeheizten Backofens schieben
Strom:	200–225
Gas:	4–5
Backzeit:	10–15 Minuten
	für die Füllung
150 g ausgepalte Erbsen (etwa 400 g mit Schoten)	waschen, abtropfen lassen
50 g gekochten Schinken	in Würfel schneiden
2 Eßl. Butter	zerlassen beide Zutaten darin andünsten
125 ml (⅛ l) Wasser	hinzugießen, zum Kochen bringen, 8–10 Minuten dünsten lassen, mit
Salz **Pfeffer**	abschmecken
1 Eßl. Weißwein	mit
1 Teel. Speisestärke	verrühren, die Erbsen-Schinken-Masse damit binden, in die heißen Kartoffelbrei-Nestchen füllen, sofort servieren. Kartoffelbrei-Nestchen mit Erbsen-Schinken-Füllung zu Schweinefilets oder Koteletts reichen.

Erbsen-Krabben-Toast

100 g ausgepalte Erbsen (etwa 300 g mit Schoten)	waschen, abtropfen lassen
2 Eßl. Butter	zerlassen, die Erbsen darin in etwa 8 Minuten gar dünsten lassen, mit
Salz **Pfeffer**	würzen, erkalten lassen
etwa 50 g weiche Butter	mit
Knoblauchsalz	würzen
200 g Doppelrahm-Frischkäse	mit Salz, Pfeffer,
2 Eßl. Sahne	verrühren
4 Scheiben Toastbrot	toasten, zuerst mit der Butter, dann mit dem Frischkäse bestreichen die Erbsen mit
100 g frischen gepulten Nordseekrabben	vermengen, auf die Toastbrotscheiben verteilen
2 Eßl. feingehackten Dill	darüber streuen. Erbsen-Krabben-Toast als Vorspeise reichen.

Erbsensuppe mit Hummerkrabben

1 kg Roastbeef-knochen	waschen, in
2 l kaltem Wasser	zum Kochen bringen, abschäumen
1 Bund Suppengrün	putzen, waschen, grob zerkleinern
1 Bund glatte Petersilie	waschen beide Zutaten mit
2 Lorbeerblättern	
1 Teel. weißen Pfefferkörnern	in die Flüssigkeit geben, zum Kochen bringen, in etwa 1 Stunde auf 750 ml (3/4 l) Brühe einkochen lassen, mit
Salz	würzen, durch ein Sieb gießen
etwa 450 g ausgepalte Erbsen (etwa 1 kg mit Schoten)	waschen, in die Brühe geben, zum Kochen bringen, in etwa 15 Minuten gar kochen lassen, etwas pürieren
2 Eigelb	mit
4 Eßl. Sahne	verschlagen, die Suppe damit legieren (nicht mehr kochen)
2–3 Eßl. gehackte Kerbelblättchen	unterrühren, die Suppe mit Salz abschmecken, warm stellen
4 küchenfertige Hummerkrabben (etwa 200 g)	unter fließendem kaltem Wasser abspülen, trockentupfen
1–2 Eßl. Butter	zerlassen, die Hummerkrabben darin von jeder Seite 2–3 Minuten braten, auf vier vorgewärmte Teller geben, die Erbsensuppe darüber geben, sofort servieren.
Beigabe:	Stangenweißbrot.

Pürierte Erbsensuppe

50 g durch-wachsenen Speck	in Scheiben schneiden
1 Eßl. Butter	erhitzen, die Speckscheiben darin ausbraten
1 Zwiebel	abziehen
300 g ausgepalte Erbsen (etwa 700 g mit Schoten)	waschen, abtropfen lassen, mit der Zwiebel,
2–3 Eßl. gehackter Petersilie	
250 ml (1/4 l) kochendem Wasser	zu den Speckscheiben geben, zum Kochen bringen, etwa 15 Minuten dünsten lassen Zwiebel und Speck herausnehmen, die Erbsen pürieren den Erbsenbrei mit Wasser auf 750 ml (3/4 l) auffüllen, zum Kochen bringen
2 Messerspitzen Fleischextrakt	unterrühren, die Erbsensuppe mit
Salz	
weißem Pfeffer	würzen
1 Eßl. Butter	unterrühren
4 Wiener Würstchen	in die Suppe geben, miterhitzen
1 Scheibe Toastbrot	in Würfel schneiden
1 Eßl. Butter	zerlassen, die Toastbrotwürfel darin goldgelb rösten, auf die Suppe geben.

Erbsensuppe mit Schwammklößchen

250 g ausgepalte Erbsen (etwa 500 g mit Schoten)	waschen
2 Eßl. Margarine	zerlassen, die Erbsen darin andünsten
1 l Fleischbrühe	hinzugießen, zum Kochen bringen, die Erbsen etwa 7 Minuten kochen lassen
	für die Schwammklößchen
35 g Butter	zerlassen
65 g Weizenmehl	mit
125 ml (1/8 l) Milch	
1/2 Eiweiß	verrühren, zu der Butter geben, unter Rühren erhitzen, bis sich die Masse vom Topfboden löst, etwas abkühlen lassen
1 Eßl. Butter	geschmeidig rühren, mit
2 Eigelb	verrühren die Kloßmasse unterrühren, mit
Salz	
Pfeffer	
geriebener Muskatnuß	würzen
1 1/2 Eiweiß	steif schlagen, unterheben von der Masse mit 2 Eßlöffeln Klößchen abstechen, in die Erbsensuppe geben, zum Kochen bringen, zugedeckt in etwa 10 Minuten gar ziehen lassen (die Schwammklößchen während des Garziehens ab und zu vorsichtig umrühren) die Erbsensuppe mit
gehackter Petersilie	bestreuen, sofort servieren.

Fruchttragende Gemüse, Fenchel und Rhabarber. Saftig, knackig.

PATENT

Gewürzgurken

(Abb. S. 220/221)

4 kg nicht zu große Gurken waschen, mit
Salzwasser (1 l Wasser und 75 g Salz) bedecken, 12–24 Stunden an einem kühlen Ort stehenlassen, danach sorgfältig bürsten und abspülen
die Gurken einzeln mit einem Tuch abtrocknen, schlechte Stellen entfernen

6–8 Zwiebeln (etwa 375 g) abziehen, in Scheiben schneiden
75 g Meerrettich putzen, waschen, in Stücke schneiden
einige große Zweige Einmach-Dill
3–4 Estragonzweige
die Kräuter vorsichtig abspülen, trockentupfen

3–4 frische rote Pfefferschoten waschen, abtrocknen
1–2 Eßl. Senfkörner
1 Eßl. Pfefferkörner
5–6 Lorbeerblätter
die Gurken abwechselnd mit den Zutaten in einen Steintopf oder in Gläser schichten

für die Essig-Zucker-Lösung

1½ l Weinessig (5%) mit
1½ l Wasser
300–375 g Zucker zum Kochen bringen, von der Kochstelle nehmen
1 Päckchen Einmach-Hilfe unterrühren

so viel von der heißen Flüssigkeit über die Gurken gießen, daß sie gut bedeckt sind, erkalten lassen, den Topf oder die Gläser mit Sichtfolie oder mit Deckeln verschließen, an einem kühlen Ort (Keller) aufbewahren.

Salzgurken

4 kg nicht zu große Einlegegurken waschen, mit Wasser bedecken, 12–24 Stunden an einem kühlen Ort stehenlassen, danach sorgfältig bürsten, gut abtropfen lassen

6–7 Weinblätter
4–5 Sauerkirschblätter
einige große Zweige Einmach-Dill
die 3 Zutaten waschen, abtropfen lassen, mit den Gurken in einen sorgfältig gespülten Steintopf schichten, mit

Salzwasser (1 l Wasser und 40–50 g Salz) bedecken (Gurken müssen ganz mit Flüssigkeit bedeckt sein)

1 Päckchen Einmach-Hilfe mit
etwas heißem Wasser verrühren, zu den Gurken geben
die Gurken (mit einem Tuch bedeckt) an einem kühlen Ort (Keller) aufbewahren

Dauer der Gärung: 3–4 Wochen.
Salzgurken sind zum alsbaldigen Verzehr bestimmt und sollten nicht länger als 4 Wochen nach Ablauf der Gärzeit aufbewahrt werden.

2 Eßl. Zitronensaft
1 Teel. Zucker
½ Teel. abgeriebene Zitronenschale (unbehandelt) zu den Gurken geben, mit
Salz
weißem Pfeffer würzen, das Gemüse zugedeckt in etwa 7 Minuten gar dünsten lassen
8 Eßl. Sahne unterrühren, das Gurkengemüse erhitzen, mit
Currypulver
Zitronensaft oder Weißwein abschmecken, mit
Zitronenschale (unbehandelt)
Zitronenmelisse garnieren.

Schmorgurken in Currysahne

(Abb. unten)

2–3 Gemüsegurken (etwa 800 g) schälen, längs halbieren, die Kerne mit einem Löffel auskratzen, das Fruchtfleisch in etwa 1 cm breite Streifen schneiden
1 Zwiebel abziehen, fein würfeln
2 Eßl. Butter oder Margarine zerlassen, die Zwiebelwürfel darin glasig dünsten lassen, die Gurkenstreifen hinzufügen

Senfgurken

5 kg große, ausgewachsene Schlangen- oder Salatgurken
die Gurken schälen, längs halbieren, die Kerne mit einem Löffel auskratzen die Gurkenhälften in fingerlange Streifen schneiden, mit
200 g Salz in einen Steingut- oder Porzellantopf schichten, zugedeckt 12–24 Stunden an einem kühlen Ort stehenlassen, abtropfen lassen, sorgfältig abtrocknen
250 g Perlzwiebeln abziehen
½ Stange Meerrettich putzen, schälen, waschen, in Stücke schneiden
die Gurken mit den Zwiebeln, den Meerrettichstücken,
10 Gewürzkörnern
3 Lorbeerblättern
15–20 weißen und schwarzen Pfefferkörnern
100 g gelben Senfkörnern (Senfkörner evtl. in einem Mullbeutel) in einen sorgfältig gespülten Steintopf oder Gläser mit Schraubverschluß schichten

für die Essig-Zucker-Lösung

1½ l Weißweinessig (5%) mit
1 l Wasser
600 g Zucker zum Kochen bringen, von der Kochstelle nehmen, mit
1 Päckchen Einmach-Hilfe verrühren, über die Gurken gießen, nach dem Erkalten den Steintopf (Gläser) mit Sichtfolie oder mit Deckeln verschließen, an einem kühlen Ort (Keller) aufbewahren.

Gurken-Tomaten-Kaltschale

(Abb. oben)

1 Salatgurke (etwa 375 g)	schälen, längs halbieren, die Kerne mit einem Löffel auskratzen, in Würfel schneiden, mit
Salz	bestreuen, etwa 5 Minuten stehenlassen
300 g Tomaten	waschen, halbieren, entkernen, die Stengelansätze entfernen, das Tomatenfleisch in Würfel schneiden
1 Becher (500 g) Dickmilch	mit
125 ml (1/8 l) Sahne	verrühren (falls die Masse zu dicklich ist, noch etwas Milch hinzugießen)
1 Knoblauchzehe	abziehen, durchpressen, mit
1 Eßl. gehackter Petersilie	unterrühren, mit
Salz Pfeffer	abschmecken Gurken- und Tomatenwürfel in die Masse geben, kalt stellen.

Gurkengemüse

3 Gemüse- oder Salatgurken (etwa 1 kg)	schälen, längs halbieren, die Kerne mit einem Löffel auskratzen die Gurkenhälften in etwa 1 cm breite Streifen schneiden
1 Zwiebel	abziehen, würfeln
2 Eßl. Butter	zerlassen, die Zwiebelwürfel darin andünsten, die Gurkenstücke hinzufügen, mit
Salz, Pfeffer	würzen, das Gemüse zugedeckt etwa 3 Minuten dünsten lassen
1 Becher (150 g) Crème fraîche	unterrühren, weitere 2–3 Minuten dünsten lassen, mit Salz, Pfeffer abschmecken
2 Eßl. feingehackten Dill	unterrühren. Gurkengemüse zu Schweinebraten reichen.

Gefüllte Gurken

1 Salatgurke (etwa 500 g)	waschen, abtrocknen, die Enden abschneiden, die Gurke in 4 Stücke schneiden, die Gurkenstücke längs halbieren, die Kerne mit einem Löffel auskratzen, dabei einen etwa 1 cm hohen Boden bei jedem Gurkenstück stehenlassen
	für die Füllung
150 g Doppelrahm-Frischkäse	mit
1 gehäuften Eßl. Crème fraîche	cremig schlagen
1 Eßl. gehackten Dill **1 Eßl. gehackte Estragonblättchen** **1 Eßl. gehackte Zitronenmelisseblättchen**	unterrühren, mit
Salz **Pfeffer**	abschmecken, die Masse in einen Spritzbeutel mit großer Sterntülle füllen, in die Gurkenstücke spritzen zuletzt auf jedes Gurkenstück eine Rosette spritzen, mit
4 Walnußkernhälften **4 kleinen Dillzweigen**	garnieren, auf
gewaschenen Salatblättern	anrichten
4 kleine Tomaten	waschen, abtrocknen, achteln, um die Gurkenstücke legen.
Beigabe:	Vollkornbrot.

Gurkenkaltschale mit Krabben

1 Salatgurke (etwa 300 g)	schälen, längs halbieren, die Kerne mit einem Löffel auskratzen die Gurkenhälften in feine Streifen schneiden
3 Becher (je 150 g) Joghurt	mit
1 Becher (150 g) Crème fraîche **125 ml (1/8 l) Milch**	verrühren, die Gurkenstreifen,
200 g frische gepulte Nordsee-Krabben	hinzufügen
1 Eßl. gehackte Minzeblättchen oder 1 Eßl. gehackte Estragonblättchen **1 Teel. gehackten Dill** **1 Teel. gehackte Petersilie**	unterrühren
1–2 Knoblauchzehen	abziehen, in kleine Würfel schneiden, unterrühren die Suppe mit
Salz, Pfeffer	abschmecken, einige Stunden im Kühlschrank durchziehen lassen eine Glasschale mit
gewaschenen Salatblättern	auslegen, die Gurkenkaltschale einfüllen nach Belieben
1 hartgekochtes Ei	pellen, hacken, über die Kaltschale streuen, mit
Minze- oder Dillzweigen	garnieren.
Beigabe:	Vollkornbrot und Butter oder in Butter geröstete Weißbrotscheiben.

Gurkencocktail

(Abb. unten)

2–3 Salatgurken (etwa 1 kg)	waschen, längs halbieren, die Kerne mit einem Löffel auskratzen, in Stücke schneiden, nach und nach in einen elektrischen Entsafter geben den Gurkensaft mit
Zitronensaft **Salz, Pfeffer** **Zucker** **Selleriesalz**	würzen, kalt stellen den gut gekühlten Gurkensaft in Gläser füllen, mit Pfeffer bestreut servieren.
Tip:	Gurkencocktail als erfrischenden Aperitif reichen.

Zucchinigemüse mit Mettklößchen

Von

3 Scheiben Weißbrot die Rinde abschneiden, das Brot in
125 ml (1/8 l) lauwarmem Wasser einweichen
1 Zwiebel abziehen, fein würfeln
500 g Gehacktes (halb Rind-, halb Schweinefleisch) mit den gut ausgedrückten Weißbrotscheiben, den Zwiebelwürfeln,
1 Ei
1 Teel. Senf gut vermengen, mit
Salz, Pfeffer würzen
aus der Hackfleischmasse Klößchen formen
1 Eßl. Butter in einer großen Pfanne erhitzen, die Fleischklößchen darin goldbraun braten, warm stellen
von
750 g kleinen Zucchini die Enden abschneiden, die Zucchini waschen, abtrocknen, in dünne Scheiben schneiden
5–6 Zwiebeln (etwa 250 g) abziehen, fein würfeln
1–2 Eßl. Butter zerlassen, die Zwiebelwürfel darin glasig dünsten lassen, die Zucchinischeiben hinzufügen, mit Salz, Pfeffer würzen
5 Salbeiblättchen vorsichtig abspülen, trockentupfen, grob zerkleinern, mit
6 Eßl. Weißwein in das Gemüse geben, zugedeckt in etwa 7 Minuten gar dünsten lassen
die Fleischklößchen auf dem Gemüse anrichten.

Omelett Rhodos

(Ohne Abb.)

2 Zwiebeln abziehen, fein würfeln
1 Eßl. Butter zerlassen, die Zwiebelwürfel darin glasig dünsten lassen
250 g Gehacktes (halb Rind-, halb Schweinefleisch) hinzufügen, unter Rühren anbraten, dabei die Fleischklümpchen etwas zerdrücken
von
500 g kleinen Zucchini die Enden abschneiden, die Zucchini waschen, abtrocknen, in Würfel schneiden, zu der Hackfleischmasse geben, mitschmoren lassen, mit
Salz, Pfeffer würzen
1–2 Eßl. gehackte Pfefferminzblättchen

2–3 Eßl. gehackte Petersilie unterrühren
5 Eier verschlagen, mit der Hackfleisch-Zucchini-Masse verrühren
eine flache feuerfeste Form ausfetten, mit
Semmelmehl ausstreuen
die Masse hineingeben, die Form auf dem Rost in den vorgeheizten Backofen schieben
Strom: Etwa 200
Gas: Etwa 4
Backzeit: Etwa 35 Minuten.

Römische Zucchini

50 g durchwachsenen Speck in Würfel schneiden
1 Eßl. Speiseöl in einer feuerfesten Form erhitzen, die Speckwürfel darin ausbraten
1 Zwiebel
1 Knoblauchzehe
beide Zutaten abziehen, würfeln, in dem Speckfett andünsten
500 g Tomaten kurze Zeit in kochendes Wasser legen (nicht kochen lassen), in kaltem Wasser abschrecken, enthäuten, halbieren, die Stengelansätze entfernen, die Tomatenhälften grob zerkleinern, mit
1 Eßl. gehackten Oreganoblättchen zu den Zwiebel- und Knoblauchwürfeln geben, mit
Salz, Pfeffer würzen, dünsten lassen, bis eine dickliche Soße entstanden ist
von
500 g kleinen Zucchini die Enden abschneiden, die Zucchini waschen, die Früchte längs halbieren, mit Salz bestreuen
2 Eßl. Semmelmehl mit
2 Eßl. gehackter Petersilie
1 Eßl. feingeschnittenem Schnittlauch
1 Eßl. feingehacktem Dill
40 g geriebenem Parmesan-Käse
6 Eßl. Sahne zu einer streichfähigen Masse verrühren, auf die Zucchinihälften streichen
die Zucchinihälften nebeneinander in die Tomatensoße setzen
die Form auf dem Rost in den vorgeheizten Backofen schieben
Strom: 225–250
Gas: 5–6
Backzeit: 20–25 Minuten.

Fenchel-Fisch-Suppe

(4–6 Portionen – Abb. unten)

1 kg Edelfischgräten (Steinbutt, Lachs)	unter fließendem kaltem Wasser abspülen, in
2 l Salzwasser	geben, zum Kochen bringen, 10–15 Minuten kochen lassen, durch ein Sieb gießen, die Fischbrühe auffangen
500 g Fischfilet (Steinbutt oder Lachs)	unter fließendem kaltem Wasser abspülen, trockentupfen, in kleine Stücke schneiden, mit dem
Saft von 1 Zitrone	beträufeln, etwa 15 Minuten stehenlassen von
4–5 Fenchelknollen (etwa 1 kg)	das Grün abschneiden, beiseite legen die Knollen putzen, waschen, achteln

4 Zwiebeln (etwa 200 g) abziehen, würfeln
1 Bund Suppengrün (ohne Sellerie) putzen, waschen, in kleine Stücke schneiden
1 Knoblauchzehe abziehen, fein würfeln oder durchpressen
4 Eßl. Olivenöl erhitzen
die 4 Zutaten mit
100 g Langkornreis darin etwa 5 Minuten anbraten
die Fischbrühe hinzugießen
1 Teel. eingelegten grünen Pfeffer zerdrücken, mit
2 Lorbeerblättern hinzufügen, die Suppe zugedeckt etwa 20 Minuten kochen lassen, einige Male abschäumen
250 g Tomaten kurze Zeit in kochendes Wasser legen (nicht kochen lassen), in kaltem Wasser abschrecken, enthäuten, halbieren, entkernen, die Stengelansätze entfernen, das Tomatenfleisch in Würfel schneiden
die Fischstückchen mit dem Zitronensaft, den Tomatenwürfeln in die Suppe geben
die Suppe im offenen Topf 8–10 Minuten erhitzen (nicht kochen lassen)
das Fenchelgrün waschen, trocken tupfen, hacken, mit
2 Eßl. gehackter Petersilie in die Suppe geben, sofort servieren.

Fenchel, gefüllt

Von
4 großen Fenchelknollen (etwa 1¼ kg) das Grün abschneiden, beiseite legen
die Knollen putzen, waschen, längs halbieren, in
kochendes Salzwasser geben, zum Kochen bringen, etwa 7 Minuten kochen, abtropfen lassen
1 Becher (150 g) Crème fraîche mit
1 Becher (150 g) Joghurt verrühren
das Fenchelgrün waschen, trockentupfen, fein hacken, zu der Crème-fraîche-Joghurt-Masse geben, mit
Salz, Pfeffer Paprika edelsüß abschmecken, die Masse in eine große feuerfeste Form geben, die Fenchelhälften mit der Schnittfläche nach oben hineinsetzen
125 g Schweizer Emmentaler in Würfel schneiden, mit
375 g Thüringer Mett
1 Ei vermengen, mit Salz, Pfeffer würzen
die Mettmasse auf die Fenchelhälften verteilen
8 Scheiben durchwachsenen Speck (etwa 160 g) halbieren, jeweils 2 Hälften über Kreuz auf jede Fenchelhälfte legen
die Form auf dem Rost in den vorgeheizten Backofen schieben
Strom: 200–225
Gas: 3–4
Backzeit: Etwa 45 Minuten.
Beilage: Reis.

Fenchelmus

Von
2 großen oder 4 kleinen Fenchelknollen (etwa 750 g) das Grün abschneiden, beiseite legen
die Knollen putzen, waschen, in kleine Würfel schneiden, die Fenchelwürfel mit dem Wiegemesser fein wiegen
40 g Butter zerlassen, die Fenchelwürfel darin andünsten, mit
Salz, Pfeffer würzen, zugedeckt etwa 5 Minuten dünsten lassen, ab und zu umrühren
1 Becher (150 g) Crème fraîche unterrühren, im offenen Topf etwas einkochen lassen, das Fenchelmus mit Salz, Pfeffer abschmecken
das Fenchelgrün waschen, trockentupfen, fein hacken, unter das Fenchelmus rühren.
Fenchelmus zu Lammkoteletts oder Rumpsteaks reichen.

Marinierte Auberginenscheiben

(Abb. unten)

Von

4 kleinen Auberginen (etwa 500 g) die Stengelansätze entfernen, die Auberginen waschen, in

kochendes Salzwasser geben, zum Kochen bringen, etwa 10 Minuten kochen, abtropfen lassen, längs in Scheiben schneiden

2–3 Knoblauchzehen abziehen, durchpressen, die Auberginenscheiben damit bestreichen, mit

Salz
grobem Cayennepfeffer bestreuen, mit dem

Saft von 1 Zitrone
3 Eßl. Olivenöl beträufeln, die Auberginenscheiben gut durchziehen lassen, evtl. nochmals mit

Zitronensaft beträufeln
nach Belieben

Tomatenstückchen
Basilikumblättchen über die Auberginenscheiben geben

1 Becher (150 g) Vollmilch-Joghurt verrühren, dazureichen.
Marinierte Auberginen als Vorspeise mit griechischem Fladenbrot reichen.

Fein gefüllte Auberginen

Von

4–5 mittelgroßen Auberginen (etwa 750 g) die Stengelansätze entfernen, die Auberginen waschen, abtrocknen, längs halbieren, die Schnittflächen mit

Salz
Pfeffer bestreuen, mit der Schnittfläche nach oben auf ein Backblech legen, in den vorgeheizten Backofen schieben

Strom: Etwa 200
Gas: Etwa 4
Backzeit: Etwa 15 Minuten

für die Füllung
das Fruchtfleisch bis auf einen etwa 1 cm breiten Rand aus den Auberginenhälften schneiden
das Fruchtfleisch kleinschneiden

50 g mageren, durchwachsenen Speck in Würfel schneiden
1 Zwiebel abziehen, würfeln
8 mittelgroße Tomaten kurze Zeit in kochendes Wasser legen (nicht kochen lassen), in kaltem Wasser abschrecken, enthäuten, halbieren, entkernen, die Stengelansätze entfernen, das Tomatenfleisch in Würfel schneiden

1 Knoblauchzehe abziehen, zerdrücken
1 Eßl. Butter zerlassen, die Speckwürfel darin etwas ausbraten lassen, die Zwiebelwürfel hinzufügen, glasig dünsten lassen
8 Seezungen- oder Schollenfilets unter fließendem kaltem Wasser abspülen, trockentupfen, in Streifen schneiden, mit
etwa 200 g frischen gepulten Nordsee-Krabben oder Shrimps zu dem Speckfett geben, unter Rühren kurz durchbraten lassen
Auberginenfleisch, Tomatenwürfel, Knoblauch,
2 Eßl. gehackte Petersilie
1 Eßl. gehackte Thymianblättchen hinzufügen, mit Salz, Pfeffer würzen, unter vorsichtigem Rühren erhitzen
die Masse in die Auberginenhälften füllen, mit
4 Eßl. geriebenem Käse bestreuen
1–2 Eßl. Butter in Flöckchen darauf setzen
die Auberginenhälften auf ein gefettetes Backblech setzen, in den vorgeheizten Backofen schieben
Strom: 225–250
Gas: 4–5
Backzeit: Etwa 10 Minuten

für die Soße
250 ml (1/4 l) Gemüsesaft erhitzen
1–2 Eßl. Tomaten-Ketchup unterrühren, mit
Salz
schwarzem Pfeffer
Paprika edelsüß
Zucker würzen
1 gestrichenen Eßl. Weizenmehl mit
4 Eßl. Sahne anrühren, die Flüssigkeit damit binden
1–2 Eßl. Weinbrand unterrühren, die Soße mit
1 Eßl. gehackten Thymianblättchen bestreuen, zu den gefüllten Auberginen reichen.
Beigabe: Stangenweißbrot, gemischter Salat.

Gegrillter Kürbis

1 kg Kürbis	schälen, die Kerne mit einem Löffel auskratzen, das Kürbisfleisch in Spalten schneiden
100 g weiche Butter	mit
1 Teel. Kräutern der Provence	verrühren, mit
Salz	
Pfeffer	würzen
	die Kürbisspalten auf ein gefettetes Backblech legen, mit etwas von der Butter bestreichen
	das Backblech in den vorgeheizten Backofen schieben
Strom:	Etwa 225
Gas:	Etwa 4
Backzeit:	Etwa 30 Minuten
	die Kürbisspalten ab und zu mit der restlichen Butter bestreichen
	kurz vor dem Servieren mit Salz bestreuen, mit
Zitronensaft	beträufeln.
	Gegrillten Kürbis zu kurzgebratenem Fleisch reichen.

Kürbisgemüse

1 kg Kürbis	schälen, die Kerne mit einem Löffel auskratzen, das Kürbisfleisch in Stifte schneiden
3 Eßl. Butter	zerlassen, die Kürbisstifte darin andünsten
125 ml (1/8 l) Fleischbrühe	hinzugießen, das Gemüse zum Kochen bringen, etwa 8 Minuten dünsten lassen, mit
Salz	
Pfeffer	
Zucker	
Essig	würzen
2 Eßl. feingehackten Dill	
2 Eßl. feingehackte Petersilie	unterrühren.
	Kürbisgemüse zu gebratener Leber mit Reis reichen.

Kürbiseintopf

500 g Rindfleisch	waschen
1 Bund Suppengrün	putzen, waschen, mit dem Rindfleisch in
1¼ l Salzwasser	geben, zum Kochen bringen, abschäumen, etwa 1 Stunde kochen lassen, das Fleisch herausnehmen, in Würfel schneiden, die Brühe durch ein Sieb gießen, 1 l davon abmessen
1 kg Kürbis	schälen, die Kerne mit einem Löffel auskratzen, das Kürbisfleisch in kleine Würfel schneiden
3 Zwiebeln	abziehen, in Scheiben schneiden
3 Eßl. Speiseöl	erhitzen, die Zwiebelscheiben darin andünsten, die Kürbiswürfel hinzufügen, etwa 5 Minuten mitdünsten lassen
500 g Tomaten	kurze Zeit in kochendes Wasser geben (nicht kochen lassen), mit kaltem Wasser abschrecken, enthäuten, halbieren, die Stengelansätze entfernen, das Tomatenfleisch mit der abgemessenen Brühe, den Rindfleischwürfeln,
2 Eßl. gehackten Basilikumblättchen	zu dem Kürbisgemüse geben, etwa 5 Minuten kochen lassen, mit
Salz	
Pfeffer	würzen, nach Belieben mit
Essig	abschmecken.
Beigabe:	Bauernbrot.

Kürbissuppe

1 kg Kürbis	schälen, die Kerne mit einem Löffel auskratzen, das Kürbisfleisch in Würfel schneiden
3 Eßl. Butter	zerlassen, die Kürbiswürfel darin andünsten
250 ml (1/4 l) Fleischbrühe	hinzugießen, zum Kochen bringen, in etwa 10 Minuten gar kochen lassen die Hälfte der Kürbiswürfel herausnehmen, pürieren, wieder in die Suppe geben, mit
Salz	
Pfeffer	
Zucker	
Essig	abschmecken
4 Wiener Würstchen	in Scheiben schneiden, in die Suppe geben, miterhitzen
1 Eßl. feingeschnittenen Schnittlauch	
1 Eßl. gehackte Petersilie	darüber streuen.

Gefüllte Paprikaschoten

(Etwa 7 Portionen – Abb. nebenstehend)

	Von
7 großen Paprikaschoten (etwa 1¼ kg)	die Deckel abschneiden, Kerne und weiße Scheidewände entfernen, die Schoten und Deckel waschen, abtrocknen, die Schoten innen mit
Salz, Pfeffer	würzen
	für die Füllung
2–3 Scheiben gekochten Schinken	in Würfel schneiden
750 g Hühnerbrust (ohne Knochen)	waschen, abtrocknen, das Fleisch zerkleinern, durch einen Fleischwolf geben oder
750 g Gehacktes (halb Rind-, halb Schweinefleisch)	
3 große Tomaten	waschen, abtrocknen, halbieren, entkernen (das Tomateninnere beiseite stellen), die Stengelansätze entfernen, das Tomatenfleisch in Würfel schneiden, mit den Schinkenwürfeln, dem Fleisch,
2 Eiern 4 Eßl. gehackter Petersilie	vermengen, mit Salz, Pfeffer,
Cayennepfeffer Worcestersoße	würzen, die Masse in die Paprikaschoten füllen
Butter	in Flöckchen darauf setzen, die Deckel darauf geben die Schoten in eine gefettete feuerfeste Form setzen
500 g Tomaten	kurze Zeit in kochendes Wasser legen (nicht kochen lassen), in kaltem Wasser abschrecken, enthäuten, die Stengelansätze entfernen, die Tomaten grob zerkleinern, mit dem zurückgelassenen Tomateninneren vermengen, pürieren, mit
2 Eßl. Tomatenmark 250 ml (¼ l) Sahne	verrühren, mit Salz, Pfeffer,
Paprika edelsüß Zitronensaft	würzen die Soße in eine feuerfeste Form gießen, die gefüllten Paprikaschoten hineinsetzen die Form mit Deckel auf dem Rost in den vorgeheizten Backofen schieben
Strom:	200–225
Gas:	3–4
Backzeit:	Etwa 55 Minuten die Soße nach Belieben mit angerührtem Weizenmehl binden.

Paprika-Sahne-Suppe

3–4 Paprikaschoten (etwa 500 g)	halbieren, entstielen, entkernen, die weißen Scheidewände entfernen, die Schoten waschen, in Streifen schneiden
4 Zwiebeln (etwa 200 g)	abziehen, fein würfeln
200 g Sauerkraut	lockerzupfen, fein schneiden
2–3 Eßl. Speiseöl	erhitzen, die Zwiebelwürfel darin glasig dünsten lassen Paprikastreifen und Sauerkraut hinzufügen, miterhitzen
1 l heiße Fleischbrühe	hinzugießen, zum Kochen bringen,

etwa 20 Minuten kochen lassen, mit

Salz würzen

3–4 Eßl. Weißwein hinzufügen

125 ml (1/8 l) Sahne unterruhren, erhitzen.

Paprikasalat

3–4 Paprikaschoten (etwa 600 g) halbieren, entstielen, entkernen, die weißen Scheidewände entfernen, die Schoten waschen, in Streifen schneiden

1–2 Zwiebeln abziehen, in Scheiben schneiden

für die Salatsoße

3 Eßl. Salatöl mit

2–3 Eßl. Kräuteressig

Salz

Pfeffer

Zucker verrühren

1 Eßl. gehackte Estragonblättchen unterrühren

die Salatsoße mit den Salatzutaten vermengen, kurz durchziehen lassen, evtl. nochmals mit Salz, Pfeffer abschmecken.

Bunter Gemüsesalat

	Von
3 großen Maiskolben (etwa 1 kg)	die Blätter mit den Fäden abziehen oder abschneiden die Maiskolben waschen, in
kochendes Salzwasser	geben, zum Kochen bringen, etwa 10 Minuten kochen, abtropfen lassen die Maiskörner von den Kolben lösen, erkalten lassen
200 g ausgepalte Erbsen (etwa 750 g mit Schoten)	waschen, in
wenig kochendes Salzwasser	geben, zum Kochen bringen, in etwa 10 Minuten gar dünsten, abtropfen, erkalten lassen
1 rote Paprikaschote	halbieren, entstielen, entkernen, die weißen Scheidewände entfernen, die Schote waschen, in Würfel schneiden
	für die Salatsoße
1 Zwiebel	abziehen, würfeln, mit
250 ml (¼ l) Wasser 7 Eßl. Essig 2 Teel. Salz Pfeffer 3 Eßl. Zucker Zwiebelpulver	verrühren
3 Eßl. gehackte Kräuter (Petersilie, Schnittlauch, Dill)	unterrühren die Salatsoße mit den Salatzutaten vermengen
2 Eßl. Salatöl	unterrühren, den Salat etwa 1 Stunde durchziehen lassen.

Feine Maissuppe

	Von
3 großen Maiskolben (etwa 1 kg)	die Blätter mit den Fäden abziehen oder abschneiden die Maiskolben waschen, in
kochendes Salzwasser	geben, zum Kochen bringen, etwa 10 Minuten kochen, abtropfen lassen die Maiskörner von den Kolben lösen, etwa 500 g Maiskörner abwiegen, 150 g Maiskörner beiseite stellen, die restlichen pürieren, durch ein Sieb streichen
750 ml (¾ l) Hühnerbrühe	hinzugießen, zum Kochen bringen
3 Teel. Speisestärke	mit
2 Eßl. kaltem Wasser	anrühren, die Maissuppe damit binden, die zurückgelassenen Maiskörner hinzufügen, miterhitzen die Suppe mit
Salz, Pfeffer Zwiebelsalz	würzen
2 Eigelb	mit
125 ml (⅛ l) Sahne	verschlagen, die Suppe damit legieren, mit
1 Eßl. feingeschnittenem Schnittlauch	bestreuen.

Mais-Tomaten-Auflauf

(Ohne Abb.)

	Von
3 großen Maiskolben (etwa 1 kg)	die Blätter mit den Fäden abziehen oder abschneiden, die Maiskolben waschen, in
kochendes Salzwasser	geben, zum Kochen bringen, etwa 10 Minuten kochen, abtropfen lassen die Maiskörner von den Kolben lösen, 300 g Maiskörner abwiegen
2 Fleischtomaten (etwa 500 g)	kurze Zeit in kochendes Wasser legen (nicht kochen lassen), in kaltem Wasser abschrecken, enthäuten, die Stengelansätze entfernen, die Tomaten in Scheiben schneiden eine gefettete, flache feuerfeste Form mit den Tomatenscheiben auslegen, mit
Salz, Pfeffer	würzen, mit
feingehackten Majoranblättchen feingehackten	

Basilikum-blättchen	bestreuen, die Maiskörner darauf verteilen
6 Eier	mit
125 ml (1/8 l) Milch	
Paprika edelsüß	verschlagen, mit Salz, Pfeffer würzen, über die Maiskörner gießen
125 g Mailänder Salami-Scheiben	darauf legen
	die Form auf dem Rost in den vorgeheizten Backofen schieben
Strom:	Etwa 225
Gas:	Etwa 4
Backzeit:	Etwa 45 Minuten.

Rhabarber, eingekocht

Etwa 3 kg Rhabarber (für 4 Gläser von je 1 l Inhalt) putzen, waschen, gut abtrocknen (nicht abziehen), in kleine Stücke schneiden, in sorgfältig gespülte Einkochgläser füllen (bis fast unter den Glasrand), dabei die Gläser ab und zu schütteln, damit der Inhalt zusammenfällt

für die Zuckerlösung

750 g Zucker mit

375 ml (3/8 l) Wasser zum Kochen bringen (Zucker muß sich vollständig lösen), etwa 1 Minute kochen lassen, kochendheiß über den Rhabarber gießen (bis etwa 2 cm unter den Glasrand)

die sorgfältig gespülten Gummiringe und Deckel naß auf den gesäuberten Glasrand legen

die Gläser mit Bügel oder Feder verschließen, dabei darauf achten, daß die Gummiringe sich nicht verschieben

beim Einkochen im Einkochapparat die Gläser immer auf den Spezial-Einsatz stellen oder auf einen Drahtrost, niemals direkt auf den Topfboden

den Einmachtopf mit so viel Wasser füllen, daß die Gläser bis zu 2/3 ihrer Höhe darin stehen

Gläser mit kaltem Inhalt mit kaltem Wasser aufsetzen, Gläser mit heißem Inhalt mit heißem Wasser

damit die erforderlichen Wärmegrade während des Einkochens genau eingehalten werden können, ist ein einwandfreies Thermometer, das bis in das Wasser hineinreichen muß, unbedingt erforderlich

die Einkochzeit beginnt erst dann, wenn das Thermometer den im Rezept vorgeschriebenen Hitzegrad erreicht hat

die Flüssigkeit in den Gläsern darf nicht sprudelnd kochen, sondern nur ziehen, da sie sonst aus den Gläsern kocht, sich zwischen Gummiringe und Deckel setzt und einen luftdichten Verschluß unmöglich macht

nach Beendigung der Einkochzeit die Gläser **sofort** aus dem Wasserbad nehmen, da andernfalls die Einkochzeit unnötig verlängert und das Einkochgut zu weich oder unansehnlich wird,die Gläser bleiben unter Bügel- oder Federdruck, bis sie vollkommen erkaltet sind, das Eingemachte an einem kühlen Ort (Keller) aufbewahren, von Zeit zu Zeit durchsehen

Einkochzeit: 25 Minuten bei 80 Grad.

Rhabarbersaft

5 kg Rhabarber putzen, waschen, gut abtrocknen (nicht abziehen), in ganz kleine Stücke schneiden, in einen Kochtopf geben, mit

1 l Wasser bis zum Kochen bringen

den Fruchtbrei auf ein gespanntes Safttuch geben, gut ablaufen lassen

den gewonnenen Saft wiegen oder messen, mit

etwa 2 kg Zucker verrühren (auf 1 kg – 1 Liter – Saft 3/4–1 kg Zucker nehmen), einmal aufkochen lassen, abschäumen

1 Päckchen Einmach-Hilfe in den heißen Saft rühren, in sorgfältig gespülte Flaschen füllen, die Flaschen nach dem Erkalten des Saftes verschließen, an einem kühlen Ort (Keller) aufbewahren.

Rhabarbergelee

1250 g (1¼ kg) Rhabarber (vorbereitet gewogen)	vorbereiten: Rhabarber putzen, waschen, abtrocknen (nicht abziehen), in ganz kleine Stücke schneiden, wiegen (1250 g), mit
375 ml (⅜ l) Wasser	unter Rühren bis kurz vor dem Kochen erhitzen, 5 Minuten im geschlossenen Topf ziehen lassen, damit der Saft ablaufen kann, den Fruchtbrei auf ein gespanntes Safttuch geben, nach dem Erkalten kräftig auspressen oder den Saft mit einem Dampfentsafter aus der oben angegebenen Fruchtmenge – aber ohne Wasserzugabe – gewinnen
800 ml Rhabarbersaft	in einen Kochtopf (Durchmesser etwa 24 cm) geben
1 Beutel Gelfix	gleichmäßig einstreuen die Flüssigkeit unter ständigem Rühren bei starker Hitze zum Kochen bringen, dabei darauf achten, daß etwa noch vorhandene Klümpchen durch Zerdrücken vollständig gelöst werden sobald alles bei starker Hitze bei ständigem Rühren durch und durch sprudelnd kocht,
1000 g (1 kg) Zucker	(auf keinen Fall weniger nehmen) einrühren das Ganze wieder zum Kochen bringen wenn die Flüssigkeit bei starker Hitze durch und durch stark kocht, sie **½ Minute (nach der Uhr)** unter ständigem Rühren sprudelnd kochen lassen, den Topf von der Kochstelle nehmen Einfüllen und Aufbewahren von Gelee s. Küchenratgeber S. 198.

Rhabarberauflauf

(Ohne Abb.)

500 g Rhabarber	putzen, waschen, in etwa 2 cm lange Stücke schneiden, dicke Stangen längs halbieren (nicht abziehen), mit
125 g Zucker 2 Eßl. Himbeersirup	vermengen, den Rhabarber einige Zeit zum Saftziehen stehenlassen, ihn zum Kochen bringen, weich dünsten lassen (Rhabarber darf jedoch nicht zerfallen) eine gefettete Auflaufform mit
125 g Zwieback (etwa 10 Stück)	auslegen
3 Eigelb	mit
125 ml (⅛ l) Sahne 1 Päckchen Vanillin-Zucker	verschlagen, über die Zwiebäcke gießen
50 g feingehackte Haselnußkerne	darüber streuen, den Rhabarber darauf geben
3 Eiweiß	mit
50 g Zucker	steif schlagen, der Eierschnee muß so fest sein, daß ein Messerschnitt sichtbar bleibt den Eierschnee auf dem Rhabarber verteilen (nicht glattstreichen) die Form auf dem Rost in den vorgeheizten Backofen schieben
Strom:	175–200
Gas:	2–3
Backzeit:	Etwa 25 Minuten.

Tomaten. Scheibchenweise Sommersonne.

Tomaten-Porree-Salat

2 Stangen Porree (etwa 300 g)	putzen, das dunkle Grün bis auf etwa 10 cm entfernen, den Porree in Ringe schneiden, gründlich waschen, in
wenig kochendes Salzwasser	geben, zum Kochen bringen, in 6–8 Minuten gar dünsten, abtropfen, erkalten lassen
3 Tomaten	kurze Zeit in kochendes Wasser legen (nicht kochen lassen), in kaltem Wasser abschrecken, enthäuten, die Stengelansätze entfernen, die Tomaten in Achtel oder Scheiben schneiden
1 Zwiebel	abziehen, in Scheiben schneiden, in Ringe teilen
	für die Salatsoße
3 Eßl. Salatöl	mit
1 Eßl. Essig	
½ Teel. Senf	
Salz	
Pfeffer	
Zucker	verrühren
1 hartgekochtes Ei	pellen, das Eigelb und das Eiweiß getrennt hacken das Eigelb unter die Salatsoße heben, die Salatsoße über die Salatzutaten geben, das Eiweiß über den Salat streuen.

Tomaten-Thunfisch-Salat

500 g Tomaten	waschen, abtrocknen, die Stengelansätze entfernen, die Tomaten in Scheiben schneiden
2 große rote Zwiebeln	abziehen, in Scheiben schneiden, in Ringe teilen
etwa 200 g Thunfisch in Öl (aus der Dose)	mit dem Öl in eine Schüssel geben, den Thunfisch mit 2 Gabeln etwas lockerzupfen
	für die Salatsoße
2 Eßl. Salatöl	mit
1 Eßl. Rotweinessig oder Kräuteressig	
Salz	
Pfeffer	
Zucker	verrühren die Salatsoße mit den Salatzutaten vermengen, den Salat kurze Zeit durchziehen lassen, mit
2 Eßl. gehackter Petersilie	bestreuen.

Tomatenschüssel Gerona

(Abb. oben)

500 g Tomaten	kurze Zeit in kochendes Wasser legen (nicht kochen lassen), in kaltem Wasser abschrecken, die Stengelansätze entfernen, die Tomaten in Scheiben schneiden
2 große Zwiebeln	abziehen, in Scheiben schneiden, mit den Tomatenscheiben in einer Schüssel anrichten
	für die Salatsoße
2 Knoblauchzehen	abziehen, fein würfeln
1 hartgekochtes Ei	pellen, das Eiweiß in Würfel schneiden, beiseite stellen, das Eigelb durch ein Sieb streichen
3 Eßl. Salatöl	mit
2 Eßl. Essig	
½ Teel. Senf	
Salz	
Pfeffer	
Zucker	verrühren, die Knoblauchwürfel und das durchgestrichene Eigelb unterrühren die Salatsoße über die Salatzutaten gießen
75 g durchwachsenen Speck	in kleine Würfel schneiden, knusprig braun braten, mit dem gehackten Eiweiß zu dem Salat geben, nach Belieben mit
2–3 Eßl. gehackten Basilikumblättchen	bestreuen.

Tomatensalat

(Abb. S. 240/241)

750 g Tomaten	waschen, abtrocknen, die Stengelansätze entfernen, die Tomaten in Scheiben schneiden
	für die Salatsoße
1–2 Zwiebeln	abziehen, in feine Würfel schneiden, mit
4–5 Eßl. Salatöl	
1 Teel. Essig-Essenz (25%)	
1 Teel. Wasser	
Salz, Pfeffer	
Zucker	verrühren
2 Eßl. feingeschnittenen Schnittlauch	unterrühren die Salatsoße über die Tomatenscheiben geben
2 Eßl. Basilikumblättchen	über den Tomatensalat streuen.

Tomaten-Nudel-Auflauf

(Abb. oben)

200 g Nudeln	in
1½ l kochendes Salzwasser	geben, zum Kochen bringen, ab und zu umrühren, etwa 8 Minuten kochen lassen, mit kaltem Wasser übergießen, abtropfen lassen
750 g Tomaten	kurze Zeit in kochendes Wasser legen (nicht kochen lassen), in kaltem Wasser abschrecken, enthäuten, die Stengelansätze entfernen, die Tomaten in Scheiben schneiden
150 g rohen Schinken	in Würfel schneiden
	eine Auflaufform ausfetten, die Tomatenscheiben, die Schinkenwürfel und die Nudeln einschichten
3 Eier	mit
125 ml (⅛ l) Milch	verschlagen
2 Eßl. gehackte Petersilie	
2 Eßl. feingeschnittenen Schnittlauch	unterrühren, mit
Salz	
Pfeffer	würzen
	die Eier-Milch über die Nudeln gießen
2 Eßl. geriebenen Parmesan-Käse	mit
2 Eßl. Semmelmehl	mischen, darüber streuen
	die Form auf dem Rost in den vorgeheizten Backofen schieben
	den Auflauf gegen Ende der Backzeit evtl. mit Alufolie abdecken
Strom:	Etwa 200
Gas:	Etwa 3
Backzeit:	Etwa 35 Minuten.

Tomaten-Schmorbraten

(Etwa 6 Portionen)

	Für die Marinade
2 Zwiebeln	
2 Knoblauchzehen	beide Zutaten abziehen, würfeln
1 Stück Sellerie	schälen, waschen
1 Möhre	putzen, schrappen, waschen
	beide Zutaten in Würfel schneiden
4 Eßl. Olivenöl	erhitzen, Zwiebel-, Knoblauch-, Sellerie- und Möhrenwürfel darin andünsten
1 Thymianzweig	
1 Rosmarinzweig	
1 Majoranzweig	
1 Petersilienzweig	die Kräuter vorsichtig abspülen, trockentupfen, mit
375 ml (⅜ l) Rotwein	zu dem Gemüse geben, zum Kochen bringen, etwa 5 Minuten kochen, erkalten lassen
1½ kg Rindfleisch (Schmorfleisch)	waschen, abtrocknen, in eine Schüssel legen, die Marinade darüber geben, das Fleisch etwa 24 Stunden darin ziehen lassen, aus der Marinade

	nehmen, trockentupfen
	die Kräuter aus der Marinade entfernen, Marinade und Gemüse beiseite stellen
3 Knoblauchzehen	abziehen, zerdrücken, das Fleisch damit einreiben, mit
Salz	
Pfeffer	würzen
1 Teel. Thymianblättchen	darauf geben
3 Eßl. Olivenöl	erhitzen, das Fleisch rundherum darin anbraten
1 Stück Sellerie (etwa 150 g)	schälen
250 g Möhren	putzen, schrappen
	beide Zutaten waschen, in Würfel schneiden
8 kleine Zwiebeln	abziehen
	die Zutaten zu dem Fleisch geben, andünsten, die Hälfte der Marinade und das Gemüse aus der Marinade zu dem Fleisch geben, den Topf verschließen, auf dem Rost in den vorgeheizten Backofen stellen, schmoren lassen, das Fleisch ab und zu wenden
	nach etwa 1½ Stunden Schmorzeit nach und nach die restliche Marinade hinzugießen
	das Fleisch im offenen Topf etwa 45 Minuten weiterschmoren lassen
500–750 g Tomaten	kurze Zeit in kochendes Wasser legen (nicht kochen lassen), in kaltem Wasser abschrecken, enthäuten, halbieren, die Stengelansätze entfernen, das Tomatenfleisch in Würfel schneiden, zu dem Fleisch geben, 10–15 Minuten mitschmoren lassen
Strom:	Etwa 225
Gas:	Etwa 4
Schmorzeit:	Etwa 2½ Stunden
	den garen Braten in Scheiben schneiden, auf einer vorgewärmten Platte anrichten
	die Gemüsesoße mit Salz, Pfeffer,
Zucker	abschmecken, getrennt dazureichen.

Chili-Tomaten

(8 Portionen)

	Für die Salatsoße
4 Eßl. Salatöl	mit
1 Eßl. Weinessig	verrühren
8 Chilischoten	waschen, abtrocknen, entstielen, längs halbieren, entkernen, grob zerkleinern, in die Essig-Öl-Mischung geben, pürieren, etwa 12 Stunden durchziehen lassen
500 g Tomaten	waschen, abtrocknen, halbieren, entkernen, die Stengelansätze entfernen, das Tomatenfleisch in Würfel schneiden, mit
Salz	würzen
2 Zwiebeln	abziehen, fein würfeln
1 Bund Frühlingszwiebeln (etwa 250 g)	putzen, das dunkle Grün bis auf etwa 15 cm entfernen, die Knollen evtl. abziehen, die Frühlingszwiebeln waschen, in Ringe schneiden
	die Zutaten mit der Chilisoße vermengen, etwas durchziehen lassen.

Tomatensoße, klassisch

75 g durchwachsenen Speck	in Würfel schneiden
1 Eßl. Speiseöl	erhitzen, die Speckwürfel darin ausbraten
1 Zwiebel	abziehen, würfeln, in dem Speckfett andünsten
1 kg Römische Tomaten oder Fleischtomaten	waschen, abtrocknen, halbieren, die Stengelansätze entfernen, die Tomatenhälften in große Würfel schneiden, zu den Zwiebelwürfeln geben, mit
Salz **Pfeffer**	würzen
3 Majoranzweige **2 Basilikumzweige**	die Kräuter vorsichtig abspülen, trockentupfen, zu den Tomatenwürfeln geben, etwa 15 Minuten dünsten lassen, die Masse durch ein Sieb streichen
70 g Tomatenmark (aus der Tube)	unterrühren, die Soße mit Salz, Pfeffer,
Zucker	abschmecken.

Tomaten-Fleisch-Soße

2 Eßl. Speiseöl	erhitzen
375 g Gehacktes (halb Rind-, halb Schweinefleisch)	unter Rühren darin anbraten, dabei die Fleischklümpchen zerdrücken
2–3 mittelgroße Zwiebeln	abziehen, würfeln, zu dem Gehackten geben, durchdünsten lassen, mit
Salz Pfeffer Paprika edelsüß	würzen
1 Eßl. Tomatenmark (aus der Tube)	unterrühren
3/4–1 kg Fleischtomaten	kurze Zeit in kochendes Wasser legen (nicht kochen lassen), in kaltem Wasser abschrecken, enthäuten, halbieren, die Stengelansätze entfernen, das Tomatenfleisch in Würfel schneiden, zu dem Gehackten geben
1 Thymianzweig 1 Basilikumzweig 1 Majoranzweig	die Kräuter vorsichtig abspülen, trockentupfen, mit
4–6 Eßl. Rotwein	zu der Fleisch-Tomaten-Masse geben, 10–15 Minuten dünsten lassen, die Kräuterzweige entfernen die Tomaten-Fleisch-Soße mit Salz, Pfeffer, Paprika abschmecken nach Belieben
etwas Weizenmehl	mit
Wasser	anrühren, die Soße damit binden. Tomaten-Fleisch-Soße zu Nudeln mit Parmesan-Käse, gemischtem Salat reichen.

Tomaten-Zwiebel-Soße

4–5 Zwiebeln (etwa 250 g) 2 Knoblauchzehen	beide Zutaten abziehen, in Scheiben schneiden
500 g Tomaten	kurze Zeit in kochendes Wasser legen (nicht kochen lassen), in kaltem Wasser abschrecken, enthäuten, die Stengelansätze entfernen, die Tomaten in Würfel schneiden
3 Eßl. Speiseöl	erhitzen, Zwiebel- und Knoblauchscheiben darin andünsten, die Tomatenwürfel,
4 Eßl. Rotwein 70 g Tomatenmark (aus der Tube)	nach Belieben
1 Eßl. gehackte Majoranblättchen 1 Eßl. feingeschnittenen Schnittlauch	hinzufügen, gut verrühren, etwa 10–15 Minuten dünsten lassen. Tomaten-Zwiebel-Soße zu gedünstetem Fisch mit Reis reichen.

Tomatenpizza

(Ohne Abb.)

1 Packung (250 g) Grundteigmischung Pizzateig	nach der Vorschrift auf der Packung zubereiten
500 g Tomaten	waschen, abtrocknen, die Stengelansätze entfernen, die Tomaten in Scheiben schneiden, auf dem mit der Gewürzmischung bestrichenen Pizzaboden verteilen, mit
Pfeffer	bestreuen
75 g Mailänder Salami-Scheiben	halbieren oder vierteln, auf die Tomatenscheiben legen
150–200 g Gouda-Käse	grob reiben, darüber streuen, mit
1 Eßl. gehackten Majoranblättchen 1 Eßl. gehackten Basilikumblättchen	bestreuen, mit
1 Eßl. Olivenöl	beträufeln das Backblech in den vorgeheizten Backofen schieben
Strom:	200–225
Gas:	4–5
Backzeit:	Etwa 20 Minuten.

T-Bone-Steaks in Tomaten-Rotwein-Marinade

(8 Portionen – Abb. nebenstehend))

	Für die Marinade
3 Zwiebeln (etwa 125 g)	abziehen, in Scheiben schneiden
2–3 Knoblauchzehen	abziehen, fein würfeln
250 g Tomaten	kurze Zeit in kochendes Wasser legen (nicht kochen lassen), in kaltem Wasser abschrecken, enthäuten, halbieren, entkernen, die Stengelansätze entfernen, das Tomatenfleisch grob zerkleinern, mit
6 Eßl. Olivenöl, 6 Eßl. Rotweinessig, 125 ml (1/8 l) Rotwein, 2 Eßl. eingelegtem grünem Pfeffer	in eine Schüssel geben, pürieren Zwiebelringe, Knoblauchwürfel,
2–3 Lorbeerblätter, 1–2 Eßl. gehackte Thymianblättchen	unterrühren
8 T-Bone-Steaks (je etwa 350 g)	waschen, abtrocknen, in die Marinade legen, 24 Stunden darin ziehen lassen, dabei einige Male wenden die T-Bone-Steaks abtropfen lassen, auf dem Holzkohlengrill von jeder Seite 10–15 Minuten grillen, ab und zu mit der Marinade bestreichen.

Eingelegte Tomaten

2 kg kleine, reife, feste Tomaten	waschen, abtrocknen, jede Tomate 15–20 mal mit einem Holzspießchen einstechen, in sorgfältig gespülte Gläser mit Schraubdeckel füllen
	für die Essiglösung
4 Schalotten oder kleine Zwiebeln	abziehen, in Scheiben schneiden, mit
1 l Weinessig, 250 ml (1/4 l) Wasser, 20 g Salz, 20 g Zucker, 2 Gewürznelken, 20 g Pfefferkörnern, 20 g Senfkörnern	zum Kochen bringen, von der Kochstelle nehmen
1 Päckchen Einmach-Hilfe	unterrühren, über die Tomaten gießen, erkalten lassen, die Gläser verschließen, kühl aufbewahren.

Konfitüre aus grünen Tomaten

900 g grüne Tomaten (vorbereitet gewogen)	vorbereiten: Tomaten waschen, abtrocknen, die Stengelansätze entfernen, die Tomaten kleinschneiden, durch den Fleischwolf drehen oder sehr klein schneiden, wiegen (900 g) die Fruchtmasse in einen Kochtopf (Durchmesser etwa 24 cm) geben
1 Beutel Gelfix	unterrühren
½ Vanillestange	längs einschneiden, das Mark herauskratzen, mit der Schote,
abgeriebener Schale von 1 Zitrone (unbehandelt) **1 Messerspitze gemahlenem Ingwer oder Zimt**	hinzufügen die Masse unter ständigem Rühren bei starker Hitze zum Kochen bringen sobald die Masse bei ständigem Rühren durch und durch sprudelnd kocht,
1125 g (1⅛ kg) Zucker	(auf keinen Fall weniger nehmen) einrühren das Ganze wieder zum Kochen bringen wenn die Konfitüre bei starker Hitze durch und durch sprudelnd kocht, sie **1 Minute (nach der Uhr)** unter ständigem Rühren sprudelnd kochen lassen den Topf von der Kochstelle nehmen die Vanilleschote aus der Konfitüre nehmen
2–3 Eßl. Zitronensaft	unterrühren Einfüllen und Aufbewahren von Konfitüre s. Küchenratgeber S. 198.

Tomaten-Schafskäse-Salat

1 kg Tomaten	waschen, abtrocknen, die Stengelansätze entfernen, die Tomaten achteln
250 g Schafskäse	zerbröckeln die Zutaten vorsichtig miteinander vermengen
	für die Salatsoße
10 Eßl. Olivenöl	mit
4 Eßl. Zitronensaft **Salz, Pfeffer**	verrühren
6–8 Eßl. feingehackten Dill	unterrühren die Salatsoße über die Tomaten und den Schafskäse geben, etwa 30 Minuten durchziehen lassen.

Gebackene Tomaten mit Käseschaum

8 große Tomaten waschen, abtrocknen, jeweils einen Deckel abschneiden, das Innere aushöhlen, die Tomaten auf Haushaltspapier etwas abtropfen lassen
125 ml (1/8 l) Milch erhitzen
100 g Blauschimmelkäse zerdrücken, hineingeben, verrühren, bis der Käse aufgelöst ist
2 Teel. Speisestärke mit
2 Eßl. Wasser anrühren, die Käsemilch damit binden, etwas abkühlen lassen
2 Eigelb verschlagen, unterrühren
2 Eiweiß steif schlagen, der Eierschnee muß so fest sein, daß ein Messerschnitt sichtbar bleibt
den Eierschnee unter die Käse-Milch-Masse heben, mit
Salz, Pfeffer würzen
1 Eßl. gehackte Estragonblättchen unterrühren
die Masse in die Tomaten füllen, die Deckel darauf legen
die Tomaten in eine gefettete feuerfeste Form setzen, die Form auf dem Rost in den vorgeheizten Backofen schieben
Strom: Etwa 225, **Gas:** Etwa 5
Backzeit: Etwa 15 Minuten.

Champignon-Tomaten

4 mittelgroße Tomaten waschen, abtrocknen, von jeder Tomate einen Deckel abschneiden
die Tomaten aushöhlen, innen mit
Salz, Pfeffer bestreuen
150 g Champignons putzen, waschen, in Stücke schneiden, mit dem
Saft von 1 Zitrone beträufeln, in
etwas Weißwein 5–7 Minuten gar dünsten, erkalten lassen
1 Teel. Butter zerlassen, die Champignonstücke darin erhitzen
3 Eßl. Sahne unterrühren, die Flüssigkeit etwas einkochen lassen
2 Scheiben gekochten Schinken in Würfel schneiden, zu den Champignons geben, mit Salz, Pfeffer abschmecken, die Schinken-Champignons in die Tomaten füllen
Butter in Flöckchen darauf setzen
die Tomaten unter den vorgeheizten Grill setzen, etwa 15 Minuten überbacken
die Tomaten mit
geschnittenem Schnittlauch bestreuen.

Geschmolzene Tomaten

(Ohne Abb.)

1 kg Tomaten	kurze Zeit in kochendes Wasser legen (nicht kochen lassen), in kaltem Wasser abschrecken, enthäuten, halbieren, entkernen, die Stengelansätze entfernen
6 Schalotten	abziehen, fein würfeln
2 Knoblauchzehen	abziehen, in feine Scheiben schneiden
75 g Butter	zerlassen, die Schalottenwürfel darin glasig dünsten lassen Knoblauchscheiben hinzufügen, andünsten lassen die vorberciteten Tomatenhälften darin etwa 5 Minuten erhitzen, dabei vorsichtig wenden, mit
Salz, Pfeffer	
1–2 Eßl. gehackten Basilikumblättchen	bestreuen.
Beilage:	Pellkartoffeln, Spiegeleier.

Gefüllte Tomaten

4 Fleischtomaten	waschen, abtrocknen, quer halbieren, die Schnittflächen mit
Salz, Pfeffer	bestreuen
3 Eßl. Speiseöl	in einer feuerfesten Form erhitzen, die Tomaten mit der Schnittfläche nach unten hineinsetzen, etwa 5 Minuten braten lassen, die Tomaten umdrehen
	für die Füllung
1 ungebrühte, feine Bratwurst (etwa 100 g)	aus der Haut drücken
1 kleine Zwiebel	
1 Knoblauchzehe	beide Zutaten abziehen, würfeln
2 hartgekochte Eier	pellen, kleinhacken
2 Eßl. gehackte Petersilie	die Zutaten miteinander vermengen, mit
Salz, Pfeffer	würzen, auf die Tomatenhälften verteilen, mit etwas von
3 Eßl. Speiseöl	beträufeln
4 Eßl. Semmelmehl	darüber verteilen, mit dem restlichen Öl beträufeln die Form auf dem Rost in den vorgeheizten Backofen schieben während des Backens die Tomaten ab und zu mit etwas von der ausgetretenen Flüssigkeit begießen
Strom:	Etwa 225
Gas:	Etwa 5
Backzeit:	Etwa 15 Minuten.

Tomatensuppe

125 g durchwachsenen Speck in Würfel schneiden
1 Eßl. Speiseöl erhitzen, die Speckwürfel darin ausbraten

1 Zwiebel
1 Knoblauchzehe
beide Zutaten abziehen, würfeln, in dem Speckfett andünsten

1 kg reife Tomaten waschen, abtrocknen, die Stengelansätze entfernen, die Tomaten in Stücke schneiden, in dem Speckfett andünsten, mit
Salz, Pfeffer würzen
1 Eßl. gehackte Majoranblättchen
1 Eßl. gehackte Basilikumblättchen
500 ml (½ l) Wasser hinzugeben, zum Kochen bringen, etwa 10 Minuten kochen lassen
die Tomaten mit der Flüssigkeit durch ein Sieb streichen, die Suppe erhitzen
1 Eigelb mit
1 gehäuften Teel. Speisestärke
1 Eßl. Wasser verschlagen, die Suppe damit binden
1 Eßl. gehackte Basilikumblättchen unterrühren, die Tomatensuppe mit Salz, Pfeffer,
Zucker abschmecken, auf 4 Suppentassen verteilen, je 1 Teel. von
4 Teel. Crème fraîche auf jede Portion geben.

Gazpacho

(4–6 Portionen – ohne Abb.)

1 kg Fleischtomaten kurze Zeit in kochendes Wasser legen (nicht kochen lassen), in kaltem Wasser abschrecken, enthäuten, halbieren, entkernen, die Stengelansätze entfernen, das Tomatenfleisch in Stücke schneiden
1 Paprikaschote halbieren, entstielen, entkernen, die weißen Scheidewände entfernen, die Schote waschen, in Stücke schneiden
½ Salatgurke schälen, in Stücke schneiden
2 Zwiebeln
2 Knoblauchzehen
beide Zutaten abziehen, grob zerkleinern
1 eingelegte Pfefferschote entstielen, längs halbieren, entkernen
40 g abgezogene Mandeln
die Zutaten pürieren, in eine Schüssel geben

2–3 Scheiben Weißbrot	entrinden, die Weißbrotscheiben in Würfel schneiden, in
2 Eßl. Rotweinessig	
4 Eßl. Olivenöl	einweichen, gut vermengen, unter das Gemüsepüree rühren, mit
Salz	abschmecken
	die Gazpacho etwa 2 Stunden im Kühlschrank durchziehen lassen, gut gekühlt servieren.
Beigabe:	Tomaten-, Gurken-, Paprikaschotenwürfel, kleingeschnittene Frühlingszwiebeln, schwarze Oliven, geröstete Weißbrotwürfel.

Tomatensuppe mit Porreestreifen (Etwa 6 Portionen)

125 g Langkornreis	in
1 l kochendes Salzwasser	geben, zum Kochen bringen, 12–15 Minuten sprudelnd kochen lassen
	den garen Reis auf ein Sieb geben, mit kaltem Wasser übergießen, abtropfen lassen
2–3 Stangen Porree (etwa 375 g)	putzen, das dunkle Grün bis auf etwa 10 cm entfernen, die Stangen längs halbieren, in feine Streifen schneiden, gründlich waschen
2 mittelgroße Zwiebeln	abziehen
100 g durchwachsenen Speck	
	beide Zutaten in Würfel schneiden
750 g Tomaten	kurze Zeit in kochendes Wasser legen (nicht kochen lassen), in kaltem Wasser abschrecken, enthäuten, die Stengelansätze entfernen, die Tomaten in Scheiben schneiden
50 g Butter oder Margarine	zerlassen, Speck- und Zwiebelwürfel darin glasig dünsten lassen, Porreestreifen und Tomatenscheiben hinzufügen, etwa 10 Minuten darin dünsten lassen
1½ l heiße Fleischbrühe	hinzugießen, zum Kochen bringen, etwa 25 Minuten kochen lassen
3 schwach gehäufte Eßl. Speisestärke	mit
4 Eßl. kalter Milch	anrühren, die Suppe damit binden, mit
Salz	abschmecken
1 Eßl. Tomatenmark	
2 Eßl. Portwein	unterrühren
2 Eigelb	mit
5 Eßl. Sahne	verschlagen, die Suppe damit legieren, den Reis hineingeben, miterhitzen.

Fisch-Tomaten-Spieße

(6 Portionen)

	Für die Marinade
3 Eßl. Speiseöl	mit dem
Saft von 1 Zitrone	
1 Teel. Senf	
Tabasco oder Worcestersoße	
Salz	
weißem Pfeffer	
Paprika edelsüß	verrühren
1–2 Teel. feingehackten Dill	unterrühren
300 g küchenfertigen Grünen Aal	enthäuten, in etwa 3 cm große Stücke schneiden
200 g Kabeljaufilet	unter fließendem kaltem Wasser abspülen, trockentupfen, in gleichmäßig große Stücke schneiden
200 g große Scampi	aus der Schale lösen Aalstücke, Kabeljauwürfel und Scampi in die Marinade geben, etwa 30 Minuten durchziehen lassen, dabei ab und zu wenden, herausnehmen, abtropfen lassen
12 sehr kleine Tomaten	waschen, abtrocknen, die Stengelansätze entfernen
¼ Salatgurke (etwa 200 g)	waschen, abtrocknen, in etwa ½ cm dicke Scheiben schneiden die 5 Zutaten abwechselnd auf 6 Spieße stecken
100 g Butter oder Margarine	erhitzen, die Spieße von allen Seiten etwa 10 Minuten darin braten lassen, mit
Salz, Pfeffer	würzen, mit
Zitronenachteln	servieren.

Tomaten-Bohnen-Kasserolle

(Ohne Abb.)

375 g Grüne Bohnen	abfädeln, waschen, einmal durchbrechen
4–5 Stengel Bohnenkraut	vorsichtig abspülen beide Zutaten in
etwas kochendes Salzwasser	geben, zum Kochen bringen, etwa 10 Minuten dünsten lassen
750 g Tomaten	kurze Zeit in kochendes Wasser legen (nicht kochen lassen), in kaltem Wasser abschrecken, enthäuten, halbieren, die Stengelansätze entfernen, die Tomatenhälften in große Würfel schneiden

100 g durchwachsenen Speck in Würfel schneiden, in einem flachen Topf auslassen
2 kleine Zwiebeln abziehen, würfeln, mit den vorbereiteten Bohnen in dem Speckfett etwa 5 Minuten dünsten, die Tomatenwürfel hinzufügen, das Gemüse in etwa 5 Minuten gar dünsten lassen, mit
Salz, Pfeffer
Zucker abschmecken.

Mitternachtssuppe

100 g durchwachsenen Speck in Würfel schneiden
3 Eßl. Speiseöl erhitzen, die Speckwürfel darin bräunen lassen
5–6 große Zwiebeln (etwa 375 g) abziehen, würfeln, in dem Speckfett glasig dünsten lassen
1 Paprikaschote halbieren, entstielen, entkernen, die weißen Scheidewände entfernen, die Schote waschen, in Würfel schneiden
150 g Sauerkraut fein hacken
die beiden Zutaten zu den Zwiebelwürfeln geben, mitdünsten lassen
750 ml (3/4 l) Fleischbrühe hinzugießen, zum Kochen bringen, etwa 5 Minuten kochen lassen
4–5 Knoblauchzehen abziehen, auspressen oder fein hacken
1 kg Fleischtomaten kurze Zeit in kochendes Wasser legen (nicht kochen lassen), in kaltem Wasser abschrecken, enthäuten, die Stengelansätze entfernen, die Tomaten in Würfel schneiden, mit den Knoblauchzehen,
1 Lorbeerblatt in die Suppe geben, zum Kochen bringen, etwa 5 Minuten kochen lassen
100 g Tomatenmark mit
125 ml (1/8 l) Weißwein unterrühren, die Suppe zum Kochen bringen, noch etwa 5 Minuten kochen lassen, das Lorbeerblatt entfernen
die Suppe mit
1/2 Teel. Rosenpaprika
1 Teel. Zucker
Salz, Tabasco würzen
100 g durchwachsenen Speck in Scheiben schneiden, in einer Pfanne ohne Fett knusprig braun braten
die Speckscheiben auf die Suppe geben
4 cl (4–5 Eßl.) Tequila erhitzen, über die Suppe geben, anzünden (flambieren)
1 Becher (150 g) saure Sahne verrühren, dazureichen.

Kartoffeln. Die tollen Knollen.

Folienkartoffeln

(Abb. S. 256/257)

8 mittelgroße Kartoffeln	waschen, abtrocknen, einzeln in Alufolie einwickeln die Folienpakete auf dem Backblech in den vorgeheizten Backofen schieben
Strom:	200–225
Gas:	4–5
Garzeit:	40–60 Minuten die garen Folienkartoffeln über Kreuz einschneiden, die Einschnitte auseinanderdrücken, die Öffnung etwas aushöhlen
Beigabe:	Kräuter- und Tomatenquark, Kohlrabi-Radieschen-Salat.

Kartoffelsuppe mit Paprika und Würstchen

500 g Querrippe	
2–3 Markknochen	waschen, mit
einigen Pfefferkörnern	in
1½ l kaltes Salzwasser	geben, zum Kochen bringen, abschäumen
1 Bund Suppengrün	putzen, waschen, kleinschneiden, hinzufügen, zum Kochen bringen, 1½–2 Stunden kochen lassen die Brühe durch ein Sieb gießen, das Fleisch von den Knochen lösen, in Würfel schneiden, beiseite stellen
1 kg mehlig-kochende Kartoffeln	schälen, waschen, in Würfel schneiden
2–3 grüne Paprikaschoten (etwa 400 g)	halbieren, entstielen, entkernen, die weißen Scheidewände entfernen, die Schoten waschen, in Streifen schneiden
150 g durchwachsenen Speck	in Würfel schneiden, auslassen
4 Zwiebeln	abziehen, würfeln, in dem Speckfett glasig dünsten lassen, die Brühe, Kartoffelwürfel hinzufügen, zum Kochen bringen, etwa 5 Minuten kochen lassen die Paprikaschotenstreifen in die Suppe geben, zum Kochen bringen, in etwa 10 Minuten gar kochen lassen die Suppe mit
Salz **Pfeffer** **Paprika edelsüß**	würzen
4 Wiener Würstchen	in Scheiben schneiden, in die Suppe geben, miterhitzen.

Kartoffelsuppe mit Eierstich

	Für den Eierstich
2 Eier	mit
125 ml (⅛ l) kalter Milch **Salz** **geriebener Muskatnuß**	verschlagen, in ein mit
Butter oder Margarine	gefettetes Gefäß füllen, mit Alufolie verschließen, in kochendes Wasser stellen, das Wasser zum Kochen bringen, den Topf verschließen, das Wasser nicht mehr kochen lassen

	die Eiermasse in etwa 30 Minuten fest werden lassen, stürzen, in Würfel schneiden
	für die Kartoffelsuppe
50 g durchwachsenen Speck	in Würfel schneiden
1 Eßl. Butter oder Margarine	erhitzen, die Speckwürfel darin ausbraten
1 Bund Suppengrün	putzen, waschen, kleinschneiden, in dem Speckfett andünsten
1 l Fleischbrühe	hinzugießen, zum Kochen bringen
500 g mehlig-kochende Kartoffeln	schälen, waschen, in Würfel schneiden, in die Brühe geben, zum Kochen bringen, in 12–15 Minuten gar kochen lassen
	Kartoffelwürfel und Suppengrün pürieren
1 Eigelb	mit
125 ml (1/8 l) Sahne	verschlagen, die Suppe damit legieren, mit
Salz Pfeffer	abschmecken
	den Eierstich in die Suppe geben, erhitzen
3 Eßl. Kresseblättchen	über die Suppe streuen.

Kartoffelklöße

(Abb. nebenstehend)

750 g Kartoffeln	waschen, in so viel
Wasser	zum Kochen bringen, daß die Kartoffeln bedeckt sind, in 20–25 Minuten gar kochen lassen, abgießen, abdämpfen, heiß pellen, durch die Kartoffelpresse geben
100 g Weizenmehl	mit
1 Ei	
Salz	und nach Belieben
geriebener Muskatnuß	unterkneten
1 Scheibe Weißbrot	in Würfel schneiden
1 Eßl. Butter	zerlassen, die Weißbrotwürfel darin goldgelb rösten aus dem Teig mit bemehlten Händen Klöße formen, dabei in jeden Kloß einige Brotwürfel drücken die Klöße in
kochendes Salzwasser	geben, zum Kochen bringen, in etwa 15 Minuten gar ziehen lassen. Kartoffelklöße zu Sauerbraten oder Schmorbraten reichen.

Kartoffelsuppe mit Tomaten

(Abb. S. 258/259)

2 Zwiebeln	abziehen, würfeln
1 Bund Suppengrün	putzen, waschen, in Würfel oder Streifen schneiden
2 Eßl. Butter oder Margarine	zerlassen, beide Zutaten darin andünsten
1 l Fleischbrühe	hinzugießen, zum Kochen bringen
500–600 g mehlig-kochende Kartoffeln	schälen, waschen, in kleine Würfel schneiden, hinzufügen, zum Kochen bringen, in 12–15 Minuten gar kochen lassen Kartoffeln und Gemüse pürieren
1 Becher (150 g) saure Sahne	unter die Suppe rühren
1 Eßl. gehackte Basilikumblättchen	
2 Eßl. feingeschnittenen Schnittlauch	hinzufügen
300 g Tomaten	kurze Zeit in kochendes Wasser legen (nicht kochen lassen), in kaltem Wasser abschrecken, enthäuten,die Stengelansätze entfernen, die Tomaten halbieren, entkernen, das Tomatenfleisch in Würfel schneiden, in die Suppe geben, erhitzen die Suppe mit
Salz, Pfeffer	abschmecken.

Kartoffelsuppe mit Fleischwurst

(Abb. S. 258/259)

500 g Querrippe	waschen, mit
einigen Pimentkörnern	
2 kleinen Lorbeerblättern	in
1½ l kaltes Salzwasser	geben, zum Kochen bringen, abschäumen
1 Bund Suppengrün	putzen, waschen, kleinschneiden, hinzufügen, zum Kochen bringen, 1½–2 Stunden kochen lassen, die Brühe durch ein Sieb gießen, das Fleisch von den Knochen lösen, in kleine Würfel schneiden, mit dem Suppengemüse beiseite stellen
1 kg mehlig-kochende Kartoffeln	schälen, waschen, in kleine Würfel schneiden die Brühe zum Kochen bringen, die Kartoffelwürfel,
1 Eßl. gehackte Majoranblättchen	hinzufügen, zum Kochen bringen, in 12–15 Minuten gar kochen lassen, etwa ⅓ der Kartoffelwürfel mit einem Schaumlöffel herausnehmen

	das Suppengemüse zu den restlichen Kartoffeln geben, alles pürieren, Fleisch- und Kartoffelwürfel in die Suppe geben, erhitzen
300–375 g Fleischwurst mit Knoblauch	enthäuten, in Scheiben schneiden
1–2 Eßl. Butter	erhitzen, die Fleischwurstscheiben von beiden Seiten darin anbraten, in die Suppe geben, die Suppe mit
Salz, Pfeffer	abschmecken, mit
gehackter Petersilie	bestreuen.

Kartoffelsuppe mit Hühnerfleisch und Porree

(Abb. S. 258/259)

Etwa 1 kg Hühnerklein	waschen, in
1½ l kaltes Salzwasser	geben, zum Kochen bringen
etwa 500 g Hähnchenbrust	waschen, hinzufügen, zum Kochen bringen, abschäumen
2 Zwiebeln	abziehen, vierteln
1 Bund Suppengrün	putzen, waschen, kleinschneiden beide Zutaten zu dem Hühnerfleisch geben, zum Kochen bringen, etwa 1¼ Stunden kochen lassen die Brühe durch ein Sieb gießen, das Hühnerfleisch von den Knochen lösen, kleinschneiden
1 kg mehlig-kochende Kartoffeln	schälen, waschen, in Würfel oder Stifte schneiden, in die Brühe geben, zum Kochen bringen, etwa 5 Minuten kochen lassen
2–3 Möhren (etwa 200 g)	putzen, schrappen, waschen, in Stifte schneiden, in die Suppe geben, zum Kochen bringen, etwa 7 Minuten kochen lassen
2 Stangen Porree (etwa 400 g)	putzen, das dunkle Grün bis auf etwa 10 cm entfernen, den Porree in Scheiben schneiden, gründlich waschen, zu den übrigen Zutaten geben, zum Kochen bringen, weitere 3–5 Minuten kochen lassen das Hühnerfleisch hinzufügen, erhitzen, die Suppe mit
Salz Pfeffer	würzen
3 Eßl. gehackte Petersilie	darüber streuen.

Pellkartoffeln in Sahnesoße

750 g mehlig-kochende Kartoffeln	waschen, in so viel
Wasser	zum Kochen bringen, daß die Kartoffeln bedeckt sind, in 20–25 Minuten gar kochen lassen, abgießen, abdämpfen, heiß pellen, in große Würfel schneiden
200 g gekochten Schinken	in Würfel schneiden
	für die Soße
40 g Butter oder Margarine	zerlassen
40 g Weizenmehl	unter Rühren so lange darin erhitzen, bis es hellgelb ist
375 ml (3/8 l) Milch	hinzugießen, mit einem Schneebesen durchschlagen, darauf achten, daß keine Klumpen entstehen, die Soße zum Kochen bringen, etwa 5 Minuten kochen lassen
250 ml (1/4 l) Sahne	in die Soße rühren, Kartoffel- und Schinkenwürfel hinzufügen, erhitzen, mit
Salz Pfeffer geriebener Muskatnuß	würzen
2 Eßl. gehackten Dill	unterrühren.
Beigabe:	Gemischter Salat.

Kartoffelgratin

1 kg festkochende Kartoffeln	schälen, waschen, in feine Scheiben schneiden, nochmals waschen, abtropfen lassen
1 Knoblauchzehe	abziehen, eine große, flache feuerfeste Form damit ausreiben, ausfetten
200 g Gruyère-Käse	reiben, ¾ der Menge abwechselnd mit den Kartoffelscheiben in die Form schichten, dabei die Kartoffelscheiben mit
Salz	
Pfeffer	bestreuen
250 ml (¼ l) Milch	mit
250 ml (¼ l) Sahne	
3 Eiern	verschlagen, mit Salz, Pfeffer,
geriebener Muskatnuß	würzen
3–4 Eßl. gehackte Kräuter (Dill, Petersilie, Schnittlauch, Estragon, Zitronenmelisse, Majoran)	unterrühren, die Eiermilch über die Kartoffel-Käse-Scheiben gießen den restlichen Käse darüber streuen
Butter	in Flöckchen darauf setzen die Form auf dem Rost in den vorgeheizten Backofen schieben
Strom:	175–200
Gas:	3–4
Backzeit:	60–70 Minuten während der letzten 20 Minuten Backzeit die Form evtl. mit Alufolie abdecken.

Bratkartoffeln mit Nürnberger Rostbratwürstchen

(Abb. S. 263)

1 kg Kartoffeln waschen, mit
1 Teel. Kümmel in so viel
Salzwasser zum Kochen bringen, daß die Kartoffeln bedeckt sind, in 20–25 Minuten gar kochen lassen, abgießen, abdämpfen, heiß pellen, in Scheiben schneiden
150 g durchwachsenen Speck in Würfel schneiden
2 Eßl. Butterschmalz erhitzen, die Speckwürfel darin ausbraten, die Kartoffelscheiben hinzufügen, mit
Salz
Pfeffer würzen, in 10–15 Minuten knusprig braun braten lassen
1 Zwiebel abziehen, würfeln
1 rote Paprikaschote halbieren, entstielen, entkernen, die weißen Scheidewände entfernen, die Schote waschen, in Streifen schneiden von
2 Zucchini (etwa 250 g) die Enden abschneiden, die Zucchini waschen, in Scheiben schneiden
250 g Tomaten kurze Zeit in kochendes Wasser legen (nicht kochen lassen), in kaltem Wasser abschrecken, enthäuten, die Stengelansätze entfernen, die Tomaten vierteln, entkernen
2 Eßl. Speiseöl erhitzen, die Zwiebelwürfel darin glasig dünsten lassen, Paprikaschotenstreifen, Zucchinischeiben hinzufügen, etwa 5 Minuten dünsten lassen
das Gemüse mit den Tomatenvierteln unter die Bratkartoffeln mengen, erhitzen, mit Salz, Pfeffer würzen, in eine vorgewärmte Schüssel füllen, warm stellen
2 Eßl. Speiseöl erhitzen
8–16 Nürnberger Rostbratwürstchen (je 25–50 g) darin von beiden Seiten in 5–7 Minuten braun braten lassen
die Nürnberger Rostbratwürstchen auf Bratkartoffeln und Gemüse anrichten, mit
2–3 Eßl. gehackter Petersilie bestreuen.

Grüne Kartoffelpuffer mit Sahnechampignons

(Abb. oben)

1½ kg große, mehlig-kochende Kartoffeln schälen, waschen, grob reiben
ein Sieb mit einem Küchenhandtuch auslegen, die Kartoffelmasse darauf geben, etwa 10 Minuten abtropfen lassen, die Kartoffel-Flüssigkeit auffangen, das Wasser abgießen, die abgesetzte Stärke zu der Kartoffelmasse geben, mit
125 ml (⅛ l) Milch
4 Eiern
Salz
Pfeffer verrühren
1 Zwiebel abziehen, reiben, mit
1 Eßl. gehacktem Dill
2–3 Eßl. feingeschnittenem Schnittlauch
2–3 Eßl. gehackter Petersilie
1 Eßl. gehackten Zitronenmelisseblättchen unterrühren

etwas von
100 g Margarine in einer Bratpfanne erhitzen
so viel von der Kartoffelmasse hineingeben, daß der Pfannenboden dünn bedeckt ist, den Kartoffelpuffer von beiden Seiten knusprig braun braten, warm stellen
den übrigen Kartoffelteig auf die gleiche Weise zubereiten

für die Sahnechampignons

500 g kleine Champignons putzen, waschen, größere Champignons halbieren
1 Zwiebel abziehen, würfeln
2 Eßl. Butter oder Margarine zerlassen, die Zwiebelwürfel darin andünsten, die Champignons hinzufügen, mit
Salz
Pfeffer würzen, zugedeckt 8–10 Minuten dünsten lassen
1 Becher (150 g) Crème fraîche hinzufügen, die Flüssigkeit etwas einkochen lassen
2 Eßl. gehackte Petersilie unterrühren
die Sahnechampignons mit Salz, Pfeffer abschmecken, zu den Kartoffelpuffern reichen.

Kartoffelauflauf mit Äpfeln und Blutwurst

(Abb. S. 266/267)

750 g mehlig-kochende Kartoffeln schälen, waschen, in Würfel schneiden, in so viel
Salzwasser zum Kochen bringen, daß die Kartoffeln bedeckt sind, in 12–15 Minuten gar kochen lassen, abgießen abdämpfen, mit
125 ml (1/8 l) Milch pürieren, mit
Salz
Pfeffer
geriebener Muskatnuß würzen
2 Zwiebeln abziehen, in Scheiben schneiden
2 Eßl. Speiseöl erhitzen, die Zwiebelscheiben darin glasig dünsten lassen
500 g geräucherte Blutwurst enthäuten, in Scheiben schneiden, zu den Zwiebeln geben, etwa 5 Minuten schmoren lassen, mit Salz, Pfeffer würzen
1–2 Eßl. gehackte Majoranblättchen hinzufügen
Blutwurst- und Zwiebelscheiben aus dem Fett nehmen, abtropfen lassen, das Fett beiseite stellen
2 mittelgroße säuerliche Äpfel (etwa 250 g) schälen, vierteln, entkernen, in dünne Scheiben schneiden
eine feuerfeste Form ausfetten, die Hälfte des Kartoffelpürees hineingeben, etwas von
3 Eßl. gehackter Petersilie darüber streuen
die Hälfte der Blutwurst- und der Zwiebelscheiben, dann die Apfelscheiben einschichten
die restlichen Blutwurst- und Zwiebelscheiben hineingeben, mit dem restlichen Kartoffelpüree bedecken, die restliche Petersilie darüber streuen
den Auflauf mit dem zurückgelassenen Bratfett begießen
die Form auf dem Rost in den vorgeheizten Backofen schieben, den Auflauf goldbraun backen lassen

Strom: Etwa 200
Gas: Etwa 3 1/2
Backzeit: Etwa 30 Minuten.

Kartoffelauflauf mit Kabeljau

750 g mehlig-kochende Kartoffeln	schälen, waschen, in Würfel schneiden, in soviel
Salzwasser	zum Kochen bringen, daß die Kartoffeln bedeckt sind, in 12–15 Minuten gar kochen lassen, abgießen, abdämpfen, mit
1 Eßl. Butter	
125 ml (1/8 l) Milch	
125 g saurer Sahne	pürieren, mit
Salz, Pfeffer geriebener Muskatnuß	würzen
600 g Kabeljaufilet	unter fließendem kaltem Wasser abspülen, trockentupfen, in Stücke schneiden, mit
Zitronensaft	beträufeln, etwa 15 Minuten stehenlassen, trockentupfen, mit Salz bestreuen
500 g Tomaten	kurze Zeit in kochendes Wasser legen (nicht kochen lassen), in kaltem Wasser abschrecken, enthäuten, die Stengelansätze entfernen, die Tomaten halbieren, entkernen, das Tomatenfleisch in Würfel schneiden
1–2 Möhren (etwa 150 g)	putzen, schrappen, waschen, in feine Würfel schneiden
2 Zwiebeln	abziehen, in Scheiben schneiden
3 Eßl. Speiseöl	erhitzen, Zwiebelringe und Möhrenwürfel etwa 5 Minuten darin dünsten lassen die Tomatenwürfel,
2 Eßl. gemischte, gehackte Kräuter (Petersilie, Schnittlauch, Dill, Kerbel)	hinzufügen, zugedeckt noch etwa 7 Minuten dünsten lassen, mit Salz, Pfeffer würzen
	für die Soße
1 Eßl. Butter oder Margarine	zerlassen
1 Eßl. Weizenmehl	unter Rühren so lange darin erhitzen, bis es hellgelb ist
125 ml (1/8 l) Milch	
125 ml (1/8 l) Sahne	hinzugießen, mit einem Schneebesen durchschlagen, darauf achten, daß keine Klumpen entstehen die Soße zum Kochen bringen, etwa 5 Minuten kochen lassen, mit Salz, Pfeffer,
Worcestersoße	würzen eine feuerfeste Form ausfetten das Kartoffelpüree in einen Spritzbeutel mit gezackter Tülle füllen, das Püree als Rand in die Form spritzen das Gemüse und die Fischstücke in die Mitte füllen, die Soße darüber gießen die Form auf dem Rost in den vorgeheizten Backofen schieben, den Auflauf goldbraun backen lassen
Strom:	Etwa 200
Gas:	Etwa 3 1/2
Backzeit:	Etwa 30 Minuten.

Kartoffelauflauf mit Hackfleisch und Porree

750 g Kartoffeln	waschen, in so viel
Salzwasser	zum Kochen bringen, daß die Kartoffeln bedeckt sind, in 20–25 Minuten gar kochen lassen, abgießen, abdämpfen, heiß pellen, erkalten lassen, in Scheiben schneiden
4 Stangen Porree (etwa 500 g)	putzen, das dunkle Grün bis auf etwa

10 cm entfernen, den Porree in Scheiben schneiden, gründlich waschen, in

kochendes Salzwasser geben, zum Kochen bringen, 2–3 Minuten kochen, abtropfen lassen

2 Zwiebeln
2 Knoblauchzehen beide Zutaten abziehen, fein würfeln

2 Eßl. Speiseöl erhitzen, Zwiebel- und Knoblauchwürfel darin glasig dünsten lassen

500 g Gehacktes (halb Rind-, halb Schweinefleisch) unter Rühren darin braun braten lassen, dabei die Fleischklümpchen zerdrücken, das Hackfleisch mit

Salz, Pfeffer
Cayennepfeffer würzen

250 g saure Sahne mit

2 Eßl. gehackter Petersilie verrühren, mit Salz, Pfeffer würzen
eine feuerfeste Form ausfetten, die Hälfte der Kartoffelscheiben und der Porreeringe hineingeben, mit Salz bestreuen
die Hälfte der Sahne darauf verteilen, die Hackfleischmasse darauf geben, die restlichen Kartoffelscheiben und Porreeringe einfüllen, mit Salz bestreuen, mit der restlichen Sahne bedecken

50 g geriebenen Emmentaler Käse darüber streuen

Butter in Flöckchen darauf setzen
die Form auf dem Rost in den vorgeheizten Backofen schieben, den Auflauf goldbraun backen lassen

Strom: Etwa 200
Gas: Etwa 3 ½
Backzeit: Etwa 30 Minuten.

Feiner bunter Kartoffelsalat

750 g Salatkartoffeln waschen, in so viel
Wasser zum Kochen bringen, daß die Kartoffeln bedeckt sind, in 20–25 Minuten gar kochen lassen, abgießen, abdämpfen, heiß pellen, erkalten lassen

3 hartgekochte Eier pellen

2 mittelgroße Zwiebeln abziehen

etwa 300 g Fleischwurst enthäuten

1 großen, säuerlichen, roten Apfel waschen, vierteln, entkernen

3–4 Gewürzgurken

alle Zutaten in kleine Würfel schneiden

für die Salatsoße

4–5 Eßl. Salatöl mit
2 Eßl. Kräuteressig
1 Teel. scharfem Senf
Salz, Pfeffer
Zucker verrühren

die Salatsoße mit den Salatzutaten vermengen

2 Eßl. gehackte Petersilie unterrühren

den Kartoffelsalat einige Stunden durchziehen lassen.

Kartoffelsalat, pommersche Art

1 kg Salatkartoffeln waschen, in so viel
Wasser zum Kochen bringen, daß die Kartoffeln bedeckt sind, in 20–25 Minuten gar kochen lassen, abgießen, abdämpfen, heiß pellen

2 Zwiebeln abziehen
2 Salzgurken

die 3 Zutaten in dünne Scheiben schneiden

	für die Salatsoße
4 Eßl. Salatöl	mit
5 Eßl. Kräuteressig **Salz, Pfeffer** **Zucker**	verrühren die Salatsoße mit den Salatzutaten vermengen, gut durchziehen lassen
200 g durchwachsenen Speck	in Würfel schneiden
3 Eßl. Speiseöl	erhitzen, die Speckwürfel darin ausbraten, mit
5 Eßl. Wasser	loskochen die Speckgrieben mit der Flüssigkeit über den Kartoffelsalat geben.

Warmer Kartoffelsalat, Harzer Art

1 kg Salatkartoffeln	waschen, in so viel
Wasser	zum Kochen bringen, daß die Kartoffeln bedeckt sind, in 20–25 Minuten gar kochen lassen, abgießen, abdämpfen, heiß pellen, in Scheiben schneiden
	für die Salatsoße
150 g fetten Speck	in Würfel schneiden, auslassen, das Speckfett durch ein Sieb in eine Schüssel gießen
1 Zwiebel	abziehen, würfeln, mit
125 ml (1/8 l) heißem Wasser	zu dem Speckfett geben, mit
4–5 Eßl. Essig **Salz, Pfeffer** **Zucker**	verrühren die Salatsoße mit den warmen Kartoffelscheiben vermengen, in den auf 50 Grad (Gas: 8) vorgeheizten Backofen stellen, den Backofen ausschalten, den Kartoffelsalat 30–45 Minuten im Backofen durchziehen lassen, ab und zu durchschwenken den Kartoffelsalat mit Salz, Pfeffer,
Essig	abschmecken
1 Eßl. feingeschnittenen Schnittlauch	unterrühren.

Kartoffelsalat mit Tomaten

1 kg Salatkartoffeln	waschen, in so viel
Wasser	zum Kochen bringen, daß die Kartoffeln bedeckt sind, in 20–25 Minuten gar kochen lassen, abgießen, abdämpfen, heiß pellen, in Scheiben schneiden
2 kleine Zwiebeln	abziehen
250 g gekochte Champignons **1–2 Gewürzgurken**	die 3 Zutaten in Scheiben schneiden
125 ml (1/8 l) Fleischbrühe	mit
3–4 Eßl. Kräuteressig **Salz, Pfeffer** **Zucker**	verrühren, über die Salatzutaten gießen, gut durchziehen lassen
4 Eßl. Crème fraîche	mit
1 Becher (250 g) Dickmilch **1 Eßl. Senf** **1 Teel. Zucker**	verrühren, mit den Salatzutaten vermengen
5 Tomaten	waschen, abtrocknen, die Stengelansätze entfernen, die Tomaten in Achtel schneiden
4 hartgekochte Eier	pellen, in Scheiben schneiden etwa 3/4 der Tomatenachtel und der Eierscheiben unter den Salat mengen den Salat mit den restlichen Tomatenachteln, Eierscheiben,
Gewürzgurkenscheiben	garnieren.

Kartoffelsalat mit Zunge

1 kg Salatkartoffeln	waschen, in so viel
Wasser	zum Kochen bringen, daß die Kartoffeln bedeckt sind, in 20–25 Minuten gar kochen lassen, abgießen, abdämpfen, heiß pellen, in Scheiben schneiden
2 Bund Radieschen	putzen, waschen, in Scheiben schneiden
1–2 Stengel Staudensellerie (etwa 100 g)	putzen, harte Fäden an der Außenseite der Stengel abziehen, die Stengel waschen, abtrocknen, in feine Streifen schneiden
250 g gekochte Zunge (in Scheiben)	in Streifen schneiden
	für die Salatsoße
6 Eßl. Salatöl	mit
4 Eßl. Weinessig **250 ml (1/4 l) Weißwein** **1 Teel. Zucker** **Salz, Pfeffer**	verrühren, nach Belieben
1 Eßl. feingeschnittenen Schnittlauch **1 Eßl. feingehackten Dill**	unterrühren die Salatsoße mit den Salatzutaten vermengen, gut durchziehen lassen.

Kohlarten.

Rezepte mit Köpfchen.

Blumenkohl, klassisch

(Abb. oben)

Von

2 kleinen Köpfen Blumenkohl (je etwa 500 g) die Blätter und die schlechten Stellen entfernen, den Strunk abschneiden, die Blumenkohlköpfe gründlich waschen, in

kochendes Salzwasser geben, zum Kochen bringen, in etwa 15 Minuten gar kochen lassen
die Blumenkohlköpfe mit einem Schaumlöffel aus der Flüssigkeit nehmen, in eine Schüssel geben, warm stellen

50 g Butter zerlassen

4 Eßl. Semmelmehl unter Rühren darin leicht bräunen lassen, über den Blumenkohl geben, sofort servieren.

Blumenkohl, klassisch zu Erbsen-Möhren-Gemüse und Kalbsrücken reichen.

Blumenkohlauflauf mit Käsehaube

(5–6 Portionen)

Von

1 mittelgroßen Blumenkohl (etwa 1½ kg) die Blätter und die schlechten Stellen entfernen, den Strunk abschneiden, den Blumenkohl gründlich waschen, in

kochendes Salzwasser geben, zum Kochen bringen, 10–12 Minuten kochen, abtropfen lassen, die Röschen vom Strunk lösen

200 g gekochten Schinken (im Stück) grob zerkleinern, pürieren, mit

200 ml (⅕ l) Sahne
1 Ei
1 Teel. eingelegtem grünem Pfeffer gut verrühren

125 g rohen Schinken (in dünnen Scheiben) in feine Würfel schneiden, unterrühren

die Hälfte der Schinken-Sahne-Masse in eine gefettete feuerfeste Form (etwa 1 l Inhalt) geben, die Hälfte der Blumenkohlröschen hineindrücken, mit der restlichen Schinken-Sahne-Masse bedecken, die restlichen Blumenkohlröschen hineindrücken

50 g Butter zerlassen
20 g Weizenmehl unter Rühren darin erhitzen, bis es hellgelb ist
125 ml (1/8 l) Milch unter Rühren hinzugießen, darauf achten, daß keine Klumpen entstehen, zum Kochen bringen, etwa 5 Minuten kochen lassen, von der Kochstelle nehmen
3 Eigelb mit
50 g geriebenem Parmesan-Käse verschlagen, unterrühren
3 Eiweiß steif schlagen, unter die Käsemasse heben
die Käsemasse auf dem Blumenkohl verteilen
die Form auf dem Rost in den vorgeheizten Backofen schieben
Strom: Etwa 200
Gas: Etwa 3
Backzeit: Etwa 35 Minuten.
Beigabe: Tomatensoße.

Blumenkohl auf orientalische Art

Von
1 großen Kopf Blumenkohl (etwa 2 kg) die Blätter und die schlechten Stellen entfernen, den Strunk abschneiden, den Blumenkohl gründlich waschen, in
kochendes Salzwasser geben, zum Kochen bringen, in etwa 15 Minuten gar kochen, abtropfen lassen, die Röschen vom Strunk lösen
200 g Butter zerlassen
1 Eßl. Kurkuma mit
1 Eßl. gemahlenem Korinander
1 Eßl. Chinagewürz
Salz mischen, in die Butter geben, gut verrühren, erhitzen, die Blumenkohlröschen darin wenden, bis sie mit der Butter-Gewürz-Mischung überzogen sind, in eine vorgewärmte Schüssel geben
50 g Cashewkerne (ungesalzen) grob hacken, in einer Pfanne ohne Fett goldbraun rösten, über die Blumenkohlröschen streuen.

Broccoli mit Mandelbutter

	Von
800 g Broccoli	die Blätter entfernen, die Stengel am Strunk schälen, bis kurz vor den Röschen kreuzförmig einschneiden, waschen, in
kochendes Salzwasser	geben, zum Kochen bringen, 8–10 Minuten kochen, abtropfen lassen
50–75 g Butter	zerlassen
50 g abgezogene, gehobelte Mandeln	darin leicht bräunen, über den Broccoli geben, sofort servieren. Broccoli mit Mandelbutter zu Steaks und Röstkartoffeln servieren.

Broccoli mit sauce vinaigrette

	Von
800 g Broccoli	die Blätter entfernen, die Stengel am Strunk schälen, bis kurz vor den Röschen kreuzförmig einschneiden, waschen, in
kochendes Salzwasser	geben, zum Kochen bringen, 8–10 Minuten kochen, abtropfen lassen
	für die sauce vinaigrette
4 Eßl. Salatöl	mit
3 Eßl. Essig	
1 Teel. Senf	
Salz	
Pfeffer	
Zucker	verrühren

1 Eßl. feingeschnittenen Schnittlauch mit
1 Eßl. gehackter Petersilie
1 Eßl. gehackten Zitronenmelisseblättchen
1 Eßl. gehackten Borretschblättchen
1 Eßl. gehackten Estragonblättchen
1 Eßl. gehackten Basilikumblättchen unterrühren
den Broccoli auf einer großen Platte anrichten, die sauce vinaigrette darüber geben, gut durchziehen lassen.

Broccoli mit Kräuter-Hollandaise

(4–6 Portionen)

Von
750 g Broccoli die Blätter entfernen, die Stengel am Strunk schälen, bis kurz vor den Röschen kreuzförmig einschneiden, waschen
1 Knoblauchzehe abziehen, auspressen, mit dem Broccoli,
1 Eßl. Butter
1 Teel. Zucker in
2 l kochendes Salzwasser geben, zum Kochen bringen, 8–10 Minuten kochen, abtropfen lassen, auf einer vorgewärmten Platte anrichten, warm stellen

für die Kräuter-Hollandaise
200 g Butter in einem kleinen Kochtopf erhitzen, abschäumen, bis die Butter klar ist
4 Eigelb mit
1–2 Teel. Zitronensaft
3 Eßl. Weißwein in einem kleinen Kochtopf verschlagen, mit
Salz
Pfeffer
Zucker
Worcestersoße würzen, die Masse im Wasserbad mit einem elektrischen Handrührgerät in etwa 5 Minuten schaumig schlagen, die flüssige, warme Butter tropfenweise unterrühren, zu einer cremigen Soße schlagen
2–3 Eßl. gehackte glatte Petersilie
2–3 Eßl. feingeschnittenen Schnittlauch
2–3 Eßl. gehackten Dill
1 Eßl. gehackte Thymianblättchen
2–3 Eßl. gehackte Basilikumblättchen unterrühren
die Kräuter-Hollandaise evtl. mit Salz, Pfeffer abschmecken, mit dem Broccoli servieren.

Kohlrabi-Kartoffel-Gratin

	Von
3–4 kleinen Kohlrabi (etwa 500 g)	die Blätter entfernen, die Kohlrabi schälen, waschen
500 g Kartoffeln	schälen, waschen
3–4 Zwiebeln	abziehen die 3 Zutaten in dünne Scheiben schneiden
150 g Salami (in Scheiben)	in Streifen schneiden eine flache Auflaufform ausfetten, die Zutaten abwechselnd einschichten (die untere und die obere Schicht sollten aus Kartoffelscheiben bestehen), Kohlrabi- und Kartoffelschichten jeweils mit etwas von
200 g geriebenem Emmentaler Käse	bestreuen, mit
Salz, Pfeffer	würzen
250 ml (1/4 l) Milch	mit
125 ml (1/8 l) Sahne	
2 Eiern	verschlagen, mit Salz,
Paprika edelsüß	würzen, über den Auflauf gießen den restlichen Käse mit
2–3 Eßl. Semmelmehl	vermengen, über den Auflauf streuen
1–2 Eßl. Butter	zerlassen, darüber träufeln die Form auf dem Rost in den vorgeheizten Backofen schieben den Auflauf nach etwa der Hälfte der Garzeit mit Pergamentpapier oder mit Alufolie abdecken, damit er nicht zu dunkel wird
Strom:	Etwa 200
Gas:	Etwa 3
Backzeit:	Etwa 45 Minuten.

Kohlrabi-Eintopf

	Von
6–7 Kohlrabi (etwa 1½ kg)	die Blätter entfernen
500 g Kartoffeln	beide Zutaten schälen, waschen, in etwa 1 cm breite Streifen schneiden
4 geräucherte Koch- oder Mettwürstchen	in
750 ml (¾ l) Wasser	geben, zum Kochen bringen, etwa 5 Minuten kochen lassen, die Kartoffelstreifen hinzufügen, zum Kochen bringen, weitere 5 Minuten kochen lassen, die Kohlrabistreifen dazugeben, mit
Salz	
Pfeffer	würzen, den Eintopf zum Kochen bringen, etwa 10 Minuten kochen lassen
1 Eßl. Weizenmehl	mit
125 ml (⅛ l) Sahne	anrühren, in den Eintopf rühren, zum Kochen bringen, noch 2–3 Minuten kochen lassen den Kohlrabi-Eintopf mit Salz, Pfeffer,
geriebener Muskatnuß	abschmecken
1–2 Eßl. gehackten Dill	darüber streuen.

Kohlrabisuppe

	Von
3–4 Kohlrabi (etwa 1 kg)	die Blätter entfernen, die kleinen Blätter beiseite legen die Kohlrabi schälen, waschen, in Würfel schneiden
2–3 Möhren (etwa 250 g)	putzen, schrappen, waschen, in Scheiben schneiden
1 Steckrübe (etwa 500 g)	schälen, waschen, in Würfel schneiden
1 Zwiebel	abziehen, würfeln
2–3 Eßl. Butter oder Margarine	zerlassen, die Zwiebelwürfel darin glasig dünsten lassen, die Steckrübenwürfel hinzufügen, durchdünsten lassen
1 l Fleischbrühe	hinzugießen, zum Kochen bringen, 5 Minuten kochen lassen Möhrenscheiben und Kohlrabiwürfel mit
1–2 Lorbeerblättern	
2 Wacholderbeeren	
etwa 10 schwarzen Pfefferkörnern	hinzufügen, die Suppe zum Kochen bringen
½ Brötchen	in kaltem Wasser einweichen, gut ausdrücken
1 kleine Zwiebel	abziehen, fein würfeln
350 g Gehacktes (halb Rind-, halb Schweinefleisch)	mit der Brötchenhälfte, den Zwiebelwürfeln,
1 Ei	gut vermengen, mit
Salz	
Pfeffer	würzen aus der Hackfleischmasse Klößchen formen, nach etwa 15 Minuten Garzeit in die Suppe geben, zum Kochen bringen, die Klößchen in 7–10 Minuten darin gar ziehen lassen die Suppe mit Salz abschmecken die zurückgelassenen Kohlrabiblättchen abspülen, abtropfen lassen, hacken, in die Suppe geben.
Beigabe:	Roggenbrötchen.

Gepökelte Rinderbrust mit Rotkohl

(Im Schnellkochtopf – Abb. unten)

1 mittelgroße Zwiebel abziehen, fein würfeln
2 Eßl. Schweineschmalz im Schnellkochtopf erhitzen, die Zwiebelwürfel darin andünsten
600 g gepökelte Rinderbrust (in Scheiben) waschen, abtrocknen, mit
125 ml (1/8 l) Fleischbrühe
2 Nelken
1 Stück Apfelsinenschale (unbehandelt) in den Schnellkochtopf geben, mit
Pfeffer
Zucker würzen
den Schnellkochtopf verschließen, etwa 20 Minuten garen lassen
von
1 Kopf Rotkohl (etwa 800 g) die äußeren Blätter entfernen, den Rotkohl achteln, den Strunk herausschneiden, den Kohl waschen, abtropfen lassen
400 g kleine Kochbirnen schälen (nicht entstielen)
den Schnellkochtopf öffnen, die Rotkohlachtel, die Birnen,
3–4 Eßl. Madeira zu dem Fleisch geben, unterrühren, den Schnellkochtopf verschließen, weitere 10 Minuten garen lassen
das Gericht evtl. mit Pfeffer, Zucker,
Salz abschmecken.

Rotkohl, gedünstet

Von
1 Kopf Rotkohl (etwa 800 g) die äußeren Blätter entfernen, den Rotkohl vierteln, den Strunk herausschneiden, den Rotkohl waschen, sehr fein schneiden oder hobeln
100 g fetten Speck in Würfel schneiden, auslassen
2 Zwiebeln abziehen, würfeln, in dem Speckfett andünsten
den Rotkohl zu den Zwiebelwürfeln geben, unter Rühren andünsten
3 Eßl. Kräuteressig
5 Pimentkörner
5 Wacholderbeeren
3 Nelken
1 Lorbeerblatt hinzufügen, mit
Salz
Pfeffer
Zucker würzen, gut verrühren
250 ml (1/4 l) Rotwein hinzugießen
500 g säuerliche Äpfel schälen, vierteln, entkernen, in Scheiben schneiden, zu dem Rotkohl geben
den Rotkohl etwa 30 Minuten dünsten lassen, ab und zu umrühren, mit Salz, Pfeffer abschmecken.
Rotkohl, gedünstet zu Wild, Geflügel oder Bratwurst reichen.

Tip: Rotkohl, gedünstet zu Wild, Geflügel oder Bratwurst reichen.

Rotkohl mit Backpflaumen und Apfelringen

	Von
1 Kopf Rotkohl (etwa 800 g)	die äußeren Blätter entfernen, den Rotkohl vierteln, den Strunk herausschneiden, den Rotkohl waschen, sehr fein schneiden oder hobeln
50 g Schweineschmalz	zerlassen, den Rotkohl hinzufügen, unter Rühren erhitzen
250 g entsteinte Backpflaumen	waschen, mit
3–4 Eßl. Essig **125–250 ml (1/8–1/4 l) Wasser** **Salz** **Zucker**	zu dem Rotkohl geben den Rotkohl etwa 30 Minuten dünsten lassen, ab und zu umrühren, mit Salz, Zucker,
Essig	abschmecken
3 Äpfel (etwa 350 g)	schälen, mit einem Apfelausstecher das Kerngehäuse entfernen, die Äpfel in etwa ½ cm dicke Scheiben schneiden
250 ml (1/4 l) Wasser	mit
1 gut gehäuften Eßl. Zucker **2 Eßl. Zitronensaft**	zum Kochen bringen, die Apfelscheiben hineingeben, zum Kochen bringen, etwa 3 Minuten dünsten lassen den Rotkohl auf eine vorgewärmte Platte geben, die Apfelscheiben kranzförmig darum legen.

Pikanter Weißkohl mit Makrelen

(Abb. oben)

Für den pikanten Weißkohl von

1 kleinen Kopf Weißkohl (etwa 750 g) die äußeren Blätter entfernen, den Kohlkopf achteln, den Strunk herausschneiden, den Kohl waschen, in Streifen schneiden

8–10 mittelgroße Zwiebeln (etwa 250 g) abziehen, vierteln

50 g Schweineschmalz erhitzen, die Zwiebelviertel darin hellgelb dünsten lassen, den Kohl hinzufügen, durchdünsten lassen, mit

Salz
Pfeffer würzen

5 Wacholderbeeren
1 Lorbeerblatt
gut 125 ml (1/8 l) Wasser hinzufügen, etwa 5 Minuten dünsten lassen

2 säuerliche Äpfel schälen, vierteln, entkernen, in Scheiben schneiden, zu dem Kohl geben

den Kohl noch etwa 10 Minuten dünsten lassen, mit Salz, Pfeffer,

Essig abschmecken, warm stellen

2 küchenfertige Makrelen (etwa 1,2 kg) unter fließendem kaltem Wasser abspülen, trockentupfen, mit

Zitronensaft beträufeln, etwa 15 Minuten stehenlassen, trockentupfen, innen und außen mit

Salz
Pfeffer bestreuen

die beiden Makrelen auf dem Rücken mehrmals quer einschneiden, unter den vorgeheizten Grill schieben, von jeder Seite etwa 7 Minuten grillen

die garen Makrelen auf dem Kohl anrichten.

Beilage: Bouillonkartoffeln.

Kohlrouladen

Von

1 Kopf Weißkohl oder Wirsing (etwa 2 kg) die äußeren Blätter entfernen, den Strunk herausschneiden, den Kohlkopf kurze Zeit in

kochendes Salzwasser legen, bis sich die äußeren Blätter lösen, diesen Vorgang wiederholen, bis alle Blätter gelöst sind, abtropfen lassen, die dicken Rippen flachschneiden

für die Füllung

1 Brötchen in kaltem Wasser einweichen, gut ausdrücken

1 mittelgroße Zwiebel abziehen, würfeln, mit dem Brötchen,

1 Ei
400 g Gehacktem (halb Rind-, halb Schweinefleisch) vermengen, mit

Salz
Pfeffer würzen

jeweils 2–3 große Kohlblätter übereinanderlegen, die Füllung darauf verteilen, die Blätter aufrollen,
die Rouladen mit Küchengarn umwickeln oder mit Rouladennadeln zusammenhalten

75 g Margarine erhitzen, die Rouladen von allen Seiten darin anbraten

etwas heißes Wasser hinzugießen, die Rouladen 35–45 Minuten schmoren lassen, von Zeit zu Zeit wenden
verdampfte Flüssigkeit nach und nach ersetzen
von den garen Rouladen das Küchengarn (Rouladennadeln) entfernen
die Rouladen auf einer vorgewärmten Platte anrichten

1–2 Eßl. Weizenmehl mit

3 Eßl. kaltem Wasser anrühren, die Schmorflüssigkeit damit binden, mit Salz, Pfeffer abschmecken.

Sauerkraut

Von

festen, frischen Köpfen Weißkohl die äußeren Blätter entfernen, die Kohlköpfe vierteln, waschen, abtropfen lassen, die Strünke herausschneiden, den Kohl fein hobeln
das Kraut abwechselnd mit

Salz (auf 5 kg Weißkohl 100 g Salz) in einen sorgfältig gespülten Steintopf stampfen
jede Krautlage muß so gestampft werden, daß der sich bildende Saft über dem Kohl steht
den Kohl mit einem Leinentuch bedecken, mit Brett und Stein beschweren, an einem kühlen Ort (Keller) aufbewahren

Dauer der Gärung: 4–6 Wochen.

Veränderung: Wacholderbeeren, Weinblätter oder Apfelscheiben (auf 5 kg Weißkohl 500 g Äpfel) mit einschichten.

Weißkohlsalat

Von

1 kleinen Kopf Weißkohl (etwa 750 g) die äußeren Blätter entfernen, den Kohlkopf achteln, den Strunk herausschneiden, den Kohl waschen, in feine Streifen schneiden, in

kochendes Salzwasser geben, zum Kochen bringen, etwa 1 Minute kochen, abtropfen lassen

für die Salatsoße

4 Eßl. Essig mit

Kümmel
Salz
Pfeffer
Zucker verrühren, über den Weißkohl geben

150 g durchwachsenen Speck in Würfel schneiden, kroß ausbraten, unter den Kohl heben
den Salat mit Salz, Pfeffer, Zucker,

Essig abschmecken, warm servieren.

Wirsing mit Speck

Von

1 Kopf Wirsing (etwa 1 kg) die äußeren Blätter entfernen, den Wirsing achteln, den Strunk herausschneiden, den Kohl waschen, grob schneiden

2–3 mittelgroße Zwiebeln (etwa 125 g) abziehen, in Scheiben schneiden

den Boden einer feuerfesten Form mit

150 g durchwachsenen Speckscheiben auslegen, darauf die Zwiebelscheiben geben, etwa 10 Minuten dünsten lassen

500 g Rindfleisch (Querrippe oder Nacken) waschen, abtrocknen, in 4 Portionsstücke schneiden, mit dem Wirsing in die Form geben, mit

Salz

Pfeffer würzen

125 ml (1/8 l) Wasser hinzugießen, die Form mit einem Deckel oder Alufolie verschließen, auf dem Rost in den vorgeheizten Backofen schieben

Strom: 200–225

Gas: 3–4

Garzeit: Etwa 1 1/2 Stunden.

Wirsingsuppe

(6–8 Portionen)

Etwa 100 g Weiße Bohnen waschen, in

500 ml (1/2 l) Wasser 12–24 Stunden einweichen

500 g mageren durchwachsenen Speck in

1 l Wasser geben, zum Kochen bringen, etwa 1 Stunde kochen lassen, aus der Brühe nehmen

von

1 Kopf Wirsing (etwa 1 1/2 kg) die äußeren Blätter entfernen, den Wirsing vierteln, den Strunk herausschneiden, den Kohl waschen, in grobe Streifen schneiden

3 Zwiebeln abziehen, in Scheiben schneiden

4 Knoblauchzehen abziehen, durchpressen

2 Möhren (etwa 100 g)

2 Petersilienwurzeln beide Zutaten putzen, schrappen, waschen, in Scheiben schneiden

2 Stangen Porree (etwa 250 g) putzen, das dunkle Grün bis auf etwa 10 cm entfernen, den Porree in Scheiben schneiden, gründlich waschen

1 Schinkenknochen (etwa 500 g) waschen, mit den eingeweichten Weißen Bohnen, dem Einweichwasser in die Speckbrühe geben

1 l Wasser hinzugießen, das vorbereitete Gemüse hinzufügen, zum Kochen bringen, etwa 45 Minuten kochen lassen

2 Thymianzweige
2 Majoranzweige
2–3 Petersilienzweige
2–3 Sellerieblättchen

die Kräuter vorsichtig abspülen, mit

2–3 Lorbeerblättern in die Wirsingsuppe geben

500 g festkochende Kartoffeln schälen, waschen, in Würfel schneiden

500 g Cabanossi (Knoblauchwurst) einige Male einstechen, mit den Kartoffelwürfeln in die Suppe geben, zum Kochen bringen, weitere 15–20 Minuten kochen lassen
den Schinkenknochen, die Cabanossi aus der Suppe nehmen
das Fleisch von dem Schinkenknochen lösen, in Würfel schneiden
die Speckschwarte abschneiden, den Speck in Würfel, die Cabanossi in Scheiben schneiden
Fleisch, Speck und Wurst wieder in die Wirsingsuppe geben, erhitzen, die Suppe mit

Salz
Pfeffer abschmecken.

Lammtopf mit Wirsing

(Im Schnellkochtopf)

Von

1 kleinen Kopf Wirsing (etwa 400 g) die äußeren Blätter entfernen, den Wirsing vierteln, waschen, in feine Streifen schneiden

1 Stange Porree (etwa 150 g) putzen, das dunkle Grün bis auf etwa 10 cm entfernen, den Porree in dünne Scheiben schneiden, gründlich waschen

2 große Möhren (etwa 150 g) putzen, schrappen, waschen, in dünne Scheiben schneiden

500–750 g festkochende Kartoffeln schälen, waschen, in Scheiben schneiden
von

750 g Lammfleisch (Nacken) den Knochen herauslösen, das Lammfleisch waschen, abtrocknen, in Würfel schneiden

50 g durchwachsenen Speck in Würfel schneiden, im Schnellkochtopf auslassen, die Lammfleischwürfel hinzugeben, mit

Salz
Pfeffer würzen, von allen Seiten anbraten

2 Zwiebeln abziehen, würfeln, zu dem Fleisch geben, mitbraten lassen
Wirsingstreifen, Porree- und Möhrenscheiben hinzufügen, mit dem Fleisch vermengen, mit Salz, Pfeffer,

Paprika edelsüß würzen

1–2 Eßl. gehackte Thymianblättchen unterrühren
die Kartoffelscheiben darauf schichten

etwa 500 ml (½ l) Fleischbrühe hinzugießen (die Kartoffelscheiben dürfen nicht ganz mit Brühe bedeckt sein)
die Kartoffelscheiben mit Salz, Pfeffer bestreuen

6 Scheiben durchwachsenen Speck (etwa 75 g) darauf legen, den Schnellkochtopf verschließen, etwa 8 Minuten garen lassen
den Lammtopf mit

2–3 Eßl. gehackter Petersilie bestreuen.

Grünkohl, Bremer Art

(Abb. unten)

	Von
1½ kg Grünkohl	die welken und fleckigen Blätter und die Rippen entfernen, den Grünkohl gründlich waschen, in
kochendes Salzwasser	geben, zum Kochen bringen, 1–2 Minuten kochen, abtropfen lassen, grob hacken
2 mittelgroße Zwiebeln	abziehen, würfeln
100 g Schweineschmalz	erhitzen, die Zwiebelwürfel darin glasig dünsten lassen, den Grünkohl hinzufügen
2 Eßl. Haferflocken	unterrühren, erhitzen
500–750 g Kasseler Rippenspeer	waschen, den Knochen auslösen, das Fleisch mit dem Knochen zu dem Grünkohl geben
250 g durchwachsenen Speck	
375 ml (3/8 l) Wasser	hinzufügen, mit
Salz	würzen, zum Kochen bringen, etwa 30 Minuten kochen lassen

4 geräucherte Grützwürste (Pinkel)	zu dem Grünkohl geben, etwa 20 Minuten mitkochen lassen den Grünkohl mit Salz,
Pfeffer geriebener Muskatnuß Zucker	abschmecken das Fleisch und den Speck in Scheiben schneiden, mit den Würsten und dem Grünkohl auf einer großen Platte anrichten.
Beilage:	Röstkartoffeln.

Grünkohltopf

	Von
1½ kg Grünkohl	die welken und fleckigen Blätter und die Rippen entfernen, den Grünkohl gründlich waschen, in
kochendes Salzwasser	geben, zum Kochen bringen, 1–2 Minuten kochen, abtropfen lassen, grob hacken
100 g durchwachsenen Speck	in Würfel schneiden
2–3 Eßl. Speiseöl	erhitzen, die Speckwürfel darin ausbraten
500 g Rindfleisch	waschen, abtrocknen, in kleine Würfel schneiden, in dem Speckfett anbraten
2 Zwiebeln	abziehen, würfeln, zu dem Fleisch geben, mitdünsten lassen, das Fleisch mit
Salz Pfeffer	würzen
gut 500 ml (½ l) Wasser	hinzugießen, zum Kochen bringen, etwa 20 Minuten kochen lassen den Grünkohl hinzufügen, etwa 45 Minuten schmoren lassen
250 g Möhren	putzen, schrappen, waschen, in Würfel schneiden, zu dem Grünkohl geben, 10–15 Minuten mitschmoren lassen den Grünkohltopf mit Salz, Pfeffer abschmecken.
Beilage:	Kartoffelklöße.

Grünkohl, gedünstet

	Von
1½ kg Grünkohl	die welken und fleckigen Blätter und die Rippen entfernen, den Grünkohl gründlich waschen, in
kochendes Salzwasser	geben, zum Kochen bringen, 1–2 Minuten kochen, abtropfen lassen, grob hacken
125 g fetten Speck	in Würfel schneiden, auslassen
2 Zwiebeln	abziehen, würfeln, in dem Speckfett andünsten, den Grünkohl hinzufügen, unter Rühren darin andünsten
2 Teel. mittelscharfen Senf	unterrühren, mit
Salz Pfeffer	würzen
500 ml (½ l) Fleischbrühe	hinzugießen, den Kohl 15–20 Minuten dünsten lassen, evtl. noch etwas
Fleischbrühe	hinzugießen den Grünkohl mit Salz, Pfeffer abschmecken. Gedünsteten Grünkohl zu gebratenem Leberkäse oder Bratwurst oder Kasseler und Röstkartoffeln reichen.

Kalte Rindfleischschnittchen

	Von
1 Staude Chinakohl (etwa 300 g)	die welken Blätter entfernen, den Chinakohl halbieren, den Strunk herausschneiden, die Blätter waschen, gut abtropfen lassen, sehr fein schneiden
1 Eßl. Speiseöl	erhitzen, den Chinakohl darin andünsten, mit
50 g geriebenem Parmesan-Käse 50 g Semmelmehl 2 Eiern 2 Eßl. gehackter Petersilie	vermengen, evtl.
2–3 Eßl. Milch	hinzufügen, damit eine einheitliche Masse entsteht
8 sehr dünne Scheiben Rindfleisch (je etwa 80 g, aus der Keule)	mit
Salz Pfeffer	bestreuen, mit der Masse bestreichen, die Fleischscheiben von der schmalen Seite her aufrollen 8 Stück Alufolie mit
Speiseöl	bestreichen, jeweils ein Fleischröllchen darin einwickeln, die Folie locker, aber dicht verschließen, auf ein Backblech legen, in den vorgeheizten Backofen schieben
Strom:	Etwa 200
Gas:	Etwa 4
Garzeit:	Etwa 45 Minuten die garen Fleischröllchen in der Folie erkalten lassen die Folie entfernen, die Röllchen in dünne Scheiben schneiden, auf einer Platte anrichten
	für die Marinade
2 Knoblauchzehen	abziehen, fein würfeln, mit
3 Eßl. Speiseöl Saft von 1 Zitrone Salz, Pfeffer	verrühren
2 Eßl. gehackte Petersilie	unterrühren das Fleisch mit der Marinade beträufeln.
Beigabe:	Stangenweißbrot oder Bratkartoffeln.

Gebackene Chinakohlröllchen

	Von
2 Stauden Chinakohl (etwa 500 g)	die welken Blätter entfernen, 16 mittelgroße Blätter vom Strunk lösen, die Rippen etwas flachschneiden die Kohlblätter in
kochendes Wasser	geben, zum Kochen bringen, etwa ½ Minute kochen lassen, herausnehmen, sofort in sehr kaltes Wasser geben, herausnehmen, auf Haushaltspapier abtropfen lassen
	für die Füllung
2 Frühlingszwiebeln	putzen, das dunkle Grün bis auf etwa 15 cm entfernen, die Frühlingszwiebeln waschen, in Ringe schneiden
1 große Möhre	putzen, schrappen, waschen, in Würfel schneiden
4 Eßl. Sojabohnen-Keimlinge	waschen, abtropfen lassen

50 g Champignons	putzen, waschen, fein hacken
1 Eßl. Speiseöl	erhitzen, Zwiebelscheiben, Möhrenwürfel, Sojabohnen-Keimlinge und Champignonstücke darin andünsten
200 g Hühnerbrust oder	

Putenschnitzel	waschen, abtrocknen, in kleine Würfel schneiden, mit dem Gemüse vermengen, mit
Salz	
Pfeffer	
Sojasoße	würzen
	von den vorbereiteten Chinakohlblättern jeweils 2 über Kreuz übereinander legen
	die Füllung auf die Kohlblätter verteilen, die Blätter zusammenrollen, mit Küchengarn umwickeln
250 ml (1/4 l) Speiseöl	erhitzen, die Chinakohlröllchen darin schwimmend goldgelb backen, auf Haushaltspapier abtropfen lassen, warm stellen
4 Eßl. trockenen Sherry	mit
1 Eßl. Zitronensaft	
1 Teel. Honig	verrühren, mit
Sojasoße	würzen
	die Chinakohlröllchen damit beträufeln, sofort servieren.
Beilage:	Butterreis, gemischter Salat.

Rosenkohl, gedünstet

(Abb. oben)

1 kg Rosenkohl putzen, die Röschen am Strunk kreuzförmig einschneiden, den Rosenkohl waschen
1 Zwiebel abziehen, würfeln
2 Eßl. Butter zerlassen, die Zwiebelwürfel darin andünsten, den Rosenkohl hinzufügen, mit
Salz
geriebener Muskatnuß würzen
125 ml (1/8 l) Wasser hinzugießen, zum Kochen bringen, den Rosenkohl 15–20 Minuten dünsten lassen
2 Eßl. Crème fraîche
2 Eßl. gehackte Petersilie unterrühren, den Rosenkohl mit Salz, Muskatnuß abschmecken.
Rosenkohl, gedünstet zu Wild, Schweine- oder Rinderbraten reichen.

Rosenkohlsalat

200 g Möhren putzen, schrappen, waschen, in Scheiben schneiden, in
kochendes Salzwasser geben, zum Kochen bringen, etwa 5 Minuten kochen lassen, mit einem Schaumlöffel herausnehmen
200 g kleine feste Champignons putzen, waschen, in das Gemüsewasser geben, zum Kochen bringen, etwa 3 Minuten kochen lassen, mit einem Schaumlöffel herausnehmen
500 g Rosenkohl putzen, die Röschen am Strunk kreuzförmig einschneiden, den Rosenkohl waschen, in das Gemüsewasser geben, zum Kochen bringen, etwa 10 Minuten kochen, abtropfen lassen, das Gemüse miteinander vermengen, erkalten lassen
1 Stange Porree (etwa 150 g) putzen, das dunkle Grün bis auf etwa 10 cm entfernen, den Porree längs halbieren, in feine Streifen schneiden, gründlich waschen, abtropfen lassen, zu dem Gemüse geben
75–100 g rohen Schinken in Würfel schneiden

	für die Salatsoße
1 Becher (150 g) Crème fraîche	mit
3 Eßl. Tomaten-Ketchup **Salz** **Pfeffer** **Cayennepfeffer**	verrühren
3 Eßl. gehackte Kräuter (Zitronenmelisse, Estragon, Petersilie)	unterrühren die Salatsoße mit den Salatzutaten vermengen, den Salat gut durchziehen lassen, evtl. mit Salz, Pfeffer abschmecken, mit
Tomatenachteln **Petersilie**	garnieren.
Beigabe:	Bauernbrot oder Vollkornbrot.

Rosenkohlcremesuppe

500 g Rosenkohl	putzen, die Röschen am Strunk kreuzförmig einschneiden, den Rosenkohl waschen, in
250 ml (1/4 l) kochendes Salzwasser	geben, zum Kochen bringen, etwa 10 Minuten kochen lassen kurz vor Beendigung der Garzeit etwa 10 Rosenkohlröschen herausnehmen, vierteln, beiseite stellen die restlichen Rosenkohlröschen in der Flüssigkeit pürieren
500 ml (1/2 l) heißes Wasser **1 Teel. Fleischextrakt**	hinzufügen, zum Kochen bringen
1 Teel. Speisestärke	mit
1 Eßl. kaltem Wasser	anrühren
1 Eigelb **2 Eßl. Crème fraîche**	unterrühren, unter die Rosenkohlsuppe schlagen, erhitzen
1/2–1 Eßl. weiche Butter	hinzufügen die Rosenkohlcremesuppe mit
Salz **Cayennepfeffer** **Zucker**	abschmecken, die zurückgelassenen Rosenkohlviertel hinzufügen, miterhitzen die Suppe mit
gehackter Petersilie	bestreuen.

Laucharten.
Lang und lecker.

Porree, griechisch

(Abb. S. 290/291)

1 kg Porree (10 dünne Stangen)	putzen, das dunkle Grün bis auf etwa 10 cm entfernen die Porreestangen längs einschneiden, gründlich waschen, mit Küchengarn zu kleinen Bündeln zusammenbinden
125 ml (1/8 l) Wasser	mit
125 ml (1/8 l) trockenem Weißwein **5–6 Eßl. Zitronensaft** **6 Eßl. Olivenöl**	vermengen
3–4 Thymianzweige **10 Zweige glatte Petersilie**	die Kräuter vorsichtig abspülen, abtropfen lassen, die dickeren Petersilienstengel entfernen, die Kräuter mit
1 Eßl. Korianderkörnern **6 Lorbeerblättern** **Salz** **schwarzem Pfeffer**	in die Flüssigkeit geben, zum Kochen bringen, etwa 10 Minuten kochen lassen die Porreebündel hineingeben, zum Kochen bringen, in etwa 30 Minuten gar dünsten, in der Flüssigkeit erkalten lassen, mit einem Schaumlöffel herausnehmen das Küchengarn entfernen, die Porreestangen auf einer Platte anrichten, mit etwas von der erkalteten Flüssigkeit übergießen. Porree, griechisch als Vorspeise servieren.

Porree-Eintopf

(Abb. nebenstehend)

1 kg Porree (etwa 10 Stangen)	putzen, das dunkle Grün bis auf etwa 10 cm entfernen, den Porree längs halbieren, in etwa 1 cm breite Streifen schneiden, gründlich waschen, abtropfen lassen
2 Möhren	putzen, schrappen, waschen, in Scheiben schneiden
1 Stück Sellerie	schälen, waschen
1 Zwiebel	abziehen
750 g mehligkochende Kartoffeln	schälen, waschen
75 g durchwachsenen Speck	die 4 Zutaten in Würfel schneiden
1 Eßl. Speiseöl	erhitzen, die Speckwürfel darin ausbraten, Möhrenscheiben, Sellerie- und Zwiebelwürfel darin andünsten die Kartoffelwürfel,
1 l Fleischbrühe **4 geräucherte Mettwürstchen**	hinzufügen, zum Kochen bringen, etwa 10 Minuten kochen lassen die Porreestreifen hinzufügen, mit
Salz **Pfeffer**	würzen, evtl. noch
etwas Fleischbrühe	hinzugießen, zum Kochen bringen, 5–7 Minuten kochen lassen die Mettwürstchen aus dem Eintopf nehmen, in Scheiben schneiden, wieder in den Eintopf geben den Porree-Eintopf mit Salz, Pfeffer abschmecken, mit
1–2 Eßl. gehackter Petersilie	bestreuen.

Porreesalat mit geräucherter Putenbrust

750 g Porree (etwa 8 Stangen)	putzen, das dunkle Grün bis auf etwa 10 cm entfernen, den Porree schräg in dünne Scheiben schneiden, gründlich waschen, in
kochendes Salzwasser	geben, zum Kochen bringen, auf ein Sieb geben, mit kaltem Wasser übergießen, gut abtropfen, erkalten lassen
500 g geräucherte Putenbrust	in Streifen schneiden

für die Salatsoße
6 Eßl. Salatöl mit
4 Eßl. Zitronensaft verrühren
etwa 10 g frische Ingwerwurzel schälen, raspeln oder in feine Stifte schneiden, hinzufügen
die Salatsoße mit
Zucker abschmecken, mit den Salatzutaten vermengen
den Salat etwas durchziehen lassen, evtl. mit Zucker,
Salz abschmecken.
Porreesalat als Vorspeise mit Roggenbrötchen und Butter reichen.

Schweinecurry mit Porree

500 g Schweinefilet abspülen, trockentupfen, in Streifen schneiden

2–3 Zwiebeln (etwa 125 g) abziehen, halbieren, in Scheiben schneiden

1 gelbe Paprikaschote halbieren, entstielen, entkernen, die weißen Scheidewände entfernen, die Schote waschen, in Streifen schneiden

1 kg Porree (etwa 10 Stangen) putzen, das dunkle Grün bis auf etwa 10 cm entfernen, den Porree in Scheiben schneiden, gründlich waschen

4 Eßl. Speiseöl in einer großen Pfanne erhitzen, Filetstreifen und Zwiebelscheiben darin unter Wenden anbraten

1 gehäuften Eßl. Currypulver unterrühren, kurz durchbraten lassen (Currypulver darf nicht zu dunkel werden), mit
Salz würzen
etwa 7 Eßl. Apfelsinensaft hinzufügen
2 Knoblauchzehen abziehen
2 Scheiben frische Ingwerwurzel schälen
beide Zutaten würfeln, zu dem Fleisch geben, etwa 5 Minuten mitschmoren lassen, Paprikastreifen und Porreescheiben hinzufügen, das Schweinecurry in etwa 5 Minuten gar schmoren lassen, mit Salz abschmecken.

Beilage: Reis.

Sahnezwiebeln

500 g Zwiebeln	abziehen, in dünne Scheiben schneiden, in Ringe teilen
1–2 Eßl. Butter	zerlassen, die Zwiebelringe darin glasig dünsten lassen, mit
Salz	
Pfeffer	würzen
einige Thymianblättchen	hineingeben, die Zwiebelringe auf 4 feuerfeste Förmchen verteilen
250 ml (1/4 l) Sahne	mit Salz abschmecken, so viel zu den Zwiebelringen gießen, daß sie knapp bedeckt sind
150 g mittelalten Gouda-Käse	raspeln, gleichmäßig über die Sahne streuen von
4 Scheiben Toastbrot	die Rinde abschneiden, das Brot in kleine Würfel schneiden, auf dem Käse verteilen
2 Eßl. Butter	in Flöckchen auf die Brotwürfel setzen die Förmchen auf dem Rost in den vorgeheizten Backofen schieben
Strom:	Etwa 200
Gas:	Etwa 3
Backzeit:	20–30 Minuten.

Portweinzwiebeln

1 kg mittelgroße Zwiebeln	abziehen, in
kochendes Wasser	geben, zum Kochen bringen, etwa 10 Minuten kochen lassen, herausnehmen, etwa 10 Minuten in kaltes Wasser legen, herausnehmen, abtropfen lassen
250 ml (1/4 l) Rotweinessig	mit 100 g von
250 g Zucker	
2 gestrichenen Teel. Salz	zum Kochen bringen, beiseite stellen den restlichen Zucker in einem Topf unter Rühren karamelisieren lassen, die Essig-Flüssigkeit hinzugießen, gut verrühren, bis die Karamel-Masse gelöst ist
8 Salbeiblättchen	vorsichtig abspülen, trockentupfen, mit den vorbereiteten Zwiebeln,
4 Lorbeerblättern	
20 g frischer, geschälter Ingwerwurzel (in Scheiben)	
5 Nelken	
10 schwarzen Pfefferkörnern	
1 Stück Stangenzimt	
Schale von 1 Zitrone (unbehandelt)	in die Zucker-Essig-Flüssigkeit geben, zum Kochen bringen, etwa 5 Minuten kochen lassen, von der Kochstelle nehmen
etwa 250 ml (1/4 l) roten Portwein	hinzugießen Zwiebeln und Gewürze aus der Portwein-Flüssigkeit nehmen, in Gläser füllen, die Flüssigkeit hinzugießen, die Gläser verschließen, die Zwiebeln kühl aufbewahren. Portweinzwiebeln zu Fondue oder anderem kurzgebratenem Fleisch reichen.

Knabberringe

750 g große Zwiebeln	abziehen, in etwa ½ cm dicke Scheiben schneiden, in Ringe teilen, mit Haushaltspapier trockentupfen, mit
etwa 3 Eßl. Weizenmehl	bestäuben
Fritierfett	in einer Friteuse auf 180 Grad erhitzen, die Zwiebelringe portionsweise jeweils 3–4 Minuten darin fritieren, auf Haushaltspapier abtropfen lassen, mit
Salz	
Pfeffer	bestreuen.
	Knabberringe zu neuem Wein reichen.

Karamel-Zimt-Zwiebelchen

500 g kleine Zwiebeln	abziehen
2 Eßl. Speiseöl	in einer großen Pfanne erhitzen, die Zwiebeln darin glasig dünsten lassen, mit
Salz	würzen
60 g braunen Zucker	über die Zwiebeln streuen, karamelisieren lassen
200 ml (1/5 l) Rotwein	mit
6 Eßl. Rotweinessig	mischen, mit
2 Eßl. Tomatenmark	verrühren, über die Zwiebeln gießen, gut verrühren, aufkochen lassen, mit
2 Teel. gemahlenem Zimt	
Cayennepfeffer	würzen, zugedeckt etwa 15 Minuten dünsten lassen, dabei ab und zu umrühren die Zwiebeln aus der Pfanne nehmen, die Flüssigkeit in etwa 10 Minuten dicklich einkochen lassen, die Zwiebeln wieder hineingeben, erhitzen, mit
Essig	
gemahlenem Zimt	abschmecken.
	Karamel-Zimt-Zwiebelchen zu Lamm oder Wild oder zu Fondue reichen.

Zwiebelsuppe mit Käsecroutons

(6 Portionen – Abb. nebenstehend)

1 kg Gemüsezwiebeln	abziehen, vierteln, in Scheiben schneiden
75 g Butter oder Margarine	zerlassen, die Zwiebelscheiben darin andünsten
3/4–1 l Fleischbrühe 250 ml (1/4 l) Weißwein	hinzugießen, mit
Salz Pfeffer	würzen, zum Kochen bringen, etwa 10 Minuten kochen lassen die Suppe evtl. nochmals mit Salz, Pfeffer abschmecken
	für die Käsecroutons
6 Scheiben Toastbrot	in Dreiecke schneiden, von einer Seite toasten, die ungetoastete Seite mit
100 g geriebenem mittelalten Gouda-Käse	bestreuen, unter den vorgeheizten Grill schieben, grillen bis der Käse geschmolzen ist (etwa 2 Minuten) die Zwiebelsuppe auf 6 Suppentassen oder -teller verteilen kurz vor dem Servieren auf jede Portion 2 Käsecroutons geben oder getrennt dazureichen.

Poularde im Zwiebelbett

1 küchenfertige Poularde (etwa 1 1/4 kg)	waschen, abtrocknen, in 8 Portionsstücke teilen
2 Eßl. Speiseöl	erhitzen, die Poulardenstücke darin von allen Seiten gut anbraten, herausnehmen, mit
Salz Pfeffer	bestreuen, warm stellen
500 g Perlzwiebeln	abziehen
250 g Möhren	putzen, schrappen, waschen, in Scheiben schneiden
3 Eßl. Butter	in dem Bratfett zerlassen, Zwiebeln und Möhrenscheiben darin anbraten, mit Salz, Pfeffer,
1 Eßl. Thymianblättchen	bestreuen die Poulardenstücke mit
2 Lorbeerblättern	zu dem Gemüse geben, zugedeckt etwa 20 Minuten schmoren lassen
etwa 100 g Crème fraîche	unterrühren, erhitzen.
Beilage:	Butterkartoffeln.

Zwiebelstrudel

	Für den Teig
300 g Weizenmehl	auf die Tischplatte sieben, in die Mitte eine Vertiefung eindrücken
Salz knapp 100 ml (1/10 l) lauwarmes Wasser 1 kleines Ei 3 Eßl. Speiseöl	hineingeben, mit einem Teil des Mehls zu einem dicken Brei verarbeiten, mit Mehl bedecken, von der Mitte aus alle Zutaten schnell zu einem glatten Teig verkneten, ihn auf Pergamentpapier in einen heißen, trockenen Kochtopf (vorher Wasser darin kochen) legen, mit einem Deckel verschließen, etwa 30 Minuten ruhen lassen
	für die Füllung
1 1/2 kg Gemüsezwiebeln	abziehen, in dünne Scheiben schneiden
100 g durchwachsenen Speck	in Würfel schneiden
80 g Butterschmalz	zerlassen, die Speckwürfel darin anbraten, die Zwiebelscheiben hinzufügen, 10–15 Minuten dünsten lassen, mit Salz,
Pfeffer	würzen
2 Teel. Kümmel	unterrühren, die Zwiebelscheiben erkalten lassen den Strudelteig auf einem bemehlten großen Tuch dünn ausrollen, ihn dann mit den Händen zu einem Rechteck von etwa 50x70 cm ausziehen (er muß durchsichtig sein), die Ränder, wenn sie dicker sind, abschneiden die Füllung auf dem Strudelteig verteilen (an den Seiten etwa 3 cm Teig frei lassen) die freigebliebenen Teigränder auf die Füllung schlagen den Teig mit Hilfe des Tuches von unten nach oben aufrollen, an den Enden gut zusammendrücken den Strudel auf ein mit
Butter oder Margarine	gefettetes Backblech legen
1 Eigelb	mit
2 Teel. Speiseöl	verrühren, den Strudel damit bestreichen, das Backblech in den vorgeheizten Backofen schieben
Strom:	Etwa 225
Gas:	4–5
Backzeit:	35–40 Minuten
100 g Zwiebeln	abziehen, in dünne Scheiben schneiden
2 Eßl. Butterschmalz	zerlassen, die Zwiebelringe darin braun braten, auf den fertigen Strudel geben.

Zwiebelpüree

1 kg große Zwiebeln	abziehen
75 g durchwachsenen Speck	beide Zutaten in Scheiben schneiden
1 Eßl. Butter	zerlassen, den Speck darin ausbraten, die Zwiebelscheiben hinzufügen, andünsten lassen, mit
Salz	würzen, nach und nach etwas von
125 ml (1/8 l) Wasser	hinzugießen, die Zwiebeln zugedeckt etwa 15 Minuten dünsten lassen, den Speck entfernen, die Zwiebelmasse pürieren, erhitzen
6 Eßl. Sahne	unterrühren, mit Salz,
Cayennepfeffer	abschmecken. Zwiebelpüree zu Hammelbraten reichen.

Zwiebelgemüse

1 kg Gemüsezwiebeln	abziehen, vierteln, in Scheiben schneiden
150 g durchwachsenen Speck	in Würfel schneiden
1 Eßl. Butter	erhitzen, die Speckwürfel darin ausbraten, die Zwiebelscheiben hinzufügen, mit
Salz, Pfeffer	würzen, zugedeckt etwa 5 Minuten dünsten lassen
6 Eßl. Sahne	unterrühren, das Zwiebelgemüse im offenen Topf noch etwa 5 Minuten dünsten lassen, ab und zu umrühren, mit Salz, Pfeffer abschmecken
2 Eßl. gehackte Petersilie	unterrühren. Zwiebelgemüse zu Koteletts, Rumpsteaks oder Frikadellen reichen.

Zwiebelchutney

1 kg Gemüsezwiebeln	abziehen, würfeln
1 kg säuerliche Äpfel	schälen, halbieren, entkernen, in Scheiben schneiden beide Zutaten mit
125 g verlesenen Korinthen	
350 g Rohrzucker	
250 ml (1/4 l) Weißweinessig (5%)	
1 Teel. Kurkuma	
1 Teel. gemahlenem Piment	
1/2 Teel. gemahlenem Zimt	
1/2 Teel. gemahlenen Nelken	
1/2 Teel. Currypulver	
1 Messerspitze Cayennepfeffer	
1/2 Teel. Salz	
4–5 Stück getrocknetem Ingwer	in einen Topf geben, zum Kochen bringen, 1 1/4 Stunden kochen lassen, ab und zu umrühren das Chutney kochendheiß in sorgfältig gespülte Gläser mit Schraubverschluß füllen, sofort verschließen, die Gläser kühl aufbewahren.

Zwiebelkuchen mit Tomaten

(Abb. unten)

Für den Teig

350 g Weizenmehl mit
1 Beutel Trockenhefe sorgfältig vermischen
200 ml (1/5 l) lauwarmes Wasser
50 g zerlassene, lauwarme Butter
1 gestrichenen Teel. Salz
1 gestrichenen Teel. Zucker hinzugeben, verrühren, den Teig so lange schlagen, bis er Blasen wirft sollte er kleben, noch
etwas Weizenmehl hinzufügen (aber nicht zu viel, Teig muß weich bleiben)
den Teig an einem warmen Ort so lange stehenlassen, bis er etwa doppelt so hoch ist, gut durchkneten, ausrollen, eine gefettete Rostbratpfanne damit auslegen, den Teig am Rand etwas hochdrücken

für den Belag

1½–2 kg Gemüsezwiebeln abziehen, vierteln, in Scheiben schneiden
150 g durchwachsenen Speck in Würfel schneiden
1 Eßl. Speiseöl erhitzen, die Speckwürfel darin ausbraten, die Zwiebelscheiben hinzufügen, mit
Salz
Pfeffer würzen, etwa 10 Minuten dünsten, etwas abkühlen lassen, sollte sich Flüssigkeit gebildet haben, die Zwiebelmasse abtropfen lassen
2 Eier
1 Becher (150 g) Crème fraîche unterrühren, die Zwiebelmasse mit Salz, Pfeffer abschmecken
500 g Tomaten waschen, abtrocknen, die Stengelansätze entfernen, die Tomaten in Scheiben schneiden
150 g Schweizer Emmentaler reiben
die Zwiebelmasse auf den Teigboden geben, glattstreichen, die Tomatenscheiben darauf verteilen, mit Pfeffer bestreuen
1–2 Eßl. Thymianblättchen
1–2 Eßl. feingeschnittenen Schnittlauch über die Tomatenscheiben streuen, den Käse darüber verteilen
die Rostbratpfanne in den vorgeheizten Backofen schieben

Strom: 200–225
Gas: 3–4
Backzeit: 40–45 Minuten.

Eingelegte Perlzwiebeln

3 kg Perlzwiebeln	abziehen
5–6 Knoblauchzehen	abziehen, mit den Zwiebeln in
1¼ l kochendes Salzwasser	geben, zum Kochen bringen, etwa 5 Minuten kochen, erkalten lassen
1 l trockenen Weißwein	mit
500 ml (½ l) Weißweinessig (5%) **250 ml (¼ l) Wasser** **500 g Zucker** **3–4 gestrichenen Eßl. Salz** **5–6 kleinen Lorbeerblättern** **1 Eßl. schwarzen Pfefferkörnern** **1–2 Teel. Senfkörnern**	zum Kochen bringen, so lange kochen lassen, bis sich Zucker und Salz gelöst haben
6–8 Estragonzweige	vorsichtig abspülen, trockentupfen, mit Zwiebeln und Knoblauchzehen in sorgfältig gespülte Gläser mit Schraubverschluß geben, die Weißwein-Essig-Lösung über die Perlzwiebeln gießen, nach dem Erkalten die Gläser verschließen, kühl und trocken aufbewahren nach etwa 14 Tagen die Flüssigkeit abgießen, in einen Topf füllen, aufkochen, erkalten lassen, wieder über die Zwiebeln geben, die Gläser verschließen, an einem kühlen Ort (Keller) aufbewahren. Eingelegte Perlzwiebeln zu gegrilltem Fleisch oder zu belegten Broten reichen.

Schalotten in der Schale

600 g kleine Schalotten **2–5 Knoblauchzehen**	die Zutaten abspülen, trockentupfen, die losen Schalen entfernen, die anderen Schalen nicht abziehen
125 g Butter	zerlassen, Schalotten und Knoblauchzehen hineingeben, unter öfterem Wenden etwa 10 Minuten braten lassen, mit
Salz **weißem Pfeffer**	bestreuen, sofort servieren. Als Beilage zu Lammkoteletts reichen.

Rumpsteaks mit gedünsteten Schalotten

750 g Schalotten	abziehen, große Schalotten halbieren oder vierteln
40 g Butter	zerlassen, die Schalotten darin andünsten
4 Eßl. Weißwein **1 Teel. grüne Pfefferkörner**	hinzufügen, mit
Salz, Pfeffer	würzen, zugedeckt etwa 10 Minuten dünsten lassen, ab und zu umrühren bei
4 Rumpsteaks (je etwa 175 g)	die Sehnen an den Rändern etwas einschneiden
2 Eßl. Speiseöl	mit
1 Eßl. Butter	erhitzen, die Rumpsteaks von jeder Seite etwa 3 Minuten darin braten lassen, mit Salz, Pfeffer bestreuen, auf einer vorgewärmten Platte anrichten den Bratensatz mit
2 Eßl. Weißwein	loskochen, über die Rumpsteaks geben die Rumpsteaks mit
Tomatenachteln **Petersilie**	garnieren, die Zwiebeln mit auf der Platte anrichten oder dazureichen.
Beilage:	Röstkartoffeln.

Glasierte Zwiebeln

1 kg Perlzwiebeln	abziehen
40 g Butter	zerlassen
1 schwach gehäuften Eßl. Zucker	hinzufügen, unter Rühren darin karamelisieren lassen
4 Eßl. Wasser	unterrühren, so lange rühren, bis sich das Wasser mit der Karamelmasse verbunden hat die Perlzwiebeln hinzufügen, mit
Salz	würzen, zugedeckt 10–15 Minuten dünsten lassen, ab und zu durchschütteln. Glasierte Perlzwiebeln zu Zungenragout, Kasseler oder zu gekochtem Rindfleisch reichen.

Rindfleisch mit Schalotten-Wein-Soße

1 kg Rindfleisch	waschen, abtrocknen, in 5–6 cm große Stücke schneiden
150 g durchwachsenen Speck	in Würfel schneiden
2 Eßl. Speiseöl	erhitzen, die Speckwürfel darin etwas ausbraten lassen, die Fleischstücke hinzufügen, unter Wenden von allen Seiten gut anbraten, mit
Salz	
Pfeffer	würzen
500 g Schalotten	abziehen, hinzufügen, durchdünsten lassen
1 gehäuften Eßl. Weizenmehl	darüber stäuben, verrühren, durchdünsten lassen
3–5 Thymianzweige	vorsichtig abspülen, trockentupfen, mit
500 ml (½ l) Rotwein	hinzufügen, gut verrühren, das Fleisch zugedeckt etwa 1½ Stunden schmoren lassen, evtl. während des Schmorens noch
125 ml (⅛ l) Rotwein	hinzugießen die Thymianzweige entfernen
2 Eßl. Crème fraîche	unterrühren, evtl. nochmals mit Salz, Pfeffer abschmecken.
Beilage:	Kleine gebratene Kartoffeln, Bohnensalat.

Zwiebelsalat mit Apfelsinen

(Abb. nebenstehend)

300 g rote Zwiebeln	abziehen, in Scheiben schneiden
3 mittelgroße Apfelsinen	schälen, die weiße Haut entfernen, die Apfelsinen in Scheiben schneiden
	für die Salatsoße
3 Eßl. Salatöl	mit
1 Eßl. Weißweinessig	
2 Eßl. Cream Sherry	
1 Teel. Honig	
Salz	
Pfeffer	verrühren die Salatsoße mit den Salatzutaten vermengen, kurz durchziehen lassen den Salat mit
1 Eßl. gehacktem Dill	bestreuen, sofort servieren. Zwiebelsalat mit Apfelsinen zu kurzgebratenem oder gegrilltem Fleisch reichen.

Käsesuppe mit Frühlingszwiebeln

(Abb. nebenstehend)

40 g Butter	zerlassen
40 g Weizenmehl	unter Rühren so lange darin erhitzen, bis es hellgelb ist
1 l Fleischbrühe	hinzugießen, mit einem Schneebesen durchschlagen, darauf achten, daß keine Klumpen entstehen, die Flüssigkeit zum Kochen bringen, etwa 5 Minuten kochen lassen
200 g mittelalten Gouda-Käse	in Würfel schneiden, mit
2 Eßl. Crème fraîche	hinzufügen, unter Rühren zum Kochen bringen, so lange rühren, bis sich der Käse gelöst hat die Suppe mit
Salz **Pfeffer** **geriebener Muskatnuß**	abschmecken
1 Bund Frühlingszwiebeln (etwa 250 g)	putzen, das Grün bis auf etwa 15 cm abschneiden, die Knollen evtl. abziehen, die Frühlingszwiebeln waschen, in Ringe schneiden
1 Eßl. Butter	zerlassen, die Frühlingszwiebelringe darin 3–5 Minuten dünsten lassen kurz vor dem Servieren auf die Käsesuppe geben.

Frühlingszwiebelsalat mit gebratener Hühnerbrust

(Abb. nebenstehend)

200 g Hühnerbrust (ohne Knochen)	waschen, abtrocknen, mit
Salz **Pfeffer**	würzen
2 Eßl. Speiseöl	erhitzen, die Hühnerbrust von jeder Seite etwa 3 Minuten darin braten, erkalten lassen das Fleisch in Scheiben schneiden
2 Bund Frühlingszwiebeln (etwa 500 g)	putzen, das dunkle Grün bis auf etwa 15 cm entfernen, das übrige Grün von den Zwiebeln schneiden, beiseite stellen die Knollen evtl. abziehen, waschen, in Scheiben schneiden, in
kochendes Salzwasser	geben, zum Kochen bringen, etwa 1 Minute kochen lassen, auf ein Sieb geben, mit kaltem Wasser übergießen, abtropfen lassen

	das Grün der Frühlingszwiebeln waschen, in Ringe schneiden
1 Bund Radieschen	putzen, waschen, in Scheiben schneiden
1 große Zwiebel	abziehen, in Scheiben schneiden
	für die Salatsoße
2 Eßl. Salatöl	mit
2 Eßl. Kräuteressig Salz Pfeffer Zucker	verrühren, die Salatsoße mit den Salatzutaten vermengen, etwa 30 Minuten durchziehen lassen, den Salat evtl. nochmals mit Salz, Pfeffer abschmecken, auf einer Platte anrichten die Fleischscheiben darauf geben
1 Becher (150 g) Crème fraîche	mit
1–2 Eßl. gehackten Kräutern (Petersilie, Schnittlauch, Estragon, Zitronenmelisse) Salz Pfeffer	verrühren, zu dem Salat reichen.
Beigabe:	Stangenweißbrot.

Knoblauchkoteletts mit Perlzwiebeln

4 Schweinekoteletts (je etwa 200 g)	waschen, abtrocknen
4 Knoblauchzehen	abziehen, zerdrücken oder durchpressen, die Koteletts von beiden Seiten damit einreiben, etwa 30 Minuten zugedeckt stehenlassen, mit
Salz Pfeffer Paprika edelsüß	bestreuen
250 g Perlzwiebeln	abziehen
2 Eßl. Margarine	in einer Pfanne erhitzen, die Koteletts mit den Zwiebeln hineingeben, etwa 10 Minuten darin braten lassen (Koteletts mehrmals wenden) die Koteletts aus der Pfanne nehmen, warm stellen den Bratensatz mit
4 Eßl. Weißwein oder Wasser	loskochen
2 Eßl. Crème fraîche	unterrühren, etwas einkochen lassen, die Soße mit Salz, Pfeffer, Paprika abschmecken, über die Koteletts geben oder getrennt dazureichen.
Beilage:	Salzkartoffeln, Butterbohnen.

Junger Knoblauch im Essigsud

300 g ganz junge Knoblauchpflanzen mit Grün (die Knollen dürfen kaum ausgebildet sein)	abspülen, die Wurzeln abschneiden, die Knoblauchpflanzen in
1 l kochendes Salzwasser	geben, zum Kochen bringen, auf ein Sieb geben, mit kaltem Wasser übergießen, abtropfen lassen
3–4 große Zweige Einmach-Dill **3–4 Bohnenkrautzweige**	die Kräuter vorsichtig abspülen, trockentupfen, mit den Knoblauchpflanzen in ein sorgfältig gespültes Glas geben
250 ml (1/4 l) Weißwein	mit
125 ml (1/8 l) Essig **1 Eßl. Salz** **1 Teel. Zucker**	zum Kochen bringen, unter Rühren kochen lassen, bis sich Salz und Zucker gelöst haben den Essigsud in das Glas bis etwa 3 cm unter den Rand füllen
125 ml (1/8 l) Olivenöl	vorsichtig hinzugießen den Knoblauch im Essigsud erkalten lassen, das Glas verschließen, an einem kühlen Ort (Keller) aufbewahren.

Aioli

4–5 Knoblauchzehen	abziehen, sehr fein zerdrücken mit
1 Eigelb **2 Teel. Senf** **1 Eßl. Essig** **Salz** **1 gestrichenen Teel. Zucker**	zu einer dicklichen Masse schlagen, darunter nach und nach
125 ml (1/8 l) Speiseöl	schlagen, mit den zerdrückten Knoblauchzehen vermengen, mit
Cayennepfeffer **Zitronensaft**	abschmecken.

Knoblauch-Hefekranz

(Ohne Abb.)

250 g mehligkochende Kartoffeln	waschen, in so viel
Salzwasser	zum Kochen bringen, daß die Kartoffeln bedeckt sind, die Kartoffeln etwa 20 Minuten kochen lassen, abgießen, pellen, heiß durch eine Kartoffelpresse geben, erkalten lassen
6 Knoblauchzehen	abziehen, durchpressen, zu der Kartoffelmasse geben
375 g Weizenmehl (Type 1050)	sieben, mit
125 g Roggenbackschrot	zu der Kartoffelmasse geben die Zutaten mit einer Gabel vermengen, in die Mitte eine Vertiefung eindrücken
1 Päckchen (42 g) Frischhefe	hineinbröckeln
1 Teel. Zucker	auf die Hefe geben, die Hefe mit etwas von
250 ml (1/4 l) lauwarmer Milch	verrühren, mit einem Küchenhandtuch abdecken die Hefe an einem warmen Ort etwa 15 Minuten gehen lassen die gegangene Hefe mit einem Teil des Mehls zu einem dicken Brei verarbeiten
1 Ei **1 gestr. Eßl. Salz** **50 g weiches Schweineschmalz**	und die restliche Milch hinzufügen alles mit einem elektrischen Handrührgerät mit Knethaken zuerst auf der niedrigsten, dann auf der höchsten Stufe zu einem Teig verarbeiten den Teig so lange kneten, bis er Blasen wirft, ihn an einem warmen Ort zugedeckt stehenlassen, bis er etwa doppelt so hoch ist, den Teig nochmals durchkneten, sollte er kleben, noch etwas
Weizenmehl	unterkneten den Teig halbieren, 2 etwa 50 cm lange Rollen daraus formen die Rollen umeinanderschlingen, zu einem Kranz formen, auf ein gefettetes Backblech legen, zugedeckt nochmals an einem warmen Ort stehenlassen, bis sich der Kranz sowohl in der Breite wie in der Höhe etwa um die Hälfte vergrößert hat den Knoblauch-Hefekranz mit
Wasser	bestreichen, in den vorgeheizten Backofen schieben
Strom:	200–225
Gas:	3–4
Backzeit:	Etwa 30 Minuten.

Salate und Blattgemüse. Mal roh, mal gar.

Potpourri-Salat

3 kleine Zwiebeln	abziehen, in Scheiben schneiden
50 g Champignons	
1 Bund Radieschen	beide Zutaten putzen, waschen, in dünne Scheiben schneiden
1 roten Apfel	waschen, vierteln, entkernen, in Scheiben schneiden
2 hartgekochte Eier	pellen, in feine Würfel schneiden
190 g Mandarinenspalten (aus der Dose)	abtropfen lassen
	für die Salatsoße
4 Eßl. Olivenöl	mit
3 Eßl. Zitronensaft	
Salz	
Pfeffer	
Zucker	verrühren
3 Eßl. gehackte Kräuter (Kerbel, Estragon, Liebstöckel, Basilikum)	hinzufügen
	die Salatsoße mit den Salatzutaten vermengen, einige Zeit ziehen lassen

Grüner Nußsalat

	Von
2 Kopfsalaten	die äußeren Blätter entfernen, nur die gelben Innenblätter und die Salatherzen verwenden, den Salat waschen, abtropfen lassen
2 säuerliche Äpfel	waschen (evtl. schälen), vierteln, entkernen, in Scheiben schneiden, mit
2 Eßl. Zitronensaft	beträufeln
	für die Salatsoße
2 Eßl. Walnußöl	mit
1½ Eßl. Weißweinessig	
1 Teel. Apfelsinen- oder Apfelsaft (möglichst frisch gepreßt)	
Salz	
weißem Pfeffer	verrühren
	die Salatsoße mit den Salatzutaten,
2 Eßl. grob gehackten Walnußkernen	vermengen, sofort servieren.

1 Kopfsalat von die welken Blätter entfernen, die anderen vom Strunk lösen, große Blätter teilen, Herzblätter ganz lassen, den Salat waschen, unter die Salatzutaten heben, sofort servieren.

Farbiger Kopfsalat

1 Kopfsalat Von die welken Blätter entfernen, die anderen vom Strunk lösen, große Blätter teilen, Herzblätter ganz lassen, den Salat waschen, abtropfen lassen

1 gelbe Paprikaschote halbieren, entstielen, entkernen, die weißen Scheidewände entfernen, die Schote waschen, in feine Streifen schneiden

225 g gekochte Maiskörner abtropfen lassen

für die Salatsoße

4 Eßl. Olivenöl mit
3 Eßl. Rotweinessig
1 abgezogenen, ausgepreßten Knoblauchzehe
½ Teel. Zucker
1 Teel. Senf verrühren
feingeschnittenen Schnittlauch
gehackte Basilikumblättchen
gehackte Majoranblättchen
gehackte Liebstöckelblättchen unterrühren

1 hartgekochtes Ei pellen, fein hacken, in die Soße geben, mit den Salatzutaten vermengen

den Salat nach Belieben mit gehackter Petersilie bestreuen.

Tip: Da die zarten Salatblätter beim Vermengen mit anderen Zutaten schnell zusammenfallen und unansehnlich werden, folgender Serviervorschlag:
Die vorbereiteten, gewaschenen Salatblätter in einer Schüssel anrichten, mit etwas Salatsoße beträufeln, die übrigen Salatzutaten darauf verteilen, die restliche Salatsoße darüber geben, sofort servieren.

Kressesuppe mit Forellenklößchen

	Für die Kressesuppe von
2 Bund Brunnenkresse (etwa 300 g)	die gelben Blätter und die dickeren Stiele entfernen, die Brunnenkresse vorsichtig abspülen, abtropfen lassen, pürieren (einige Blättchen zum Garnieren zurücklassen)
1 l kräftige Hühnerbrühe	zum Kochen bringen, von der Kochstelle nehmen
125 ml (1/8 l) Sahne	mit
3 Eigelb	verschlagen, mit
3 Eßl. Crème fraîche	in die Brühe rühren, so lange unter Rühren erhitzen, bis die Suppe dickflüssig wird, die pürierte Brunnenkresse unterrühren, miterhitzen
	für die Forellenklößchen
1 küchenfertige Forelle (etwa 250 g)	unter fließendem kaltem Wasser abspülen, trockentupfen, filieren, die Filets grob zerkleinern, mit
1 Ei **3 Eßl. Crème fraîche** **Salz** **Pfeffer** **geriebener Muskatnuß**	pürieren von der Masse mit einem Teelöffel Klößchen abstechen, in
kochendes Salzwasser	geben, zum Kochen bringen, etwa 10 Minuten ziehen lassen (das Wasser darf sich nur leicht bewegen) die Brunnenkressesuppe auf vorgewärmte Teller verteilen, die Forellenklößchen hineingeben, mit den zurückgelassenen Brunnenkresseblättchen bestreuen.

Brunnenkressesalat mit mariniertem Rindfleisch

300 g Rinderfilet kurz anfrieren lassen, in hauchdünne Scheiben schneiden (evtl. vom Fleischer schneiden lassen)

für die Marinade
von
1 Zitrone (unbehandelt) die Schale abreiben, die Zitrone auspressen, Schale und Saft mit
4 Eßl. Sonnenblumenöl
Salz, Pfeffer
Zucker verrühren
die Fleischscheiben in die Marinade legen, zugedeckt im Kühlschrank etwa 1 Stunde ziehen lassen
von
2 Bund Brunnenkresse (etwa 300 g) die gelben Blätter und die dickeren Stiele entfernen, die Brunnenkresse vorsichtig abspülen, abtropfen lassen
250 g Champignons putzen, waschen, abtropfen lassen, in Scheiben schneiden
1 Knoblauchzehe abziehen, halbieren, eine Salatschüssel damit ausreiben
die Fleischscheiben aus der Marinade nehmen, mit den Salatzutaten in der Schüssel anrichten
1 Eßl. grünen Senf (oder anderen scharfen Senf) in die Marinade rühren, nach Belieben
2–3 Eßl. Zitronensaft unterrühren
die Marinade über die Salatzutaten geben, mit
abgeriebener Zitronenschale (unbehandelt) bestreuen, sofort servieren.

Brunnenkressesalat

(Ohne Abb.)

Von
2 Bund Brunnenkresse (etwa 300 g) die gelben Blätter und die dickeren Stiele entfernen, die Brunnenkresse vorsichtig abspülen, abtropfen lassen

für die Salatsoße
6 Schalotten oder 1 kleine Zwiebel abziehen, halbieren, in Scheiben schneiden, mit
3–4 Eßl. Salatöl
3–4 Eßl. Essig
Salz
Pfeffer
Zucker
2 Eßl. gehackten Kräutern verrühren.

Pochierte Eier im Schinkenmantel mit Kressesoße

(Ohne Abb.)

	Für die Kressesoße
1 Eigelb	mit
1 Eßl. Essig	
½ Teel. Salz	
1 gestrichenen Teel. Zucker	
Pfeffer	zu einer dicklichen Masse schlagen nach und nach
125 ml (⅛ l) Speiseöl	unterschlagen
2 Eßl. Joghurt	unterrühren
50 g Gartenkresse	verlesen, vorsichtig abspülen, trockentupfen, die Blättchen von den Stielen streifen, die Blättchen hacken, unter die Soße rühren, die Soße mit Pfeffer,
Salz	abschmecken
	für die pochierten Eier
1 l Salzwasser	mit
2 Eßl. Essig	zum Kochen bringen
4 Eier	einzeln in einer Suppenkelle aufschlagen, vorsichtig in das kochende Wasser geben (bei Strom die Kochplatte auf 0 stellen, bei Gas die Flamme auf klein stellen) die Eier nach 3–4 Minuten mit einem Schaumlöffel herausnehmen, kurz in kaltes Wasser halten, erkalten lassen jeweils 1 pochiertes Ei mit 1 Scheibe von
4 Scheiben gekochtem Schinken	umwickeln, auf Portionstellern anrichten, die Kressesoße darüber verteilen die Portionen mit
Tomatenachteln	
Kresseblättchen	garnieren.
Beigabe:	Toast oder Stangenweißbrot.

Sommersalat

100–150 g Gartenkresse	verlesen, vorsichtig abspülen, trockentupfen, die Blättchen von den Stielen streifen, eine flache Schüssel oder einen Teller damit auslegen
1 Bund Radieschen	putzen, waschen, in Scheiben schneiden
4 Tomaten	waschen, abtrocknen, die Stengelansätze entfernen, die Tomaten in Scheiben schneiden, kranzförmig auf der Kresse anrichten, mit
Salz	
Pfeffer	bestreuen, die Radieschenscheiben auf die Tomatenscheiben geben

	für die Salatsoße
3 Eßl. Speiseöl	mit
3 Eßl. Essig	
1 Teel. Senf	
Zucker	verrühren, die Salatsoße über die Salatzutaten geben
	nach Belieben
1–2 hartgekochte Eier	pellen, hacken, über den Salat streuen.

Kräuterfrischkäse im Kressebett

75 g Butter	zerlassen, mit
200 g Doppelrahm-Frischkäse	geschmeidig rühren
1 Eßl. Crème fraîche	
etwas abgeriebene Zitronenschale (unbehandelt)	unterrühren
1 kleine Knoblauchzehe	abziehen, durchpressen, mit
1 Teel. Thymianblättchen	
1 Eßl. gehackter Petersilie	
1 Eßl. gehacktem Dill	
1 Eßl. feingeschnittenem Schnittlauch	
1 Eßl. gehackten Borretschblättchen	
1 Eßl. gehackten Zitronenmelisseblättchen	
1 Eßl. gehackten Basilikumblättchen	unter die Käsecreme rühren, mit
Salz, Pfeffer	würzen
	den Käse in eine kleine Schüssel geben, 4–5 Stunden kalt stellen
30–40 g Gartenkresse	verlesen, vorsichtig abspülen, trockentupfen, einen Teller damit auslegen, den Kräuterfrischkäse darauf geben.
Beigabe:	Bauernbrot oder Knoblauch-Hefekranz (S. 305).

Eissalat Gisela

	Von
½ Kopf Eissalat	die äußeren Blätter entfernen, die übrigen Blätter zerpflücken, waschen, abtropfen lassen
150 g Champignons	putzen, waschen, in sehr dünne Scheiben schneiden, mit
1–2 Eßl. Zitronensaft	beträufeln
1 säuerlichen Apfel	schälen, in kleine Stücke schneiden, zu den Champignons geben
1 Stange Porree	putzen, das dunkle Grün bis auf etwa 10 cm entfernen, den Porree längs halbieren, in sehr dünne Streifen schneiden, waschen, abtropfen lassen
125 g gekochten Schinken	in Streifen schneiden
	für die Salatsoße
4 Eßl. Salatöl	mit
3 Eßl. Kräuteressig **Salz** **Pfeffer** **Zucker**	verrühren
2 Eßl. gehackte Kräuter (Petersilie, Kerbel, Dill, Zitronenmelisse)	unterrühren die Salatsoße mit den Salatzutaten vermengen (den Eissalat zurücklassen), den Salat etwa 10 Minuten durchziehen lassen, den Eissalat unterheben den Salat evtl. nochmals mit Salz, Pfeffer,
Essig	abschmecken, mit
Eischeiben	garnieren.
Beigabe:	Stangenweißbrot, Butter.

Eissalat mit Früchten

(Abb. nebenstehend)

	Von
½ Kopf Eissalat	die äußeren Blätter entfernen, die übrigen Blätter zerpflücken, waschen, abtropfen lassen
1 Pampelmuse **1 Apfelsine**	beide Früchte schälen, von der weißen Haut befreien, vierteln, in Scheiben schneiden
2 Kiwis	schälen, in Scheiben schneiden
	für die Salatsoße
4 Eßl. Salatöl	mit
3 Eßl. Zitronensaft **2 Eßl. Essig** **etwa 2 Eßl. Zucker** **Salz** **Zitronenpfeffer** **50 g grob gehackten Walnußkernen**	verrühren die Salatzutaten in einer Schüssel anrichten, die Salatsoße darüber geben, nach Belieben mit
Walnußkernhälften	garnieren, sofort servieren.

Eissalat mit Äpfeln

	Von
½ Kopf Eissalat	die äußeren Blätter entfernen, die übrigen Blätter zerpflücken, waschen, abtropfen lassen
2–3 Stengel Staudensellerie (etwa 250 g)	putzen, harte Fäden an der Außenseite der Stengel abziehen, die Stengel waschen, abtropfen lassen, kleinschneiden
2 mittelgroße, säuerliche Äpfel	schälen, vierteln, entkernen, in kleine Stücke schneiden, mit etwas
Zitronensaft	beträufeln
	für die Salatsoße
5 Eßl. Crème fraîche	mit
2–3 Eßl. Zitronensaft	
4 Eßl. Apfelsinensaft	
Salz	
weißem Pfeffer	
Zucker	
gemahlenem Ingwer	
1 Eßl. grob gehackten Haselnußkernen	verrühren
	die Salatsoße mit den Salatzutaten vermengen.

Eissalat mit Speck

(Abb. oben)

	Von
1 Kopf Eissalat	die äußeren Blätter entfernen, den Eissalat achteln, waschen, abtropfen lassen
	für die Salatsoße
2 Eßl. Salatöl	mit
etwa 6 Eßl. saurer Sahne	
2 Eßl. Zitronensaft	
Salz	
Pfeffer	
Zucker	
Paprika edelsüß	verrühren
2 Eßl. gehackte Petersilie	unterrühren
	die Salatsoße über die Eissalatachtel geben
1 Zwiebel	abziehen
100 g durchwachsener Speck	
	beide Zutaten in feine Würfel schneiden
etwas Margarine	erhitzen, Speck- und Zwiebelwürfel darin braun braten, über den Eissalat verteilen.

Bunter Römischer Salat mit Käsecreme

(Abb. oben)

1 Kopf Römischen Salat putzen, grobe Stiele entfernen, die Blätter zerpflücken, waschen, abtropfen lassen

1 Bund Radieschen putzen, waschen, in Scheiben schneiden

1 Fleischtomate kurze Zeit in kochendes Wasser legen (nicht kochen lassen), in kaltem Wasser abschrecken, enthäuten, halbieren, den Stengelansatz entfernen, die Tomatenhälften in Achtel schneiden

1 rote Zwiebel abziehen, halbieren, in dünne Scheiben schneiden

2–3 Stengel Staudensellerie (etwa 250 g) putzen, harte Fäden an der Außenseite der Stengel abziehen, die Stengel waschen, in feine Streifen schneiden

100 g Champignons putzen, waschen, in dünne Scheiben schneiden

für die Salatsoße

2 Eßl. Salatöl mit
3 Eßl. Essig
Salz
Pfeffer
Zucker verrühren

die Salatzutaten in einer Schale anrichten, mit der Salatsoße übergießen

	für die Käsecreme
50 g Kräuter-Frischkäse	mit einer Gabel zerdrücken
1 Becher (150 g) Crème fraîche	
1 Eßl. gehackte Petersilie	unterrühren, mit
Salz	
Pfeffer	abschmecken, die Käsecreme über den Salat geben oder dazureichen, den Salat mit
Radieschen	garnieren.

Pflücksalat mit Walnußsoße

	Von
150–200 g Pflücksalat	die welken Blätter entfernen, die übrigen Blätter zerpflücken, waschen, abtropfen lassen
	für die Walnußsoße
1 kleine rote Zwiebel	abziehen, in Scheiben schneiden, mit
3 Eßl. Walnußöl	
2 Eßl. Weißweinessig	
50 g grob gehackten Walnußkernen	
Salz	
Pfeffer	
Zucker	verrühren die Salatsoße mit dem Salat vermengen den Salat evtl. nochmals mit Salz, Pfeffer,
Essig	abschmecken, sofort servieren.

Römischer Salat mit Rinderfilet

125 g Rinderfilet	in hauchdünne Scheiben schneiden, auf eine Platte legen, mit
geschrotetem Pfeffer	bestreuen
1 Schalotte	abziehen, sehr fein würfeln, auf den Filetscheiben verteilen, mit
2 Eßl. Walnußöl	beträufeln, mit einem Löffel leicht in das Fleisch drücken, mit Alufolie abdecken, mit einer flachen Schüssel beschweren, einige Stunden in den Kühlschrank stellen
	für den Salat
1 Kopf Römischen Salat	putzen, grobe Stiele entfernen, die Blätter zerpflücken, waschen, in
kochendes Salzwasser	geben, einmal aufkochen lassen, auf ein Sieb geben, mit kaltem Wasser übergießen, abtropfen lassen
100 g Champignons	putzen, waschen, in dünne Scheiben schneiden
1 Schalotte	abziehen, fein würfeln
	für die Salatsoße
3 Eßl. Walnußöl	mit
2–3 Eßl. Weißweinessig	
1 Teel. mittelscharfem Senf	
Salz	
Pfeffer	
Zucker	verrühren
1 Eßl. gehackte Basilikumblättchen	unterrühren die Salatsoße mit den Salatzutaten vermengen, evtl. nochmals mit Salz, Pfeffer, Zucker abschmecken den Salat auf Portionstellern anrichten die Rinderfiletscheiben halbieren, zu Röschen formen, die Salatportionen damit garnieren
etwa 25 g Pinienkerne	ohne Fett in einer Pfanne rösten, über den Salat streuen.

Gefüllte Mangoldblätter

(Abb. nebenstehend)

Für die Füllung

250 g Champignons putzen, waschen, in kleine Stücke schneiden

1 Zwiebel
1 Knoblauchzehe beide Zutaten abziehen, würfeln

1 Eßl. Butter zerlassen, Zwiebel- und Knoblauchwürfel darin andünsten, die Champignonstücke hinzufügen, mit

Salz, Pfeffer würzen, etwa 5 Minuten dünsten lassen

200 g gekochten Schinken in Würfel schneiden, zu den Champignonstücken geben, miterhitzen

125 g Gouda-Käse in Würfel schneiden, mit

3 Eßl. gehackten Kräutern (Petersilie, Kerbel, Estragon, Pimpinelle)
2 Eiern
2 Eßl. Semmelmehl unterrühren, nochmals mit Salz, Pfeffer abschmecken von

16 großen Mangoldblättern (etwa 2 Stauden) die Stiele entfernen, die Mangoldblätter waschen, in

kochendes Salzwasser legen, zum Kochen bringen, 2–3 Minuten kochen, abtropfen lassen die Mangoldblätter nebeneinander legen, auf jedes Blatt etwa 1 Eßl. von der Füllung geben, die Blattränder über die Füllung schlagen, aufrollen, die Mangoldröllchen nebeneinander in eine gefettete, flache feuerfeste Form legen

50 g Butter zerlassen, die Mangoldröllchen damit beträufeln die Form mit einem Deckel oder Alufolie verschließen, auf dem Rost in den vorgeheizten Backofen schieben

Strom: 225–250
Gas: 5–6
Backzeit: Etwa 30 Minuten.

Legierte Sauerampfersuppe

2 Scheiben Weißbrot in kleine Würfel schneiden

3 Eßl. Butter zerlassen, die Weißbrotwürfel darin goldgelb rösten, auf 4 Suppentassen verteilen

1 Möhre putzen, schrappen
1 Stück Sellerie putzen
2 Stangen Porree putzen, das dunkle Grün bis auf etwa 10 cm entfernen

das Gemüse waschen, kleinschneiden (Porree evtl. nochmals waschen), in

1 l Wasser geben, zum Kochen bringen, etwa 30 Minuten kochen lassen die Gemüsebrühe durch ein Sieb gießen

30 g Butter zerlassen

1 Eßl. Weizenmehl unter Rühren so lange darin erhitzen, bis es hellgelb ist, die Gemüsebrühe hinzugießen, mit einem Schneebesen durchschlagen, darauf achten, daß keine Klumpen entstehen, die Suppe zum Kochen bringen

100 g Sauerampfer verlesen, die Stiele entfernen, die Sauerampferblätter vorsichtig abspülen, abtropfen lassen, in feine Streifen schneiden

1 Knoblauchzehe
2 Schalotten oder 1 kleine Zwiebel beide Zutaten abziehen, fein würfeln, mit den Sauerampferstreifen,

1 Eßl. feingeschnittenem Schnittlauch

1 Eßl. gehackter Petersilie in die Suppe geben, aufkochen lassen, mit
Salz, Pfeffer geriebener Muskatnuß abschmecken
1 Eigelb mit
1 Eßl. Sahne verrühren, die Suppe damit legieren, erhitzen (nicht mehr kochen lassen), über die Weißbrotwürfel geben, sofort servieren.

Mangoldsalat

Von
750 g Mangold (etwa 4–5 Stauden) die Stiele abschneiden, harte Fäden an der Außenseite der Stiele abziehen, die Blätter beiseite legen, die Stengel in
kochendes Salzwasser geben, zum Kochen bringen, etwa 15 Minuten darin kochen lassen, in Stücke schneiden
die Blätter waschen, in das kochende Gemüsewasser geben, kurz aufkochen, abtropfen lassen, grob hacken
den Mangold abkühlen lassen

für die Salatsoße
2 Knoblauchzehen abziehen, in dünne Scheiben schneiden, mit
6 Eßl. Salatöl
3 Eßl. Weinessig
2 Teel. Senf
Salz, Pfeffer verrühren
die Salatsoße über das erkaltete Gemüse geben, gut durchziehen lassen.

Pochierte Eier mit Sauerampfercreme

(Abb. nebenstehend)

Für die Sauerampfercreme
70 g Sauerampfer verlesen, die Stiele entfernen, die Sauerampferblätter vorsichtig abspülen, abtropfen lassen, in Streifen schneiden
3 Schalotten abziehen, fein würfeln
1 Eßl. Butter oder Margarine zerlassen, die Schalottenwürfel darin etwa 5 Minuten dünsten lassen, die Sauerampferstreifen hinzugeben (einige in Streifen geschnittene Blätter zurücklassen), etwa 5 Minuten mitdünsten, erkalten lassen
1 Eigelb mit
1 Teel. Zitronensaft
Salz
weißem Pfeffer zu einer dicklichen Masse schlagen, darunter nach und nach
125 ml (1/8 l) Salatöl schlagen, den gedünsteten Sauerampfer und die zurückgelassenen Sauerampferstreifen hinzufügen, pürieren
1 Eßl. Sahne unterrühren

für die pochierten Eier
1 l Wasser mit
4–6 Eßl. Essig zum Kochen bringen
4 Eier einzeln in einer Suppenkelle aufschlagen, vorsichtig in das kochende Wasser geben (bei Strom die Kochplatte auf 0, bei Gas die Flamme klein stellen)
die Eier nach 3–4 Minuten mit einem Schaumlöffel herausnehmen, kurz in kaltes Wasser halten, mit der Sauerampfercreme auf einer Platte anrichten
grob geschroteten Pfeffer darüber streuen, nach Belieben mit
Sauerampferblättchen garnieren.

Wintersalat

	Für die Salatsoße
5 Eßl. Salatöl	mit
2 Eßl. Apfelsinensaft (frisch gepreßt)	
Salz	
weißem Pfeffer	verrühren
2 rote Zwiebeln (etwa 150 g)	abziehen, in feine Scheiben schneiden, in die Salatsoße geben, etwa 30 Minuten darin ziehen lassen, ab und zu wenden von
etwa 300 g Radicchio	die Wurzelenden abschneiden, die welken Blätter entfernen, die anderen auseinanderpflücken (größere Blätter teilen) von
125 g Feldsalat	die Wurzelenden abschneiden, welke Blätter entfernen (größere Blätter teilen) die Radicchio- und Feldsalatblätter gründlich waschen, gut abtropfen lassen, kurz vor dem Servieren unter die Zwiebelringe heben.

Radicchio-Spargel-Salat

(Abb. unten)

500 g Spargel	von oben nach unten schälen, darauf achten, daß die Schalen und holzigen Stücke völlig entfernt, die Köpfe aber nicht verletzt werden den Spargel gründlich waschen, in
etwa 500 ml (1/2 l) kochendes Salzwasser	geben, zum Kochen bringen, etwa 5 Minuten kochen lassen, das Wasser abgießen den Spargel unter fließendem kaltem Wasser abschrecken, abtropfen lassen von

etwa 300 g Radicchio die Wurzelenden abschneiden, die welken Blätter entfernen, die anderen auseinanderpflücken (größere Blätter teilen), gründlich waschen, gut abtropfen lassen

1 rote Zwiebel abziehen, halbieren, in dünne Scheiben schneiden

100 g Champignons putzen, waschen, in Scheiben schneiden

für die Salatsoße

3 Eßl. Olivenöl mit

3 Eßl. Zitronensaft

Salz

Pfeffer verrühren

die Salatzutaten auf einer Platte anrichten, die Salatsoße darüber geben

den Salat mit

Dill garnieren.

Radicchio mit Specksoße

Von

etwa 250 g Radicchio die Wurzelenden abschneiden, die welken Blätter entfernen, die anderen auseinanderpflücken (größere Blätter teilen), waschen, gut abtropfen lassen

für die Salatsoße

1 Eßl. Salatöl mit

1 Eßl. Essig

Salz

Pfeffer

Zucker verrühren, mit dem Radicchio vermengen

für die Specksoße

2 Zwiebeln abziehen

80 g durchwachsener Speck

beide Zutaten in Würfel schneiden

30 g Margarine zerlassen, die Speckwürfel darin ausbraten, die Zwiebelwürfel hinzufügen, hellgelb dünsten lassen

35 g Weizenmehl unter Rühren so lange darin erhitzen, bis es hellgelb ist

250 ml (1/4 l) heiße Fleischbrühe

250 ml (1/4 l) heiße Milch hinzugießen, durchschlagen, darauf achten, daß keine Klumpen entstehen, die Soße zum Kochen bringen, etwa 10 Minuten kochen lassen, mit

Salz abschmecken, über den Radicchio geben, sofort servieren.

Spinatsalat

(Abb. oben)

250 g Spinat sorgfältig verlesen, gründlich waschen, gut abtropfen lassen
5 Tomaten waschen, abtropfen lassen, die Stengelansätze entfernen, die Tomaten achteln
3 hartgekochte Eier pellen, in Scheiben schneiden

für die Salatsoße
1 Zwiebel abziehen, fein würfeln, mit
3 Eßl. Salatöl
3 Eßl. Essig
1–2 Eßl. Sahne
1 Teel. geriebenem Meerrettich
1 Teel. Zucker
Salz
Pfeffer verrühren
die Salatzutaten in einer Schale anrichten, die Salatsoße darüber geben, den Salat mit
feingeschnittenem Schnittlauch bestreuen.

Feiner Blattspinat

1 kg Spinat sorgfältig verlesen, gründlich waschen, tropfnaß in einen Topf geben, zugedeckt dünsten lassen, bis die Blätter zusammenfallen, abtropfen lassen
150 g durchwachsenen Speck in Würfel schneiden
1 Eßl. Butter oder Margarine erhitzen, die Speckwürfel darin ausbraten
1 Zwiebel abziehen, würfeln, hinzufügen, in dem Speckfett andünsten
den Spinat hinzufügen, mit
Salz
Pfeffer
geriebener Muskatnuß würzen, zugedeckt etwa 5 Minuten dünsten lassen
im offenen Topf nochmals 2–3 Minuten dünsten lassen, evtl. nochmals mit Salz, Pfeffer, Muskatnuß abschmecken.
Feinen Blattspinat zu Schweine- oder Kalbsbraten reichen.

Spinatpizza

(Abb. nebenstehend)

	Für den Teig
175 g Weizenmehl (Type 1050)	in eine Schüssel sieben, mit
75 g Weizenschrot	
½ Beutel Trockenhefe	sorgfältig mischen
25 g zerlassene Butter oder Margarine	
½ Teel. Zucker	
Salz, Pfeffer	
etwa 125 ml (⅛ l) lauwarme Milch	hinzufügen, alles mit einem elektrischen Handrührgerät mit Knethaken zuerst auf der niedrigsten, dann auf der höchsten Stufe in etwa 5 Minuten zu einem Teig verarbeiten sollte er kleben, noch etwas Mehl hinzufügen (aber nicht zu viel, Teig muß weich bleiben) den Teig an einem warmen Ort so lange stehenlassen, bis er doppelt so hoch ist, ihn dann auf der höchsten Stufe nochmals gut durchkneten den Teig zu einer runden Platte von 35 cm Durchmesser ausrollen, auf ein Backblech oder in eine Springform legen
	Für den Belag
1 mittelgroße Zwiebel	abziehen
75 g durchwachsenen Speck	
75 g gekochten Schinken	
	die 3 Zutaten in Würfel schneiden
2 Eßl. Speiseöl	erhitzen, den Speck darin ausbraten, Zwiebel- und Schinkenwürfel hinzufügen, 2–3 Minuten dünsten lassen
500 g Spinat	sorgfältig verlesen, gründlich waschen, tropfnaß in einen Topf geben, zugedeckt dünsten lassen, bis die Blätter zusammenfallen, abtropfen lassen, mit den Schinken-, Speck- und Zwiebelwürfeln vermengen
2 Knoblauchzehen	abziehen, fein würfeln, hinzufügen den Spinat mit
Salz	
geriebener Muskatnuß	
Zitronensaft	würzen, auf dem Pizzaboden verteilen
400 g Fleischtomaten	waschen, abtrocknen, die Stengelansätze entfernen, die Tomaten in Scheiben schneiden, auf dem Spinat verteilen, mit Salz,
Pfeffer	
2 Eßl. gehackten Majoranblättchen	bestreuen
150 g Gouda-Käse	grob raspeln, darüber verteilen die belegte Pizza nochmals an einem warmen Ort gehen lassen, bis der Teig doppelt so hoch ist, erst dann das Backblech oder die Form in den vorgeheizten Backofen schieben
Strom:	200–225, **Gas:** 3–4
Backzeit:	25–30 Minuten.

Endivien-Apfel-Salat

	Von
1 mittelgroßen Kopf Endivie	Wurzeln und äußere Blätter abschneiden, den Endivienkopf halbieren, in Streifen schneiden, gründlich waschen, gut abtropfen lassen
2 säuerliche Äpfel	schälen, vierteln, entkernen, in dünne Scheiben schneiden
	für die Salatsoße
4–5 Eßl. Salatöl	mit
1 Teel. Essig-Essenz (25%)	
4 Teel. Wasser	
Salz	
Pfeffer	
Zucker	verrühren die Salatsoße mit den Salatzutaten vermengen, sofort servieren.

Endiviensalat, bulgarisch

	Von
1 großen Kopf Endivie	Wurzeln und äußere Blätter abschneiden, den Endivienkopf halbieren, in Streifen schneiden, gründlich waschen, abtropfen lassen
75 g Schafskäse	zerbröckeln
	für die Salatsoße
2 Eßl. Salatöl	mit
1 Eßl. Essig	
3 Eßl. saurer Sahne	
3 Eßl. Joghurt	
Salz	
Pfeffer	
Cayennepfeffer	verrühren
2 Eßl. gehackten Schnittlauch	
gehackte Basilikumblättchen	unterrühren die Salatsoße über die Salatzutaten geben.
Veränderung:	In Scheiben geschnittene Oliven unter den Salat geben.

Endiviensalat mit Champignons

	Von
½ Kopf Endivie	Wurzeln und äußere Blätter abschneiden, den Salat in Streifen schneiden, gründlich waschen, abtropfen lassen
2–3 Stengel Staudensellerie (etwa 250 g)	putzen, harte Fäden an der Außenseite der Stengel abziehen, die Stengel waschen, in kleine Stücke schneiden
200 g Champignons	putzen, waschen, in Scheiben schneiden
	für die Salatsoße
4 Anchovisfilets	zerdrücken, mit
3 Eßl. Salatöl	
2 Eßl. Weinessig	
1 Eßl. Sahne	
Pfeffer	
1 Eßl. geriebenen Haselnußkernen	verrühren die Salatsoße über die Salatzutaten geben den Salat mit
Anchovisfilets	garnieren.

Endivien-Paprika-Salat, spanisch

	Von
1 Kopf Endivie	Wurzeln und äußere Blätter abschneiden, den Endivienkopf halbieren, in Streifen schneiden, gründlich waschen, abtropfen lassen
2 Paprikaschoten	halbieren, entstielen, entkernen, die weißen Scheidewände entfernen, die Schoten waschen, in feine Streifen schneiden
10 grüne Oliven, mit Paprika gefüllt	in Scheiben schneiden
	für die Salatsoße
1 Zwiebel	abziehen, fein würfeln
1 hartgekochtes Ei	pellen, das Eigelb herauslösen, zerdrücken, das Eiweiß in feine Würfel schneiden, beiseite stellen
4 Eßl. Olivenöl	mit den Zwiebelwürfeln, dem zerdrückten Eigelb,
3 Eßl. Essig	
Salz	
Pfeffer	
Zucker	
Senf	
Rosenpaprika	verrühren die Salatsoße über die Salatzutaten geben den Salat mit den Eiweißwürfeln bestreuen, sofort servieren.

Chicoréesuppe

	Von
500 g Chicorée	die welken Blätter entfernen, den Chicorée halbieren, den Strunk keilförmig herausschneiden, den Chicorée waschen, in Streifen schneiden
750 ml (3/4 l) Hühnerbrühe	zum Kochen bringen, die Chicoréestreifen hineingeben, zum Kochen bringen, etwa 5 Minuten kochen lassen, 3 Eßl. Chicoréestreifen aus der Brühe nehmen, beiseite stellen, den restlichen Chicorée in der Brühe pürieren
2 Eigelb	mit
125 ml (1/8 l) Sahne	verschlagen, die Suppe damit legieren die zurückgelassenen Chicoréestreifen wieder in die Suppe geben, miterhitzen (nicht mehr kochen) die Chicoréesuppe mit
Salz, Pfeffer geriebener Muskatnuß	abschmecken, mit
gerösteten Toastbrotwürfeln 1 Eßl. gehackter Petersilie	bestreuen.

Chicorée, überbacken

2 Eßl. Speiseöl	erhitzen
500 g Gehacktes (halb Rind-, halb Schweinefleisch)	darin unter Rühren anbraten, dabei die Fleischklümpchen etwas zerdrücken
2 Zwiebeln	abziehen, fein würfeln, zu dem Fleisch geben, mitdünsten
70 g Tomatenmark (aus der Dose) 250 g gekochten Langkornreis	unterrühren, mit
Salz, Pfeffer Paprika edelsüß	würzen die Fleisch-Reis-Masse in eine längliche feuerfeste Form geben von
600 g Chicorée	die welken Blätter entfernen, den Chicorée halbieren, den Strunk keilförmig herausschneiden, den Chicorée waschen, in
kochendes Salzwasser	geben, zum Kochen bringen, 2–3 Minuten kochen, abtropfen lassen, auf die Fleisch-Reis-Masse legen
	für die Soße
1 Becher (150 g) Crème fraîche	mit
1 Becher (150 g) Joghurt Salz, Pfeffer Paprika edelsüß	verrühren
3 Eßl. gehackte Kräuter (Estragon, Petersilie, Pimpinelle) 100 g geraspelten Gouda-Käse	unterrühren die Soße über den Chicorée geben
150 g Frühstücksspeck (in dünnen Scheiben)	auf dem Chicorée verteilen
2 Eßl. Semmelmehl	darüber streuen
Butter	in Flöckchen darauf setzen die Form auf dem Rost in den vorgeheizten Backofen schieben
Strom:	Etwa 225
Gas:	Etwa 4
Backzeit:	Etwa 30 Minuten.

Rouladen mit Chicorée

	Von
4 kleinen Chicorée (je etwa 75 g)	die welken Blätter entfernen, den Strunk keilförmig herausschneiden, die Chicorée waschen, trockentupfen
4 Scheiben Rindfleisch (je etwa 175 g)	mit
Salz, Pfeffer Paprika edelsüß	bestreuen, jeweils 1 Scheibe von
4 Scheiben durchwachsenem Speck	auf die Fleischscheiben legen, darauf je 1 Chicorée geben, die Fleischscheiben von der schmalen Seite her aufrollen, mit Holzstäbchen oder Küchengarn zusammenhalten
4 Eßl. Speiseöl	erhitzen, die Rouladen von allen Seiten gut darin anbraten etwas von
250 ml (1/4 l) Weißwein	hinzugießen, die Rouladen in etwa 1 1/4 Stunden gar schmoren lassen, verdampfte Flüssigkeit nach und nach ersetzen die garen Rouladen aus dem Bratensatz nehmen, von den Holzstäbchen (Küchengarn) befreien
3 Tomaten	kurze Zeit in kochendes Wasser legen (nicht kochen lassen), in kaltem Wasser abschrecken, enthäuten, halbieren, die Stengelansätze entfernen, die Tomaten entkernen, das Tomatenfleisch pürieren, in den Bratensatz geben
2 Teel. Weizenmehl	mit
2 Eßl. Sahne	anrühren, die Bratenflüssigkeit damit binden, die Soße mit Salz, Pfeffer,
Zucker Worcestersoße	abschmecken, zu den gefüllten Rouladen reichen.
Beilage:	Spätzle oder Kartoffeln.

Fruchtiger Chicoréesalat

	Von
400 g Chicorée	die welken Blätter entfernen, den Chicorée halbieren, den Strunk keilförmig herausschneiden, den Chicorée waschen, in Streifen schneiden
1 Apfel	schälen, vierteln, entkernen, in Streifen schneiden
1 Apfelsine	schälen, die weiße Haut entfernen, die Apfelsine in Spalten teilen, die Spalten in dünne Scheiben schneiden
1 Banane	schälen, in dünne Scheiben schneiden
50 g Haselnußkerne	in Scheiben schneiden (etwa die Hälfte davon zum Garnieren zurücklassen)

für die Salatsoße

125 ml (1/8 l) Sahne	mit
2 Eßl. Mayonnaise	
Saft von 1/2 Apfelsine	
2–3 Eßl. Zitronensaft	
Salz	
Pfeffer	
Zucker	verrühren die Salatsoße mit den Salatzutaten vermengen, kurz durchziehen lassen, mit den zurückgelassenen Haselnußscheiben bestreuen.

Feldsalat Düsseldorf

	Von
200 g Feldsalat	die Wurzelenden abschneiden, welke Blätter entfernen (größere Blätter teilen), den Salat gründlich waschen, gut abtropfen lassen
2 mittelgroße Apfelsinen	schälen, von der weißen Haut befreien, in Spalten teilen oder in Scheiben schneiden, Spalten bzw. Scheiben halbieren von
1 Bund Frühlingszwiebeln (etwa 250 g)	das dunkle Grün bis auf etwa 15 cm entfernen, die Knollen evtl. abziehen, die Frühlingszwiebeln waschen, in feine Ringe schneiden die Salatzutaten auf Portionstellern anrichten
	für die Salatsoße
125 ml (1/8 l) saure Sahne	mit
1 Eßl. Salatöl 3 Eßl. Zitronensaft Salz Pfeffer Zucker gemahlenem Ingwer	verrühren die Salatsoße über die Salatzutaten geben, sofort servieren.
Tip:	Anstelle des gemahlenen Ingwers kann auch Tabasco oder Worcestersoße verwendet werden.

Nüsslisalat

	Von
250 g Feldsalat	die Wurzelenden abschneiden, die welken Blätter entfernen (größere Blätter teilen), den Salat gründlich waschen, gut abtropfen lassen
2 hartgekochte Eier	pellen, vierteln, mit dem Feldsalat auf Portionstellern anrichten
	für die Salatsoße
1 Knoblauchzehe	halbieren, eine Schüssel damit ausreiben
1 Schalotte oder 1 kleine Zwiebel	abziehen, fein würfeln, mit
3 Eßl. Salatöl 1 Eßl. Weinessig Salz Pfeffer	verrühren
2–3 Eßl. feingeschnittenen Schnittlauch	unterrühren die Salatsoße über die Salatzutaten geben, sofort servieren.

Feldsalat mit Tomaten und Champignons

	Von
150 g Feldsalat	die Wurzelenden abschneiden, welke Blätter entfernen (größere Blätter teilen), den Salat gründlich waschen, gut abtropfen lassen
3 mittelgroße Tomaten	waschen, abtrocknen (evtl. enthäuten), die Stengelansätze entfernen, die Tomaten in Scheiben schneiden
150 g Champignons	putzen, waschen, in Scheiben schneiden, mit
Zitronensaft	beträufeln
1 reife Avocado	längs halbieren, entkernen, schälen, das Fruchtfleisch in dünne Scheiben schneiden, mit Zitronensaft beträufeln die Salatzutaten auf Portionstellern anrichten
	für die Salatsoße
2 Zwiebeln	abziehen, fein würfeln, mit
4 Eßl. Salatöl	
3 Eßl. Kräuteressig	
Salz	
weißem Pfeffer	verrühren die Salatsoße über die Salatzutaten geben, sofort servieren.

Feldsalat mit Zwiebeln und Speck

	Von
300 g Feldsalat	die Wurzelenden abschneiden, welke Blätter entfernen (größere Blätter teilen), den Salat gründlich waschen, gut abtropfen lassen
2 Zwiebeln	abziehen, in Scheiben schneiden
etwas Margarine	erhitzen
75 g Frühstücksspeck (in Scheiben)	kurz darin anbraten die Salatzutaten auf Portionstellern anrichten
	für die Salatsoße
4 Eßl. Olivenöl	mit
3 Eßl. Kräuteressig	
1 Eßl. Senf	
Suppenwürze	
Salz	
Pfeffer	verrühren die Salatsoße über die Salatzutaten geben, sofort servieren.

Wurzelgemüse.

Zum Anbeißen.

Fritierte Gemüse mit Meeresfrüchten

(Abb. S. 330/331)

6–8 junge, dünne Möhren
6–8 junge, dünne Petersilienwurzeln
von beiden Zutaten das Grün bis auf etwa 1 cm und die Wurzelenden abschneiden, Möhren und Petersilienwurzeln schrappen, waschen, abtrocknen

2 Fenchelknollen (etwa 500 g) putzen, waschen, vierteln, abtrocknen

8 Petersilienzweige vorsichtig abspülen, trockentupfen

4 große ungekochte Scampi aus der Schale lösen, unter fließendem kaltem Wasser abspülen, trockentupfen

200 g küchenfertige Kalamari (Tintenfisch) unter fließendem kaltem Wasser abspülen, trockentupfen, in Ringe schneiden, mit

Zitronensaft beträufeln, etwa 15 Minuten stehenlassen, trockentupfen

für den Teig

250 g Weizenmehl in eine Schüssel sieben, in die Mitte eine Vertiefung eindrücken, etwas von

250 ml (1/4 l) hellem Bier hineingeben, von der Mitte aus Bier mit einem Teil des Mehls verrühren, das übrige Bier,

1 Ei hinzufügen, alles zu einem glatten Teig verrühren, darauf achten, daß keine Klumpen entstehen, mit

Salz
Pfeffer würzen

Fritierfett in einer Friteuse auf etwa 180 Grad erhitzen
Gemüse, Petersilie und Meeresfrüchte in den Teig tauchen, im Fritierfett portionsweise goldgelb fritieren, auf Haushaltspapier abtropfen lassen, mit Salz bestreuen, mit

Zitronenachteln garnieren, sofort servieren.

Fritierzeit für das Gemüse: 10–12 Minuten
für die Meeresfrüchte: 3–5 Minuten.

Möhrenkroketten

500 g Kartoffeln waschen, in so viel

Salzwasser geben, daß die Kartoffeln bedeckt sind, zum Kochen bringen, in 20–25 Minuten gar kochen lassen, abgießen, abdämpfen, noch heiß pellen, pürieren

250 g Möhren putzen, schrappen, waschen, kleinschneiden

2–3 Eßl. Butter oder Margarine zerlassen, die Möhrenstücke darin andünsten

125 ml (1/8 l) Fleischbrühe mit

1 gestrichenen Teel. Zucker
Salz hinzufügen, zum Kochen bringen, in etwa 15 Minuten gar dünsten, abtropfen lassen, pürieren
die beiden Pürees mit

1 Eigelb
2–3 Eßl. gehackter Petersilie
2 Eßl. Grieß
geriebener Muskatnuß vermengen
aus dem Teig etwa 2 cm dicke und 5 cm lange Röllchen formen
die Röllchen in

3–4 Eßl. Semmelmehl wenden, in

zerlassener Butter goldbraun backen.
Möhrenkroketten zu kurzgebratenem Fleisch reichen.

Möhrencremesuppe

400 g Möhren putzen, schrappen, waschen

2 große Kartoffeln (etwa 175 g) schälen, waschen

1 Stück Sellerieknolle schälen, waschen

2–3 Zwiebeln abziehen
die 4 Zutaten in Würfel schneiden

1–2 Eßl. Butter zerlassen, die Zwiebelwürfel darin andünsten, das Gemüse hinzufügen, durchdünsten lassen

1 l Salzwasser hinzugießen, mit

Pfeffer würzen, zum Kochen bringen, etwa 12 Minuten kochen lassen, die Suppe pürieren

1/2 Becher (75 g) Crème fraîche unterrühren, die Möhrencremesuppe mit Pfeffer,

Salz abschmecken

1 Eßl. gehackten Dill unterrühren
kurz vor dem Servieren

Butter in Flöckchen auf die Suppe geben.

Glasierte Möhren

(Abb. nebenstehend)

	Von
500 g jungen Möhren	das Grün bis auf etwa 1 cm und die Wurzelenden abschneiden, die Möhren schrappen, waschen, in
kochendes Salzwasser	geben, zum Kochen bringen, etwa 7 Minuten kochen, abtropfen lassen
50 g Butter	zerlassen, die Möhren darin einige Minuten andünsten lassen
3 Eßl. Zucker	hinzufügen, die Möhren unter Rühren in etwa 10 Minuten gar dünsten lassen, mit
Pfeffer gehackten Minzeblättchen	bestreuen.

Möhren-Apfel-Dickmilch

(Abb. oben)

500 ml (1/2 l)	
Dickmilch	mit dem
Saft von 1 Zitrone	
2 Eßl. Zucker	gut verrühren, kalt stellen
1 säuerlichen	
Apfel	schälen, vierteln, entkernen
1 Möhre	putzen, schrappen, waschen beide Zutaten raspeln, in die Dickmilch geben, verrühren den Milchdrink in Gläser füllen, nach Belieben
Kresseblättchen	darüber streuen
1–2 Möhren	putzen, schrappen, waschen, abtrocknen, mit einem Radischneider in Spiralen schneiden, die Möhren-Apfel-Dickmilch damit garnieren.

Möhrenflocken

(1 Portion – Abb. oben)

250 g Möhren	putzen, schrappen, waschen, raspeln, mit
Zitronensaft	beträufeln
2 Eßl. Sahne	mit
1 Eßl. Zucker	verrühren, mit den geraspelten Möhren,
5 Eßl. Kernigen Haferflocken	vermengen.

Möhren mit Kerbel

750 g kleine, junge Möhren	putzen, schrappen, waschen
1 Zwiebel	abziehen, würfeln
50 g Butter	zerlassen, die Zwiebelwürfel darin glasig dünsten lassen, die Möhren mit
etwas Wasser	hinzufügen, mit
Salz	
Pfeffer	würzen, zum Kochen bringen, in etwa 10 Minuten gar dünsten lassen, mit
2–3 Eßl. gehackten Kerbelblättchen	bestreuen.

Möhrenrohkost mit Walnußkernen

750 g Möhren	putzen, schrappen, waschen, reiben, mit
5–6 Eßl. Limetten- oder Zitronensaft	
4 Eßl. Walnußöl	
2–3 Eßl. Zucker	
Salz	
Pfeffer	vermengen
75 g Walnußkerne	grob hacken, unterheben, etwa 15 Minuten ziehen lassen, portionsweise auf
gewaschenen Salatblättern	anrichten, mit
Zitronen- oder Limettenscheiben	garnieren.

Möhrendrink

(Etwa 2 Portionen – Abb. oben)

300 g Möhren	putzen, schrappen, waschen
½ rote Paprikaschote	entstielen, entkernen, die weißen Scheidewände entfernen, die Schote waschen beide Zutaten kleinschneiden, pürieren, mit dem
Saft von ½ Zitrone	dem
Saft von 2 Apfelsinen	verruhren, mit
Salz	
Pfeffer	
Selleriesalz	würzen, mit
Staudensellerie-stucken	
Staudensellerie-grün	garnieren.

Möhreneintopf

(Abb. nebenstehend)

100 g Weiße Bohnen	waschen, in
750 ml (3/4 l) Wasser	12–24 Stunden einweichen
250 g Schweinebauch (ohne Knochen)	waschen, abtrocknen, in Würfel schneiden
500 g Hohe Rippe	waschen, abtrocknen
1 kg Möhren	putzen, schrappen
500 g Kartoffeln	schälen
1 Stück Sellerieknolle (100 g)	schälen die 3 Zutaten waschen, in kleine Würfel schneiden
250 g Äpfel	schälen, vierteln, entkernen, in Scheiben schneiden
2 Eßl. Butter oder Margarine	erhitzen, das Fleisch darin unter Wenden bräunen lassen
2 mittelgroße Zwiebeln	abziehen, würfeln kurz bevor das Fleisch genügend gebräunt ist, die Zwiebelwürfel hinzufügen, mitbräunen lassen das Fleisch mit
Salz **Pfeffer**	würzen
knapp 750 ml (3/4 l) heißes Wasser	hinzugießen die Weißen Bohnen abgießen, hinzufügen, zum Kochen bringen, etwa 15 Minuten kochen lassen Möhren-, Kartoffel- und Selleriewürfel hinzufügen, zum Kochen bringen, etwa 10 Minuten kochen lassen die Apfelscheiben hinzufügen, zum Kochen bringen, weitere 10 Minuten kochen lassen die Hohe Rippe herausnehmen, das Fleisch von den Knochen lösen, in Würfel schneiden, wieder in den Eintopf geben, erhitzen den Möhreneintopf mit Salz, Pfeffer abschmecken
2 Eßl. gemischte gehackte Kräuter (glatte Petersilie, Kerbel, Pimpinelle)	unterrühren.

Möhren-Kartoffelbrei

750 g Möhren	putzen, schrappen, waschen, in Würfel schneiden
375–500 g Kartoffeln	schälen, waschen, in Würfel schneiden beide Zutaten in
Salzwasser	geben, zum Kochen bringen, in 10–15 Minuten gar kochen, abtropfen lassen, pürieren
1/2–1 Becher (75–150 g) Crème fraîche	unterrühren, gut durchschlagen, den Möhren-Kartoffelbrei mit
Salz **Pfeffer** **geriebener Muskatnuß**	würzen
2 Eßl. gehackte Petersilie	unterrühren.

Gedünstetes Möhrengemüse

(Abb. oben)

750 g Möhren	putzen, schrappen, waschen, in Würfel schneiden
etwa 50 g Butter	zerlassen, die Möhrenwürfel hineingeben, durchdünsten lassen, mit
Salz	
Pfeffer	würzen
125 ml (1/8 l) Wasser	hinzugießen, die Möhrenwürfel zugedeckt in etwa 10 Minuten gar dünsten lassen, ab und zu umrühren, evtl. nochmals mit Salz, Pfeffer abschmecken
4 Eßl. gehackte Petersilie	unterrühren.

Möhren-Nuß-Torte

250 g gemahlene Haselnußkerne	ohne Fett in einer Pfanne rösten, erkalten lassen
300 g Möhren	putzen, schrappen, waschen, reiben
50 g Mandeln	mahlen
6 Eigelb	mit
150 g braunem Rohrzucker	cremig schlagen
abgeriebene Schale von 1 Zitrone (unbehandelt)	
3 Eßl. Zitronensaft	
1/2–1 Teel. Anissamen	unterrühren, Nüsse, Möhren, Mandeln unterrühren
50 g Weizenmehl	sieben, mit
50 g Semmelmehl	
1 schwach gehäuften Teel. Backpulver Backin	mischen, unter die Mandel-Möhren-Masse rühren
6 Eiweiß	mit
100 g Zucker	steif schlagen, die Hälfte von dem Eierschnee unter den Teig rühren, den restlichen Eierschnee unterheben den Teig in eine gefettete, mit Pergamentpapier ausgelegte Springform (Durchmesser etwa 26 cm) füllen, glattstreichen die Form auf dem Rost in den vorgeheizten Backofen schieben
Strom:	175–200
Gas:	3–4
Backzeit:	50–55 Minuten die gebackene Torte stürzen, das Pergamentpapier abziehen, die Torte etwas abkühlen lassen
2 Eßl. Aprikosenmarmelade	durch ein Sieb streichen, mit
2 Eßl. Wasser	verrühren, einmal aufkochen lassen, die Torte damit bestreichen, erkalten lassen
100–125 g Puderzucker	sieben, mit
1 1/2–2 Eßl. Zitronensaft	verrühren, die Torte damit bestreichen den Tortenrand mit
40 g abgezogenen, gehobelten Haselnußkernen	bestreuen.
Beigabe:	Schlagsahne.

Radieschenbrot

4 Scheiben Vollkornbrot zuerst mit
Butter bestreichen, dann mit
80 g Doppelrahm-Frischkäse mit Kräutern bestreichen
2 hartgekochte Eier pellen, in Scheiben schneiden, auf den Brotscheiben verteilen
1–2 Bund Radieschen putzen, waschen, in Scheiben schneiden, die Brotscheiben schuppenförmig damit belegen, mit
2 Eßl. feingeschnittenem Schnittlauch
Salz
Pfeffer bestreuen.

Radieschensalat

3 Bund Radieschen putzen, waschen, in Scheiben schneiden
5 junge, dünne Frühlingszwiebeln putzen, das dunkle Grün bis auf etwa 15 cm entfernen, die Frühlingszwiebeln in Ringe schneiden
1 Apfel schälen, vierteln, entkernen, in Scheiben schneiden

für die Salatsoße
3 Eßl. Salatöl mit
3 Eßl. Kräuteressig
Salz
Pfeffer
Zucker verrühren
1 Eßl. gehackte Petersilie
1 Eßl. feingeschnittenen Schnittlauch unterrühren
die Salatsoße mit den Salatzutaten vermengen, den Salat etwas durchziehen lassen.

Radieschenquark

500 g Magerquark	mit
1 Becher (150 g) Crème fraîche	verrühren, mit
Salz Pfeffer	würzen
3 Bund Radieschen	putzen, waschen, in Scheiben schneiden, mit
1 Eßl. gehacktem Dill 1 Eßl. gehackten Basilikumblättchen 1–2 Teel. eingelegtem grünem Pfeffer	unter die Quarkcreme rühren, mit Salz, Pfeffer abschmecken, mit
Radieschenscheiben	garnieren.
Beilage:	Pellkartoffeln oder Vollkornbrot mit Butter.

Roastbeefröllchen mit Radieschencreme

(Ohne Abb.)

	Für die Radieschencreme
1 Bund Radieschen	putzen, waschen, kleinschneiden, pürieren die Masse in ein feinmaschiges Sieb geben, abtropfen lassen
1 Becher (150 g) Crème fraîche	anschlagen
2–3 Eßl. gehackte Gartenkresse Kräutersalz	unterrühren, mit der Radieschenmasse verrühren auf
4–6 Scheiben Roastbeefaufschnitt	jeweils etwas von der Radieschencreme geben, zu Röllchen formen.

Rote-Bete-Gemüse mit Meerrettich

3 große Knollen Rote Bete (etwa 750 g)	putzen, unter fließendem kaltem Wasser sorgfältig bürsten, schälen, in sehr dünne Scheiben schneiden oder hobeln
2 Zwiebeln (etwa 100 g)	abziehen, würfeln
2 Eßl. Butter	zerlassen, die Zwiebelwürfel darin glasig dünsten lassen, die Rote-Bete-Scheiben hinzufügen, mitdünsten lassen
einige Eßl. Wasser	hinzufügen, die Rote-Bete-Scheiben mit
Salz	würzen, zum Kochen bringen, in etwa 30 Minuten gar dünsten lassen
3 Eßl. Crème fraîche	mit
1 Eßl. geriebenem Meerrettich	
1 Teel. Senf	
1 Messerspitze gemahlenem Ingwer	
1 Teel. Zucker	verrühren, mit den Rote-Bete-Scheiben vermengen, etwa 45 Minuten durchziehen lassen das Gemüse wieder erhitzen, nach Belieben mit
geriebenem Käse	bestreuen, im vorgeheizten Grill kurze Zeit überbacken.

Gefüllte Rote Bete

4 gleich große Knollen Rote Bete (etwa 1 kg)	putzen, unter fließendem kaltem Wasser sorgfältig bürsten, in
kochendes Salzwasser	geben, zum Kochen bringen, in etwa 45 Minuten gar kochen, mit kaltem Wasser übergießen (damit sich die Schalen besser abziehen lassen), die Rote Bete schälen, bis auf einen Rand von etwa 2 cm aushöhlen, das Fruchtfleisch pürieren
	für die Füllung
1 Zwiebel	
1 Knoblauchzehe	beide Zutaten abziehen, fein hacken
2 Eßl. Butter	zerlassen, die Zwiebel- und Knoblauchwürfel darin glasig dünsten, erkalten lassen, mit
250 g Gehacktem (halb Rind-, halb Schweinefleisch)	vermengen, mit
½ Teel. Paprika edelsüß	
Salz	
Pfeffer	würzen, mit dem Rote-Bete-Püree,
3 Eßl. geriebenem Parmesan-Käse	vermengen die ausgehöhlten Rote-Bete-Knollen mit der Masse füllen, nebeneinander in eine gut gefettete Auflaufform setzen
2 Teel. Speisestärke	mit
2 Eßl. Wasser	anrühren, mit
250 ml (¼ l) Sahne	verrühren, um die Knollen gießen
Butter	in Flöckchen auf die Hackfleischfüllung setzen die Form auf dem Rost in den vorgeheizten Backofen schieben
Strom:	Etwa 225
Gas:	4–5
Garzeit:	Etwa 30 Minuten.

Würzig eingelegte Rote Bete

4 große Knollen Rote Bete (etwa 1 kg) putzen, unter fließendem kaltem Wasser sorgfältig bürsten, in

kochendes Salzwasser geben, zum Kochen bringen, in etwa 45 Minuten gar kochen lassen, mit kaltem Wasser übergießen (damit sich die Schalen besser abziehen lassen), die Rote Bete schälen, in Scheiben schneiden, evtl. vorher halbieren

5 Zwiebeln abziehen, in Scheiben schneiden

2 Lorbeerblätter in kleine Stücke brechen

Rote-Bete- und Zwiebelscheiben, Lorbeerblätterstücke,

12–15 Nelken

12–15 Pimentkörner

1 Eßl. Senfkörner in sorgfältig gespülte Gläser mit Schraubverschluß schichten

für die Essig-Zucker-Lösung

500 ml (1/2 l) Wasser mit

75 g Zucker

1 Teel. Salz zum Kochen bringen, von der Kochstelle nehmen, mit

250 ml (1/4 l) Weinessig (5%) verrühren

die Flüssigkeit über die Rote-Bete-Scheiben gießen, nach dem Erkalten die Gläser verschließen, an einem kühlen Ort (Keller) aufbewahren.

Rote-Bete-Drink

6 große Knollen Rote Bete (etwa 1 1/2 kg) putzen, unter fließendem kaltem Wasser sorgfältig bürsten, schälen, grob zerkleinern, die Rote-Bete-Stücke nach und nach in einen elektrischen Entsafter geben

den Rote-Bete-Saft mit

3 Eßl. Zitronensaft

4 Eßl. Vollmilch-Joghurt

2 Teel. Zucker

1 Messerspitze gemahlenem Ingwer verrühren, gut gekühlt servieren.

Schwarzwurzeln, überbacken

(Abb. nebenstehend)

1 kg Schwarzwurzeln	unter fließendem kaltem Wasser bürsten, schrappen, waschen damit die Stangen weiß bleiben,
1 l kaltes Wasser	mit
2 gestrichenen Eßl. Weizenmehl	
2 Eßl. Essig	verrühren, die Schwarzwurzeln einige Zeit hineinlegen, abtropfen lassen dicke Stangen längs halbieren
375 ml (3/8 l) Wasser	mit
2 Eßl. Essig	zum Kochen bringen, die Schwarzwurzelstücke hineingeben, zum Kochen bringen, etwa 10 Minuten kochen lassen, mit einem Schaumlöffel herausnehmen die Schwarzwurzelstücke in
4–8 Scheiben Rindersaftschinken (etwa 400 g)	wickeln, in eine gefettete feuerfeste Form legen von der Gemüseflüssigkeit 375 ml (3/8 l) abmessen
	für die Soße
40 g Butter oder Margarine	zerlassen
40 g Weizenmehl	unter Rühren so lange darin erhitzen, bis es hellgelb ist
375 ml (3/8 l) Gemüseflüssigkeit	
125 ml (1/8 l) Milch oder Sahne	hinzugießen, mit einem Schneebesen durchschlagen, darauf achten, daß keine Klumpen entstehen, die Soße zum Kochen bringen, etwa 5 Minuten kochen lassen, mit
Salz	
Pfeffer	
geriebener Muskatnuß	würzen
2–3 Eßl. gehackten Dill	unterrühren, die Soße über die Schwarzwurzeln gießen
50 g geriebenen mittelalten Gouda-Käse	darüber streuen die Form auf dem Rost in den vorgeheizten Backofen schieben
Strom:	200–225
Gas:	4–5
Backzeit:	20–25 Minuten.
Beilage:	Salzkartoffeln oder Reis.

Schwarzwurzeln in Kräutercreme

1 kg Schwarzwurzeln	unter fließendem kaltem Wasser bürsten, schrappen, waschen damit die Stangen weiß bleiben,
1 l kaltes Wasser	mit
2 gestrichenen Eßl. Weizenmehl	
2 Eßl. Essig	verrühren, die Schwarzwurzeln einige Zeit hineinlegen, abtropfen lassen dicke Stangen längs halbieren oder vierteln, in etwa 5 cm lange Stücke schneiden
375 ml (3/8 l) Salzwasser	mit
2 Eßl. Essig	zum Kochen bringen, die Schwarzwurzelstücke hineingeben, zum Kochen bringen, in etwa 10 Minuten gar kochen lassen
2 Eßl. Essig	hinzufügen, die Schwarzwurzeln in der Gemüseflüssigkeit erkalten, abtropfen lassen
	für die Kräutercreme
2 hartgekochte Eier	pellen, halbieren, das Eigelb mit
2 Eßl. Salatöl	verrühren
2 Eßl. Magerquark	
1 Becher (150 g) Crème fraîche	unterrühren
2 Eßl. gehackte Petersilie	
2 Eßl. gehackte Kerbelblättchen	
1 Eßl. gehackten Dill	
1 Eßl. gehackte Zitronenmelisseblättchen	
1 Eßl. gehackte Basilikumblättchen	
1 Eßl. gehackte Estragonblättchen	
1 Eßl. feingeschnittenen Schnittlauch	unterrühren
1–2 Schalotten	abziehen, sehr fein würfeln, hinzufügen, mit
Salz	
Pfeffer	würzen eine große Platte mit
gewaschenen Salatblättern	auslegen, die Schwarzwurzelstücke darauf anrichten, die Kräutercreme darüber verteilen, mit
Tomatenvierteln	
Petersilie	garnieren.
Beigabe:	Vollkornbrot, Butter.

Selleriescheiben mit Zwiebelgemüse und Markscheiben

	Für das Zwiebelgemüse
750 g Zwiebeln	abziehen, fein würfeln
100 g Butter	zerlassen, die Zwiebelwürfel unter Rühren darin so lange dünsten lassen, bis eine geschmeidige Masse entstanden ist, darauf achten, daß die Masse nicht zu braun wird
1–2 Knollen Sellerie (etwa 750 g)	schälen, waschen, in Scheiben schneiden, in
kochendes Salzwasser	geben, zum Kochen bringen, in etwa 12 Minuten gar kochen, abtropfen lassen
4 Markknochen	waschen, kurz in heißes Wasser (oder unter den Grill) legen, das Mark herausschieben jede Markstange in 3 Scheiben schneiden die Selleriescheiben mit dem Zwiebelgemüse bestreichen, die Markscheiben darauf verteilen die Scheiben unter den vorgeheizten Grill schieben, etwa 5 Minuten überbacken, mit
gehackter Petersilie	bestreuen.
Beigabe:	Salat.

Walliser Gratin

2 Knollen Sellerie (etwa 700 g)	schälen, waschen, in dünne Scheiben schneiden, in
kochendes Salzwasser	geben, zum Kochen bringen, etwa 8 Minuten kochen, abtropfen lassen
2 mittelgroße rote Zwiebeln	abziehen, in Scheiben schneiden von
½ Kopf Wirsing (etwa 300 g)	die schlechten äußeren Blätter entfernen, den Wirsing halbieren, den Strunk herausschneiden, den Wirsing waschen, abtropfen lassen, in feine Streifen schneiden
4–5 Stengel Staudensellerie (etwa 500 g)	putzen, harte Fäden an der Außenseite der Stengel abziehen, die Stengel waschen, abtropfen lassen, in kleine Stücke schneiden Zwiebelringe, Wirsingstreifen, Staudenselleriestücke in
kochendes Salzwasser	geben, zum Kochen bringen, etwa 8 Minuten kochen lassen, auf ein Sieb geben, mit kaltem Wasser übergießen, gut abtropfen lassen
200 g Frühstücksspeck	in dünne Scheiben schneiden alle Zutaten abwechselnd lagenweise in eine gefettete Auflaufform füllen, die unterste und die oberste Schicht sollen aus Knollenselleriescheiben bestehen jede Schicht mit
Salz Pfeffer geriebener Muskatnuß gemahlener Muskatblüte (Macis)	bestreuen, mit einem Teil von
200 ml (⅕ l) Sahne	übergießen, mit etwas von
4 Eßl. geriebenem Gruyère-Käse	bestreuen die restliche Sahne auf der obersten Schicht verteilen, mit dem restlichen Käse bestreuen die Auflaufform auf dem Rost in den vorgeheizten Backofen schieben
Strom:	Etwa 225
Gas:	Etwa 4
Garzeit:	Etwa 45 Minuten.

Gefüllter Sellerie

2 Knollen Sellerie (je etwa 600 g)	schälen, waschen, quer halbieren, mit
2 Eßl. Zitronensaft	in
kochendes Salzwasser	geben, zum Kochen bringen, in etwa 30 Minuten gar kochen, abtropfen lassen, das Kochwasser auffangen
	für die Füllung
100 g durchwachsenen Speck	in feine Würfel schneiden, auslassen
1 Zwiebel	abziehen, fein würfeln, in dem Speckfett goldgelb dünsten lassen
200 g Champignons	putzen, waschen, kleinschneiden, hinzufügen, 5–6 Minuten dünsten lassen, mit
Salz, Pfeffer Selleriesalz	würzen, erkalten lassen, mit
175 g Schweinemett	vermengen die garen Selleriehälften vorsichtig aushöhlen, das Selleriefleisch pürieren, mit der Fleisch-Pilz-Masse,
1 Ei	vermengen die Selleriehälften mit der Masse füllen, in eine gefettete Auflaufform setzen
	für die Soße von dem Selleriekochwasser 2 Eßl. abnehmen, mit
2 Eßl. Weißwein **6 Eßl. Sahne** **Salz, Pfeffer** **Selleriesalz**	verrühren die Soße etwas einkochen lassen, über die gefüllten Selleriehälften gießen auf jede Selleriehälfte 2 von
8 Scheiben Frühstücksspeck	legen die Auflaufform zugedeckt auf dem Rost in den vorgeheizten Backofen schieben etwa 10 Minuten vor Ende der Garzeit den Deckel abnehmen
Strom:	Etwa 200
Gas:	Etwa 3
Garzeit:	Etwa 40 Minuten.
Beilage:	Kartoffelpüree.

Staudensellerie mit Tomaten

5–6 Stengel Staudensellerie (etwa 600 g) putzen, harte Fäden an der Außenseite der Stengel abziehen, die Stengel waschen, dicke Stengel längs halbieren, in

kochendes Salzwasser geben, zum Kochen bringen, 8–10 Minuten kochen, abtropfen lassen, auf einer vorgewärmten Platte anrichten, warm stellen

500 g Tomaten kurze Zeit in kochendes Wasser legen (nicht kochen lassen), in kaltem Wasser abschrecken, enthäuten, halbieren, die Stengelansätze entfernen

6 junge, dünne Frühlingszwiebeln putzen, das dunkle Grün bis auf etwa 15 cm entfernen, die Frühlingszwiebeln in Ringe schneiden

1 Knoblauchzehe abziehen, fein würfeln

1–2 Eßl. Butter zerlassen, Frühlingszwiebelringe und Knoblauchwürfel darin andünsten die Tomatenhälften hinzufügen, mit

Salz
Pfeffer würzen, etwa 3 Minuten dünsten lassen, die Tomatenhälften um den Staudensellerie geben, die Frühlingszwiebelringe darüber verteilen, mit

1–2 Eßl. gehackten Basilikumblättchen bestreuen.

Staudensellerie mit Tomaten zu Schweine- oder Rinderbraten oder zu Koteletts reichen.

Staudensellerie-Obst-Salat

2–3 Stengel Staudensellerie (etwa 250 g) putzen, harte Fäden an der Außenseite der Stengel abziehen, die Stengel waschen, abtropfen lassen, in feine Streifen schneiden

1 große Mango schälen, halbieren, entsteinen, das Fruchtfleisch in Streifen schneiden

2 Kiwis schälen, in Scheiben schneiden

2 säuerliche Äpfel schälen, vierteln, entkernen, in Scheibchen schneiden, mit dem

Saft von 1 Zitrone beträufeln

für die Salatsoße

80 g Roquefort-Käse fein zerdrücken, mit

1 Becher (150 g) Joghurt
Zucker
Salz
weißem Pfeffer
gemahlenem Ingwer verrühren

die Salatsoße über die Salatzutaten geben, sofort servieren.

Staudensellerie, pikant gefüllt

	Für die Füllung
2–3 Scheiben Ananas (aus der Dose)	abtropfen lassen
2–3 Scheiben gekochter, leicht geräucherter Schinken (etwa 100 g)	
	beide Zutaten in sehr kleine Würfel schneiden
200 g Doppelrahm-Frischkäse	mit
1 Eßl. Joghurt	
3 Eßl. Sahne	
2 Eßl. Ananassaft	verrühren, mit den Ananas- und Schinkenwürfeln gut vermengen, mit
Salz, Pfeffer	abschmecken
4–6 Stengel Staudensellerie	putzen, harte Fäden an der Außenseite der Stengel abziehen, die Stengel waschen, abtrocknen, in etwa 20 cm lange Stücke schneiden die Füllung in einen Spritzbeutel geben, auf die Staudenselleriestengel spritzen nach Belieben auf Staudenselleriebättern anrichten, mit
halbierten Ananasscheiben	garnieren.

Staudensellerie mit Hüttenkäse

(Ohne Abb.)

1 grüne und 1 rote Paprikaschote	halbieren, entstielen, entkernen, die weißen Scheidewände entfernen, die Schoten waschen, in feine Streifen schneiden
350 g (1 Becher) Hüttenkäse	etwas auflockern
100 g gekochte Maiskörner	abtropfen lassen, mit dem Hüttenkäse, den Paprikastreifen,
2 Eßl. feingehackten Zwiebeln	
2 Eßl. feingeschnittenem Schnittlauch	
Salz, Pfeffer	vermengen
4 Stengel Staudensellerie (etwa 300 g)	putzen, harte Fäden an der Außenseite der Stengel abziehen, die Stengel waschen, in etwa 8 cm lange Stücke schneiden, auf einer Platte anrichten, den gewürzten Hüttenkäse darauf geben, mit
Tomatenvierteln	garnieren.

Pastinakengemüse

(Abb. unten)

750 g junge Pastinaken	putzen, schrappen, waschen, in Würfel schneiden
2 Eßl. Butter oder Margarine	zerlassen, die Pastinakenwürfel darin andünsten
knapp 125 ml (1/8 l) Wasser Salz Pfeffer	hinzufügen, das Gemüse zum Kochen bringen, zugedeckt etwa 7 Minuten dünsten lassen, ab und zu umrühren
1 Eßl. gehackten Dill 1 Eßl. gehackte Petersilie	unterrühren.

Radispirale

(1 Portion)

1 Rettich (etwa 125 g)	putzen, schälen, waschen, abtrocknen, den Rettich mit dem Radischneider zu einer Spirale schneiden, mit
Salz	bestreuen, kurz durchziehen lassen die Radispirale nach Belieben auf
1 gewaschenem Salatblatt	anrichten, mit
Tomatenachteln Petersilien-sträußchen	garnieren.

Gurkensalat mit Rettich

2 Rettiche (etwa 500 g)	putzen, schälen, waschen
1 Salatgurke (etwa 500 g)	gründlich waschen, die Enden abschneiden die beiden Zutaten grob raspeln
250 g Roastbeef-aufschnitt (möglichst dicke Scheiben)	in Streifen schneiden
	für die Salatsoße
5 Eßl. Salatöl	mit
5 Eßl. Zitronensaft 1 Teel. abgeriebener Zitronenschale 1 Teel. zerdrückten rosa Pfefferkörnern Salz weißem Pfeffer	verrühren die Salatsoße mit den Salatzutaten vermengen, etwa 20 Minuten kühl stellen
2–3 Eßl. gehackten Dill	unter den Salat heben den Salat evtl. nochmals mit Salz, Pfeffer abschmecken.

Mairüben-Möhren-Rohkost

400 g Mairüben
300 g Möhren beide Zutaten putzen, schrappen, waschen, grob raspeln, mit
1 Eßl. gehacktem Dill
1 Eßl. feingeschnittenem Schnittlauch vermengen

für die Soße
2 Eßl. Salatöl mit
2 Eßl. Kräuteressig
Salz
Pfeffer verrühren
die Soße mit den geraspelten Wurzeln vermengen, kurz durchziehen lassen, mit Salz, Pfeffer abschmecken
eine Schüssel mit
gewaschenen Salatblättern auslegen, die Rohkost darauf geben, mit
Dillzweigen garnieren.

Mairübeneintopf

(Abb. unten)

Etwa 1½ kg Mairüben putzen, schrappen, waschen, in grobe Würfel schneiden
350 g Zwiebeln abziehen, würfeln
von
1 kg geräucherter Schweinebacke ein Viertel (ohne Schwarte) in kleine Würfel schneiden, den Rest in Scheiben schneiden
1 Eßl. Margarine erhitzen, die Fleischwürfel darin anbraten, die Mairüben- und Zwiebelwürfel hinzugeben, unter Rühren durchdünsten lassen, mit
Salz
Pfeffer würzen
500 ml (½ l) Wasser hinzugießen, die Schweinebackenscheiben auf das Gemüse geben, zum Kochen bringen, zugedeckt etwa 25 Minuten schmoren lassen, die Fleischscheiben herausnehmen
750 g mehlig-kochende Kartoffeln schälen, waschen, in Würfel schneiden, in den Eintopf geben, die Fleischscheiben wieder darauf legen, zugedeckt weitere 15 Minuten schmoren lassen, evtl. mit Salz, Pfeffer abschmecken.

Kräuter.

Voller Würzkraft.

Estragon-Essig

(Abb. S. 350/351)

2 Estragonzweige	vorsichtig abspülen, trockentupfen, mit
500 ml ($1/2$ l) Weißweinessig (5%)	in eine Flasche geben, gut verschließen, etwa 14 Tage an einem dunklen, kühlen Ort (Keller) stehenlassen.
Tip:	Estragon-Essig zu Salatsoßen und zum Würzen von Fischgerichten verwenden.

Dill-Essig

(Abb. S. 350/351)

2 große Zweige Einmach-Dill	vorsichtig abspülen, trockentupfen, mit
500 ml ($1/2$ l) Weißweinessig (5%)	in eine Flasche geben, gut verschließen, etwa 14 Tage an einem dunklen, kühlen Ort (Keller) stehenlassen.

Zitronenmelisse-Lavendel-Essig

(Abb. S. 350/351)

2 große Zitronenmelissezweige 1–2 Lavendelzweige	die Kräuter vorsichtig abspülen, trockentupfen, mit
500 ml ($1/2$ l) Weißweinessig (5%)	in eine Flasche geben, gut verschließen, etwa 14 Tage an einem dunklen, kühlen Ort (Keller) stehenlassen.
Tip:	Zitronenmelisse-Lavendel-Essig zu Salatsoßen verwenden.

Rosmarin-Öl

(Abb. S. 350/351)

2 große oder 3–4 kleine Rosmarinzweige	vorsichtig abspülen, trockentupfen, etwa 3 Tage trocknen lassen, mit
750 ml ($3/4$ l) Speiseöl	in eine Flasche geben, gut verschließen, etwa 14 Tage stehenlassen.
Tip:	Rosmarinöl zum Braten von Lammfleisch oder zum Bestreichen von Grillfleisch verwenden.

Grüne Soße

(Abb. oben)

4 hartgekochte Eier	pellen, halbieren, das Eiweiß hacken, beiseite stellen, das Eigelb mit einer Gabel zerdrücken, mit
2 Eßl. Speiseöl	verrühren
1 Becher (150 g) Crème fraîche	unterrühren
10 Spinatblätter	waschen, in
kochendes Wasser	geben, zum Kochen bringen, 2–3 Minuten kochen, abtropfen lassen, fein hacken
1 Zwiebel	abziehen, fein würfeln

beide Zutaten mit

3 Eßl. feingeschnittenem Schnittlauch
1 Eßl. gehackten Zitronenmelisseblättchen
1 Eßl. gehackten Pimpinelleblättchen
1 Eßl. gehackten Borretschblättchen
1 Eßl. gehacktem Dill
1 Eßl. gehackten Kerbelblättchen
1 Eßl. gehackten Estragonblättchen
1 Eßl. gehackten Basilikumblättchen
1 Eßl. gehackter Petersilie

in die Eier-Crème-fraîche-Masse geben, mit

1 Teel. Senf
4–6 Eßl. Sahne

verrühren, das gehackte Eiweiß, unterrühren, mit

1–2 Eßl. Essig
Salz
Pfeffer

abschmecken.
Grüne Soße zu gekochtem Rindfleisch oder pochierten Eiern und Salat reichen.

Mastochsenbrust im Liebstöckelsud

(Abb. oben)

2–2½ kg Mastochsen- (Rinder-) brust
3 Sandknochen
beide Zutaten waschen, in
2½ l Salzwasser zum Kochen bringen, abschäumen
2 Möhren putzen, schrappen
2 Stangen Porree putzen, längs halbieren
1 Stück Sellerie schälen
1 Stück Selleriegrün
das Gemüse waschen, in Würfel schneiden
1 Zwiebel abziehen
4 Liebstöckelzweige vorsichtig abspülen, mit dem gewürfelten Gemüse, der Zwiebel,
2 Lorbeerblättern
2 Nelken
einigen Pfefferkörnern zu dem Fleisch geben, zum Kochen bringen, 2½–3 Stunden kochen lassen, verdampfte Flüssigkeit evtl. mit
heißem Wasser auffüllen
das gare Fleisch aus der Brühe nehmen, in Scheiben schneiden, auf einer vorgewärmten Platte anrichten
die Brühe durch ein Sieb gießen, etwas davon über das Fleisch geben
die restliche Brühe als Vorsuppe reichen.

Kerbelsoße

2 hartgekochte Eier pellen, das Eiweiß hacken, beiseite stellen, das Eigelb durch ein Sieb streichen, mit
1 rohen Eigelb
Salz verrühren, dann tropfenweise unter Schlagen die Hälfte von
125 ml (⅛ l) Salatöl hinzufügen, ist die Masse steif genug,
1 Eßl. Essig
1 Teel. Senf hinzufügen, dann erst den Rest des Öls hinzugeben
1 Eßl. Joghurt oder Crème fraîche
3–4 Eßl. gehackte Kerbelblättchen und das gehackte Eiweiß unterrühren
die Kerbelsoße mit Salz,
Pfeffer abschmecken.
Kerbelsoße zu gekochtem Rindfleisch oder kaltem Braten (Roastbeef, Schweinebraten) oder gekochten Eiern reichen.

Bohnensalat mit Bohnenkraut

750 g Grüne Bohnen	abfädeln, waschen, in 3–4 cm lange Stücke schneiden, mit
3–4 Bohnenkrautzweigen	in
500 ml (½ l) kochendes Salzwasser	geben, zum Kochen bringen, 10–15 Minuten kochen lassen, abgießen, das Bohnenkraut entfernen
1–2 Zwiebeln	abziehen, würfeln, zu den Bohnen geben
	für die Salatsoße
4 Eßl. Salatöl	mit
3 Eßl. Kräuteressig Salz Pfeffer Zucker	verrühren, mit den Bohnen vermengen, gut durchziehen lassen den Salat evtl. nochmals mit Salz, Pfeffer,
Kräuteressig	abschmecken
2 Eßl. gehackte Petersilie	unterrühren.

Eier mit Estragonsoße

(Abb. oben)

	Für die Estragonsoße
50 g Butter	zerlassen
2 Eßl. Weizenmehl	unter Rühren so lange darin erhitzen, bis es hellgelb ist
250 ml (¼ l) Sahne	hinzugießen, mit einem Schneebesen durchschlagen, darauf achten, daß keine Klumpen entstehen die Soße zum Kochen bringen, etwa 5 Minuten kochen lassen
4 Eigelb	mit
3 Eßl. kalter Milch	verschlagen, die Soße damit legieren, mit
Salz Pfeffer	würzen
1–2 Eßl. feingehackte Estragonblättchen	unterrühren
6 gekochte Eier	pellen, längs halbieren, auf einer Platte anrichten die Estragonsoße darüber geben die Eierhälften mit
Estragonblättchen	garnieren.

Kerbelsuppe

1 Bund Suppengrün	putzen, waschen, in feine Streifen schneiden
1 Frühlingszwiebel	putzen, das dunkle Grün bis auf etwa 15 cm entfernen, die Frühlingszwiebel waschen, das helle Grün in feine Streifen schneiden, beiseite stellen, die Knolle fein würfeln
2 Eßl. Butter	zerlassen, das Suppengrün, die Frühlingszwiebelwürfel darin leicht andünsten
1 l Fleischbrühe	hinzugießen, zum Kochen bringen, etwa 15 Minuten kochen lassen
2–3 Eßl. Speisestärke	mit
4–5 Eßl. kaltem Wasser	anrühren, die Brühe damit binden
1 Becher (150 g) Crème fraîche	unterrühren
4–5 Eßl. gehackte Kerbelblättchen	
2 Eßl. gehackte Petersilie	in die Suppe geben, mit
Salz	
Pfeffer	würzen, die zurückgelassenen Frühlingszwiebelstreifen in die Suppe geben.

Bunter Eintopf mit Bohnenkraut

500 g Gulaschfleisch (halb Rind-, halb Schweinefleisch)	waschen, abtrocknen, in etwa 1½ cm große Würfel schneiden
3 Eßl. Speiseöl	erhitzen, die Fleischwürfel darin von allen Seiten etwa 10 Minuten anbraten
2 große Zwiebeln	abziehen, würfeln, hinzufügen, durchdünsten lassen das Fleisch mit
Salz	
Pfeffer	
Paprika edelsüß	würzen
750 ml (¾ l) Wasser	hinzugießen, verrühren, das Fleisch zum Kochen bringen
500 g mehligkochende Kartoffeln	schälen, waschen, in Würfel schneiden
500 g Grüne Bohnen	abfädeln, waschen, in Stücke schneiden oder brechen

1 kleine rote Paprikaschote	halbieren, entstielen, entkernen, die weißen Scheidewände entfernen, die Schote waschen, in Streifen schneiden
3–4 Bohnenkraut-zweige	vorsichtig abspülen, trockentupfen
250 g Champignons	putzen, waschen, abtropfen lassen, in Stücke schneiden
	wenn das Fleisch etwa 30 Minuten gekocht hat, die Kartoffelwürfel hinzufügen, zum Kochen bringen, etwa 5 Minuten kochen lassen
	Bohnen, Paprikaschotenstreifen, Bohnenkraut in die Suppe geben, zum Kochen bringen, etwa 10 Minuten kochen lassen
	die Champignonstücke hinzufügen, zum Kochen bringen, 2–3 Minuten mitkochen lassen
250 g Tomaten	kurze Zeit in kochendes Wasser legen (nicht kochen lassen), in kaltem Wasser abschrecken, enthäuten, die Stengel-ansätze entfernen, die Tomaten vierteln, in den Eintopf geben, mit-erhitzen, den Eintopf mit Salz, Pfeffer, Paprika abschmecken, mit
2 Eßl. gehackter Petersilie	bestreuen.

Saltimbocca-Röllchen

(Im Schnellkochtopf – Abb. nebenstehend)

8 kleine, dünne Kalbsschnitzel (je 75–100 g)	waschen, abtrocknen, leicht flachklopfen, mit
1 Eßl. Zitronensaft	beträufeln, mit
Salz Pfeffer	bestreuen
8 Salbeiblätter	vorsichtig abspülen, trockentupfen, je eines auf jedes Schnitzel legen, mit
8 kleinen Scheiben rohem Schinken	belegen, aufrollen, mit Holzspießchen feststecken
50 g Butter	im Schnellkochtopf erhitzen, die Röllchen von allen Seiten darin anbraten
125 ml (1/8 l) Wasser knapp 125 ml (1/8 l) Marsala oder Weißwein	hinzugießen, den Schnellkochtopf schließen, die Röllchen in etwa 6 Minuten garen lassen die Saltimbocca-Röllchen von den Holzspießchen befreien, die Röllchen in eine vorgewärmte Schüssel geben, warm stellen
2 Eßl. Crème fraîche	unter die Schmorflüssigkeit rühren nach Belieben
etwas Weizenmehl	mit
etwas kaltem Wasser	anrühren, die Schmorflüssigkeit damit binden, die Soße mit Salz, Pfeffer,
Pilz-Sojasoße (aus dem Reformhaus) oder Fleischextrakt	abschmecken die Soße über die Fleischröllchen gießen, mit
Salbeiblättern	garnieren.
Beilage:	Reis oder Butternudeln, Salat.

Grüner Aal mit Salbei

Etwa 750 g küchenfertigen Grünen Aal	unter fließendem kaltem Wasser abspülen, trockentupfen, mit
Salz Pfeffer	würzen, in eine gefettete feuerfeste Form geben
10–15 Salbeiblätter	vorsichtig abspülen, trockentupfen, auf den Fisch legen
Butter	in Flöckchen darauf setzen

die Form auf dem Rost in den vorgeheizten Backofen schieben den Fisch während des Garens ab und zu mit dem Bratensatz begießen

Strom: 200–225
Gas: 3–4
Garzeit: 20–25 Minuten.
Beilage: Butterkartoffeln, Grüner Salat.

Salatsoße mit Pimpinelle

(Abb. unten)

3 Eßl. Salatöl mit
3 Eßl. Essig
1 Teel. mittelscharfem Senf
Salz
Pfeffer
Zucker verrühren
2–3 Eßl. feingehackte Pimpinelleblättchen unter die Salatsoße rühren
die Soße mit einigen
Pimpinelleblättchen bestreuen.
Salatsoße mit Pimpinelle eignet sich für Pflück- oder Eissalat.

Leberpfanne mit Salbei

600 g Rinderleber waschen, abtrocknen, evtl. Sehnen und Röhren entfernen, die Leber in Streifen schneiden, in
Weizenmehl wenden
150 g Zwiebeln abziehen, würfeln
250 g Champignons putzen, waschen, in dünne Scheiben schneiden
125 g durchwachsenen Speck in Würfel schneiden
2 Eßl. Speiseöl erhitzen, die Speckwürfel darin ausbraten
10–15 Salbeiblättchen vorsichtig abspülen, trockentupfen, mit den Leberstreifen zu dem Speck geben, unter Rühren etwa 3 Minuten braten lassen, mit
Salz, Pfeffer
Paprika edelsüß würzen, die Zwiebelwürfel hinzufügen, durchdünsten lassen
die Champignonscheiben
125 ml (1/8 l) Rotwein hinzugießen, zum Kochen bringen, die Leberpfanne etwa 5 Minuten schmoren lassen
1 Becher (150 g) Crème fraîche unterrühren, die Leberpfanne mit Salz, Pfeffer, Paprika abschmecken.

Apfelkaltschale mit Borretsch

(Abb. oben)

500 g säuerliche Äpfel schälen, vierteln, entkernen, in Scheiben schneiden, mit

250 ml ($^1/_4$ l) Weißwein
125 ml ($^1/_8$ l) Zitronensaft
250 ml ($^1/_4$ l) Wasser zum Kochen bringen, die Apfelscheiben nicht ganz weich dünsten lassen, herausnehmen

150 g Zucker in den Apfelsaft geben, gut verrühren, zum Kochen bringen

2 gestrichene Eßl. Speisestärke mit
kaltem Wasser anrühren, den Apfelsaft damit binden, die Apfelscheiben hinzufügen, die Suppe abkühlen lassen, einige Stunden in den Kühlschrank stellen

einige kleine Borretschblättchen vorsichtig abspülen, trockentupfen, mit

einigen Borretschblüten über die Kaltschale streuen, sofort servieren.

Dill-Gurken-Salat

1 Salatgurke (etwa 600 g) schälen oder waschen, in dünne Scheiben schneiden oder hobeln

für die Salatsoße
1 Zwiebel abziehen, würfeln, mit
1 Becher (200 g) Vollmilch-Joghurt
1 Eßl. Estragon-Essig
1 Teel. mittelscharfem Senf
Salz
Pfeffer
Zucker verrühren
4–5 Eßl. gehackten Dill unterrühren

die Salatsoße mit den Gurkenscheiben vermengen, 10–15 Minuten durchziehen lassen, evtl. nochmals mit Salz, Pfeffer, Zucker abschmecken.

Matjes in Dill

(Abb. oben)

	Für die Marinade
375 ml (3/8 l) Rotweinessig	mit
150 g Zucker	
2 Lorbeerblättern	zum Kochen bringen, unter Rühren kochen, bis der Zucker gelöst ist, erkalten lassen
10 Matjesfilets	unter fließendem kaltem Wasser abspülen, trockentupfen
2–3 rote Zwiebeln (etwa 150 g)	abziehen, in Scheiben schneiden Matjesfilets, Zwiebelscheiben mit
5–6 Eßl. gehacktem Dill	abwechselnd in ein Glas schichten, mit der kalten Marinade übergießen, das Glas verschließen, kühl stellen (nicht in den Kühlschrank), etwa 2 Tage durchziehen lassen.
Beigabe:	Bauernbrot mit Butter.

Kartoffelpuffer mit Dillsahne

	Für die Dillsahne
1 Becher (150 g) Crème fraîche	mit
50 g Doppelrahm-Frischkäse	verrühren
3–4 Eßl. gehackten Dill	unter die Sahnemasse mengen, mit
Salz	
Knoblauchpulver	
abgeriebener Zitronenschale (unbehandelt)	abschmecken die Dillsahne kalt stellen
	für die Kartoffelpuffer
1 kg Kartoffeln	schälen, waschen, reiben
1 Zwiebel	abziehen, sehr fein würfeln beide Zutaten mit
2 Eiern	
2 gestrichenen Eßl. Weizenmehl	
Salz	gut verrühren, etwas von
8 Eßl. Speiseöl	in einer Pfanne erhitzen, den Teig eßlöffelweise hineingeben, flach drücken, von beiden Seiten in 6–8 Minuten knusprig braun backen die fertigen Kartoffelpuffer warm stellen, bis die restlichen gebacken sind die Dillsahne dazureichen.

Kabeljau mit Petersilienfüllung

(Abb. nebenstehend)

1 küchenfertigen Kabeljau (etwa 1½ kg)	unter fließendem kaltem Wasser abspülen, trockentupfen, mit
Zitronensaft	beträufeln, etwa 30 Minuten stehenlassen, trockentupfen, innen und außen mit
Salz	
Pfeffer	würzen
	für die Füllung
1 Bund Frühlingszwiebeln (etwa 250 g)	putzen, das dunkle Grün bis auf etwa 15 cm entfernen, die Knollen evtl. abziehen, die Frühlingszwiebeln waschen, in Ringe schneiden
50 g Butter	zerlassen, die Frühlingszwiebelringe darin fast gar dünsten lassen
2–3 Eßl. gehackte glatte Petersilie	
2–3 Eßl. gehackte krause Petersilie	zu den Zwiebelringen geben, mitdünsten lassen, mit
Salz	
Worcestersoße	würzen
	ein großes Stück Alufolie in die Rostbratpfanne des Backofens legen, den Fisch mit dem Rücken nach unten darauf legen, die Petersilienmasse in den Bauch füllen, etwas davon auf den Fisch geben
2 Tomaten	waschen, abtrocknen, die Stengelansätze entfernen, die Tomaten in Scheiben schneiden, auf den Fisch legen, mit
Salz	
Pfeffer	bestreuen
	die Alufolie um den Fisch zusammenfalten, gut verschließen, die Rostbratpfanne in den vorgeheizten Backofen schieben
Strom:	Etwa 250
Gas:	5–6
Garzeit:	Etwa 45 Minuten.
Beilage:	Butterkartoffeln, Grüner Salat.

Petersilie im Teig, gebacken

Etwa 200 g krause Petersilie	vorsichtig abspülen, trockentupfen, die dickeren Stiele abschneiden
	für den Teig
125 g Weizenmehl	in eine Schüssel sieben
Salz	
Pfeffer	
geriebene Muskatnuß	hinzufügen, in die Mitte eine Vertiefung eindrücken

2 Eier	mit
1 Eßl. Speiseöl	verschlagen, in die Vertiefung geben von der Mitte aus die Eiermasse mit einem Teil des Mehls verrühren
4–5 Eßl. Wasser	hinzufügen, alles zu einem dickflüssigen Teig verrühren
Fritierfett	in einer Friteuse auf etwa 180 Grad erhitzen die Petersilie einzeln in den Teig tauchen, kurz abtropfen lassen, portionsweise in 4–5 Minuten in dem Fett ausbacken, auf Haushaltspapier abtropfen lassen.

Bunter Schnittlauchquark

500 g Magerquark	mit
1 Becher (150 g) Crème fraîche	verrühren
2 Bund Radieschen	putzen, waschen, in Scheiben schneiden
2 hartgekochte Eier	pellen, hacken
3–4 Eßl. feingeschnittener Schnittlauch	
	die Zutaten unter den Quark rühren, mit
Salz, Pfeffer	würzen, in einer Schüssel anrichten
2 hartgekochte Eier	pellen, halbieren, den Schnittlauchquark damit garnieren, nach Belieben mit
feingeschnittenem Schnittlauch	bestreuen.
Beigabe:	Pellkartoffeln, Butter, Salz.

Tomaten mit Schnittlauchrührei

(Abb. nebenstehend)

2 große Tomaten	waschen, abtrocknen, quer halbieren, entkernen, innen mit
Salz, Pfeffer	bestreuen
	für das Schnittlauchrührei
3 Eier	mit
3 Eßl. Milch Salz	verschlagen
1–2 Eßl. feingeschnittenen Schnittlauch	unterrühren
1 Eßl. Butter	in einer Stielpfanne zerlassen, die Eiermilch hineingeben sobald die Masse zu stocken beginnt, sie mit einem Löffel strichweise vom Boden der Pfanne losrühren, so lange weiter erhitzen, bis keine Flüssigkeit mehr vorhanden ist das Rührei in die Tomatenhälften füllen, sofort servieren.

Marinierter Schafskäse

(Abb. unten)

1 kg Schafskäse	in Stücke schneiden, die Schnittflächen mit
Salz	einreiben
2 Thymianzweige **2 Rosmarinzweige** **2 Lavendelzweige** **2–3 Salbeiblättchen**	die vier Kräuter vorsichtig abspülen, trockentupfen
4 Knoblauchzehen	abziehen, halbieren die Käsestücke mit den Kräutern, den Knoblauchhälften,
2 Lorbeerblättern **schwarzen Pfefferkörnern** **50 g Walnußkernen**	in ein großes Glas geben
1½ l Olivenöl	darüber gießen (der Käse muß bedeckt sein) das Glas verschließen, kühl und dunkel (aber nicht in den Kühlschrank) stellen, etwa 2 Wochen durchziehen lassen. Den Käse innerhalb von 2–3 Wochen verzehren.
Tip:	Das zurückbleibende Öl für pikante Salatsoßen verwenden.

Lavendelblütengelee

5 Eßl. Lavendelblüten	in
6 Eßl. Weingeist (96%, aus der Apotheke)	4–5 Stunden ziehen lassen, durch ein feines Teesieb geben, die eingeweichten Blüten dabei mit einem Löffel etwas ausdrücken den Extrakt mit
1 Flasche (700 ml) Weißwein (Riesling)	in einen großen Kochtopf (Durchmesser etwa 24 cm) geben
1 Beutel Gelfix	unterrühren, die Flüssigkeit unter ständigem Rühren zum Kochen bringen, dabei darauf achten, daß etwa noch vorhandene Klümpchen durch Zerdrücken vollständig gelöst werden sobald alles bei starker Hitze unter ständigem Rühren durch und durch sprudelnd kocht,
800 g Zucker	(auf keinen Fall weniger nehmen) einrühren, das Ganze wieder zum Kochen bringen wenn die Flüssigkeit bei starker Hitze durch und durch kocht, sie **½ Minute (nach der Uhr)** unter ständigem Rühren sprudelnd kochen lassen, den Topf von der Kochstelle nehmen
Saft von 1 Zitrone	unterrühren. Einfüllen und Aufbewahren von Gelee s. Küchenratgeber S. 198

Pesto

(Italienische Basilikumsoße – Abb. unten)

3–4 Knoblauchzehen	abziehen, mit
1 Teel. Salz	
50 g Pinienkernen	
etwa 8 Eßl. gehackten Basilikumblättchen	im Mörser so lange zerstoßen, bis eine cremige Masse entstanden ist
50 g geriebenen Pecorino-Käse	
50 g geriebenen Parmesan-Käse oder	
100 g geriebenen Parmesan-Käse	in den Mörser geben, unterarbeiten
200 ml (1/5 l) Olivenöl	unterrühren. Pesto zu Nudelgerichten oder Gemüsesuppen reichen.
Tip:	Sofern kein Mörser vorhanden ist, die Zutaten (Basilikum, Knoblauch, Salz, Pinienkerne) im Mixer pürieren, dann wie im Rezept angegeben weiterarbeiten.

Flugente mit Thymian

(Abb. unten)

1 kg gleich große Kartoffeln waschen, in so viel **Salzwasser** geben, daß die Kartoffeln bedeckt sind, zum Kochen bringen, in 15–20 Minuten gar kochen lassen, abgießen, sofort pellen, mit

3 Eßl. Thymianblättchen
1 Teel. gehackten Rosmarinnadeln
Salz bestreuen, mit
1 Eßl. Olivenöl beträufeln

1 küchenfertige Flugente (etwa 2 kg) waschen, abtrocknen, innen und außen mit Salz einreiben, mit einem Teil der Kräuterkartoffeln füllen, den Rest beiseite stellen

die Ente mit dem Rücken nach unten in einen mit Wasser ausgespülten Bratentopf legen, auf dem Rost in den vorgeheizten Backofen schieben

2 mittelgroße Zwiebeln abziehen, vierteln, zu der Ente geben

während des Bratens ab und zu unterhalb der Flügel und Keulen in die Ente stechen, damit das Fett ausbraten kann

nach etwa 30 Minuten Bratzeit das sich angesammelte Fett abschöpfen sobald der Bratensatz bräunt,

etwas heißes Wasser hinzugießen, die Ente ab und zu mit dem Bratensatz begießen, verdampfte Flüssigkeit nach und nach ersetzen

15 Minuten vor Beendigung der Bratzeit die restlichen Kartoffeln zu der Ente geben, kurz mitbraten lassen

die gare Ente in Portionsstücke schneiden, mit den Kartoffeln auf einer vorgewärmten Platte anrichten, mit

Rosmarin- oder Thymianzweigen garnieren, den Bratensatz getrennt dazureichen

Strom: Etwa 225
Gas: Etwa 4
Bratzeit: Etwa 1¾ Stunden.

Kalbsbries mit Thymian

750 g Kalbsbries	mehrere Stunden wässern, damit es weiß wird danach zuerst mit kochendem, dann mit kaltem Wasser übergießen, damit das Bries erstarrt und die Blutäderchen besser entfernt werden können das Kalbsbries in
500 ml (1/2 l) kochendes Salzwasser	geben, zum Kochen bringen, in etwa 15 Minuten gar kochen lassen, aus der Flüssigkeit nehmen, in kleine Stücke schneiden
2 Schalotten	abziehen, fein würfeln
2 Eßl. Butter oder Margarine	zerlassen, die Schalottenwürfel darin goldgelb dünsten, die Briesstückchen hinzufügen, etwa 5 Minuten braten lassen, mit
Salz Pfeffer	würzen
250 ml (1/4 l) Sahne 2 Eßl. Weißwein	nach und nach unterrühren, etwas einkochen lassen
2 Eßl. feingehackte Thymianblättchen 1 Teel. gehackte Rosmarinnadeln	in die Sahne rühren, das Kalbsbries sofort servieren.
Beigabe:	Stangenweißbrot.

Grüner Aal auf Thymian

1 kg küchenfertigen Grünen Aal	unter fließendem kaltem Wasser abspülen, trockentupfen, in Portionsstücke schneiden, mit
Salz Pfeffer	würzen den Rost von einem Holzkohlengrill mit
Speiseöl	bestreichen, mit
Thymianzweigen	belegen die Fischstücke auf den Rost legen, von jeder Seite etwa 15 Minuten grillen.
Beigabe:	Bauernbrot, gemischter Salat.

Majoranspieße

(Abb. oben)

1 Brötchen	in kaltem Wasser einweichen
1 große Zwiebel	abziehen, fein würfeln
500 g Gehacktes (halb Rind-, halb Schweinefleisch)	mit dem gut ausgedrückten Brötchen, den Zwiebelwürfeln,
1 Ei	
½ Eßl. feingehackten Majoranblättchen	vermengen, mit
Salz, Pfeffer	
Paprika edelsüß	würzen, gut durchkneten aus dem Teig mit nassen Händen Bällchen formen
1 rote Paprikaschote	halbieren, entstielen, entkernen, die weißen Scheidewände entfernen, die Schote waschen, in Streifen schneiden
1 Bund Frühlingszwiebeln (etwa 250 g)	putzen, das dunkle Grün bis auf etwa 15 cm entfernen, die Knollen evtl. abziehen, die Frühlingszwiebeln waschen, in 3–4 cm lange Stücke schneiden Hackfleischbällchen, Paprikastreifen, Frühlingszwiebelstücke,
frische Lorbeerblätter	abwechselnd auf Spieße stecken
etwa 50 g Pflanzenfett	erhitzen, die Spieße darin unter häufigem Wenden von allen Seiten in 5–8 Minuten braun braten lassen, ab und zu mit dem Bratfett begießen die Spieße auf einer vorgewärmten Platte anrichten, mit
Majoranzweigen	garnieren.

Majorankartoffeln

750 g Kartoffeln	schälen, waschen, in dünne Scheiben schneiden, in so viel
Salzwasser	zum Kochen bringen, daß die Kartoffeln bedeckt sind, 4–5 Minuten kochen, gut abtropfen lassen
250 ml (¼ l) Sahne	mit
2–3 Eßl. feingehackten Majoranblättchen	
2 Eigelb	verrühren, mit
Salz	
Pfeffer	würzen die Hälfte der Kartoffelscheiben in eine gefettete feuerfeste Form schichten
75 g Schinkenspeck	in feine Würfel schneiden, die Hälfte davon auf die Kartoffeln geben, mit Salz, Pfeffer bestreuen die restlichen Kartoffelscheiben

	einschichten, die Majoransahne darüber verteilen, die restlichen Schinkenwürfel darüber geben
2 Eßl. Butter	in Flöckchen darauf setzen die Form auf dem Rost in den vorgeheizten Backofen schieben, die Majorankartoffeln goldgelb backen lassen
Strom:	Etwa 250
Gas:	Etwa 5
Backzeit:	30–35 Minuten.

Majoranhähnchen mit Gemüse

2 küchenfertige Hähnchen (je etwa 900 g)	waschen, abtrocknen, vierteln, mit
Salz, Pfeffer	einreiben
2 Knoblauchzehen	abziehen, fein hacken, mit
50 g weicher Butter	verrühren, die Hähnchenteile damit bestreichen, mit
2–3 Eßl. gehackten Majoranblättchen	in eine gefettete feuerfeste Form geben, die Form auf dem Rost in den vorgeheizten Backofen schieben nach etwa 20 Minuten Bratzeit etwas von
250 ml (1/4 l) Weißwein	hinzugießen, verdampfte Flüssigkeit nach und nach durch Weißwein ersetzen
1–2 grüne Paprikaschoten (etwa 250 g) **1–2 gelbe Paprikaschoten (etwa 250 g)**	halbieren, entstielen, entkernen, die weißen Scheidewände entfernen, die Schoten waschen, in Streifen schneiden
500 g Fleischtomaten	kurze Zeit in kochendes Wasser legen (nicht kochen lassen), in kaltem Wasser abschrecken, enthäuten, die Stengelansätze entfernen, die Tomaten vierteln die Paprikastreifen nach etwa 40 Minuten Bratzeit zu den Hähnchen geben nach weiteren 5 Minuten die Tomatenviertel hinzufügen, mit den Paprikastreifen vermengen die Majoranhähnchen mit dem Gemüse noch etwa 10 Minuten garen lassen
1–2 Eßl. gehackte Majoranblättchen	über das Gemüse streuen, sofort servieren
Strom:	Etwa 225
Gas:	Etwa 4
Bratzeit:	Etwa 1 Stunde.

Majoranfleisch

750 g mageren Schweinenacken waschen, abtrocknen, von den Knochen befreien, das Fleisch in schmale Streifen schneiden

50 g Schweineschmalz zerlassen, die Fleischstreifen darin unter Wenden kräftig anbraten

375 g Zwiebeln abziehen, in Scheiben schneiden, zu dem Fleisch geben, mitschmoren lassen

von

2–3 Eßl. gehackten Majoranblättchen etwa die Hälfte zu der Fleisch-Zwiebel-Masse geben, mitschmoren lassen

250 ml (1/4 l) Fleischbrühe hinzugießen, das Majoranfleisch etwa 20 Minuten schmoren lassen

1 1/2 Becher (225 g) Crème fraîche unterrühren, etwas einkochen lassen, die restlichen Majoranblättchen hinzufügen, das Majoranfleisch mit

Salz, Pfeffer abschmecken.

Beilage: Spaghetti, Grüner Salat.

Rosmarin-Tomaten

6 mittelgroße, reife Fleischtomaten (etwa 1 kg) waschen, abtrocknen, die Stengelansätze entfernen, die Tomaten oben mehrmals kreuzweise einschneiden, in eine mit

Olivenöl ausgefettete feuerfeste Form setzen

3 kleine Rosmarinzweige vorsichtig abspülen, trockentupfen, die Nadeln von den Stielen streifen, grob hacken

3 Knoblauchzehen abziehen, durchpressen, mit den gehackten Rosmarinnadeln,

3 Eßl. gehackter Petersilie

2 Eßl. Olivenöl

Salz, Pfeffer verrühren

die Tomateneinschnitte etwas auseinanderdrücken, die Kräutermasse hineingeben

die Form auf dem Rost in den vorgeheizten Backofen schieben

Strom: 200–225

Gas: 3–4

Garzeit: Etwa 25 Minuten.

Rosmarin-Tomaten und Stangenweißbrot als Vorspeise oder als Beilage zu kurzgebratenem Fleisch oder Lammkeule reichen.

Lammrücken mit Rosmarin

(Abb. oben)

1 3/4–2 kg Lammrücken von Fett und Haut befreien

das Fleisch waschen, abtrocknen, mit

Salz

Pfeffer bestreuen

3 Knoblauchzehen abziehen, durchpressen, das Fleisch damit bestreichen

3 Tomaten waschen, in Stücke schneiden

2 Zwiebeln abziehen, achteln

einen Bratentopf mit

3 Eßl. Speiseöl ausfetten

die Hälfte von

3 Eßl. Rosmarinnadeln hineingeben, das Fleisch darauf legen, Tomaten- und Zwiebelstücke hinzufügen, mit den restlichen Rosmarinnadeln bestreuen
den Bratentopf auf dem Rost in den vorgeheizten Backofen schieben
sobald der Bratensatz bräunt,

etwas heißes Wasser hinzugießen, den Lammrücken ab und zu mit dem Bratensatz begießen, verdampfte Flüssigkeit nach und nach ersetzen
nach etwa 1¼ Stunden Bratzeit

2–3 Eßl. gehackte Petersilie mit
1 Eßl. gehackten Rosmarinnadeln
1 Ei verrühren, mit Salz, Pfeffer würzen, auf das Fleisch streichen

2–3 Scheiben Toastbrot in kleine Würfel schneiden, auf die Kräutermasse geben, etwas festdrücken, etwa 15 Minuten weiterbraten lassen

Strom: 200–225
Gas: Etwa 4
Bratzeit: Etwa 1½ Stunden
den garen Lammrücken vorsichtig vom Knochengerüst lösen, wieder darauf geben, auf einer Platte anrichten
den Bratensatz mit dem Gemüse durch ein Sieb streichen, mit Salz, Pfeffer abschmecken
zu dem Fleisch reichen.

Beilage: Röstkartoffeln, Grilltomaten, Broccoli.

Zitronenmelisse-Soße

(Abb. unten)

1 Becher (200 g) Joghurt	mit
etwa 3 Eßl. Zitronensaft Zucker	verrühren
2–3 Eßl. feingehackte Zitronenmelisse-blättchen	unterrühren, mit
Zitronenmelisse-blättchen	garnieren. Zitronenmelisse-Soße als Salatsoße für Blattsalate verwenden.

Grüne Witwe

(1 Portion – Abb. nebenstehend)

3 Teel. Minzeblätter	mit
200 ml (1/5 l) kochendem Wasser	übergießen, zugedeckt etwa 8 Minuten ziehen lassen, durch ein Sieb gießen, erkalten lassen
1–2 Wasser-Eiswürfel	mit

1 Teel. Zitronensaft
1 Eßl. Pfefferminz-Likör in ein hohes Glas geben, den kalten Tee darüber gießen
1 Zitronenscheibe (unbehandelt)
1 Minzezweig hineingeben.

Minzkaltschale

(Abb. unten)

250 ml (1/4 l) Apfelwein mit
250 ml (1/4 l) Apfelsinensaft
125 ml (1/8 l) Wasser zum Kochen bringen
3–4 Minzezweige mit Blüten vorsichtig abspülen, hinzufügen, zum Kochen bringen
1 Eßl. Zitronensaft unterrühren, die Flüssigkeit 3–4 Minuten ziehen lassen, die Minzezweige herausnehmen
100 g Zucker in die Flüssigkeit geben, erhitzen
2 Eßl. Speisestärke mit
4 Eßl. kaltem Wasser anrühren, die Flüssigkeit damit binden, erkalten lassen
die Minzkaltschale mit
1 Minzezweig garnieren.

Zitronenmelisse-Gelee

4–5 Eßl. feingehackte Zitronenmelisseblättchen in
75 ml Gin 4–5 Stunden ziehen lassen, mit
1 Flasche (700 ml) hellem Traubensaft in einen großen Kochtopf (Durchmesser etwa 24 cm) geben
1 Beutel Gelfix unterrühren, die Flüssigkeit unter ständigem Rühren zum Kochen bringen, dabei darauf achten, daß etwa noch vorhandene Klümpchen durch Zerdrücken vollständig gelöst werden
sobald alles bei starker Hitze unter ständigem Rühren durch und durch sprudelnd kocht,
800 g Zucker (auf keinen Fall weniger nehmen) einrühren, das Ganze wieder zum Kochen bringen
wenn die Flüssigkeit bei starker Hitze durch und durch stark kocht, sie **1/2 Minute (nach der Uhr)** unter ständigem Rühren sprudelnd kochen lassen, den Topf von der Kochstelle nehmen
Saft von 1 Zitrone unterrühren
Einfüllen und Aufbewahren von Gelee s. Küchenratgeber S. 198

Zitronenmelisse-Bowle

6–8 Zitronenmelissezweige vorsichtig abspülen, trockentupfen, zusammenbinden
2 Flaschen (je 0,7 l) gut gekühlten Moselwein (Riesling) in ein Bowlengefäß gießen
das Zitronenmelissebund mit den Blättern nach unten in den Wein hängen
1 Zitrone oder Limette (unbehandelt) waschen, abtrocknen, in Scheiben schneiden, in den Wein geben
1/2 Zitrone oder Limette (unbehandelt) waschen, abtrocknen, schälen, die Schale in das Bowlengefäß hängen
die Bowle im Kühlschrank etwa 2 Stunden ziehen lassen
vor dem Servieren evtl. mit
Zucker süßen
1 Flasche (0,7 l) gut gekühlten Sekt hinzugießen.

Beeren.
Früchtchen zum Verwöhnen.

Erdbeerkonfitüre

1000 g (1 kg) Erdbeeren (vorbereitet gewogen)

vorbereiten: Erdbeeren vorsichtig waschen, gut abtropfen lassen, entstielen, größere Früchte evtl. in Stücke schneiden, wiegen (1000 g)
die Fruchtmenge in einen Kochtopf (Durchmesser etwa 24 cm) geben

1 Beutel Gelfix unterrühren
das Obst unter ständigem Rühren bei starker Hitze zum Kochen bringen
sobald das Obst bei ständigem Rühren durch und durch sprudelnd kocht,

1125 g (1 1/8 kg) Zucker (auf keinen Fall weniger nehmen)

abgeriebene Schale von 1 Apfelsine (unbehandelt) einrühren
das Ganze wieder zum Kochen bringen
wenn die Masse bei starker Hitze durch und durch stark kocht, sie **1 Minute (nach der Uhr)** unter ständigem Rühren sprudelnd kochen lassen
den Topf von der Kochstelle nehmen

4 Eßl. Orangenlikör unterrühren
Einfüllen und Aufbewahren von Konfitüre s. Küchenratgeber S. 198

Johannisbeer-Apfelsinen-Gelee

1000 g (1 kg) helle Johannisbeeren (vorbereitet gewogen)

vorbereiten: Johannisbeertrauben verlesen, waschen, gut abtropfen lassen (nicht entstielen), wiegen

(1000 g), in einen Kochtopf (Durchmesser etwa 24 cm) geben
die Früchte zerquetschen (am besten mit einem Holzstampfer), mit

250 ml (1/4 l) Wasser unter Rühren bis kurz vor dem Kochen erhitzen (nicht kochen)
damit der Saft ablaufen kann, den Fruchtbrei auf ein gespanntes Safttuch geben, nach dem Erkalten kräftig auspressen
oder
den Saft mit einem Dampfentsafter aus der oben angegebenen Fruchtmenge – aber ohne Wasserzugabe gewinnen

175 g tiefgefrorenes Apfelsinensaft-konzentrat hinzufügen, mit
Wasser auf 1000 ml (1 l) Flüssigkeit auffüllen, in einen großen Kochtopf (Durchmesser etwa 24 cm) geben

1 Beutel Gelfix unterrühren
die Flüssigkeit unter ständigem Rühren zum Kochen bringen, dabei darauf achten, daß etwa noch vorhandene Klümpchen durch Zerdrücken vollständig gelöst werden
sobald alles bei starker Hitze bei ständigem Rühren durch und durch sprudelnd kocht,

1125 g (1 1/8 kg) Zucker (auf keinen Fall weniger nehmen) einrühren, das Ganze wieder zum Kochen bringen
wenn die Flüssigkeit bei starker Hitze durch und durch stark kocht, sie **1/2 Minute (nach der Uhr)** unter ständigem Rühren sprudelnd kochen lassen, den Topf von der Kochstelle nehmen
Einfüllen und Aufbewahren von Gelee s. Küchenratgeber S. 198.

Tip zum Verschenken: Bevor das Gelee in Gläser gefüllt wird, in jedes Glas 2–3 kandierte Apfelsinenscheiben stellen. Erst dann das Gelee einfüllen.

Brombeerlikör

(Abb. S. 377)

250 g Brombeeren verlesen, waschen, gut abtropfen lassen, in eine weithalsige Flasche geben

150 g braunen Kandis-Zucker
1 Stück Stangenzimt
2 Stück Zitronenschale (unbehandelt)
2 zerdrückte Wacholderbeeren hinzufügen, mit

1 Flasche (0,7 l) Wacholder-Korn auffüllen, die Flasche verschließen, 6–8 Wochen an einem sonnigen Platz stehenlassen, ab und zu durchschütteln.

Den fertigen Brombeerlikör durch Filterpapier gießen, in eine Karaffe oder dekorative Flasche füllen.

Die Früchte zu Eis, Vanillepudding oder Quarkcreme reichen.

Stachelbeerkonfitüre mit Gin

(Abb. S. 377)

1375 g (1 3/8 kg) reife grüne Stachelbeeren (vorbereitet gewogen)

vorbereiten: Stachelbeeren von Stiel und Blüte befreien, waschen, gut abtropfen lassen, durch den Fleischwolf drehen oder vierteln, wiegen (1375 g)
die Fruchtmenge in einen Kochtopf (Durchmesser etwa 24 cm) geben

2–3 Stück Zitronenschale (unbehandelt) hinzufügen

1 Beutel Gelfix unterrühren
das Obst unter ständigem Rühren bei starker Hitze zum Kochen bringen
sobald das Obst bei ständigem Rühren durch und durch sprudelnd kocht,

1500 g (1 1/2 kg) Zucker (auf keinen Fall weniger nehmen) einrühren, das Ganze wieder zum Kochen bringen, wenn die Masse bei starker Hitze durch und durch stark kocht, sie **1 Minute (nach der Uhr)** unter ständigem Rühren sprudelnd kochen lassen, den Topf von der Kochstelle nehmen, die Zitronenschale aus der Konfitüre nehmen

5 Eßl. Gin unterrühren
Einfüllen und Aufbewahren der Konfitüre s. Küchenratgeber S. 198.

Brombeer-Holunder-Konfitüre

(Abb. S. 377)

500 g (1/2 kg) Brombeeren (vorbereitet gewogen)

vorbereiten: Brombeeren verlesen, waschen, abtropfen lassen, zerdrücken, wiegen (500 g)

500 g (1/2 kg) reife Holunderbeeren (vorbereitet gewogen)

vorbereiten: Holunderbeerdolden waschen, abtropfen lassen, die Beeren von den Stielen streifen, wiegen (500 g)
die Früchte in einen Kochtopf (Durchmesser etwa 24 cm) geben

1 Beutel Gelfix unterrühren
das Obst unter ständigem Rühren bei starker Hitze zum Kochen bringen
sobald das Obst bei ständigem Rühren durch und durch sprudelnd kocht,

1125 g (1 1/8 kg) Zucker (auf keinen Fall weniger nehmen)
abgeriebene Schale von 1 Zitrone (unbehandelt) einrühren
das Ganze wieder zum Kochen bringen
wenn die Masse bei starker Hitze durch und durch stark kocht, sie **1 Minute (nach der Uhr)** unter ständigem Rühren sprudelnd kochen lassen
den Topf von der Kochstelle nehmen

4–5 Eßl. Brombeerlikör unterrühren
Einfüllen und Aufbewahren der Konfitüre s. Küchenratgeber S. 198.

Himbeerparfait

(Abb. nebenstehend)

500 g Himbeeren verlesen, entstielen, pürieren, durch ein Sieb streichen

2 Eigelb mit
125 g Zucker cremig schlagen
2 Eßl. Zitronensaft unterrühren
2 Eiweiß steif schlagen
500 ml (1/2 l) Sahne steif schlagen
Eiweiß und Sahne unter die Eigelbcreme ziehen, vorsichtig mit dem Himbeerpüree vermengen, in Förmchen oder in eine Schüssel geben, mit Alufolie abdecken, im Gefrierfach des Kühlschranks 3–4 Stunden gefrieren lassen

abgezogenen, gehackten Mandeln — nach Belieben kurz vor dem Servieren die Förmchen (Schüssel) kurz in heißes Wasser halten, das Parfait mit einem Messer am Rand der Form lösen, auf eine Platte stürzen, mit bestreuen.

Johannisbeer-Pfirsich-Konfitüre

(Abb. S. 377)

500 g (1/2 kg) helle Johannisbeeren (vorbereitet gewogen)

vorbereiten: Johannisbeertrauben verlesen, waschen, gut abtropfen lassen, entstielen, wiegen (500 g), zerdrücken

500 g Pfirsiche (vorbereitet gewogen)

vorbereiten: die Pfirsiche in kochendes Wasser legen (nicht kochen lassen), in kaltem Wasser abschrecken, enthäuten, halbieren, entsteinen, grob zerkleinern, wiegen (500 g), die Fruchtmengen in einen Kochtopf (Durchmesser etwa 24 cm) geben, von

1/2 Vanilleschote

das Mark auskratzen, hinzufügen, die weitere Verarbeitung mit

1 Beutel Gelfix Zwei + Eins
500 g (1/2 kg) Zucker

erfolgt nach der Vorschrift auf dem Beutel

Saft von 1/2 Zitrone

unterrühren
Einfüllen und Aufbewahren von Konfitüre s. Küchenratgeber S. 198.

Schweizer Reis mit Beerenfrüchten

(Abb. nebenstehend)

250 ml (1/4 l) Sahne	mit
250 ml (1/4 l) Wasser	
Salz	zum Kochen bringen
1 Vanilleschote	längs halbieren, das Mark herauskratzen, mit
250 g Milchreis (Rundkorn)	in die Flüssigkeit geben, umrühren, zum Kochen bringen, in etwa 25 Minuten ausquellen lassen
6 Eßl. Zucker	
4 Eßl. Himbeergeist	
abgeriebene Schale von 1 Zitrone (unbehandelt)	unterrühren, etwas abkühlen lassen
250 ml (1/4 l) Sahne	steif schlagen, unter den Reis heben, kalt stellen
500 g Beerenfrüchte (Stachelbeeren, Johannisbeeren, Brombeeren)	(Stachelbeeren von Stiel und Blüte befreien) die Früchte verlesen, waschen, gut abtropfen lassen (Johannisbeeren entstielen), nach Belieben mit
Zucker	bestreuen, auf den erkalteten Reis geben.

Erdbeerkonfekt

500 g große Erdbeeren mit Stiel	vorsichtig waschen, auf Haushaltspapier abtropfen lassen, evtl. etwas trockentupfen (Beeren müssen ganz trocken sein)
125 g Kuvertüre	in einem kleinen Topf im Wasserbad zu einer geschmeidigen Masse verrühren die Erdbeeren zu 2/3 hineintauchen, auf Pergamentpapier legen, die Kuvertüre fest werden lassen. Das Erdbeerkonfekt bis zum Verzehr im Kühlschrank aufbewahren.
Tip:	Zum Verschenken das Erdbeerkonfekt in weiße Spankörbchen oder Schälchen geben.

Crêpes mit Erdbeeren

(6 Portionen – Abb. nebenstehend)

50 g Weizenmehl	mit
1 Eßl. Zucker Salz abgeriebener Schale von 1 Zitrone (unbehandelt)	vermengen, mit
125 ml (1/8 l) Milch	verrühren, 15 Minuten zum Quellen stehenlassen
1 Ei	mit
1 Eigelb	unter den gequollenen Teig rühren etwas von
60 g Butter	in einer kleinen Stielpfanne (Durchmesser 16–18 cm) zerlassen, eine dünne Teiglage hineingeben, von beiden Seiten goldgelb backen aus dem restlichen Teig weitere fünf dünne Crêpes auf die gleiche Weise zubereiten, warm stellen
	für die Füllung
500 g Erdbeeren	vorsichtig waschen, gut abtropfen lassen, entstielen, halbieren, mit
1 Päckchen Vanillin-Zucker	bestreuen
4 Eßl. Weinbrand	erwärmen, anzünden, brennend über die Erdbeeren gießen
2–3 Eßl. Johannisbeergelee	erwärmen, vorsichtig unter die Erdbeeren ziehen die Erdbeeren auf die Crêpes geben, die Crêpes zur Hälfte übereinanderklappen nach Belieben
30 g abgezogene, gehobelte, geröstete Mandeln	darüber streuen.

Stachelbeerkaltschale

1 kg rote Stachelbeeren	von Stiel und Blüte befreien, waschen, mit
etwa 250 ml (1/4 l) Wasser Zitronenschale (unbehandelt) 1 Stück Stangenzimt	zum Kochen bringen, in etwa 8 Minuten weich kochen lassen, Zitronenschale und Stangenzimt entfernen, die Stachelbeeren durch ein Sieb streichen
375 ml (3/8 l) Rotwein 150 g Zucker	unter die Stachelbeermasse rühren, einmal aufkochen lassen etwa 4 Stunden kalt stellen, mit
Baisers	servieren.

Stachelbeersorbet

250 g reife grüne Stachelbeeren	von Stiel und Blüte befreien, die Früchte waschen, abtropfen lassen, in Scheiben schneiden, etwa 1 Stunde im Gefrierfach des Kühlschranks gefrieren lassen
6 Eßl. Wasser	mit
60 g Zucker	unter Rühren erhitzen, bis sich der Zucker aufgelöst hat, die Flüssigkeit erkalten lassen
einige Minzeblättchen	vorsichtig abspülen, trockentupfen, mit den Beeren in die Flüssigkeit geben, pürieren, durch ein Sieb streichen
1 cl (1–2 Eßl.) Pfefferminzlikör	unterrühren, die Masse noch 1–1½ Stunden im Gefrierfach des Kühlschranks gefrieren lassen, alle 15 Minuten durchrühren sobald eine körnige Beschaffenheit der Masse erreicht ist, sie auf gut gekühlte Gläser verteilen, mit
Minzeblättchen	garnieren, sofort servieren.

Johannisbeer-Pfirsich-Sorbet

200 g helle Johannisbeertrauben	verlesen, waschen, gut abtropfen lassen, entstielen
1–2 Pfirsiche (etwa 200 g)	waschen, abtrocknen, halbieren, entsteinen, das Fruchtfleisch in Würfel schneiden beide Zutaten miteinander vermengen, etwa 1 Stunde im Gefrierfach des Kühlschranks gefrieren lassen
8 Eßl. Weißwein	mit
50 g Zucker	unter Rühren erhitzen, bis sich der Zucker aufgelöst hat, erkalten lassen die gefrorenen Früchte in die Flüssigkeit geben, pürieren, durch ein Sieb streichen die Masse im Gefrierfach des Kühlschranks noch 1–1½ Stunden gefrieren lassen, alle 15 Minuten durchrühren sobald eine körnige Beschaffenheit der Masse erreicht ist, sie auf gut gekühlte Gläser verteilen, sofort servieren.

Brombeer-Heidelbeer-Sorbet

200 g Brombeeren verlesen, waschen, abtropfen lassen, etwas zerdrücken
200 g Heidelbeeren verlesen, vorsichtig waschen, abtropfen lassen
die Früchte miteinander vermengen, im Gefrierfach des Kühlschranks etwa 1 Stunde gefrieren lassen
½ Limette (unbehandelt) waschen, abtrocknen, schälen
die Schale in feine Streifen schneiden, die Limettenhälfte auspressen, den Saft beiseite stellen
6 Eßl. Wasser mit
60 g Zucker unter Rühren erhitzen, bis sich der Zucker aufgelöst hat, die Limettenstreifen hinzufügen, zum Kochen bringen, 1–2 Minuten kochen, erkalten lassen, durch ein Sieb gießen
die gefrorenen Beeren und den Limettensaft in die Flüssigkeit geben, pürieren, durch ein Sieb streichen
die Masse im Gefrierfach des Kühlschranks noch 1–1½ Stunden gefrieren lassen, alle 15 Minuten durchrühren
sobald eine körnige Beschaffenheit der Masse erreicht ist, sie auf gut gekühlte Gläser verteilen, sofort servieren.

Johannisbeersorbet

400 g rote Johannisbeertrauben verlesen, waschen, gut abtropfen lassen, entstielen, die Johannisbeeren im Gefrierfach des Kühlschranks etwa 1 Stunde gefrieren lassen, mit
5 Eßl. Grenadinesirup pürieren, durch ein Sieb streichen
die Masse im Gefrierfach des Kühlschranks noch 1–1½ Stunden gefrieren lassen, alle 15 Minuten durchrühren
sobald eine körnige Beschaffenheit der Masse erreicht ist, sie auf gut gekühlte Gläser verteilen, mit
Johannisbeertrauben garnieren, sofort servieren.

Champagner-Johannisbeer-Sorbet

500 ml (½ l) hellen Johannisbeersaft mit
250 g gesiebtem Puderzucker und der Hälfte von
1 Flasche (0,7 l) Champagner verrühren, bis sich der Puderzucker völlig aufgelöst hat
2 Eiweiß mit
1 Eßl. feinem Zucker kurz anschlagen (soll dickflüssig bleiben)
den Johannisbeer-Champagner unterrühren
die Masse im Gefrierfach des Kühlschranks in etwa 1½ Stunden gefrieren lassen, alle 15 Minuten durchrühren
sobald eine körnige Beschaffenheit der Masse erreicht ist, sie auf gut gekühlte Gläser verteilen, sofort servieren.

Himbeer-Eistee

(Ohne Abb.)

Etwa 400 g Himbeeren verlesen, entstielen, in 4 vorgekühlte Gläser geben, das Obst mit
3–4 Eßl. Zucker bestreuen, mit
4 cl (etwa 4 Eßl.) Himbeergeist beträufeln
etwa 375 ml (⅜ l) kalten Tee darüber gießen, den Himbeer-Eistee einige Zeit kalt stellen
100 ml (1/10 l) Sahne mit
1 Teel. Zucker
Zitronensaft verrühren, steif schlagen, auf den Eistee geben, mit
Eiswaffeln servieren.

Johannisbeertorte

Für den Teig

250 g Butter oder Margarine geschmeidig rühren, nach und nach
200 g Zucker
1 Päckchen Vanillin-Zucker
4 Eigelb
Salz hineingeben
250 g Weizenmehl mit
6 g (2 gestrichene Teel.) Backpulver Backin mischen, sieben, eßlöffelweise unterrühren
den Teig in vier gleich große Portionen teilen, jeweils eine Portion auf einen gefetteten Springformboden (Durchmesser etwa 26 cm) streichen (darauf achten, daß die Teiglage am Rand nicht zu dünn ist, damit der Teig nicht zu dunkel wird)

für den Belag

4 Eiweiß steif schlagen, jeweils ¼ des Eierschnees gleichmäßig auf jeden Teigboden verteilen
50 g Zucker mit
1 Päckchen Vanillin-Zucker
1 gestrichenen Teel. gemahlenem Zimt
100 g abgezogenen, gehobelten Mandeln vermengen, die Teigböden damit bestreuen
jeden Boden ohne Springformrand im vorgeheizten Backofen backen, bis er hellbraun ist
Strom: 175–200
Gas: 3–4
Backzeit: 15–20 Minuten
sofort nach dem Backen die Böden vom Springformboden lösen, auf einem Kuchenrost erkalten lassen

für die Füllung

500 g rote Johannisbeertrauben verlesen, waschen, gut abtropfen lassen, entstielen
3 Becher (je 150 g) Crème fraîche etwa ½ Minute schlagen
1 Päckchen Vanillin-Zucker mit
2 Päckchen Sahnesteif
100 g gesiebtem Puderzucker mischen, einstreuen, die Crème fraîche steif schlagen
die Johannisbeeren unter die Crème fraîche rühren
drei der Böden mit der Füllung bestreichen, zu einer Torte zusammensetzen, mit dem vierten Boden bedecken, mit Johannisbeertrauben garnieren.

Erdbeer-Tarte

	Für den Teig
200 g Weizenmehl	auf die Tischplatte sieben, in die Mitte eine Vertiefung eindrücken
1 Eigelb	
2 Eßl. sehr kaltes Wasser	hineingeben, mit einem Teil des Mehls zu einem dicken Brei verarbeiten
150 g kalte Butter	in Stücke schneiden, auf den Brei geben
Salz	
Zucker	darüber streuen, mit Mehl bedecken von der Mitte aus alle Zutaten schnell zu einem glatten Teig verkneten den Teig etwa 30 Minuten kalt stellen die Arbeitsfläche mit
Weizenmehl	bestäuben, den Teig in der Größe einer Tarte- oder Springform (Durchmesser etwa 30 cm) ausrollen, die Teigplatte in die Form geben, am Rand etwa 3 cm hochziehen, den Rand glattschneiden die Teigplatte mehrmals mit einer Gabel einstechen
Strom:	Etwa 225
Gas:	Etwa 4
Backzeit:	20–25 Minuten

	für den Belag
150 g Johannisbeergelee	unter Rühren zum Kochen bringen, in 4–5 Minuten etwas einkochen lassen, den gebackenen Boden mit einem Teil des Gelees bestreichen
750 g Erdbeeren	vorsichtig waschen, abtropfen lassen, entstielen, halbieren, schuppenartig auf den Boden legen das restliche Johannisbeergelee erwärmen, mit
4 cl (etwa 4 Eßl.) Orangenlikör	verrühren, gleichmäßig auf die Erdbeeren streichen

Erdbeersaft

3 kg Erdbeeren waschen, gut abtropfen lassen, entstielen, in einen Kochtopf geben, zerquetschen (am besten mit einem Holzstampfer), mit
1 l Wasser zum Kochen bringen
den Fruchtbrei auf ein gespanntes Safttuch geben, gut ablaufen lassen
den gewonnenen Saft wiegen oder messen, mit
etwa 2 kg Zucker verrühren (auf 1 kg – 1 Liter – Saft ¾ – 1 kg Zucker nehmen), einmal aufkochen lassen, abschäumen
1 Päckchen Einmach-Hilfe in den heißen Saft rühren, in sorgfältig gespülte Flaschen füllen, die Flaschen nach dem Erkalten des Saftes verschließen, an einem kühlen Ort (Keller) aufbewahren.

Johannisbeersaft

4 kg rote oder helle Johannisbeeren verlesen, waschen, gut abtropfen lassen, in einen Kochtopf geben, zerquetschen (am besten mit einem Holzstampfer), mit
2 l Wasser bis zum Kochen bringen
den Fruchtbrei auf ein gespanntes Safttuch geben, gut ablaufen lassen
den gewonnenen Saft wiegen oder messen, mit
etwa 2 kg Zucker verrühren (auf 1 kg – 1 Liter – Saft höchstens 650 g Zucker nehmen, Saft geliert leicht), einmal aufkochen lassen, abschäumen
1 Päckchen Einmach-Hilfe in den heißen Saft rühren, in sorgfältig gespülte Flaschen füllen, die Flaschen nach dem Erkalten des Saftes verschließen, an einem kühlen Ort (Keller) aufbewahren.

Himbeersaft

4 kg Himbeeren verlesen, entstielen, in einen Kochtopf geben, zerquetschen (am besten mit einem Holzstampfer), mit
1 l Wasser bis zum Kochen bringen
den Fruchtbrei auf ein gespanntes Safttuch geben, gut ablaufen lassen
den gewonnenen Saft wiegen oder messen, mit
etwa 2 kg Zucker verrühren (auf 1 kg – 1 Liter – Saft ¾ – 1 kg Zucker nehmen), einmal aufkochen lassen, abschäumen
1 Päckchen Einmach-Hilfe in den heißen Saft rühren, in sorgfältig gespülte Flaschen füllen, die Flaschen nach dem Erkalten des Saftes verschließen, an einem kühlen Ort (Keller) aufbewahren.

Brombeersaft

(Ohne Abb.)

2½ kg Brombeeren verlesen, waschen, gut abtropfen lassen, in eine Porzellan- oder Steingutschüssel geben, zerquetschen (am besten mit einem Holzstampfer)
50 g Zitronensäure in
1½ l Wasser lösen, über die Brombeeren gießen, 24 Stunden an einem kühlen Ort zugedeckt stehenlassen, häufig umrühren
den Fruchtbrei auf ein gespanntes Safttuch geben, gut ablaufen lassen
den gewonnenen Saft wiegen oder messen, mit
etwa 2 kg Zucker verrühren (auf 1 kg – 1 Liter – Saft ¾–1 kg Zucker nehmen)
1 Päckchen Einmach-Hilfe mit
1 Teel. Zucker mischen, mit 1 Eßl. von dem Saft anrühren, zu dem übrigen Saft geben wenn der Zucker vollständig gelöst ist, den Saft in sorgfältig gespülte Flaschen füllen, luftdicht verschließen, an einem kühlen Ort (Keller) aufbewahren.

Brombeeren auf Großmutters Art

(Ohne Abb.)

1 kg Brombeeren verlesen, waschen, gut abtropfen lassen
500 ml (½ l) Rotweinessig mit
500 g Zucker
1 Stück getrockneter Ingwerwurzel
2 Stück Stangenzimt
1 Teel. Nelken unter Rühren zum Kochen bringen
die Hälfte der Brombeeren hineingeben, zum Kochen bringen, etwa 5 Minuten kochen lassen, mit einem Schaumlöffel herausnehmen, in sorgfältig gespülte, gut abgetropfte Twist-Off-Gläser füllen
die restlichen Brombeeren in die Essigflüssigkeit geben, zum Kochen bringen, so lange kochen lassen, bis die Beeren zerfallen, über die vorbereiteten Brombeeren in die Gläser füllen, die Beeren müssen gut bedeckt sein
die Gläser verschließen, kühl und trocken aufbewahren.
Brombeeren auf Großmutters Art als Beilage zu Wild und Rindfleisch reichen.

Himbeer-Milch

(Etwa 2 Portionen)

100 g Himbeeren	verlesen, entstielen, pürieren, mit
250 ml (1/4 l) Buttermilch 2 Eßl. Dickmilch 100 ml Weißwein 2 Teel. Zucker	verrühren, evtl. mit
Zucker	abschmecken, gut gekühlt servieren.

Brombeeren mit würziger Sahne

500 g Brombeeren	verlesen, waschen, abtropfen lassen, mit
Zucker	bestreuen, einige Zeit stehenlassen, auf 4 Gläser verteilen
4 Eßl. Brombeerlikör	darüber verteilen
1 Becher (150 g) Crème fraîche	anschlagen, mit
Zucker Vanillin-Zucker gemahlenem Zimt	abschmecken, über die Früchte geben, mit
Löffelbiskuits	garnieren, gekühlt servieren.

Erdbeereis

500 g Erdbeeren	vorsichtig waschen, entstielen, pürieren
2 Eigelb	mit
75–100 g Zucker 1 Päckchen Vanillin-Zucker	cremig schlagen das Erdbeerpüree,
2 Eßl. Zitronensaft	unterrühren
250 ml (1/4 l) Sahne	steif schlagen, unter die Erdbeermasse heben die Masse in eine Eisschale geben, im Gefrierfach des Kühlschranks etwa 3 Stunden gefrieren lassen das Eis auf 4 Gläser verteilen, mit
gezuckerten Erdbeeren Eiswaffeln	garnieren, mit
Schlagsahne	verzieren nach Belieben über jede Portion
1 Eßl. Erdbeerlikör	geben.

Cassis-Bowle

(Abb. nebenstehend)

375 g schwarze Johannisbeeren	verlesen, waschen, gut abtropfen lassen 250 g Beeren von den Stielen streifen, mit
125 ml (1/8 l) Cassis (Schwarzer Johannisbeerlikör) 1 Flasche (0,7 l) trockenen Weißwein (Burgunder)	in ein Gefäß geben, verschließen, 2 bis 3 Stunden kalt stellen, durch ein Sieb in das Bowlengefäß gießen die restlichen Johannisbeeren von den Stielen streifen, in das Bowlengefäß geben
1 Flasche (0,7 l) trockenen Weißwein (Burgunder) 1 Flasche (0,7 l) extra trockenen Sekt	hinzufügen, gut gekühlt servieren.

Rotwein-Bowle mit Himbeeren

(Abb. nebenstehend)

750 g Himbeeren	verlesen, in ein Bowlengefäß geben
3 Flaschen (je 0,7 l) Rotwein (Beaujolais)	hinzugießen, die Bowle kalt stellen, gut durchziehen lassen.

Erdbeerlikör

(Abb. nebenstehend)

250 g Erdbeeren (möglichst kleine)	vorsichtig waschen, gut abtropfen lassen, entstielen, mit
150 g weißem Kandiszucker 1 Vanillestange	in eine weithalsige Literflasche geben, mit
1 Flasche (0,7 l) Obstschnaps	auffüllen, die Flasche verschließen, etwa 14 Tage an einem sonnigen Platz (Küchenfenster) stehenlassen die Flüssigkeit durch Filterpapier gießen, in eine dekorative Flasche füllen den Likör noch 4–6 Wochen stehenlassen. Die Erdbeeren zu Eis oder Cremespeisen reichen.

Stachelbeer-Quarkcreme mit Haferflocken

(Abb. nebenstehend)

300 g reife grüne Stachelbeeren	von Stiel und Blüte befreien, waschen
125 ml (1/8 l) Weißwein	mit
75 g Zucker abgeriebener Schale von 1 Zitrone (unbehandelt)	zum Kochen bringen, die Stachelbeeren hinzufügen, einige Minuten dünsten lassen (sie dürfen nicht zerfallen), aus dem Saft nehmen den Stachelbeersaft dickflüssig einkochen lassen, über die Stachelbeeren geben, erkalten lassen
75–100 g Kernige Haferflocken	in einer Pfanne ohne Fett goldbraun rösten, erkalten lassen
500 g Speisequark	mit
5–6 Eßl. Sahne 2 Eßl. Zitronensaft 50 g Zucker Mark von 1/2 Vanillestange	verrühren, die Quarkcreme kalt stellen Haferflocken und Stachelbeeren auf Portionsgläser verteilen (einige Stachelbeeren zum Garnieren zurücklassen) die Quarkcreme über die Stachelbeeren geben die Creme mit den zurückgelassenen Stachelbeeren garnieren.

Himbeerschaum mit Vanille-Eis

250 g Himbeeren	verlesen, entstielen
1 Vanilleschote	längs halbieren, das Mark herauskratzen Himbeeren mit Vanillemark,
3 Eßl. weißem Portwein 2 gut gehäuften Eßl. Zucker	zum Kochen bringen, 4–5 Minuten kochen lassen, durch ein Sieb streichen, mit
1 Eßl. Himbeergeist 2 Eiern 1 gestrichenen Eßl. Zucker	verrühren im Wasserbad in 10–15 Minuten zu einem dicklichen Schaum schlagen
1 Packung Vanille-Eis	in Würfel schneiden, in Portionsschalen oder -gläser geben, den Himbeerschaum darüber gießen, sofort servieren.

Beerensalat mit Sekt-Sabayon

250 g Himbeeren	verlesen, entstielen
250 g Johannis-beertrauben	verlesen, waschen, gut abtropfen lassen, einige Trauben zum Garnieren zurücklassen, die restlichen Trauben entstielen die Beeren auf Portionsschälchen verteilen, mit
etwa 1 Eßl. Zucker	bestreuen, kalt stellen
	für das Sekt-Sabayon
2 Eigelb	mit
1 Ei	
2 Eßl. Zucker	
1 Eßl. Zitronensaft	
125 ml (1/8 l) halbtrockenem Sekt	mit dem elektrischen Handrührgerät im Wasserbad in etwa 7 Minuten cremig schlagen
125 ml (1/8 l) halbtrockenen Sekt	über die vorbereiteten Früchte verteilen, mit dem warmen Sabayon übergießen, mit den zurückgelassenen Johannisbeertrauben garnieren, sofort servieren.

Rote Grütze mit Vanillesahne

(Abb. nebenstehend)

1¼ kg Erdbeeren	vorsichtig waschen, gut abtropfen lassen, entstielen, ¼ der Früchte beiseite stellen
	die übrigen Früchte mit
1 l Wasser	in einen Kochtopf geben, zum Kochen bringen, auf ein gespanntes Tuch geben, damit der Saft ablaufen kann
	den Fruchtbrei nach dem Erkalten kräftig auspressen, den Saft mit Wasser auf 1¼ l Flüssigkeit auffüllen, mit
3–4 Stück Zitronenschale (unbehandelt)	
150 g Zucker	zum Kochen bringen
etwa 120 g Perl-Sago	unter Rühren einstreuen, zum Kochen bringen, in etwa 20 Minuten ausquellen lassen
	die Zitronenschale entfernen
	die zurückgelassenen Erdbeeren hinzufügen
	die Grütze zum Kochen bringen, 1–2 Minuten kochen lassen
	evtl. mit
Zucker	abschmecken, in eine Glasschüssel füllen, erkalten lassen
	für die Vanillesahne
250 ml (¼ l) Sahne	mit
Vanillin-Zucker	abschmecken
	oder die Sahne mit dem ausgekratzten Mark von
½ Vanillestange	verrühren, mit
Zucker	abschmecken, getrennt zu der Roten Grütze reichen.
Veränderung:	125–250 g verlesene Himbeeren unter die fertige rote Grütze rühren.

Stachelbeerchutney

1 kg reife grüne Stachelbeeren	von Stiel und Blüte befreien, waschen, mit
250 ml (¼ l) Wasser	
250 ml (¼ l) Weißwein	zum Kochen bringen
200 g Zwiebeln	abziehen, würfeln, mit
100 g braunem Rohrzucker	
4 Stück getrocknetem Ingwer	
½ Teel. gemahlenen Nelken	
1 Teel. Kurkuma	
1 Teel. Currypulver	
1 Teel. mittelscharfem Senf	

2 Eßl. Estragon-Essig
abgeriebener Schale von 1 Zitrone (unbehandelt)
2–3 Eßl. Zitronensaft
1 Eßl. Honig zu den Stachelbeeren geben
die Masse in 1½ Stunden dicklich einkochen, erkalten lassen, in Gläser mit Schraubverschluß füllen, verschließen, kühl aufbewahren.
Stachelbeerchutney zu kaltem und gegrilltem Fleisch reichen.

Stachelbeergrütze mit Vanille-Sahne-Soße

500 g reife grüne Stachelbeeren von Stiel und Blüte befreien, waschen, mit

250 ml (¼ l) Weißwein
100–125 g Zucker
1 Päckchen Vanillin-Zucker
1 Stück Stangenzimt
2–3 Stück Zitronenschale (unbehandelt) zum Kochen bringen, 3–5 Minuten kochen lassen
Stangenzimt und Zitronenschalen entfernen

30 g Speisestärke mit

3 Eßl. kaltem Wasser anrühren, unter die Stachelbeeren rühren, kurz aufkochen lassen

2–3 Eßl. Zitronensaft unterrühren
die Speise in eine Glasschale füllen, erkalten lassen

für die Vanille-Sahne-Soße

1 Päckchen Soßen-Pulver Vanille-Geschmack mit

2 gestrichenen Eßl. Zucker und 2–3 Eßl. von

500 ml (½ l) Milch anrühren
die übrige Milch zum Kochen bringen, von der Kochstelle nehmen, das angerührte Soßenpulver unter Rühren hineingeben, kurz aufkochen lassen, die Soße etwas abkühlen lassen, ab und zu durchrühren

125 ml (⅛ l) Sahne steif schlagen, unter die lauwarme Vanillesoße heben, die Soße kalt stellen.

Rehmedaillons mit Brombeersoße

(Abb. nebenstehend)

	Für die Brombeersoße
250 g Brombeeren	verlesen, waschen, in wenig Wasser kurze Zeit erhitzen, durch ein feines Sieb streichen
	unter das Brombeermus
100 ml (1/10 l) Rotwein (Burgunder) 1 Eßl. Zucker 1/2 Teel. Senfpulver abgeriebene Schale von 1/4 Apfelsine (unbehandelt) gemahlenes Piment	rühren, erhitzen (nicht kochen lassen) die Soße mit
Weinbrand Angostura bitter	abschmecken, warm stellen
8 Rehmedaillons (je etwa 70 g) 8 Scheiben fetter Speck	
	um jedes Rehmedaillon eine Scheibe

	Speck legen, mit Küchengarn zusammenhalten
	das Fleisch mit
Salz, Pfeffer	würzen
Butterschmalz	erhitzen, die Medaillons darin von jeder Seite etwa 2 Minuten braten lassen
	das Küchengarn entfernen
	die Medaillons mit
Brombeeren Apfelsinen-schalenstreifen (unbehandelt)	garnieren, die Soße dazureichen.

Entenbrust mit Johannisbeersoße

(Abb. S. nebenstehend)

Etwa 1 kg Entenbrustfilets (mit Haut)	waschen, abtrocknen
50 g Butterschmalz	erhitzen, die Filets darin von jeder Seite etwa 4 Minuten braten lassen, herausnehmen, in Alufolie wickeln, warm stellen
2–3 Zwiebeln	abziehen, fein würfeln, in dem Bratfett glasig dünsten lassen
50 g rote und 50 g schwarze Johannisbeer-trauben	verlesen, waschen, abtropfen lassen, entstielen
	die Hälfte der Beeren in das Bratenfett geben, etwa 5 Minuten dünsten lassen
4 Eßl. Sahne 125 ml (1/8 l) Fleischbrühe 1 Eßl. Weinbrand	unterrühren, alles einmal aufkochen lassen, durch ein Sieb streichen
	die Soße wieder zum Kochen bringen, etwas einkochen lassen, mit
Salz Cayennepfeffer	abschmecken
	die restlichen Beeren in die Soße geben, miterhitzen
	die Entenbrust mit der Soße servieren, mit
Johannisbeer-trauben	garnieren.
Beilage:	Kartoffelkroketten.

Erdbeer-Hähnchen-Salat

(Abb. nebenstehend)

Etwa 400 g Hähnchenbrust-filet	waschen, abtrocknen, mit
Salz	bestreuen
2 Eßl. Speiseöl	erhitzen, das Fleisch darin von jeder Seite in etwa 4 Minuten goldbraun braten lassen, herausnehmen, erkalten lassen, in Scheiben schneiden, mit
gehackten Estragonblättchen	bestreuen
500 g Erdbeeren	vorsichtig waschen, abtropfen lassen, entstielen, halbieren, mit
grob gemahlenem grünem Pfeffer	bestreuen, mit
1–2 Eßl. Zitronensaft	beträufeln
2 Bund Frühlings-zwiebeln (je etwa 250 g)	putzen, das dunkle Grün bis auf etwa 15 cm entfernen, die Frühlingszwiebeln waschen, in Ringe schneiden
	für die Marinade
3 Eßl. Salatöl	mit
2 Eßl. Weißwein-essig 5 Eßl. weißem Portwein 1 Teel. Rôtisseursenf Salz	verrühren
	das Hähnchenfilet in die Marinade geben, etwas durchziehen lassen, herausnehmen, auf einer Platte anrichten
	die Frühlingszwiebelringe in die Marinade geben, etwas durchziehen lassen, herausnehmen, mit auf der Platte anrichten
	die restliche Marinade über Zwiebelringe und Fleisch geben
	die Erdbeeren mit auf der Platte anrichten, den Salat etwas durchziehen lassen.

Pikante Stachelbeersoße

500 g reife grüne Stachelbeeren	von Stiel und Blüte befreien, waschen
125 ml (1/8 l) Wasser	mit
50 g Zucker	zum Kochen bringen, die Stachelbeeren hinzufügen, etwa 15 Minuten dünsten lassen (bis sie zerfallen), erkalten lassen
4 Schalotten	abziehen, fein würfeln
1 Eßl. Butter	zerlassen, die Schalottenwürfel darin glasig dünsten lassen, mit
1/2 Teel. gehacktem Anissamen abgeriebener Schale von 1 Zitrone (unbehandelt)	zu den Stachelbeeren geben, gut verrühren, mit
Salz geriebener Muskatnuß	abschmecken, kalt stellen.
	Pikante Stachelbeersoße zu Leber oder Fleisch-Fondue reichen.

Rezeptverzeichnis nach Kapiteln

Beeren 374–395

Rezeptverzeichnis, alphabetisch

F

G

H

J

K

L

M

Für die freundliche Unterstützung danken wir

Burda-Verlag, München
Gruner & Jahr AG & Co, Hamburg
Jahreszeiten-Verlag, Hamburg